欧洲统一电力市场设计与实践

European Single Electricity Market: Implementation of Target Model

谢开　彭鹏　荆朝霞　杨争林　朱治中◎编著

中国电力出版社
CHINA ELECTRIC POWER PRESS

内 容 提 要

本书首先介绍了欧洲统一电力市场的发展历程、总体市场框架、市场耦合运营逻辑、市场与电网运行，在此基础上，深入讨论了单一国家新能源发展对电力市场的新要求，日前、日内及平衡市场的关键设计、容量市场机制与市场力防控等核心问题；随后展开论述了欧洲是如何通过输电容量计算与分配、日前市场耦合、日内市场耦合、平衡市场耦合等走向统一市场的技术细节。

本书系统回顾了欧洲统一电力市场顶层设计演变成熟的历史进程，分析其各阶段市场建设的主要做法，总结欧洲市场整合的实践经验。欧洲渐进的分布式改革路径以及统一电力市场设计都可以给我国的电力市场设计与运行提供非常好的参考借鉴。

本书可供电力市场建设、运营与监管专业人员参考，也可作为电力企业内部电力市场管理人员、工程技术人员的学习资料以及高等学校电力专业、能源经济专业的教材。

图书在版编目（CIP）数据

欧洲统一电力市场设计与实践 / 谢开等编著. —北京：中国电力出版社，2022.8（2025.10 重印）

ISBN 978-7-5198-6776-8

Ⅰ. ①欧… Ⅱ. ①谢… Ⅲ. ①电力市场–研究–欧洲 Ⅳ. ①F450.66

中国版本图书馆 CIP 数据核字（2022）第 085057 号

出版发行：中国电力出版社
地　　址：北京市东城区北京站西街 19 号（邮政编码 100005）
网　　址：http://www.cepp.sgcc.com.cn
责任编辑：邓　春　陈　丽
责任校对：王小鹏
装帧设计：赵丽媛
责任印制：石　雷

印　　刷：三河市万龙印装有限公司
版　　次：2022 年 8 月第一版
印　　次：2025 年 10 月北京第四次印刷
开　　本：710 毫米×1000 毫米　16 开本
印　　张：21
字　　数：365 千字
印　　数：3001—3500 册
定　　价：120.00 元

前言 preface

随着我国步入新发展阶段，在新发展理念引领下构建新发展格局，需要持续推动国内经济体系循环畅通，加快建设全国统一大市场，深入推进高标准市场体系建设。全国统一电力市场建设是全国统一大市场的重要组成部分。

欧洲是电力市场化改革起步最早的地区之一。1989 年以英国为代表的单一国家电力市场开启了改革的先河。1996 年《第一能源法案》明确提出建立欧洲统一电力市场的目标，2001 年第一个跨国电力市场——北欧电力库正式形成。2009 年通过《第三能源法案》明确市场耦合的路径，欧洲电力市场一体化进程明显加快，近十年来在欧洲统一电力市场协同运行，高比例新能源消纳等方面取得了令人瞩目的成绩。欧盟的地理范围和发电量均约为我国的一半，具有可比性，欧洲统一电力市场的设计思路和实践经验可以作为“他山之石”，为我国全国统一电力市场建设提供有益的参考。

欧洲统一电力市场最鲜明的特色是市场的包容性，因而具有很强的可扩展性。一是对不同市场发展阶段的包容性，有些国家间实施基于可用输电能力的市场耦合，而有些国家已经发展到基于潮流的耦合；有些国家已经发展到平衡市场的耦合，有些国家刚刚开始加入日前市场耦合。二是对不同成员国家调度模式的包容性，欧洲统一市场内西欧、北欧国家采用自调度模式，但也有采用集中调度的西班牙、意大利、波兰、希腊等国。三是对电力能源管理的体制包容性，欧盟二十几个成员国经济技术发展水平不同，有的还相差很大，欧洲电网由数十家输电系统运营机构运行，每个国家都有自己的电力监管机构，存在多家主要的电力交易所，但能够在电力市场建设目标和发展路径上保持一致，共同推动统一市场形成并取得成效，是值得深思的。

欧洲统一市场的包容性根植于其市场设计理念，主要包括：

（1）强调电力市场的一般商品属性。欧洲电力市场设计容易理解，市场透明度高，报价形式比较简单；定价机制（分区定价）将复杂网络简化，更为透明，价区划分充分考虑各国的电网结构特点和价格承受能力，能够有效降低交易费用。市场成员能够通过双边协商决定或通过自愿参与交易所集中交易确定交易结果和价格，市场主体具有较大选择权。市场规则简单，出清过程清晰、便于监管。

（2）突出可再生能源特点的市场设计。可再生能源尤其是间歇性风电、光伏发电的消纳依然是欧洲电力市场建设面临的最为直接的挑战。基于平衡责任主体的电力平衡市场设计，以市场机制激励市场主体主动分担平衡责任，有利于应对可再生能源波动性对系统平衡的影响。考虑到不同国家可再生能源分布不均衡，实现各国电力市场在中长期、日前、日内和实时平衡等各个尺度的市场耦合，市场关闸时间逐渐逼近实时运行，从而在更大地理范围、更小时间尺度上消纳可再生能源。欧洲市场在可再生能源消纳方面积累了宝贵经验。

（3）依靠电网规约协调市场和电网运行。确保电网安全是电力市场设计的基础。欧洲统一电力市场并不是只有一个市场，而是由一系列电力市场共同组成，由输电系统运营机构和交易所协调运营。在《第三能源法案》的指引下，欧盟制定了一系列支撑统一电力市场建设的导则和规约，包括电力系统安全运行、可靠性管理、输电容量分配、阻塞管理和电网接入等方面，通过电网导则和规约对不同的市场进行协调，明确不同机构间的职责界面和协同工作流程，确保电力系统的安全稳定运行。制定各国通用的电网运行规则，为跨国电力市场融合和跨国交易发展奠定了安全基础。

欧洲与美国的电力市场常被拿来比较。一个常见的误解是将欧洲作为分散式市场代表，美国作为集中式市场代表。事实上，集中式与分散式市场的定义容易引起歧义，在国际上也难以交流，因为电力市场改革的标志就是建立集中组织的电力交易市场，差别在于是全电力库形式还是净电力库形式组织该集中市场，以强制方式还是自愿方式参与该集中市场。全电力库市场需要独立系统运行机构（ISO）同时负责市场出清过程和运行安排两个流程，而净电力库市场可以由多家交易机构和输电系统运营机构协同组织。美国模式和欧洲市场模式是同一硬币的一体两面，两者外在表现差异很大，但都需要在电网运行时尊重市场结果，符合市场基本规律；市场结果也必须尊重电网的物理运行规律，确保电网安全。纵观各国电力市场成功与失败的共同经验教训，最重要的是三点：

（1）统一市场需要顶层设计。统一电力市场建设是一个复杂的社会系统工程，需要有清晰的战略目标与发展路线图。欧盟理事会自 1996 年起，先后颁布了三个能源法案，明确了欧洲统一市场的目标模式，成立能源监管机构合作署（ACER）和欧洲输电系统运营商联盟（ENTSO – E），有序推进了欧洲统一电力市场的规范化建设。于 2019 年通过《欧洲清洁能源法案》，提出了适应大规模可再生能源接入的新的电力市场设计。美国联邦能源管理委员会 1996 年的 888、889 号令，1999 年的 2000 号令，提出在 ISO 基础上形成区域输电组织，并以 PJM 市场设计为蓝本出台了标准市场设计，明确了区域电力市场一体化的发展模式。一个符合本国电力市场建设实际、具有清晰的市场建设目标模式的顶层设计，对电力市场能否取得长远的成功至关重要。正如哲学家蒙田所说：“航海人如果没有目的地港口，任何方向的风都是逆风。”

（2）边界条件决定实施路径。电力市场建设难以一蹴而就，需要分阶段逐步推进改革，电力市场的实施路径必须充分考虑本国的市场建设边界条件。由于各国国情不同，欧盟层面仅明确统一的电力市场框架，具体实施细节则由各国根据实际情况决定。无论是欧洲还是美国的统一市场发展方式，均与其资源禀赋、电网架构、管理体制等市场建设要素密不可分。欧洲考虑到大范围配置资源的需要和各主权国家电网独立的客观实际，选择了“融合”式发展的路径。美国基于电网所有权分散、节点电价市场模式需要与调度权相配合等情况，选择了“整合”式发展的路径。

（3）市场设计要开放创新。学习借鉴的前提是对市场机理的深入了解，切忌照搬照抄。美国市场模式实质是先算最优调度，再算边际价格，不可避免产生上抬费用，为短期运行效率牺牲价格信号，同时市场整合难度高。欧洲市场模式是基于统一边际价格的调度，要求统一的价格满足所有中标方都得到足够的收益，无需上抬费用，但该约束的存在使得市场出清结果常常偏离最优调度，为了价格信号的透明牺牲短期运行效率。两者都意识到原有设计的局限性，在电力市场实践中逐步通过竞争而相互借鉴：欧洲市场引入块报价和基于潮流的耦合方法，促使市场出清贴近实际运行；美国市场中引入虚拟投标、在需求侧采用分区价格，增加市场流动性。日本电力改革对不同市场模式做了量化分析，总体上采用欧洲市场架构，设立日本电力交易所，成立电力系统广域运行推进机关，采用平衡责任主体形式，但也汲取了美国金融输电权拍卖、容量市场等市场设计思路。巴西结合欧美电力市场设计理念，创新性提出集中拍卖的“中长期合同市场（100%电量全覆盖）+成本型电力库”模式，通过保证容量和电量再分配机制，实现市场机制下水电资源的统一优化调配。

本书力图系统回顾欧洲统一电力市场顶层设计演变成熟的历史，分析其各阶段市场建设实践中的主要做法，总结欧洲在市场整合上取得的宝贵经验教训。考虑到很多读者已经并不满足于一般性的介绍，希望了解欧洲市场耦合的深层次的操作细节，包括具体流程和算法。因而本书采用递进式结构，由浅入深分为三篇。前 5 章为第一篇，展现欧洲电力市场架构、目标模式设计思路及其发展路径，力图使读者对欧洲市场形成整体概念；第 6～9 章为第二篇，主要对单一国家市场进行分析，包括日前市场、日内市场、平衡市场、容量市场和市场力监控设计的关键要点，这是欧洲电力市场得以融合的基础；第 10～13 章为第三篇，展开讨论市场耦合的具体算法和模型。第二篇和第三篇主要帮助从事电力市场设计和研究的专业人士深入理解市场设计原理，对于仅需一般性了解欧洲统一市场的读者，第一篇可以自成体系。读者也可同时参考阅读《美国电力市场运行与监管实例分析》一书，对比思考两种模式的异同。

本书由多位对欧洲市场有深入研究的学者共同完成，彭鹏曾参与英国、爱尔兰、波兰等多个欧洲国家市场的建设，掌握了第一手实践经验。杨争林主持了与北欧电力交易中心的咨询合作课题，就技术细节与欧洲同行进行过深入探讨。荆朝霞深入研究欧洲电力市场规则和相关法律，撰写了多篇介绍欧洲电力市场的论文。朱治中曾经翻译出版多部电力市场经典专著。全书的内容设计和统稿审定由谢开负责，具体章节的编写分工如下：第 1 章和第 2 章由荆朝霞和杨争林完成，第 3 章和第 4 章由杨争林完成，第 5 章由谢开完成，第 8 章由荆朝霞完成，第 6 章和第 9 章由朱治中完成，第 7 章由朱治中、杨争林、彭鹏完成，第 10 章、第 12 章和第 13 章由彭鹏完成，第 11 章由杨争林和彭鹏完成。

本书编写过程中得到了很多同事和专家的帮助，也得益于与诸多欧洲市场运营机构专家的交流，包括北欧电力交易所（Nord Pool）、欧洲能源交易所（EEX）、英国国家电网公司（NGC）、阿姆斯特丹电力交易所（APX）和欧洲输电系统运营商联盟（ENTOS – E）等，在此不能一一列举，一并致以诚挚谢意。写作过程中，虽力求全面准确客观，但由于各位作者时间和精力有限，本书难免存在疏漏和错误，衷心希望得到热情的读者们的批评指正。我国的电力市场建设正处于攻坚爬坡阶段，需要在深入研究我国国情的基础上，借鉴其他国家的经验教训，融汇其所长，立足电力市场一般规律和电力系统运行规律，解决我国市场的具体问题，创新形成中国特色的电力市场理论体系和实施路径，促进多层次统一电力市场的形成发展，衷心希望本书的出版能够在这一历史进程中发挥绵薄之力。

作　者

2022 年 3 月

关键词语中英文对照表

中文全称	英文全称	英文简称
能源监管机构合作署	Agency for the Cooperation of Energy Regulator	ACER
可用输电容量	available transfer capacity	ATC
英国电力交易与输电运营模式	British electricity trading and transmission arrangements	BETTA
平衡责任主体	balancing responsible party	BRP
报价区	bidding zone	
容量分配与阻塞管理导则	capacity allocation and congestion management guideline	CACM GL
容量计算区	capacity calculation region	CCR
容量市场	capacity market	CM
容量市场单元	capacity market unit	CMU
清洁能源一揽子计划	clean energy package	CEP
差价合约	contract for difference	CfD
控制区	control zone	
协同容量计算者	coordinated capacity calculators	CCC
协同净传输容量	coordinated net transfer capacity	CNTC
跨国日内交易方案	cross border intraday	XBID
日前市场	day-ahead market	DAM
需求侧响应	demand - side response	DSR
英国能源气候变化部	Department of Energy & Climate Change	DECC
交付区	delivery area	
降额容量	de-rated capacity	
配电系统运营商（机构）	distribution system operator	DSO
交易区域价差	electricity price area differential	EPAD
新一轮电力市场改革	electricity market reform	EMR
等效确定容量	equivalent firm capacity	EFC
欧洲输电系统运营商联盟	European Network of Transmission System Operator for Electricity	ENTSO－E

续表

中文全称	英文全称	英文简称
欧洲电力交易所	European Power Exchange	EPEX
欧洲电力交易所现货市场		EPEX SPOT
欧洲电力和天然气监管组织	European Regulators' Group for Electricity and Gas	ERGEG
最终投资决策扶持制度	final investment decision enabling regime	FIDeR
金融输电权	financial transmission right	FTR
远期输电容量分配导则	forward capacity allocation	FCA
发电转换权重	generation shift key	GSK
联合市场拍卖机构	joint auction office	JAO
远期输电权	long-term transmission rights	LTTR
市场耦合运营商（机构）	market coupling operator	MCO
市场监测	market monitoring	MM
电力市场指定运营商多方协议	multi-NEMO arrangement	MNA
新电力交易模式	new electricity trading arrangement	NETA
电力市场指定运营商（机构）	nominated electricity market operator	NEMO
北欧电力交易所	Nord Pool	
英国天然气和电力市场监管办公室	Office of Gas and Electricity Markets	OFGEM
物理输电权	physical transmission right	PTR
潮流转移分布系数	power transfer distribution factor	PTDF
区域价格耦合	price coupling of regions	PCR
区域安全协调机构	regional security coordinator	RSC
区域协调中心	regional coordination centre	RCC
统一分配平台	single allocation platform	SAP
单市场日前交易耦合出清	single day-ahead coupling	SDAC
单市场日内交易耦合出清	single intraday coupling	SIDC
输电系统运营商（机构）	transmission system operator	TSO
非用即售原则	use it or sell it	UIOSI

目录 contents

第一篇
欧洲统一市场概览

1　欧洲统一电力市场发展历程

1996 年《第一能源法案》明确提出建立欧洲统一电力市场的目标，2001 年第一个跨国电力市场——北欧电力库进入正式运行，欧洲电力市场的整合探索已历经二十余年。2009 年，通过《第三能源法案》明确市场耦合的路径之后，欧洲统一电力市场建设明显加快，近十年来取得了令人瞩目的成绩。本章主要介绍欧洲电力系统和电力市场概况，回顾以英国为代表的典型单一国家市场、以北欧为代表的典型跨国市场、重要能源法案的出台及欧洲统一电力市场目标模式的提出和发展过程，探讨欧洲统一电力市场顶层设计演变成熟的历史进程及其内在驱动力。

1.1　欧洲电力系统概况

欧洲电力系统由五个同步电网组成，分别是欧洲大陆电网、北欧电网、英国电网、波罗的海电网和爱尔兰电网，各同步电网之间通过直流输电线路相连，主要联络线示意图如图 1－1 所示。

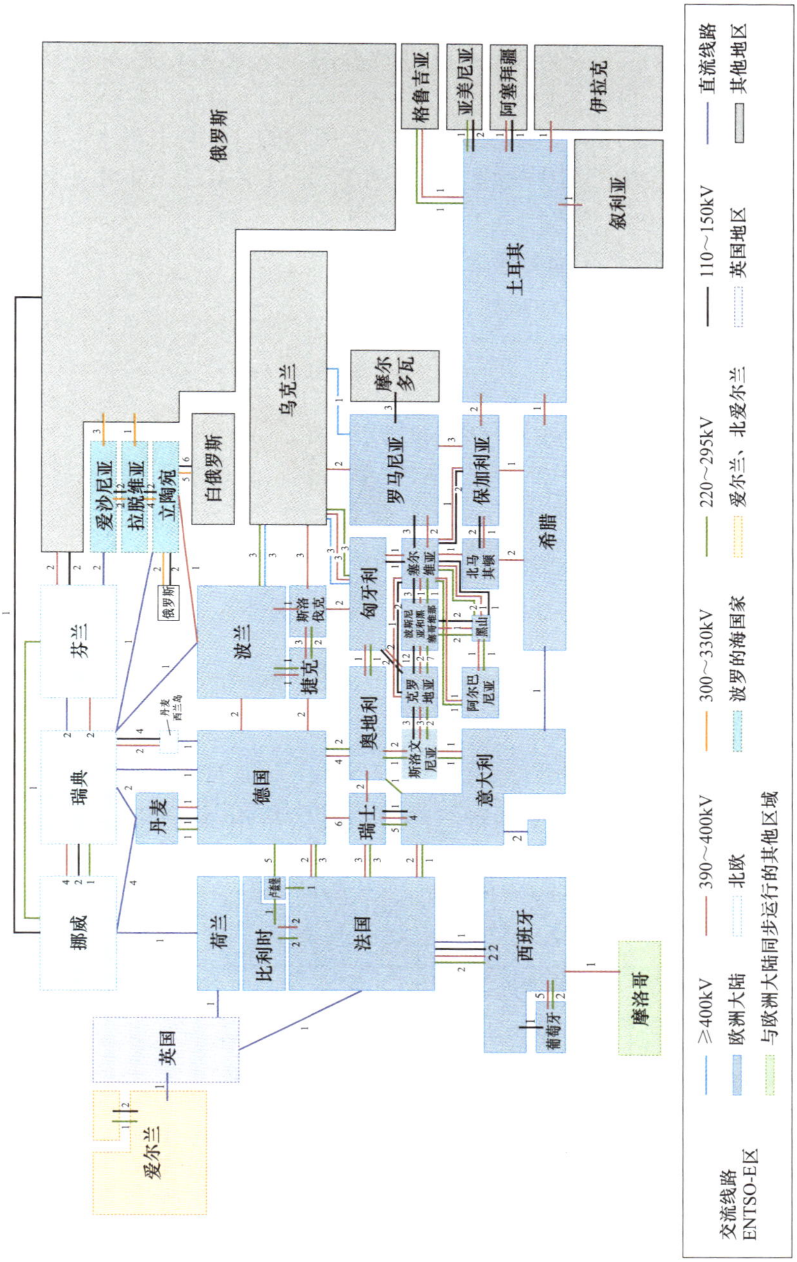

图 1-1 欧洲主要联络线示意图[1]

---

[1] 本书对任何领土主权、国际边界疆域划定以及任何城市或地区名称不持立场。

根据欧洲输电系统运营商联盟（ENTSO－E）提供的数据，欧洲输电系统运营商联盟年度报告（*Statistical Factsheet* 2018）披露，截至 2018 年底，欧洲电网（ENTSO－E 成员国范围内）的发电装机为 11.63 亿 kW，欧盟国家发电装机占到 10.01 亿 kW。欧洲电网的总发电量为 3.659 万亿 kWh，总用电量为 3.628 万亿 kWh，其中火电、可再生能源与核电的发电量占比分别是 40.8%、35.5%、22.1%（见图 1－2）。与之相对应，欧盟国家总发电量为 3.06 万亿 kWh，总用电量为 3.049 万亿 kWh。

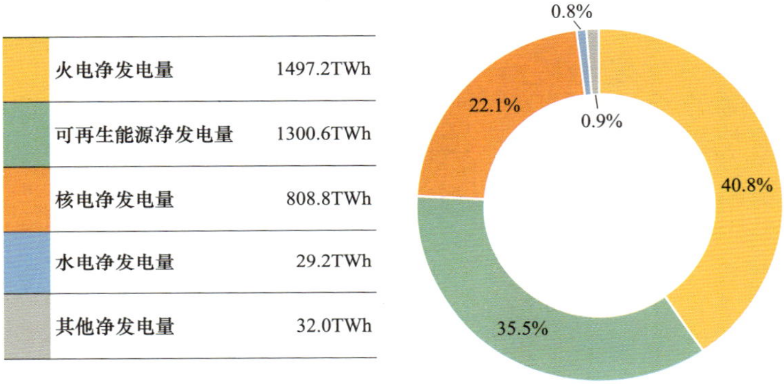

图 1－2　ENTSO－E 成员国范围内各发电类型发电量构成

欧洲各国能源结构和用电特性互补性较强（见图 1－3），跨国电能交换频繁。2018 年跨国电能交换情况如表 1－1 所示。

表 1－1　2018 年跨国电能交换情况　（GWh）

国家或机构	受入电量总和	送出电量总和	净交换电量
阿尔巴尼亚	1771	2683	–912
奥地利	29393	19057	10336
波斯尼亚和黑塞哥维那	3091	7696	–4605
比利时	21650	4313	17338
保加利亚	2220	10029	–7809
瑞士	30420	31693	–1274
捷克	11562	25453	–13891
德国	31542	82673	–51131

续表

国家或机构	受入电量总和	送出电量总和	净交换电量
丹麦	15606	10413	5193
爱沙尼亚	3514	5364	–1850
西班牙	24014	12910	11104
芬兰	23397	3459	19938
法国	13466	76020	–62554
英国	22662	2189	20473
希腊	8552	2265	6288
克罗地亚	12692	6533	6160
匈牙利	18613	4265	14348
爱尔兰	1614	1643	–29
意大利	47169	3268	43902
立陶宛	12850	3219	9631
卢森堡	7514	1349	6166
拉脱维亚	5179	4272	907
黑山	2760	3011	–251
北马其顿	4144	2224	1921
荷兰	26818	18596	8223
挪威	8085	17954	–9869
波兰	13839	8121	5718
葡萄牙	5669	8324	–2655
罗马尼亚	2829	5370	–2541
塞尔维亚	7300	6703	597
瑞典	14234	31561	–17328
斯洛文尼亚	8928	9320	–392
斯洛伐克	12544	8747	3797
土耳其	2638	3046	–408
欧洲输电系统运营商联盟	458274	443734	14540

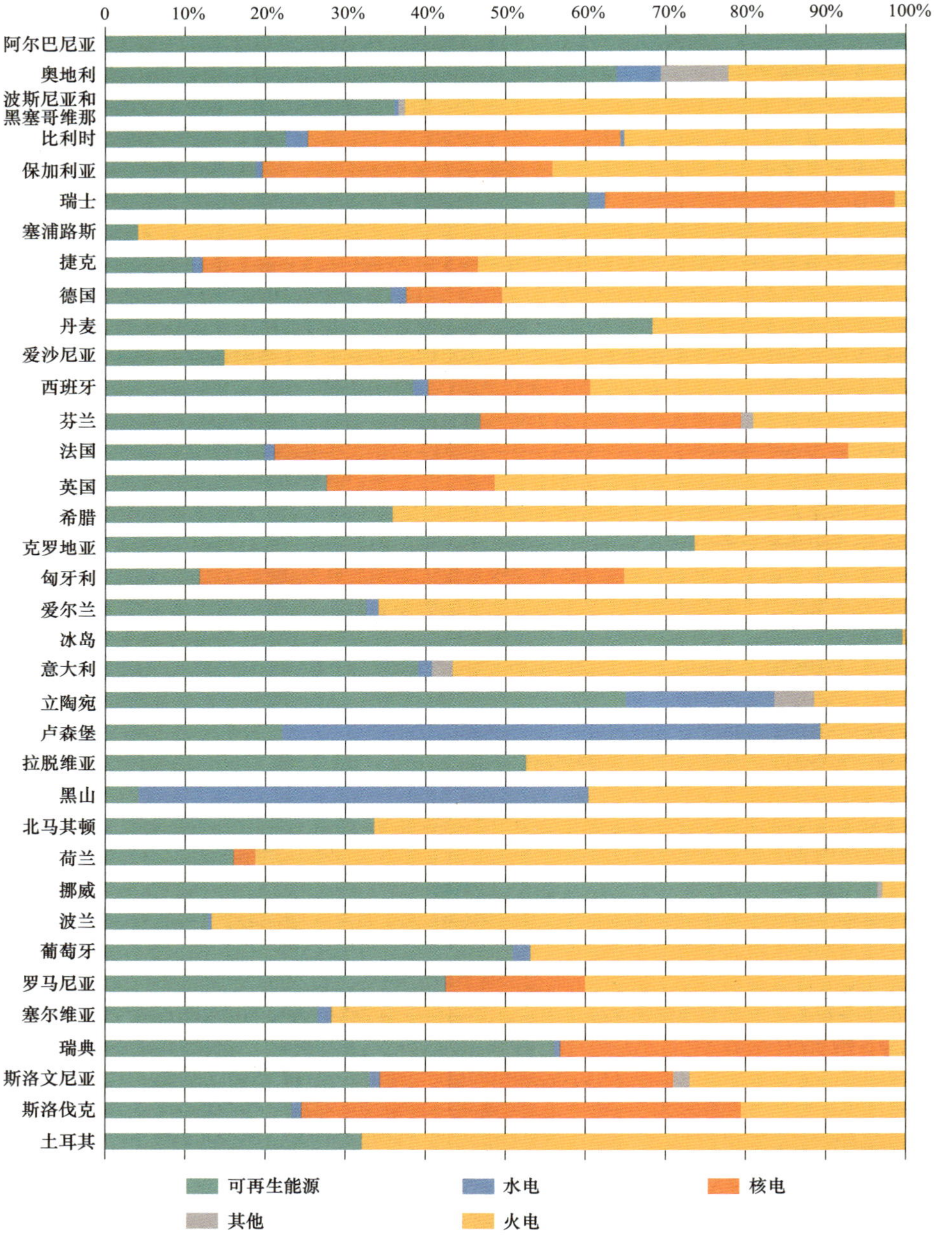

图 1-3　ENTSO-E 各成员国发电量构成

1.2 欧洲电力市场概况

由于电力系统的规模效应和电网的自然垄断属性，电力系统从诞生之初的城市电网，很快发展成为地区和国家性电网。在地区或国家内部，发输配售各环节实施垂直一体化管理，相邻电力系统通过直流或者交流输电通道互联，在大范围优化配置资源的同时实现备用共享、事故支援。

然而随着规模效应的消减，技术进步对发电效率的提升越来越难，同时发电投资多元化和用户用电选择权需求又在持续上升，电力系统引入竞争的呼声渐高，目的是利用市场机制推动电力领域的技术进步、效率增长与成本降低。从 20 世纪 90 年代起，电力市场化改革开始席卷全球；与其他领域的市场化实践相似，电力市场化改革也是从部分地区和国家起步，在积累成功经验后迅速向全欧洲推广。英国和北欧是欧洲最为典型的两个电力市场化改革成功样板，前者率先实现垂直一体化电力企业的产权剥离，在发电和用电侧引入市场竞争，逐步放开电力用户的选择权；后者则将电力市场的范围从一国扩展到北欧多国，建立了北欧范围内一体化运营的区域性电力市场，促进了电力资源的跨国优化配置。

欧洲各国家和地区的初始电力市场规则设计缺乏协调，在中长期、日前、日内等各市场方面存在多种不同的设计与组合，具体可以参见表 1－2。虽然差异化的设计为统一市场的形成增加了难度，但英国、北欧等地的电力市场化成功实践，为在欧洲建立覆盖范围更广的电力市场提供了有益的参考借鉴。欧盟委员会认为，建立欧洲统一电力市场是实现能源低碳转型、提升电网安全水平、降低电力生产成本的关键性举措。从 1996 年起，先后出台的《第一能源法案》《第二能源法案》《第三能源法案》《欧洲清洁能源法案》等一系列法令和政策文件，有效地推动了欧洲统一电力市场建设。截至 2021 年，欧洲已经实现了多个电力交易机构在日前、日内市场尺度上的联合运营，而输电系统运营机构（transmission system operator，TSO）间则围绕实时平衡市场开展耦合运营。全欧洲 2019 年的总交易电量规模达到 11.84 万亿 kWh，而现货市场交易量为 5932 亿 kWh，其中日前市场交易量为 5015 亿 kWh，比 2018 年增长 3.5%；日内市场交易量 917 亿 kWh，比 2018 年增长 11.3%。

表 1-2　　欧洲国家和地区早期电力市场设计对比

市场设计	爱尔兰	西班牙、葡萄牙、意大利	北欧、中西欧	英国
中长期市场	没有实质性的中长期市场	金融性中长期市场	金融性与物理性中长期市场并存	物理性中长期市场为主
日前市场	• 集中调度 • 成交量/价不固定 • 节点报价	• 准强制性日前拍卖 • 节点报价	• 良好市场支撑下的日前拍卖 • 组合报价	• 无明确的日前市场 • 组合报价
日内市场	• 无日内市场 • 提前 1 天交易关闸	• 日内拍卖序列 • 提前 4h 或更长时间交易关闸	• 连续交易 • 提前 1h (乃至考虑过更短的）交易关闸	• 连续交易 • 提前 1h 交易关闸

1.3　单一国家电力市场的先行者——英国电力市场模式演变

20 世纪 80 年代，英国经济增长放缓、电力需求不振，为改变国有电力工业价格高、效率低和过度投资等问题，英国政府推动了电力行业的私有化和市场化改革。改革前，英国电力系统垂直一体化管理，英格兰和威尔士共有 14 个公用电力事业部门：① 中央发电局负责发电厂与输电网的建设和运营；② 12 个供电局分别负责各地区 132kV 及以下配电网的建设和运营，并直接服务于供电营业区内的用户；③ 行业协会性质的电力委员会负责供电局和电力用户之间的协调。苏格兰有两个垂直一体化的公用电力事业单位，即苏格兰水电局和苏格兰南方电力局，分别负责苏格兰北部和南部的发输配电设施建设和运营；北爱尔兰由北爱尔兰电力局负责电力供应。各电力企业按经济调度原则制定发电计划，并按政府核定的用户目录电价向营业区内的电力用户供电。

在欧洲，英国是较早开始进行电力市场改革的国家之一。但是，由于历史发展、地理位置和现实政治等原因，英国电力市场在产品设计、市场体系和机制体制等方面与欧洲大陆国家都有着较大的差异。尤其是英国脱欧以后，被排除在欧洲统一电力市场外，不再参与日前市场统一耦合，所有英国和欧洲其他地区进行的交易需要对联络线进行显式拍卖才能进行。

英国市场的改革过程是自发并且独立于其他国家的，因此也就形成了相对独特的市场机制。从电网结构角度，英国是一个岛国，和欧洲大陆电网只通过数条直流线路联络；从电力系统运行角度，英国本岛是一个独立于欧洲大陆的频率控制区。这些特点使英国电力市场在发展过程中缺少与其他国家在辅助服务产品上的交流合作，也缺乏动机修改自己的产品设计和市场规则以方便进行跨区交易。从政治角度，英国在加入欧盟时曾积极地加入了欧洲的各个电力市场相关组织，欧洲电力市场统一化的浪潮中，英国保持了比较独立的地位，而且以不一样的方式取得了很多市场化改革成果。英国电力市场改革经历了以下几个重要阶段（见图 1－4）。

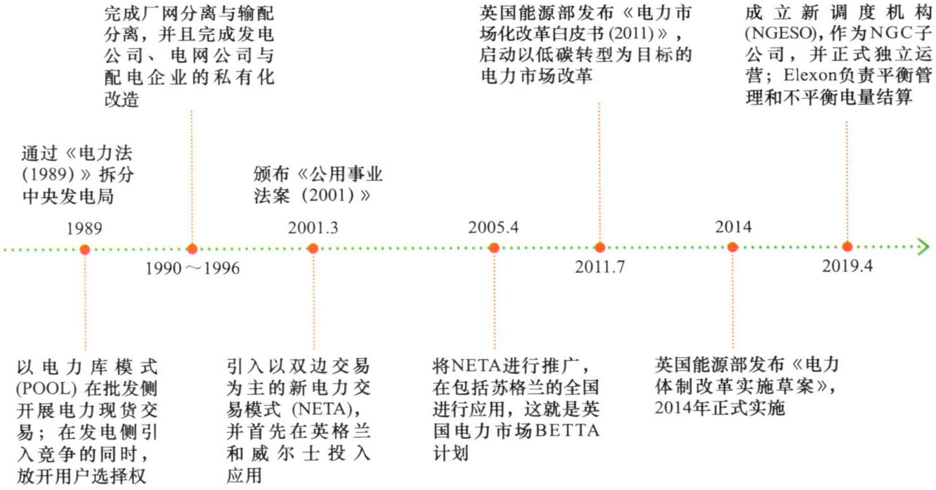

图 1－4　英国电力市场发展历程

1.3.1　电力行业结构重组和基于电力库的电力市场建设

1989 年，英国议会通过《电力法（1989）》，启动电力市场化改革。在英格兰和威尔士，垂直一体化运营的中央发电局被拆分成一个电网公司和三个发电公司：电网公司即为目前的英国国家电网公司（National Grid Company，NGC），负责输电网建设和运营；三个发电公司分别是国家电力公司（National Power，NP）、发电公司（Power Generation，PowerGen）和核电公司（Nuclear Electric），发电公司和国家电力公司于 1992 年完成私有化改造，核电公司于 1996 年完成私有化改造。原有的 12 个供电局改组为地区配电公司，并于 1990

年12月完成私有化改造。在苏格兰，苏格兰南方电力局和苏格兰水利局也进行了私有化，分别改造成苏格兰电力公司和苏格兰水电公司，发输配售各业务单元分别独立核算。在北爱尔兰，北爱尔兰电力局将发电资产出售形成独立发电企业后，成立了北爱尔兰电网公司，负责输电、配电和售电业务。

与电力行业重组相伴，英国建立了基于电力库的电力市场，组织开展电力现货交易。在基于电力库的电力市场中，发电企业提前一天申报报价；作为电力市场运营机构和调度运行机构，英国国家电网公司负责根据用电负荷预测、发电日前报价、电网拓扑结构和输电设备检修计划，按照总发电成本最低的原则进行市场优化出清，形成日前机组组合计划、发电计划和系统边际电价，这也是与发电企业进行结算的市场出清价格。市场出清价格加上调度运行服务费等分摊项目，形成批发市场电力售出价格，以此与供电公司、批发商和零售商进行结算。

在基于电力库的电力市场中，装机容量超过50MW的发电企业都必须通过电力库出售电力，供电公司、批发商和零售商则必须通过电力库购买电力，发电侧报量报价，负荷侧作为价格接受者，无需报价。基于电力库的电力市场采用全电量竞争模式，所有买、卖电量均在市场中出清，不允许市场成员在场外开展物理双边交易。市场成员之间可以签订差价合约规避价格风险，差价合约的电量覆盖比例较高，为75%～95%。

在发电侧引入竞争的同时，英国也放开了用户选择权：用电容量在1000kW以上的用户一开始就可以自由选择供电商，在此情况下售电公司得以迅速发展。

第一阶段英国电力市场的特点为：① 强制性市场，规定了发电商、供电公司等必须参与电力库的义务；② 全电量竞价，所有的电力买卖需要在电力库中进行，不允许进行场外的物理双边交易；③ 单边市场，用户不需要报价，由电网公司通过负荷预测确定整体的需求；④ 集中机组组合，由电网公司作为市场运营机构和调度机构进行市场的出清，形成机组组合计划；⑤ 可通过金融性的差价合约规避风险；⑥ 日前市场的出清不考虑电网约束；⑦ 实时运行中通过再调度（限上、限下）解决负荷偏差和阻塞问题，对再调度的机组出力根据其报价情况进行经济补偿。

英国电力市场的一个重要特点是电能量市场出清中不考虑网络约束，如果不考虑网络约束的出清结果物理上不可行，可以通过再调度解决阻塞问题，但需要对发电的调节出力进行经济补偿。可以认为，发用双方不需要承担电网阻塞相关的经济成本。比如，某发电机组报价为220英镑/MWh，在日前市场某时段出清了 600MW 的功率，市场统一出清价为 300 英镑/MWh，如果实际运行时最大出力只能为 400MW，则需要下调 200MW 的出力，并对其进行经济补偿，补偿额为下调出力 200MW 与补偿价格 80 英镑/MWh 的乘积即 1.6 万英镑。

1.3.2 新电力交易模式（NETA）

基于电力库的电力市场促进了发电侧竞争、实现市场化定价，但也带来了很多不利影响：① 所有市场成员必须通过电力库进行电力交易，不允许开展场外双边电力交易，市场的竞争性、流动性较差；② 只有发电侧可以通过报价影响市场出清价格，用电侧无法报价参与市场竞争；③ 市场出清过程中的定价机制比较复杂，透明度低；④ 电力市场和天然气市场之间缺乏必要的协同考虑，市场成员经常在两个市场之间套利。

经过充分评估后，英国决定改革电力库模式，在颁布的《公用事业法案（2000）》中提出了新电力交易模式（new electricity trading arrangement，NETA），该法案于 2001 年 3 月开始实施。新电力交易模式重新设定了各类市场成员的权利和义务，并对电力市场和天然气市场进行整体考虑，成立了天然气和电力市场监管办公室（Office of Gas and Electricity Markets，OFGEM）。区别于基于电力库的集中式交易，新电力交易模式以双边交易为主。市场成员可以通过场外双边协商或者交易所达成交易，他们在交易电量、电价、交割点以及交易时间方面具有很大的自主权，并且最终交易结果需要通过调度进行物理执行。为保障电网安全运行，英国还建立了平衡市场和不平衡结算机制，用于管理市场成员实际发用电与交易结果间的偏差。

新电力交易模式的好处显而易见：① 它为需求侧参与市场提供了机会，在一定程度上实现了需求侧参与定价，有助于抑制市场价格的不合理上涨，减少发电企业的市场力滥用；② 它为市场成员提供了更为灵活的电力商品类型和交易方式选择，在完成中长期电力交易后，他们还可以通过日前市场调整仓位水平，控制市场风险；③ 新交易模式中发、用电各方的报价形式比较简单，定价机制更为透明，市场透明度高，能够有效降低交易费用；④ 市场成员能够通过双边协商决定交易结果和价格，不一定需要在交易机构进行集中出清，这进一步提高了对发电企业的压力，增强了电力用户的话语权以及他们对市场价格的影响力；⑤ 新交易模式规则简单，出清过程清晰、便于监管，监管机构能够针对市场的发展变化做出快速响应。

新电力交易模式首先在英格兰和威尔士投入应用，取得了预期效果，具备了向其他地区推广的条件。

英国第二阶段改革最主要的变化为允许市场成员通过场外双边协商或交易中心达成交易，去除了强制通过集中的电力库进行交易的规定。同时，建立了平衡市场和不平衡机制，以应对市场成员实际发用电与交易交易结果之间的偏差。虽然交易形式上发生了很大的变化，但其在电网约束、阻塞管理方面的基本理念未变：双边交易中不需要考虑电网约束，对实际电网的阻塞问题通过上调、下调服务（通过平衡市场获得）解决。这也是能量市场可以进行自由的、分散的双边交易的重要前提：能量交易中不需要考虑电网约束，供需双方保证发、用功率平衡即可，可以方便的进行双边交易。

1.3.3 全英国新电力交易模式建立

2005 年 4 月，英国政府决定将新电力交易模式进行推广，在包括苏格兰的全国进行应用，这就是英国电力交易与输电运营模式（British electricity trading and transmission arrangements，BETTA）。推广计划要求在全国范围内建立统一的竞争性电力市场，建立统一的电力交易系统、实时平衡系统和不平衡结算系统，从而实现全国电力市场的统一运行。苏格兰电网的调度权统一移交给英国国家电网公司，仅保留输电资产的所有权和经营权，由英国国家电网公司负责全国电力系统的调度运行和系统安全，同时负责平衡市场和不平衡结算的运营管理。

1.3.4 以低碳转型为目标的电力市场改革

为应对全球气候变暖、保障能源供应安全，2011 年 7 月英国能源部发布了《电力市场化改革白皮书（2011）》，提出引入上网电价和差价合约相结合的低碳电源发展激励机制，同时要求规定新建机组的碳排放标准要求、明确容量市场等补偿机制，启动了以低碳转型为目标的新一轮电力市场改革。2013 年 10 月 10 日，英国能源部发布了《电力体制改革实施草案》，要求于 2014 年正式实施。

低碳电源差价合约机制可以认为是一种政府授权合约机制：由政府确定各类低碳电源的合约价格，并授权设立专门的机构，与低碳电源发电商签订差价合约，确保低碳电源在参与电力市场竞争时仍能够以合约价格获得收益。该机构同时也负责与电力用户、售电商签订售电合约，按用电量或售电量收取低碳补贴电费，以分摊低碳电源补贴所产生的市场支出。容量市场则指在政府授权下，英国国家电网公司根据对未来用电需求的预测，评估保障电网安全运行所需的发电容量，并组织发电容量招标，新建电源、已建电源、需求侧响应资源、储能设施等均可以参加容量市场竞争，获取容量收益。英国国家电网公司代表电力用户和售电商购买发电容量，并在所有电力用户和售电公司中进行分摊，以保障电力系统的长期安全持续供应。容量市场需要提前四年组织开展，例如在 2014 年为 2018～2019 年冬季的可用发电容量进行第一次招标。

为防止新建高污染电厂，英国设立了排放绩效标准，将新建化石燃料电厂的二氧化碳最高排放标准设为 450g/kWh，高于这一排放标准的化石燃料电厂不得建设。为使碳价格处于合理水平之内，以解决欧盟碳交易机制中碳价被低估这一问题，促进低碳电源转型，政府还设定了最低碳价，并由政府补贴，补贴费用纳入政府年度预算。2014 年的碳交易设定价格下限为 17.5 英镑/t，并逐年上涨。

1.3.5 英国电力市场治理架构及市场体系

英国天然气和电力市场监管办公式作为英国电力市场监管机构，独立于政府部门之外，同时负责电力市场和天然气市场的监管，价格监控是其主要的监管手段。

英国第二阶段改革中取消了强制电力库，但仍允许由交易机构组织日前及日内市场。英国允许存在多个电力交易机构，由市场成员自由选择是否参与交易机构。目前在运的电力交易机构共有两家，分别是欧洲电力交易所现货市场（EPEX SPOT，原 APX UK）和北欧电力交易所（Nord Pool，N2EX），它们独立于电网调度机构，负责运营英国批发电力市场。2017 年，根据法律要求，英国电网公司的调度职能实施分离，成立新的调度机构（National Grid Electricity System Operator，NGESO）作为英国国家电网公司的子公司，于 2019 年 4 月正式独立运营，负责英国电力系统的调度运行与平衡市场运营。英国电力市场管理公司（Elexon）负责平衡管理和不平衡电量结算。

英国电力市场主要包括中长期双边交易市场（场外交易）、日前集中交易市场、日内滚动交易市场、平衡机制及辅助服务市场等。英国中长期市场交易电量占总电量的 85%以上，日前市场、日内市场和平衡机制交易电量大约占总电量的 10%。

截至 2019 年 7 月底，在英国批发市场中共有 189 家公司拥有发电许可证，其中独立发电企业 30 多家，发售一体的集团公司 6 家；2018 年 8 家最大的电力公司提供 72%的电量，市场集中度赫芬达尔指数（Herfindahl-Hirschman index，

HHI）指数为 1138。英国电力市场中有 7 家主要的供电公司，同时兼有配电和售电业务，其中 6 家供电公司同时拥有发电业务和售电业务。在零售市场里，新的售电商不断涌现，新售电商的客户总数达到 190 万家，市场份额达到 20%，与最大的六家售电商形成全面竞争。

1.4 欧洲跨国电力市场的标杆——北欧电力市场发展概况

1.4.1 北欧电力市场发展历程

北欧电力市场被认为是国际上第一个真正意义的跨国电力市场，最初从挪威、瑞典、芬兰和丹麦开始，后来市场成员扩展到波罗的海沿岸多个国家，具有品类齐全的跨国日前电能市场、日内电能市场和金融衍生品市场。运行几十年来获得了丰富的经验，被许多国家和地区借鉴。欧洲统一电力市场的一些做法也来源于北欧电力市场。

地理上的北欧地区主要指挪威、丹麦、瑞典和芬兰四个国家。冰岛也属于该地区，但由于其为离岛且面积很小一般不作考虑。四个国家的电力系统联系紧密，形成统一的同步电网，和周围邻近欧洲国家主要通过直流线路相连。北欧四国之所以能形成统一电力市场，与其电源的互补性密切相关。挪威绝大部分为水电，瑞典和芬兰的核电占主导地位，丹麦则有高比例的风电。

北欧电力市场改革始于挪威。早在 1971 年挪威就成立了电力交易所，但当时市场主体仅限于发电商，主要目的是为优化国内的水电资源。四国之间存在少量交易，均通过双边谈判完成。1991 年挪威颁布能源法率先进行了电力市场化改革，1992 年进行厂网分开，国家电力公司分为发电公司和电网公司（Statnett）。1993 年挪威成立真正的电力商品交易所，此即为北欧电力库的前身。

瑞典基本与挪威同时进行改革，于 1992 年进行厂网分开成立瑞典国家电网公司（Svenska Kraftnat）。1996 年瑞典加入挪威电力市场，二者联合成立了挪威—瑞典联合电力交易所。

芬兰于 1995 年开始建立竞争性的电力市场，1996 年成立电力交易所 EL－EX，1998 年加入挪威和瑞典共同的电力市场，1999 年芬兰和瑞典开设了电力平衡调节市场，由二者同时拥有 EL－EX 电力交易所并负责运作该平衡市场。

丹麦于 1996 年实施新的能源法，拉开电力改革的序幕。丹麦西部和东部分属于两个不同的电网公司，二者分别于 1999 年和 2000 年加入电力市场。至此，北欧四国全部加入一个共同电力市场之中，形成了一个以 Nord Pool 为主体的电力市场交易体系。

2001 年，北欧电力交易所获得了电力交易和清算许可证，负责组织北欧电力市场的日前交易和日内交易，并对交易结果进行出清与结算。2005 年，北欧电力交易所成为欧洲首个欧盟碳排放配额交易所。2006 年起，北欧金融市场的远期合同最长时间跨度从 4 年扩展到 6 年。2009 年 11 月，北欧与德国联合开始启动日内市场耦合运营。2010 年，纳斯达克－OMX 集团（NASDAQ OMX）收购了北欧电力交易所电力期货交易所业务，并把电力交易业务拓展到英国，在英国建立了 N2EX 电力交易中心，开展电力市场交易服务。2010 年 4 月至 2012 年 6 月，北欧电力交易所的业务范围拓展到了爱沙尼亚、荷兰、比利时和立陶宛等国家，这些国家的发电企业、电力用户和售电公司均可参加北欧电力市场交易。

北欧四国与英国、德国、波兰等欧洲周边国家存在交易，形成了当时世界上最大的跨国界电力交易市场。

北欧电力实时市场由各国输电系统运营机构具体负责，保证电力的实时平衡。早期各国输电系统运营机构合作组成一个北欧输电运营者合作组织（Nordel），通过这一组织各国根据统一原则来进行平衡操作和管理，并且致力于北欧四国统一行动快速反应，以打造一个统一的电力市场。随着欧洲一体化进程的推进，Nordel 于 2009 年解散，代之以欧洲互连电网输电运营者（ENTSO－E）来统一管理。

1.4.2 北欧电力市场成员构成

北欧电力市场的主要成员包括监管机构、电力交易中心、电网公司、发电商、电力用户、零售商、市场交易商和服务提供商等。北欧市场监管机构包括挪威金融监管委员会、挪威水利资源和能源委员会、挪威石油和能源部等，其中挪威金融监管委员会负责监管北欧金融市场，挪威石油和能源部负责监管挪威电网调度运行，挪威水利资源和能源委员会负责监管电力现货市场。北欧电力交易所主要包括北欧电力现货交易所和金融交易所，北欧电力现货交易所负责日前电能市场和日内电能市场运营。NASDAQ OMX 在 2007～2010 年先后收购了北欧电力清算结算中心、北欧电力市场咨询公司和北欧电力交易所金融市场业务。

1.4.3 北欧电力市场模式

北欧电力市场主要包括金融市场、现货市场、实时平衡市场和辅助服务市场。金融市场主要为市场成员提供价格对冲和风险管理手段，交易品种主要有远期合约、期货合约、期权合约、差价合约、备用期权和排放权等。金融交易以现货市场价格为参考，大多交易不需要物理交割，北欧金融市场的服务范围在 2016 年已经扩展到德国、荷兰和英国。

现货市场主要包括日前电能市场和日内电能市场，由于交易结果通常需要物理交割，也称为物理市场。日前市场建立于 1993 年，是北欧电力现货市场的重要组成部分，采用分区定价机制。各市场成员在报价关闸时间前，提交次日发电及购电报价；报价截止后，Nord Pool 根据市场成员提交的报价和各分区间的可用输电容量，以社会福利最大化为目标，出清各市场成员的中标电量和中标电价，同一交易时段同一分区的所有市场成员出清价格相同。在运行日，日内电能市场为市场成员提供实时交易机会，市场成员可以根据最新的发电能力、负荷需求和电网拓扑变化，在日前市场出清结束后、日内市场关闸时间前，申报运行日的售电及购电需求。通常关闸时间为实际执行前一小时，但可随市场运行成熟程度和技术条件予以优化调整。日内电能市场采用“高低匹配、先来先得”的滚动撮合出清机制，交易撮合需要综合考虑市场成员报价以及分区之间的可用输电能力。

北欧实时平衡市场由各国家内部的输电系统运营机构负责运营，日内市场关闸后，市场成员可以继续提交实时平衡市场的上调和下调报价，在实时平衡市场关闸后，各国输电系统运营机构按照价格优先的原则，出清实时平衡市场的中标电量和中标电价，出清结果用于实际电网调度运行。

辅助服务市场主要包括调频市场和备用市场。随着欧洲统一电力市场建设的推进，实时平衡市场的耦合也在推进，辅助服务的品种名称也在逐步进行统一。辅助服务市场由各国的输电系统运营机构负责运营，按照价格优先的原则出清中标辅助服务容量和价格，并在实时运行中调用。

北欧电力市场的清算结算根据市场类型不同分开进行，其中北欧现货交易所负责电力现货市场的清算和结算，NASDAQ OMX 负责金融市场的清算和结算，各国 TSO 则负责各国实时平衡市场和辅助服务市场的出清和结算工作。

1.4.4 北欧电力市场运营概况

在 2019 年，北欧电力交易所为 15 个国家的发电企业、电力用户和售电公司提供日前电能市场交易服务，共计 21 个报价区，每年日前电力市场的交易电量大约 5000 亿 kWh，2019 年日前市场交易电量为 4755 亿 kWh；同时也为 14 个国家的发电企业、电力用户和售电公司提供日内电能市场服务，2019 年日内市场交易电量达到 158 亿 kWh。图 1－5 给出了北欧电力现货市场年度交易电量变化。北欧电力现货市场中平均无约束系统边际电价变化如图 1－6 所示。

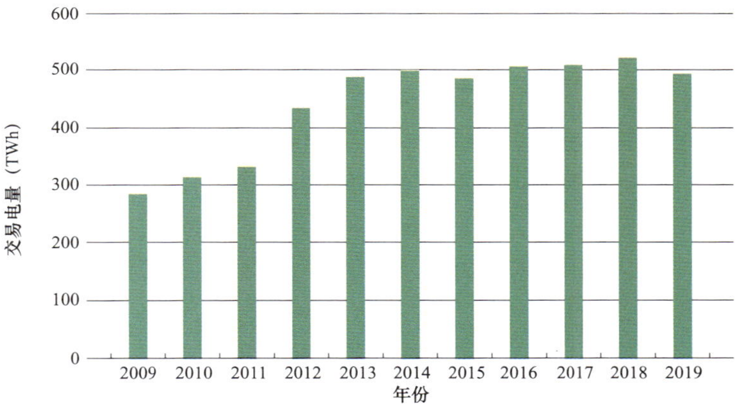

图 1－5　北欧电力现货市场年度交易电量变化

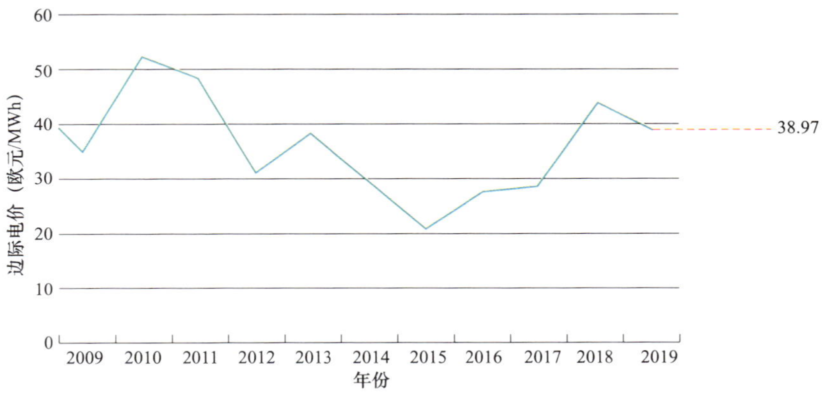

图 1－6　北欧电力现货市场中平均无约束系统边际电价变化

1.5 欧洲统一电力市场政策与法律基础

英国、挪威率先启动的电力市场化改革有效地证明市场在电力资源优化配置中的巨大作用，它们在电力科技进步、供应成本降低、服务水平提升等方面均取得了重要进展。随后，欧洲其他国家也启动了电力市场化改革，但是各国选择的市场模式和改革路径不尽相同，在商品类型、交易周期、交易方式和定价机制方面都有较大差异。各国设计的市场机制在国家或者区域内部虽然能够较好地发挥作用，但由于不同国家间的市场模式差异大，相互间缺乏有效的沟通与协调，跨国市场建设缓慢、交易效率低下，跨国输电容量难以充分利用，导致跨国界的更大范围资源优化配置潜力无法得到充分释放。与此同时，随着欧盟可再生能源发展 2020 目标的提出，又要求在全欧洲范围内建立跨国电力交易协调机制、统一各国电力市场模式。因此，欧盟于 1996 年提出《第一能源法案（96/92/EC）》（即《第一能源法案》），正式开启了欧洲统一电力市场建设进程，在全欧洲范围内对垂直一体化电力工业进行改革，初步建立模式相近的国家和区域电力市场，并逐步加强跨国电力交易协调，具体要点如表 1－3 所示。

表 1－3　电力市场关键法案及内容要点

法案名称	实施时间	目标导向	内容要点
《第一能源法案》	1996～2003 年	促进发电竞争	政府强制性措施和垄断环节运营原则、单一购买者的运营要求、发电投资、输电运营与配电运营要求、交叉补贴及市场干预
《第二能源法案》	2003～2009 年	促进零售竞争	规定了发、输、配和售电等环节的电力市场通用规则，包括市场主体及职责、市场准入、发电装机招标程序及技术标准、电力系统运行等
《第三能源法案》	2009～2019 年	促进跨区交易	电力行业竞争性环节分离、独立监管机构、能源监管合作机构、跨国协作和公平开放的零售市场等
《欧洲清洁能源法案》	2019 至今	促进清洁能源发展	能源安全、欧洲内部统一能源市场、能效提升、经济低碳转型、促进能源领域的科研、创新和竞争等

1.5.1 发电竞争——《第一能源法案》（1996～2003 年）

1996 年 12 月 19 日，欧洲议会和欧洲理事会颁布《第一能源法案》，提出了欧洲统一电力市场通用规则，并于 20 日后正式生效。该法案明确了电力市场建设的一些基本原则，为后续欧洲统一电力市场的建设奠定了基础。该法案的要点如下。

（1）强调市场的重要性。该法案指出，建立欧洲内部统一的电力市场，不仅对于提高电力生产、输送和配用效率至关重要，还在保障欧洲电力安全经济供应和充分竞争方面具有重要作用，同时电力市场建设也将促进欧洲电网跨国互联。

（2）强调电力市场建设难以一蹴而就，需要分阶段逐步推进改革。由于各国国情不同，欧盟层面仅明确统一的电力市场框架，具体实施细节则由各国根据实际情况决定。

（3）明确政府强制性措施和垄断环节运营的原则。为保障电力安全供应和保护电力用户，政府可以采用一些强制性措施，对市场进行干预，比如电力系统长期规划就是具体承载政府干预的手段之一。由于电网的自然垄断属性，输电网必须集中管理和控制，以保障电网的安全稳定和高效运行，但输电系统运营机构必须客观、中立、透明地进行电力系统的运行、维护和建设，技术标准也必须透明，以促进电网互联和协调运作。输电系统运营机构应公平无歧视地对所有发电厂进行公平调度，并根据环保原则优先调度可再生能源发电。

（4）单一购买者的运营要求。采用单一买方市场模式时，单一买方必须相对独立于垂直一体化企业中的输电和配电环节，并严格限制单一买方和输电、配电业务之间的信息交换。垂直一体化企业的财务账户需要保持最大限度的透明，发输配售各项业务的账户需要独立设置，以利于有效监管市场支配地位滥用等不公平行为。当然，考虑到各国电力工业的差异，在确保公开、透明和非歧视前提下，具体的电网接入标准和运行准则可以不同。

（5）发电投资。《第一能源法案》规定，新建发电容量可以选用授权审批程序或者招标程序，但必须保证程序的客观、透明和非歧视性。如采用审批程序，需提前公布新建发电装机的审批标准。如采用招标程序，需公布系统所需的新建装机容量：输电系统运营机构应在政府监管下，每两年定期发布未来预期将要接入电网的发电装机和输电线路、所需的联络线容量以及未来预计的负荷需求。各个国家应该指定一个与发电、输电和配电无关的企业或者机构，负责新建发电容量招标流程的组织、监视和控制，指定招标机构必须保证投标信息的保密性。

（6）输电系统运营。欧盟成员国应要求拥有输电网的电力企业指定一个输电系统运营机构，负责输电网的运行、维护甚至建设，具体设立时间可以由成员国综合考虑平衡效率和经济性最终确定。电网的接入技术标准应做到客观、透明和无歧视，并且提前一定时间发布。输电系统运营机构负责电力系统的调度运行、系统间协作、电力系统安全稳定和辅助服务的充足供应；输电系统运营机构应对所有接入主体一视同仁，不能因为接入主体的公司类型和股权人而差别对待。另外，对于垂直一体化电力企业中的输电系统运营机构，其管理团队必须与其他业务管理团队保持独立。对发电机组进行调度时，输电系统运营机构应严格按照成员国的调度规程确定调用次序，并遵照欧洲统一电力市场规则要求，优先调度可再生能源发电和垃圾发电。

（7）配电运营。《第一能源法案》规定，成员国可以指定配电公司在其供电区域的专属供电权，配电公司应对所有电力用户一视同仁，目录电价受政府管制。对于拥有配电网的电力公司，应指定一个配电系统运营机构（distribution system operator，DSO）负责系统的运行、维护乃至建设。如果配电网区域内有可再生能源发电和垃圾发电，可以优先调度其发电。

（8）交叉补贴及市场干预。根据法案要求，垂直一体化企业必须对发电、输电、配电及其他业务进行独立核算，以证明未对不同用户区别对待或交叉补贴，也没有扰乱市场竞争的其他行为。当电力市场发生重大问题，或者电网出现危及人员生命安全和设备安全的重大故障时，成员国可以采取必要的临时措施，对市场进行干预。但采取的措施对欧洲统一电力市场运营的影响应尽可能小，并严格控制范围。

各成员国最迟应在 1999 年 2 月 19 日之前，完成《第一能源法案》的落地实施，并完全满足法案的各项要求。

欧洲《第一能源法案》是在很多成员国内部的电力市场尚未建立的情况下颁布的，到目前虽然已经过了 20 多年，但里面提到的很多基本原则，对处于电力市场建设初期的国家和地区仍有很大的借鉴意义。

1.5.2 零售竞争——《第二能源法案》（2003～2009 年）

在总结《第一能源法案》成功经验基础上，2003 年 6 月 26 日，欧洲议会和欧洲理事会颁布了《第二能源法案（2003/54/EC）》（即《第二能源法案》），重新定义欧洲统一电力与天然气市场的通用规则，以替代《第一能源法案》。《第二能源法案》进一步扩大了市场化改革的深度和广度，要求发输配售各环节进行法律意义上的分离，分拆为独立的子公司；同时对输配环节进行严格监管，形成“放开两头、管住中间”的市场架构。《第二能源法案》下的交易品种更加丰富，跨国交易电量也有了大的提高，跨国输电通道利用效率进一步提升，各国间电源互补特性也得到更加有效的利用。《第二能源法案》还要求从 2004 年起，放开除居民外所有用户的用电选择权，2007 年放开所有电力用户的用电选择权。该法案同时要求各国成立电力市场监管机构，对国内和跨国电力交易实施监管，并建立欧洲电力和天然气监管机构（European Regulators’ Group for Electricity and Gas，ERGEG）以开展联合监管。

（1）输电系统运营机构和配电系统运营机构独立及合理输配电定价方法的重要性。《第一能源法案》的实施为欧洲带来一系列的好处，包括电力行业效率提升、电价下降、服务标准提高、市场竞争增强等。但欧洲统一电力市场在竞争公平性、滥用市场力、输配电网无歧视开放、无差别输配定价、电力用户权益保护和市场信息披露方面还存在很多不足。各成员国之间的市场开放程度不同、电网接入和输电定价等问题是制约建立充分竞争的欧洲统一电力市场的主要障碍，最有效的解决方案是要求输电系统运营机构和配电系统运营机构成为法律意义上的独立企业，与发电和售电业务没有任何利益关联，并有权对运营范围内其他电力企业拥有的电力设施进行统一调度。如果成员国采用其他替代性措施，则需要评估这些措施是否能够实现上述目标。各国监管机构应对电网的非歧视接入和输电定价进行监管，至少应该能够审定计算输配电价定价方法，提前进行公布，并需要细化明确监管机构在制定或者审批输配电价格时应具备的权力。

（2）有效及透明的平衡机制的重要性。为保障各类市场主体，特别是有效吸引新主体进入市场，《第二能源法案》还要求建立非歧视和反映成本的电力市场平衡管理机制，并在该框架机制下实现透明的发用电平衡。

（3）用户选择权及保底供应商。电力用户的权利应该得到充分保护，特别是小型电力用户有权以合理的价格得到安全可靠的电力供应。电力用户可以自由选择电力供应商，成员国可以指定一个供电商为保底供应商，如符合各业务分离要求，垂直一体化电力企业的售电部门也可以保底供电。

（4）电力市场通则的实施。《第二能源法案》主要规定了发、输、配和售电等环节的电力市场通用规则，包括市场主体及职责、市场准入、发电装机招标程序及技术标准、电力系统运行等内容。各成员国在实施该法案后，需将该国为实施法案所采用的全部措施通知欧盟委员会，包括电力用户保护、公共服务强制措施，以及这些措施对国内及跨国市场竞争的可能影响；同时各国还需要每两年报告一次措施的调整情况，以及是否需要延期才能完成法案的实施。

（5）有关输电系统运营机构的进一步规定。成员国需指定一个或者多个输电系统运营机构，其职责包括：① 引导建设充足的输电和发电容量，保障电力负荷能够得到长期可靠供应；② 对发电和互联电网进行协调调度，保障辅助服务的充足供应；③ 对所有电力用户提供非歧视服务，提供充足的市场信息，辅助市场成员高效地接入电力系统。如果输电系统运营机构属于垂直一体化企业，则它必须与所属电力企业的非输电业务保持法律、组织和决策独立，但不要求强制进行产权剥离。为保证输电系统运营机构独立性，其管理人员不能参加所属垂直一体化企业发电、配电和售电业务的日常运营和管理。此外输电系统运营机构管理人员还需要具有足够的专业素养，以保障他们能够独立决策，母公司可以对输电系统运营机构的年度预算进行审核，但不得干预其日常运行，同时需要为输电系统运营机构提供必需的办公场所和相关设备。输电系统运营机构严格按照运行规程和发电报价进行调度，对于可再生能源发电、垃圾发电和供热机组可优先调度。

（6）有关配电系统运营机构的进一步规定。成员国需要指定一个或者多个配电系统运营机构，以保障配电网的安全、可靠、高效运营。如果配电系统运营机构属于垂直一体化企业，则它必须与所属电力企业的非输配电业务保持法律、组织和决策独立，但不要求强制进行产权剥离。与输电系统运营机构类似，配电系统运营机构管理人员也不得参与所属母公司发电、输电和售电等与配电无关其他业务的日常运营和管理。

（7）监管机构的建立、职责及权力。监管机构在政府授权之下，有权查看电力市场运营的各类相关信息，但需要对商业敏感信息进行保密。垂直一体化电力企业应保证发输配售各业务的财务独立，避免交叉补贴和对电力用户的区别对待。各成员国应指定一个或者多个符合条件的市场监管机构，这些监管机构与电力行业的所有企业保持独立，确保电力市场高效、公平和充分竞争。

（8）关于跨国交易的《跨价区电力交易的电网接入》[条例 1228/2003，Regulation（EC）No. 1228/2003 of the European Parliament and of the Council of 26，June，2003，on Conditions for Access to the Network for Cross-border Exchanges in Electricity]规定了跨国联络线容量分配和定价机制，为欧洲统一电力市场跨国交易提出了公平开放的市场规则，进一步提升了电力市场竞

争水平。该条例还提出了跨国电力交易的补偿机制，输电系统运营机构有权从电力转运主体获得成本补偿，该部分收入需要计入核定的输电价格。

《第二能源法案》的重点仍然在于各国市场机制的建立，其中独立的输配电运营机构的建立、电网的无歧视开放、合理的输配电定价机制是其中的重点。

1.5.3 跨区交易——《第三能源法案》（2009～2019 年）

考虑到不同国家可再生能源分布不均衡，为实现可再生能源发展目标，各国经过磋商一致后出台了《第三能源法案》，要求进一步加快欧洲统一电力市场建设步伐，实现各国电力市场在中长期、日前、日内和实时平衡等各个尺度的市场耦合，从而在更大范围建设和消纳可再生能源。2009 年 7 月 13 日，欧洲议会和欧洲理事会颁布了《第三能源法案》，主要包括《欧洲统一电力市场通用规则法令》（Directive 2009/72/EC）、《欧洲天然气市场通用规则法令》（Directive 2009/73/EC）、《能源监管机构合作组织条例》[Regulation（EC）No. 713/2009]、《跨国电力电网接入条例》[Regulation（EC）No. 714/2009] 和《天然气输送网络接入条例》[Regulation（EC）No. 715/2009]，并于 2009 年 9 月生效。

《第三能源法案》主要包括五个部分：电力行业竞争性环节分离、独立监管机构、能源监管合作机构、跨国协作和公平开放的零售市场。

（1）电力行业竞争性环节分离。垂直一体化的电力企业会阻碍竞争者的进入，损害电力市场公平竞争，导致电力用户被迫接受更高的供电价格，因此需要实现发电和售电的分离，具体有三种方法可供成员国自行选择：① 所有权分离，即垂直一体化企业售出他们拥有的输电网络，发电或售电公司不能控股或者干预输电系统运营机构的工作开展；② 成立独立系统运营机构，即发电、售电公司可继续拥有输电网，但必须将输电网的运行交给独立企业承接；③ 成立独立输电系统运营机构，发电、售电企业可继续拥有输电网，但必须交由一个独立子公司运营，该公司的所有决策必须独立于母公司。欧洲委员会发布了采用这几种方法的指导以及具体的认证流程，符合要求的运营机构可以向本国监管机构申请认证，每个输电系统运营机构都必须通过认证才能承担输电网络运营职能。

（2）独立监管机构。如果没有一个独立的监管机构保障市场规则得到切实有效的履行，就无法形成一个充分竞争的欧洲统一电力市场。

1）监管机构必须独立于电力企业和政府管理部门，他们必须是一个独立的法人实体，并且拥有独立的财政预算权。政府必须为他们履行职能提供必要的场地、设备和帮助。

2）监管机构有权对电力企业做出有约束力的要求，并对不遵守规定的企业进行处罚。

3）发电、输电和售电企业必须提供监管所需的各种数据信息。

4）欧盟内部各个国家的监管机构之间必须紧密协作，以推动电力市场的发展，促使电网的运行更加安全和高效。

（3）能源监管机构合作署（Agency for the Cooperation of Energy Regulator，ACER）。为保障各国监管机构间的充分合作，实现欧洲统一电力市场的平稳运行，欧盟成立了一个能源监管机构间的合作组织，该组织与欧盟委员会、各国政府及能源企业保持独立。能源监管合作机构的主要工作范围包括：① 起草跨国输电网络运行导则；② 评估欧盟范围内输电网络的发展规划；③ 如各国监管机构无法就跨国协调事务达成一致，进行跨国间的监管机构协调；④ 监测欧洲统一电力市场运营，包括零售市场价格、可再生能源发电的电网接入，以及电力用户权益保护等。

（4）跨国协作。各国内部的输电系统运营机构负责电力在输电网的高效传输，但由于欧洲电力市场跨国交易规模大，各国输电系统运营机构之间需要进行协作，以实现跨国输电网络的优化运行。输电网跨国优化运行主要依靠欧洲输电系统运营商联盟，该机构通过制定电网运营规则和标准，协同各输电系统运营机构运行，从而调节不同国家输电网络潮流。在输电网络投资规划和输电能力提升监测等方面，跨国协作也非常必要，如发布欧洲未来10年的输电网络投资规划，以帮助发现电网投资不足。

（5）公平开放的零售市场。《第三能源法案》里还包含了保护电力用户权益的规则设计，比如电力用户在改变零售商时不得额外收费，他们能够公平地获取电能消费信息，并且可以快速、成本低廉地解决各种争议。

《第三能源法案》要求制定各国通用的电网运行规则，包括电力系统安全运行、可靠性管理、输电容量分配、阻塞管理和电网接入等方面，以消除跨国交易障碍；法案同时要求制定协调一致的电力市场规则，促进各国电力市场的大融合和跨国电力交易的大发展。在《第三能源法案》的指引下，欧盟制定了一系列支撑统一电力市场建设的导则和准则，为跨国电力市场融合和跨国交易发展奠定了基础。这些导则和准则具体包括《远期输电容量分配导则》[COMMISSION REGULATION（EU）2016/1719 of 26 September 2016 establishing a guideline on forward capacity allocation，FCA]、《输电容量分配和阻塞管理导则》[COMMISSION REGULATION (EU) 2015/1222 of 24 July 2015 establishing a guideline on capacity allocation and congestion management, CACM]、《电力平衡导则》[COMMISSION REGULATION (EU) 2017/2195 of 23 November 2017 establishing a guideline on electricity balancing, EB GL]、《电力系统故障和恢复网络准则》[COMMISSION REGULATION (EU) 2017/2196 of 24 November 2017 establishing a network code on electricity emergency and restoration, NCEER]、《需求侧接入网络准则》[COMMISSION REGULATION (EU) 2016/1388 of 17 August 2016 establishing a Network Code on Demand Connection, NCDC]、《高压直流系统和直流并网电站电网接入网络准则》[COMMISSION REGULATION (EU) 2016/1447 of 26 August 2016 establishing a network code on requirements for grid connection of high voltage direct current systems and direct current-connected power park modules]、《发电接入网络准则》[COMMISSION REGULATION (EU) 2016/631 of 14 April 2016 establishing a network code on requirements for grid connection of generators, NCRGCG], 欧洲能源监管合作机构文件《电力系统运行框架导则》(Framework Guidelines on Electricity System Operation, ESO FG)、《电网接入框架导则》(Framework Guidelines on Electricity Grid Connections, EGC FG)、《电力系统平衡框架导则》(Framework Guidelines on Electricity Balancing, EB FG)。

2011 年 2 月 4 日，欧盟理事会宣布要求于 2014 年完成欧洲统一电力市场建设，但在实际执行中，由于各国基础条件差异较大，统一市场推进困难重重，并未能按预期时间完成市场建设；虽然如此，但各国电力交易商品定义、交易周期、交易方式和定价机制逐步走向了统一，日前市场、日内市场耦合取得了突破性进展，实时平衡市场和辅助服务市场也通过一系列的示范项目得到了发展，跨国输电容量的分配更加规范，跨国电力交易规模有了很大提升。

1.5.4 能源政策新发展——《欧洲清洁能源法案》

为应对温室气体排放带来的气候问题，欧盟提出能源结构转型，既要大力发展可再生能源发电，又要吸引足够的灵活调节电力资源投资，这有赖于建成更加开放、竞争的欧洲统一电力市场。2019 年，欧盟完成了能源政策框架的全面更新，并在欧盟巴黎会议时发布，该能源政策称为《欧洲清洁能源法案》。该法案要求到 2030 年，可再生能源发电占比由 25%增加到

50%以上；同时在没有风电和光伏发电时，电能的安全供应和输送仍能够得到保障。新电力市场设计就是要适应大规模可再生能源接入的需要，起到吸引投资、增加储能设施的作用，以应对可再生能源发电的间歇性波动。市场设计还将为电力用户提供相应的激励，以调动其参与电网安全稳定运行的积极性。

《欧洲清洁能源法案》是欧洲能源政策框架的最新调整，主要内容包括能源安全、欧洲内部统一能源市场、能效提升、经济低碳转型、促进能源领域的科研、创新和竞争等方面。清洁能源法案由清洁能源转型方面的八个法令以及一系列政策措施和倡议组成，它给出了新的欧洲统一电力市场设计要求。新的法案实施后，将改变现有电力系统运行规则，为后续的电网运行运行准则完善、欧洲配电系统运营机构建立、区域协调中心建立、电力系统运行区建立、安全风险防范，以及欧洲电力市场协调效率的提升等奠定了良好基础。欧盟清洁能源法案主要包括《电力行业风险防范条例》[REGULATION（EU）2019/941 on risk-preparedness in the electricity sector and repealing Directive 2005/89/EC]、《建立欧盟能源监管机构合作组织》[REGULATION（EU）2019/942 of establishing a European Union Agency for the Cooperation of Energy Regulators]、《欧洲统一电力市场条例》[REGULATION（EU）2019/943 on the internal market for electricity]、《欧洲统一电力市场通用规则》[DIRECTIVE（EU）2019/944 on common rules for the internal market for electricity and amending Directive 2012/27/EU]。

《欧洲清洁能源法案》提出了新的电力市场监管条例，于 2020 年 1 月 1 日代替了《跨国电力电网接入条例》。为适应新电力市场建设要求，监管条例对现有电力市场规则进行了调整，制定保障电力市场耦合及正常运作的基本原则，提出了电力市场的通用规则，内容涵盖电网接入和阻塞管理、发电资源充裕性保障、输电系统运营机构、配电系统运营机构以及电网准则和导则等方面。除此之外，监管条例还要求建立区域协调中心（regional coordination centre，RCC），以替代按照原系统运行导则建立的区域安全协调机构，并重新进行系统运行分区。区域协调中心的主要任务有：① 对输电系统运营机构的电网事故预案进行评估，以确认其严格遵守电网事故和恢复准则；② 支持对区域电网事故恢复的优化和协调，进行事故处理事后分析，并识别和报告区域电力系统的预想故障场景。区域协调中心将在 2022 年 7 月 1 日进入正式运行。

欧洲输电系统运营商联盟提出的系统运行分区划分提案需要提交能源监

管机构合作署审核，提案中需要说明每一个系统运行分区覆盖的输电系统运营机构、报价区、跨报价区联络线、输电容量联合计算分区和检修计划协调分区等。系统运行分区划定时需要考虑网络拓扑，评估电网之间的互联和依赖程度，系统运行分区应该至少覆盖一个输电容量计算分区。区域协调中心将对分区之间的业务进行协调，分区之间以及分区内部的日常协作均由相关的输电系统运营机构根据协作规范执行。

为实现大范围资源优化配置，促进电力在全欧洲范围内的自由流动，《欧洲清洁能源法案》提出至少应将跨国输电通道（包括跨报价区之间的输电通道）容量的70%交由电力市场交易出清使用，能源监管机构合作署也会针对各输电通道的实际可用情况、具体使用情况进行逐个调查，评估各国和各输电系统运营机构对这一要求的执行情况。

修订后的能源监管机构合作署条例提出了除成员国能源监管机构间协调外的新任务，要求能源监管机构合作署开展跨境输电协调，减少协调不足对欧洲内部统一电力市场正常运营的影响。条例中规定的能源监管机构合作署目标和任务包括：① 输电系统运营机构和配电系统运营机构之间的协调；② 制定和推行电网准则和导则；③ 监管机构和区域协调中心之间的协作；④ 监督评估发电充裕性和风险防范机制。区域协调中心对输电系统运营机构之间的协作效率提升至关重要，它能够加强跨边界协调方面的决策能力，能源监管机构合作署负责监管区域协调中心的运作。能源监管机构合作署在电网准则和导则制定中的作用也被加强，它有权审核电网准则的草案，评估草案是否与能源监管机构合作署发布的导则保持一致；在提交欧盟委员会审批之前，能源监管机构合作署有权对电网导则草案进行修改。针对 2019 年 7 月 4 日发布后的电网准则和导则，能源监管机构合作署有权评价哪个监管机构没有严格执行新的电网运行导则。

1.6 欧洲统一电力市场的驱动力及目标模式

1.6.1 驱动力

欧洲统一电力市场建设之所以能够成为欧盟各成员国的共识，在于它是提升欧洲电力工业运行效率、降低供电成本，激发欧洲经济发展动力，从而提升欧洲在世界范围内的竞争能力。只有统一电力市场商品类型、交易周期、交易方式和定价机制，统一跨国输电容量的计算和分配机制，才能充分发挥欧洲范围内能源结构互补特性，降低电力工业投资，以更低的代价获得更高的电力系统安全供应保障。建立欧洲统一电力市场，实现全欧洲范围内的电力充分竞争，能促进低成本电力在全欧洲范围内的自由流动，降低用户的用电成本，提升社会福利。同时，只有如此才能够扩大可再生能源的消纳范围，实现欧盟可再生能源发展目标。

欧洲统一电力市场规则的制定，为跨国输电容量的高效利用、多国电力市场联合出清奠定了基础。在跨国电力市场联合出清中，输电容量分配与电力交易出清可以联合优化，实现跨国跨报价区输电容量的充分利用。统一电力市场建设无形中破除了市场壁垒，扩大了电力市场范围，降低了单一市场成员的市场份额，也一定程度起到了抑制市场力滥用的作用。

总的来说，欧洲统一电力市场的建设主要考虑以下几个目标：让市场通过提供正确的价格等市场信号发挥作用，促进低碳等目标的实现；促进所有发电和用户无歧视进入和参与市场，明确责权义务，各类资源通过市场获得收益而非通过政府补贴；通过制订公平的跨境交易规则、建立跨境输电费协调和潮流补偿机制、在各国间合理分配联络线可用容量等促进国家间的公平竞争。

1.6.2 欧洲统一电力市场目标模式与发展路线图

2008 年 11 月，欧洲电力监管机构论坛决定建立一个由来自欧盟委员会、监管机构和利益相关方的专家组成的项目协调小组，由其制定一个欧盟范围内的统一电力市场目标模式（见图 1－7）和跨区域电力市场整合路线图（见图 1－8）。小组的主要任务是设计一套实用且可行的欧盟输电容量分配和阻塞管理协调机制，并提出欧盟远期市场、日前市场、日内市场和平衡市场具体整合措施。为实现欧洲统一电力市场目标模式，需要完成的主要工作有：① 提出并实现高度互联电网中基于潮流的输电容量分配方法；② 建立欧洲统一的长期输电权分配平台；③ 实现单一国家电力市场间的价格耦合；④ 开展连续隐式输电容量拍卖的跨国交易；⑤ 启动平衡市场耦合的试点项目。

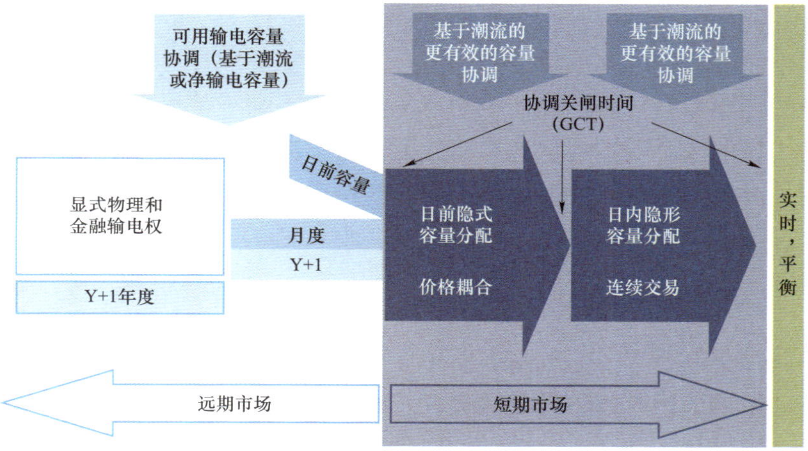

图 1-7 欧洲统一电力市场目标模式

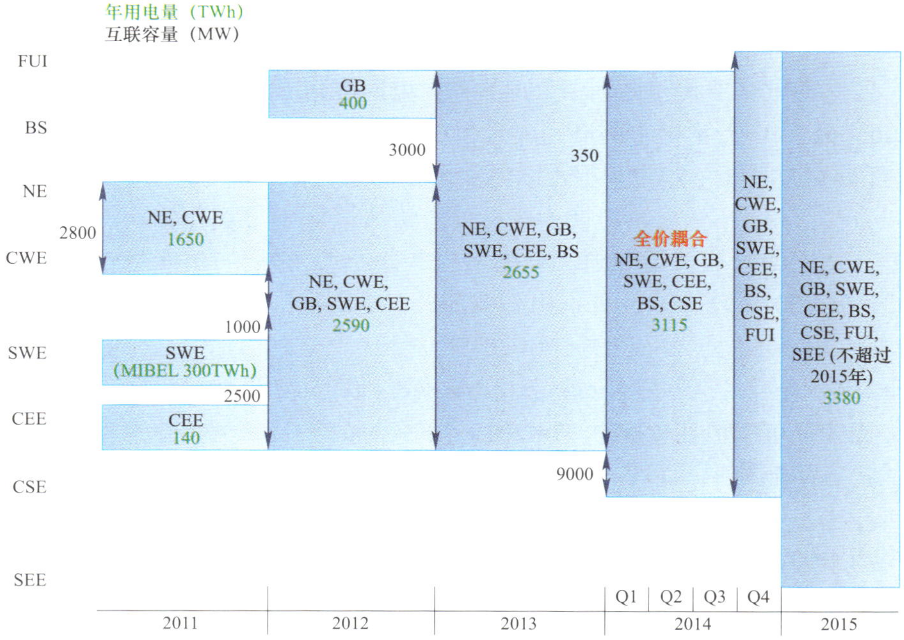

图 1-8 欧洲统一电力市场目标模式的日前市场耦合路线图

FUI—法国、英国、爱尔兰；NE—北欧；SWE—西南欧；CSE—中南欧；BS—波罗的海国家；CWE—中西欧；CEE—中东欧；SEE—东南欧；MIBEL—伊比利亚电力市场

2011 年 2 月 4 日，欧洲理事会举行的欧盟国家元首会议强调了上述措施的重要性，一致决定在 2014 年建成欧洲统一电力市场，落实所有必需的监管

措施，并把这作为欧洲委员会头等重要的任务。然而，欧洲统一电力市场目标模式带来的影响远不局限于 2014 年,这也是欧洲实现气候和可再生能源发展目标的重要基石。目标模式中的很多措施都有利于可再生能源的消纳，比如跨国（报价区）输电容量计算和分配、日前电力市场耦合等，但它们仍然无法满足可再生能源大规模快速发展和经济消纳的需要，直到《欧洲清洁能源法案》的提出，对目标模式做出了进一步完善。

1.6.3 适应目标模式的统一电网准则和导则

欧洲统一电力市场的电网准则和导则由能源监管机构合作署负责制定，是对电力市场进行监管的指导性文件。电网准则和导则主要由 8 个文件组成，其中 3 个电网接入准则，分别是发电接入、需求侧接入和高压直流输电接入准则；3 个电力市场导则，分别是远期输电容量分配、输电容量分配和阻塞管理、电力平衡导则；2 个系统运行导则，分别是电力系统运行、电力系统故障和恢复准则。

在这些电网准则和导则中，有的称为电网准则（code），而有的称为导则（guideline），但无论是电网准则还是粗线条的框架导则，它们都有相同之处：① 都具有同等法律效力，都是欧盟委员会的条例，并要求严格执行；② 都可以直接应用，不需要再转换为成员国的法律；③ 需要履行相同的审批生效程序。电网准则和框架导则也有些不同之处：① 它们的法律基础不同，在（EC）714/2019 法令中，分别由不同部分对电网准则和框架导则进行规定；② 修订程序不同，在（EC）714/2019 法令中，分别由不同部分对电网准则和框架导则的修订程序进行规定；③ 电网准则和导则虽然可以涵盖相同的主题，比如都可以包括（EC）714/2019 法令的条款 18，但实际上有些主题适合放在电网准则中，而有些主题则更适合放在导则中；④ 在实施阶段需要做的工作也不相同。最重要的不同点就是框架导则要求提出输电系统运营机构和电力市场指定运营机构（nominated electricity market operator，NEMO）的具体操作实现方法，它们通常由全欧洲或者某一区域内所有的输电系统运营机构和电力市场指定运营机构联合制定。而电网准则则不需要这样做，其实施由成员国或者输电系统运营机构在管辖范围内进行，不必再提出细化操作办法。

电网准则通常比导则更为详细，即便如此，各国在实施电网准则时依然有很多不同的选择项。而导则只要求提出方法，该方法的具体实现方式则交由以后的实现阶段再确定，所以导则具有更大的灵活性，但可能导致导则的制定繁琐低效，尤其是各项工作互为前提时，导则制定更为困难。

欧洲统一电力市场并不是只有一个电力市场，而是由一系列电力市场共同组成，电网准则和导则的目的就是要对不同的市场进行协调，从而实现各电力市场间的有效融合。此部分内容在第 4 章中详述。

欧洲统一电力市场构成及与电网准则导则的关系如图 1–9 所示。

1.6.4 新能源带来的挑战

欧洲统一电力市场在远期交易、日前市场、日内市场和实时平衡市场耦合方面取得快速进展。但对于未来欧洲电力市场的发展，可再生能源，尤其是间歇性风电、光伏发电的消纳依然是欧洲电力市场建设面临的最为直接的挑战。《欧洲清洁能源法案》的实施将会进一步促进欧洲低碳能源转型，提升可再生能源的消纳水平。从发电侧看，市场需要在欧洲范围内消纳更大装机规模、更多的风力发电量和光伏发电量；从用户侧来看，市场则需要进一步调动用户侧的积极性，通过源网荷的深度互动提升可再生能源消纳能力。

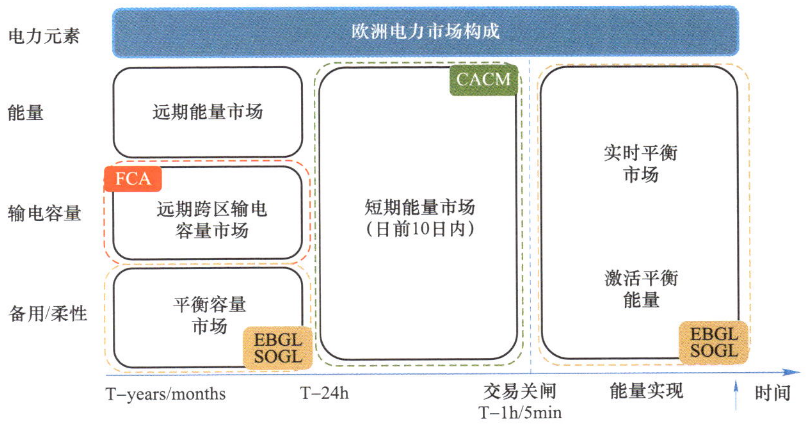

图 1–9 欧洲电力市场构成及与电网准则导则的关系

为实现“2030 年可再生能源发电占比达到 50%以上”这一发展目标，欧洲需要进一步增加可再生能源发电的装机规模，但可再生能源资源分布不均衡，有的地区风光资源匮乏，则其他地区的可再生能源发电占比需进一步提高。可再生能源的发展目前还离不开政府的政策激励，政府补贴在用户用电价格中的占比不断提高。全欧洲电力用户 2019 年平均终端电价构成中，可再生能源发电补贴已经达到 14%，而批发市场形成的发电价格在平均终端电价构成占比仅为 39%，电力市场的资源优化配置作用开始下降，非竞争性价格占比不断提高。政府对可再生能源的激励政策扭曲了电力市场发现的价格信号，投资不再向可再生能源资源最丰富的地区聚集，而是向政府补贴最高的地区集中，这一现象招致了对政府可再生能源发电扶持政策的批评。随着可再生能源发电装机占比的快速提升，电力市场中将有 1/3 以上的电源为可再生能源发电，其成本需要得到保障性回收，并享有一定程度的优先调度机会，这将对电力市场的价格发现能力带来巨大冲击；同时间歇性能源发电的出力波动将会导致电价在短时间内发生快速变化，这在 2020 年的欧洲电力市场，甚至美国加州、德州电力市场中已经得到了验证。随着可再生能源发电占比快速提升，大量间歇性不受控制的新能源发电的接入，传统电力市场机制已经难以应对，电网潮流也将更加难以预测，报价区内的阻塞管理、可再生能源发电的削减、可再生能源发电市场与补贴机制的协调、电力的可靠供应等都将是欧洲电力市场需要长期面对的问题。

此外，按照电力市场建设相关法案规定，2020 年 80%以上的居民用户均将安装智能电表；虽然智能电表的推广未能全部按照预期完成，但其应用已经非常普遍，意大利等国家则超前完成了智能电表的全国推广和应用。在智能电表的帮助下，电力用户能够实时了解自身用电信息，这为他们参与批发市场、实时平衡市场和辅助服务市场打下了良好基础，电力用户可以根据批发市场价格调整自身用电行为，通过需求侧管理参与电力市场竞争。随着可再生能源比例的增加，可再生能源补贴在电力用户电价中的占比快速增加，批发市场价格的重要性不断下降，电力用户参与需求响应带来的效益也不如预期。加上可再生能源在一定程度上降低了现货市场电能价格，这也为调动需求侧响应积极性带来了负面影响。由于需求侧响应的技术性要求较高，一般电力用户难以具备参与批发电力市场的能力；对小型的电力用户，需求侧响应的经济回报总量不高，若还需用户进行设备改造和前期投资，需求侧响应的实现则会变得更加困难。因此电力市场设计需要充分发挥负荷聚合商的作用，由负荷聚合商汇聚各类电力用户的响应资源，代理参加电力批发市场。但在现有市场中，已有售电公司在市场中具有很强的支配地位，留给新型负荷聚合商的发展空间很小。

1.6.5 适应新能源的市场机制设计

基于新能源带来的挑战，欧洲电力市场设计进行了多方面改进，这部分内容将在第 5 章中详述，这里择要做简单讨论。

在产品设计层面，考虑到越来越多的小规模且多变的新兴资源如可再生能源、需求响应、储能等的接入，电力市场一方面应尽量减小产品的时间颗粒度，如设置 15min 的不平衡结算周期，以激励灵活性、多变资源进入市场；另一方面为了应对新兴资源的小规模特性，需要降低市场报价最小单位，支持聚合商进入市场。比如，日前和日内市场可以提交最小 0.5MW 的产品，而平衡市场中，可以提交最小 1MW 的产品。但是，这些措施都会使市场变得更加复杂，需要一定的时间、成本去实现，需要从成本效益分析的角度谨慎进行评估。

在平衡市场准入条件层面，随着可再生能源比例的不断增加，可再生能源为电力系统提供平衡服务变得越来越重要，于此同时，可再生能源的平衡潜力并未得到充分发挥，目前采用的提供经济激励的补贴政策也不再适用。因此，在技术层面，平衡市场应开放给所有市场成员，允许新兴资源进入，不设置不必要的技术障碍，比如降低 IT 设施的要求；而在经济方面，对参与平衡市场的新能源应提供激励。

在批发市场电价方面，由于电力系统灵活性不足，电力市场应允许负电价，因为负电价是系统中缺乏灵活性的标志。但允许负电价，从系统运行的角度来看，它们可能带来一些问题，需要谨慎考虑。例如，负电价可能会导致大量发电机组在短时间内脱网，影响电力系统稳定性。在电价为负的情况下，如果没有补贴，风电或光伏等机组没有发电的动力。这不仅对机组利润构成挑战，而且还会对电网带来明显的频率偏差和局部电压问题。

在日内市场开展频率层面，随着可再生能源和需求响应的增加，日内市场和平衡市场的重要性不断提高。因此，欧洲需要开展高频日内市场拍卖(连续交易)，但开展每一个新的拍卖，都必须计算剩余传输容量，由此增加了许多时间以及运维成本，仍然需要仔细评估是否有可能在输电系统运行机构的日常运营中引入日内隐式拍卖。在平衡市场优化顺序层面，由于可再生能源发电和储能的渗透率增加、新技术的产生、消费者和新兴的产销者的主动性增加，进一步完善平衡市场越来越重要，平衡市场的优化方向包括，各平衡产品的联合出清以及改进跨区域传输容量的使用。

在输电阻塞管理层面，为了适应更多分散的、远离负荷中心的可再生能源接入电网，更多的跨境潮流以及新兴的需求响应和分布式资源，电力系统运行方式更加多变。为此，欧洲电力市场需要，更动态和更短周期的采购程序；在有竞争力、低市场力、流动性的市场基础上，更普遍地采用市场化采购方法；增加输电系统运行机构之间进行跨境协作；加强平衡和阻塞管理的跨国整合。

在批发市场出清算法层面，市场的扩大以及市场产品的多样性的提升，增加了算法的计算负担，使统一市场推进进入瓶颈。对于减轻计算负担，欧洲提出了两个方案，一是减少产品的数量；二是对各类产品出清进行解耦。两个方案都有不小的缺陷，会对欧盟监管和价格信号产生巨大的影响，欧盟尚未对采用哪种方案做出最终定夺。

1.7 促进市场竞争的定价原则

电价是电力市场核心，应通过需求和供给来确定。这些价格应表明何时需要电力，从而为灵活发电、联络线、需求响应或储能等灵活资源的投资提供市场化的激励。欧洲统一市场遵循以下基本定价原则：

（1）平衡市场价格。对平衡市场，为了在采购平衡容量和平衡能量时保证价格形成的有效性并且不扭曲价格，要求平衡能量的价格不能由平衡容量合同确定，即不平衡价格应反映能源的实时价值。这主要是为平衡市场和整个能源系统适应于可再生能源接入的占比日益增长的情况。

（2）短期市场价格。建立短期市场激励更多的资源特别是更灵活的资源充分参与市场，促进流动性和竞争；设定合理的价格上限以允许稀缺定价，以鼓励市场参与者对市场信号作出反应。为了有效地引导必要的投资，价格应该能够反映出哪里是最需要电力的地方。在分区电力系统中，为了得到正确的位置信号，要求竞价区的设置是一致、客观、可靠并透明的，竞价区应能反映结构性阻塞。不应为了解决内部阻塞而减少跨区容量。

（3）输电定价。欧洲内部电力市场有效竞争的先决条件之一是对包括联络线在内的输电网络的使用采取不歧视、透明的收费方式并保证收费充足。为了在所有市场参与者之间提供一个公平的竞争环境，电网费不应因发电是在配电层面还是在输电层面而有所区分,无论这种区分是积极的还是消极的。电网费不应歧视储能，也不应妨碍参与需求响应或阻碍提高能源效率。

2 市场总体架构

欧洲电力市场起源于国家级/区域级电力市场，然后在自发的资源互补和大范围优化配置需求推动下，逐步融合走向全欧洲的电力市场耦合。在这一发展过程中，统一组织的国家及区域级电力市场具有相似的市场总体架构，这也为后来的欧洲电力市场耦合提供了理论依据和实践基础。欧洲电力市场由批发市场和零售市场组成，其中批发市场在电力资源优化配置中发挥基础性作用，各国市场也均从批发市场起步，再逐步放开用户选择权，建立零售电力市场。本章从电力市场的商品设计、运营架构、交易组织、市场定价、交易执行、市场结算等角度，介绍欧洲电力市场总体架构，有助于读者更好地理解后续章节，熟悉欧洲电力市场的耦合演化路径。

2.1 电力市场的商品设计及交易组织

2.1.1 电力市场商品的特点及标准化的意义

作为最复杂的人造系统之一，电力系统有独特的运行规律，电力市场的商品体系设计需要充分考虑电力的技术经济特性。在电力系统运行中，为了满足电力用户需求、保障系统安全，供给者需要以一定的成本提供一系列保障电网安全和服务用户需求的产品和服务，这些产品和服务都应该成为电力市场中的商品。电力系统的主要目的是为广大电力用户提供电能服务，电能是电力市场设计中需要考虑的关键商品。为了保障电能供应质量，由各市场成员提供的调频、备用、电压控制和黑启动等服务则称为辅助服务商品，部分国家还在探索建立用于保障电力可靠供应的容量市场。此外，为增加市场的流动性，帮助市场主体控制市场风险，电力市场还会设计多种电力金融衍生商品。

电能与其他商品相比，其差异主要表现为如下几点：

（1）电能无法经济地大规模存储，要求电力生产与消费必须实时保持平衡。如果电网中的发电和用电出现失衡，哪怕只有几秒钟，就可能也会造成难以控制的大面积停电。

（2）电力负荷随时间不断变化，而且大多数负荷变化不受输电系统运营机构的控制。由于发电与用电必须时刻保持平衡，输电系统运营机构必须实时购买电力商品，以平衡用户实际用电与其市场购电的偏差。

（3）目前绝大部分电力负荷的价格弹性很小，至少在短时间内的确是这样。用户的用电行为可能并不受电力现货市场的价格影响，再加上计量系统的采集周期较长，电力商品的市场价格很难迅速传导到用户。

（4）电能必须通过输电网络和配电网络输送到电力用户。电网输送能力受线路阻塞制约，电力交易产生的潮流可能会超出部分线路的可用输电能力，产生安全风险，此时就需要对交易进行调整。

电力系统中的负荷和发电连接在电网的不同节点，电在电网中按复杂的物理规律传输。因此，在每一不同时刻、电网中每个不同的位置用电的成本、发电的价值都不一样，都可以认为是不同的商品。如果缺乏标准化电力商品的定义，电力市场的商品类型将会极其繁杂，难以管理与交易，每个电力用户的用电量会随时间不断变化，购买的电力来自接在不同位置的发电机，如果不对电力商品进行简化，将导致交易成本奇高，交易效率低下。

商品的标准化意味着市场交易时，所有的市场成员都认同这些产品具有完全相同的品质。电力市场需要通过一系列标准化产品的设计，实现保证电力供需实时平衡、电网安全运行的目标。

2.1.2 电力商品时间维度的产品体系设计

时间上，典型的设计分为电能商品和平衡服务：① 某一时间周期的电能；② 按一定的响应时间、持续时间提供的平衡服务（或称辅助服务）。其中，对电能服务，在规定的时间周期内，对不同时刻的发电或用电不予以区分，认为有相同的价值；对平衡服务，一般对响应时间、功率曲线做比较严格的要求，可以包括自动响应的一次调频服务和通过控制系统或人工系统响应的二次调频等，不同地区有不同的划分方法。

对电能服务，以小时为时间周期进行定义为例进行说明。

小时电能商品是指在固定的一个小时内生产或者消费的电能总量，而不区分小时内的曲线形状。比如，某电力用户购买了某小时的 10MWh 电能，则该用户在该小时内有权利选择其用电模式。图 2－1 展示了以小时为单位定义标准化商品的效果，假设某电力用户在 t 时购买 10MWh，图中展示了该用户无数种可能用电模式中的两种。在图 2－1（b）用电模式下，该用户可以在前半个小时内用完购买的所有电能，也就是在前半个小时的用电功率为 20MW，后半个小时用电功率为 0MW。用户也可以在整个时间内以 10MW 恒定功率用电，如图 2－1 中（a）用电模式所示。这两种情况下，该用户都被认为恰好用完在市场上购买的电能商品，也就是总用电量 10MWh。卖方也可以灵活选择发电模式，只要保证在该时间段内发出 10MWh 电能，就算履行了发电义务。对小时内的平衡，则通过不同的平衡服务或辅助服务来解决。

由于电力供需要实时平衡，在按一定时间周期定义的标准电能产品的基础上，需要另外的平衡服务或辅助服务来保证系统的安全可靠运行。在上述例子中，不考虑其他发电商和电力用户影响，假定用户在前半个小时用了 10MWh 电能［见图 2－1（b）］，而发电商在该小时内功率恒定的发出 10MWh 电能［见图 2－1（a）］。为保障电力系统的安全运行，前半个小时发电功率低于用电功率时，运营机构必须额外购买发电进行平衡。反之，后半小时的发电功率超过用电功率时，运营机构必须削减购买的发电。实际中，可以通过定义不同类型的平衡服务、辅助服务来解决不同原因、不同时间尺度的平衡问题。

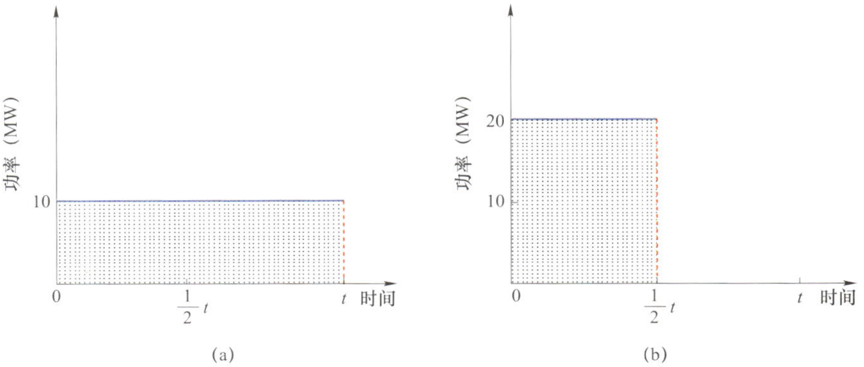

图 2－1 按小时定义标准商品时的不同用电模式示例
（a）用电模式 1；（b）用电模式 2

电能产品的标准化相对比较简单，主要是统一时间的周期。考虑不同时间电能价值的差异，电力市场中电能产品定义的时间周期一般为小时或更短，如 0.5h、15min 等。欧洲电力市场在一体化之前，不同国家在这方面的定义有较大的差别，《欧洲清洁能源法案》要求尽量缩短并统一现货市场的电能产品的时间周期。平衡服务产品的标准化相对复杂，将在第 7 章对统一电力市场的平衡服务设计进行进一步的介绍。

2.1.3 电力商品空间维度的产品体系设计

电力商品在空间维度的产品设计有两大类方法：基于节点定义电力商品、基于由若干节点组成的区域定义电力商品。北美电力市场大多采用前一种方法，而欧洲电力市场主要采用后一种方法。

（1）基于节点定义电力商品。这种定义方式下，每个节点的电被认为是不同的商品，可以具有不同的价格。由于电力系统中的不同节点通过电网连接，不同节点的电能商品具有一定的替代性，实际电力市场中，特别是现货市场中，一般对多个节点的电能产品采用集中联合交易的方式：基于安全约束的机组组合和安全约束的经济调度算法，在考虑电网约束的情况下同时对多个节点的电能商品进行出清。当系统有充足的输电容量时，所有节点的价格相同；当输电容量不足，发生网络阻塞时，不同节点的价格不同。这种定义下，为了满足终端用户的用电需求，除了前述的基于节点的电能服务，还需要定义点到点的输电服务，以供处于不同节点的发电和用户进行交易。

（2）基于区域定义电力商品，意味着一个区域范围内的电从商品的角度是没有差异的，卖方可以选择在符合条件的电网任意节点生产出市场上销售的电能，即可视为完成履约责任，而买方则可以在电网的任意节点消费市场上购买的电能。基于区域的电能产品定义的益处在于，能够提升市场的流动性，降低交易成本，有利于电力交易所集中开展电力交易。在这种定义下，输电服务的定义也是基于区域的，电能的生产者或消费者按照所在的位置缴纳输电费，获得在整个区域内进行电力交易的权利，而不用考虑交易对手在电网中实际的位置。基于区域的电力商品定义模式下，一个区域内的所有节点的发电、用电的电价相同。区域电价的形成有三种方法：节点出清模型下的区域边际电价；节点出清模型下的区域内节点电价的加权平均价；区域出清模型下的区域边际电价。欧洲电力市场主要采用第三种方法，即采取仅保留区间联络线及关键支路的简化的区域出清模型计算区域边际电价。

欧洲电力市场中的“报价区”的概念主要就是用于进行基于区域的电能

商品的定义：将不出现或者很少出现输电阻塞问题的输电网络定义为一个报价区，一个报价区的电能商品是一个独立的商品，内部的价格相同。如果一个国家或者区域的输电网络结构很强，则可以划分为一个报价区；如果有部分输电通道经常出现阻塞，则可以将输电通道两端的网络分别划分为一个报价区，以此类推，最终将国家或者区域电力市场划分为若干个报价区。每个报价区内由一个或者多个电力交易机构负责日前市场和日内市场的交易组织，每个报价区内的出清价格相同。输电系统运营机构会定期对报价区的划分进行评估，如果报价区内经常性出现输电阻塞，则该价区可以进一步分裂成多个报价区；如果两个报价区间的输电通道很少阻塞，则输电通道两端的价区可以考虑合并。

不同的产品体系定义方式下，产品的总数量不同，交易方式也不同。北美和欧洲是两种典型的市场体系。相对来说，欧洲电力市场中电能产品的标准化程度更高，将电力系统所需的一些特殊的、不易标准化的职能作为输电系统运营机构的职责；北美电力市场电能产品的标准化程度相对低一些，产品数量更多，交易规则更加复杂。

2.2 市 场 成 员

市场成员是电力市场的参与主体，参与电力市场的运营、监管和竞争，他们按照市场规则在电力市场运营中行使权利，履行相应的义务。市场成员作为参与市场的经济主体，可以承担多个角色，具体能够承担的角色范围依据电力市场规则确定。欧洲电力市场主要的市场成员构成如下：

（1）发电商。发电商负责将化石能源、核能、水能、风能、光能、潮汐能和生物质能等一次能源转化为电能，并通过电力市场进行电力商品销售。发电商可以是独立的发电企业或者发电集团，他们参与市场竞争，提交各类市场报价，并根据中标结果提供电能和各类辅助服务。

（2）电力供应商。电力供应商通过电力批发市场竞争购买电力商品，并向终端用户或者其他供电商提供电力供应服务。电力供应商可以通过场外双边交易、电力交易机构组织的集中交易等方式购买电力商品，他们需自行做好用电管理，并依据市场规则承担各种购电费用和分摊费用。

（3）输电公司。输电公司负责输电网的规划、设计、建设、运营和维护，为各类市场成员提供非歧视的第三方接入与输电服务，通常还负责接入输电网的发电和用户的计量表计安装和运维。

（4）配电公司。配电公司负责配电网的规划、设计、建设、运营和维护，为各类市场成员提供非歧视的第三方接入与配电服务，通常还负责接入配电网的发电和用户的计量表计安装和运维。

（5）计量服务提供商。计量服务提供商遵照电能计量要求与标准，负责计量表计的采集、数据核对和分发，依据市场规则为市场成员提供计量数据服务。

（6）电力用户。电力用户从批发或者零售市场购电，以满足自身用电需求。按照是否参与市场竞争，电力用户可以分为市场化用户和非市场化用户，市场化用户拥有用电选择权，可以从批发市场购电或者在零售市场中灵活选择供应商，并按照市场化定价机制支付电费；非市场化电力用户则不参与市场竞争，依照政府批复的目录价格用电。

（7）电力交易商。电力交易商是一类特殊的市场成员，不拥有发电机组，也不实际用电，仅参与电力批发市场交易，可以从市场购电后出售给其他电力供应商和电力用户，也可以向批发市场出售电力商品。电力交易商的参与能够在一定程度上降低市场集中度，增加电力市场的流动性和竞争程度。

（8）电力交易机构。电力交易机构负责集中组织电力交易运营，提供的服务包括市场成员注册、市场信息发布、电力交易组织、电力交易出清、电力市场结算等，并接受监管机构的监管。电力交易机构根据政府法律法规和电力行业政策要求，协助拟定电力市场规则，建设并管理电力市场技术支持系统，向输电系统运营机构提供市场出清结果。在欧洲的国家及区域电力市场中，电力交易机构主要包括电力交易中心和电力调度中心，其中电力交易中心主要负责电力市场的运营及结算，电力调度中心负责实时平衡市场的运营及不平衡电量结算。

在欧洲电力市场中，除非政府明确要求，通常允许多个电力交易中心竞争开展电力交易业务，市场成员可以在一个或者多个电力交易机构注册并进行交易。

（9）输电系统运营机构。输电系统运营机构负责电力系统用电负荷预测、发输电设备检修审核、发电和输电网运行控制，并通过发用电实时平衡使供电频率和电压时刻稳定在一定范围之内，从而保证供电质量。输电系统运营机构需定期计算各报价区间重要输电通道的可用输电能力，将其提供给电力交易机构用于市场出清。输电系统运营机构还需接收电力交易机构的市场出清结果，同时获取各市场成员申报的发用电计划，以此为基础开展电力系统运行。

（10）电力市场监管机构。电力市场监管机构负责决定或批准市场规则，调查涉嫌滥用市场力的行为，并为垄断性企业提供的产品和服务进行管制定价。监管机构的目标是在保证电力系统可靠运行（安全性、充裕性）以及电能供应质量基础上，推动整个电力系统以更加公平、经济、高效的方式运行。

（11）平衡责任主体。平衡责任主体（balancing responsible party，BRP）是欧洲电力市场设计中的一个极其重要的概念，可以由一个或者多个市场成员组成，在不平衡电量计算时，输电系统运营机构以平衡责任主体为单位计算不平衡电量，平衡责任主体可以在内部进行偏差电量控制，从而能够一定程度上减少暴露在实时市场中的偏差电量。关于 BRP 的运作方式将在 5.4.3 中详述。

2.3 电力市场交易方式

电力商品的交易可以采用双边协商等分散式交易模式，或通过交易所进行的集中交易模式，电力系统的特性决定了电力市场中一些商品必须采用集中的交易。

（1）实时平衡。受发电机组非计划停运、风电及光伏发电等可再生能源的发电出力波动，以及由于天气变化而引起的负荷波动等因素的影响，实时运行前的发电和负荷预测、与之对应的市场出清价格，都可能随时间大幅变化。如果采用双边协商进行交易，那么发现所有交易商品的市场出清价格、获得新的信息以滚动评估交易价格，都将带来巨大的交易成本。另外，双边交易价格发现过程中的缺陷还可能导致市场效率低下，以至于启动不应该运行的发电机组。选择通过电力交易中心来集中组织交易，能够有效解决上述问题。在欧洲的国家及区域电力市场设计中，电力交易机构和输电系统运营机构集中组织交易的电力商品主要包括电能和辅助服务（一次调频、二次调频和三次调频）两类。

（2）电能交易受到电网约束。电力市场中交易的商品包括电能和输电权，两者是密切耦合的：处于不同位置的电能商品的卖者和买者需要购买相应的输电服务完成交易。输电权的交易有显式拍卖和隐式拍卖两大类。显式拍卖中，输电权的拍卖独立于电能交易进行，而隐式拍卖中，电能交易与输电权拍卖同时进行。显式拍卖的好处在于交易简单，流动性好，主要问题在于无法考虑不同输电线路或输电通道之间可用容量之间的耦合关系，需要预留较大的裕度，因此一般用于远期交易。隐式拍卖在电能交易时同时进行输电容量的拍卖，原理上与北美电力市场的安全约束经济调度类似，可以最大程度利用现有输电通道容量，在日前市场、实时市场，一般宜采用隐式拍卖方法，以提高电网的利用率。

其他情况下，电力商品的交易可以由市场成员自主选择采用双边的方式或集中的方式。大多数国家中，双边交易量占电力交易的绝大部分，主要包括场外双边交易（over-the-counter，OTC）或者对手方直接签合同的方式，一般可以提前几个月或几年签订合同。与双边合同相比，大多情况下通过交易所交易的电量规模较小，主要通过拍卖完成。电力交易所收集电力买卖的投标和竞价，并且根据供需平衡的原则计算市场出清价格。因此电力交易所的市场价格非常重要，因为它为双边合同的签订提供了参考。电力交易所一般提供中期（月度）到短期（日前或实时前几个小时）的交易机会。在不同的监管规则下，电力交易所的交易可以是强制型或者自愿型。与双边合同相比，电力交易所可以激励更多的市场主体以更透明的方式参与交易，因而一般来讲，存在电力交易所的国家比没有交易所的国家，电力交易更加活跃，也为市场主体带来更多收益。

2.4 电力市场结构

从交易周期来看，欧洲电力市场包括长期市场、日前市场、日内市场和实时市场，交易时序如图 2－2 所示。除实时市场外，其他市场因为均发生在实际运行之前，因此又称为远期交易。从交易对象来看，欧洲电力市场可以分为电能市场、输电权市场和辅助服务市场，其中输电权和辅助服务市场主要开展长周期交易。从交易方式来看，又可以分为双边交易市场和集中交易市场，长周期交易多以双边交易方式开展。由于电力供需关系变化剧烈，且价格分时段变化，采用双边交易可能会造成交易成本奇高，导致大范围的效率低下。建立有组织的市场或者成立交易所，可以通过引入集中交易大幅降低交易成本，保障市场高效运行；欧洲日前与日内市场往往采用集中交易方式，由电力交易所负责开展。

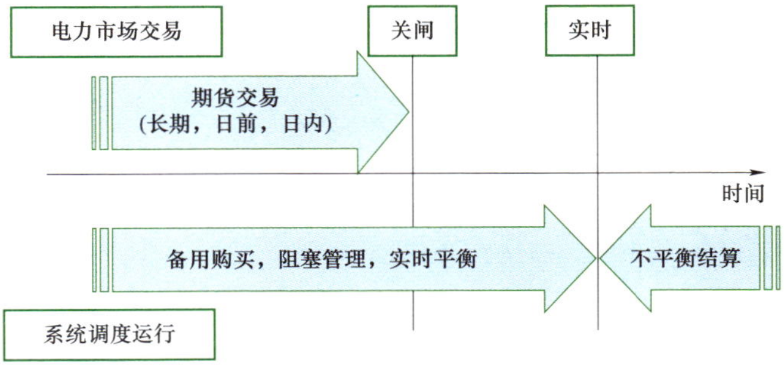

图 2－2 电力交易典型时序

与其他商品交易相似，电力交易的开展也需要完成一些特定的准备工作。电力商品的标准化与集中调度能够帮助有效地降低交易成本；在此前提下，无论发电商和用户如何实施运行决策，输电系统运营机构都应能够保障发电和用电实时平衡。

在从多年直至实时运行前数小时的时间范围内，市场成员都可以开展电力商品交易。市场成员提交交易申报的最迟时刻被称为“关闸”时间，它通常是在实时运行前的 1h 或者 2h。图 2－3 所示为远期交易的“关闸”时间表。

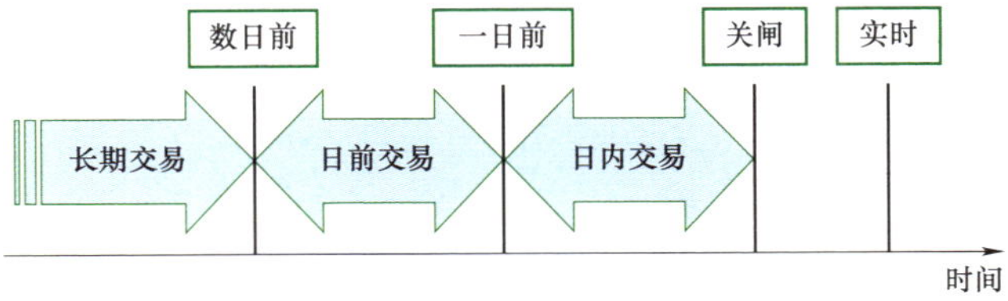

图 2－3 远期交易“关闸”时间表

2.4.1 长期交易市场

电力生产具有资金密集和风险性高等特征，对发电商来说，如果能够通过签订长期合同规避经营风险，这对吸引投资、降低成本具有重要意义，欧洲各国长期合同的交易量非常大。电力商品的长期交易方式与其他大多数商品类似，欧洲长期批发电力合同可以在场外进行交易（即 OTC 交易），也就是说合同买卖双方既能够直接签订长期电力交易合同，也可以在专门设置的期货交易机构开展交易。期货交易机构交易的合同是金融合同，合同的标的物一般为标准化的电力商品。

长期电力交易的商品包括基荷与峰荷期货合同、远期合同、期权合同及差价合约等不同类型，长期电力交易合同的交易周期可以是从电力商品交付前的一周到六年不等。期货交易机构成交的电力商品大多是仅实施金融结算的期货合同和期权合同，而非用于物理交割合同，这些金融性的电力交易合同在合约条款、交易地点、交易条件和结算流程等方面都高度标准化。

2.4.2 日前市场

日前市场会提前一天开展次日 24h 的电能交易，由电力交易机构负责集中组织。基于发用电量预测及对应的成本参数、已完成交易仓位、电力供需形势、跨价区可能输电能力等信息，各市场成员在日前市场提交报价，电力交易机构在报价截止后统一出清各市场成员的中标电量和中标价格。部分火电机组的开机时间很长，这些机组的开停和运行需要在日前时段就确定。正因如此，日前电力市场对市场整体效率的发挥至关重要，它将直接决定哪些机组能够开机，而只有开机的机组才能够进行实时负荷跟踪。

每个市场成员可以拥有多个发电机组或者电力用户，在提交次日报价时，市场成员并不需要给定每台机组或者每个用户的报价，可以按单位打包进行申报。如果市场成员的各发电机组或者用户不在同一个报价区，则需要针对每个价区内的发电机组和用户分别提交报价，中标结果也会分价区，此时中标结果在各机组或者用户间的分配则通常由市场成员自己决定（自调度），但是诸如意大利、西班牙、波兰等部分国家做法不同，与美国市场类似，它们采用集中调度方式编制发用电计划，其运作方式详见 7.6 节的介绍。

与北美电力市场不同，欧洲电力市场希望尽可能简化电力商品的特殊性，因此发电报价并未考虑机组的技术特性，比如机组的启停特性、爬坡能力、最低技术出力、联合循环参数等，主要采用分时段简单报价，每个时段可以申报多段电量电价。因此市场出清时，发电机组在两个交易时段间出力波动经常超出其技术能力，或者不满足启停约束。为此，欧洲电力市场又提出了能量块等多种报价类型，增加各交易时段间的耦合约束；随着报价类型的增加，欧洲电力市场简单透明的优点也会削弱，市场成员难以直观判断出清结果是否正确。

2.4.3 日内市场

日前电力市场出清以后，电力供需情况仍可能发生变化。日内电力市场允许市场成员在实际运行前数小时进行调整交易。欧洲日内电力市场存在两种广为采用的竞价模式：① 采用与日前出清相似的统一边际价格出清，按一定的周期滚动进行日内市场出清计算，意大利和西班牙电力市场均采用了这种模式；② 连续交易，市场成员在一个由电力交易机构管理的电子公告牌上发布售电报价和购电投标。每提交一个购电投标，交易系统会自动将其与尚未成交的已申报售电报价进行匹配，一旦发现已有售电报价低于提交的购电投标价格，则按照价值最大化原则与售电报价进行撮合，即与售电报价最低的优先成交，此时的交易出清价格就是用于出清该交易的售电报价价格。如果没有低于该购电投标的售电报价，则该购电投标被发布到电子公告牌的排队序列中；对于售电报价，处理方式相同。

日内电力市场采用连续交易模式在欧洲较为普遍，广受电力交易人员欢迎，他们把价格波动看作在电力实时运行中获取套利收益的机会。对于能更早获知并处理电力供需情况变化的交易员而言，统一出清的拍卖模式反倒可能降低其收益，另外集中拍卖和连续交易共存时的协调工作非常复杂，所以集中拍卖模式应用较少。然而不足的是，滚动撮合和价差优先成交的定价机制不利于市场的高效运行和价格发现。在连续交易模式下，对于跨价区的交易，也会按照其申报提交到公告牌的时间顺序进行匹配撮合，直至跨价区输送通道被完全使用，当出现输电阻塞时，连续交易模式下达成的一组价区间交易并不一定能够充分利用价区间的输电容量。

北欧电力市场的日内市场允许市场成员对以小时为单位的电力商品进行连续交易，也允许进行多小时分块交易报价。日内市场的关闸时间是实时运行前一小时，每天都会不间断进行日内交易。在北欧电力市场所有现货交易中，日内交易量大约占 1%；法国、德国、比利时和荷兰联合组成的欧洲中西部电力市场，也实现了基于连续交易模式的日内电力市场。

2.4.4 物理发用电计划

市场成员可以根据实际交付时发用电能力预期变化，选择从长期交易开始，直到日前和日内市场不同时间周期进行交易，以调整合同仓位。

市场交易关闸后，市场成员之间就不允许再进行交易，市场成员在每个交付小时对应的全部合同仓位之和决定了该市场成员最后的发电或者用电责任。合同之和为净售出的市场成员，必须安排其发电机组在相应时间内生产相应数量的电能；合同之和为净购入的市场成员，则需承诺在相应时间内消费相应数量的电能。市场关闸时，每个市场成员都必须向输电系统运营机构提交其物理计划，也就是市场成员的发用电计划，明确将安排哪些发电机组发电以履行净售电责任，或者明确在电网的什么位置消费相应的净购电量。

图 2－4 简单展示了某一市场成员在各指定交易窗口的合同仓位形成过程，以及市场关闸后净合同仓位向物理计划的转换过程。该市场成员是发电商，他通过签订多年合同售出 100MWh 电量，再通过年度合同售出 50MWh 电量；实际运行前一个月，他又以低于变动成本的价格，新购买了 30MWh 电量；在日前电力市场，该发电商又另外以低于变动成本的价格购买了 30MWh 电量。实际交付日到来后，受计划外检修影响，发电商的发电能力受限，最多只能发出 70MWh 电量，为弥补发电容量不足，他又在日内电力市场购买了 20MWh 电量。市场关闸时，该发电商的合同仓位是之前所有交易仓位之和，即 100＋50－30－30－20＝70MWh。根据合同净持仓结果，该发电商需要向输电系统运营机构申报 70MWh 的发电计划，以履行发电义务。从整个系统看，每一笔购电合同都会对应一笔售电合同，所以任何时间所有市场成员的合同仓位之和均应为 0；同时由于每个市场成员在市场关闸时都应提交与其合同仓位相对应的物理发电或用电计划，因此在关闸时各小时全系统的所有物理计划之和也应该为 0。接下来以一个简单的例子对此结论进行说明。

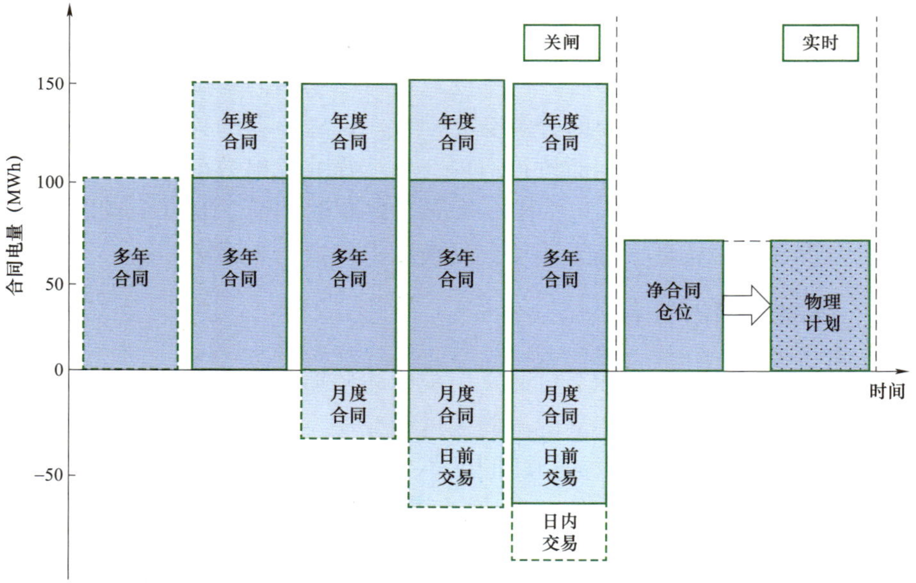

图 2－4　在市场关闸时市场成员的净合同仓位

假定市场中有三个市场成员：第一个市场成员是电力公司，拥有两个发电机组 A 和 B，向两个电力用户供电，分别为用户 1 和用户 2；第二个市场成员是零售商，向电力用户 3 售电，但是不拥有任何发电容量；第三个市场成员是电力交易商，不拥有任何发电容量，也不向任何用户提供售电服务。假定在这三个市场成员之间达成了如下一组电力交易：电力公司向电力交易商出售 50MWh 电量，电力交易商又向零售商出售 50MWh 电量；在市场关闸时，电力公司的净合同仓位为 -50MWh，零售商的净合同仓位为 50MWh，交易商的净合同仓位为 0。由于三个市场成员之间的合同两两匹配，因此系统总的合同仓位为 0，情况如图 2-5 所示。

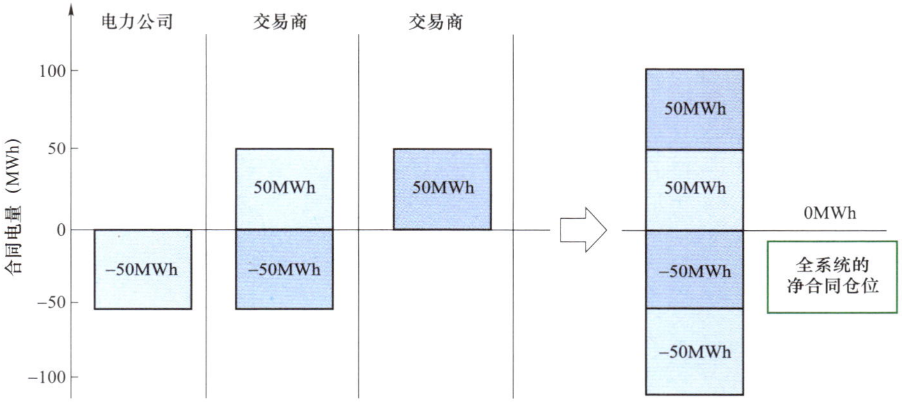

图 2-5　市场关闸时的全系统净合同仓位

市场关闸后，每一个市场成员均应向输电系统运营机构提交其发电或用电计划，每个市场成员提交的发用电计划之和必须与其净合同仓位相匹配。电力公司提交的物理发用电计划为：机组 A 发电量为 60MWh，机组 B 发电量为 40MWh，用户 1 为用电量为 30MWh，用户 2 用电量为 20MWh。电力公司提交的发用电计划之和为净发电 50MWh，刚好等于最终的合同仓位。零售商提交的物理计划为用户 3 用电 50MWh，也恰好与其最终合同仓位一致，电力交易商则无需提交任何发用电计划。

由于每个市场成员的物理发、用电计划之和与其合同仓位相等，因此正如全系统的所有合同仓位之和为零一样，市场关闸时总的物理发电计划和用电计划之和也应该为零，具体如图 2-6 所示。

市场成员在市场关闸后申报物理发电或用电计划有两个重要作用。首先，它们表明市场成员承诺将按照市场成交售电和购电结果安排发电和用电计划；其次，通过申报的物理发电和用电计划，输电系统运营机构能够掌握实时调度运行时，各市场成员将在电网的什么位置发电和用电。以上信息具有至关重要的意义，可以帮助评估市场成员预期的发电和用电行为，了解其是否能够满足系统安全约束。

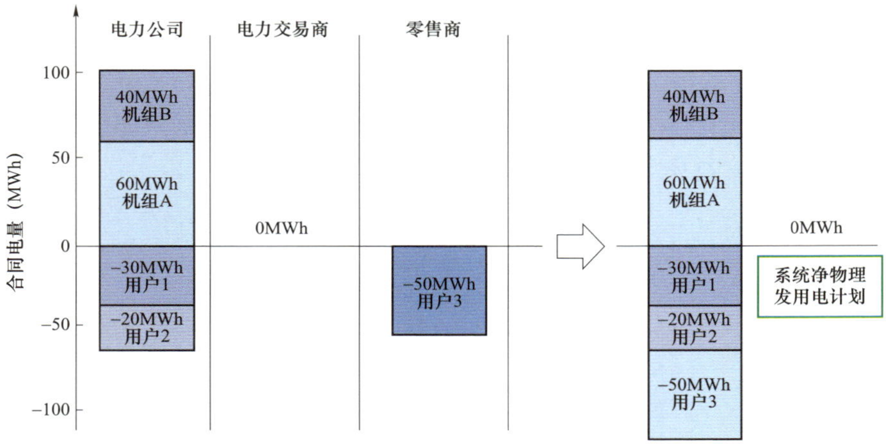

图 2-6　在关闸时全系统的净物理发用电计划

2.4.5　平衡市场

日内市场关闸后，电力交易中心不再组织更短周期的电力交易，由输电系统运营机构通过平衡市场确保电力供需平衡。符合条件的发电机组和电力用户，在平衡市场中需向输电系统运营机构提交上调和下调报价。上调报价指相对市场关闸时提交的发电计划，发电机组愿意增加一定出力的价格。反之，下调报价是指相对市场关闸时提交的发电计划，发电机组愿意降低一定出力的价格。

如果控制区内系统不平衡电量为负，即用电超出市场关闸时提交的发电计划，输电系统运营机构将接受一定数量报价最低的增出力报价，以消除系统不平衡。同样的，当控制区内系统不平衡电量为正时，输电系统运营机构将接受一定数量的降出力报价。接受降出力报价相当于出售电能给申报者，为降低高价机组的出力，输电系统运营机构会按照由高到低的顺序接受降出力报价，以最小购电成本保持系统发用电平衡。

与日前市场一样，输电系统运营机构接受增、降出力报价时，可以选择按报价出清或者按统一边际价格出清。在短期电力市场中，统一边际价格出清定价机制通常被认为更加有效。然而欧洲很多国家在平衡市场中选择了按报价出清的定价机制，比如意大利、初期的英国、法国和比利时等。平衡市场之所以倾向于选择按报价出清，主要是受输电系统运营机构平衡服务需求特性的影响：输电系统运营机构需要连续不断地做出增减出力调整，待选择调节资源受电网安全约束影响大，此外输电系统运营机构还要保障发用电实时平衡。

2.4.6 辅助服务市场

辅助服务可以按照备用发电容量动态特性进行分类，例如提供一次调频、二次调频和三次调频服务的机组，必须能够在规定的响应时间内上调或者下调所要求的备用容量，一次调频是 30s，二次调频是 15min。

为保证实时运行时留有足够的备用容量用于系统平衡，输电系统运营机构会于市场关闸时间前购买辅助服务，提供辅助服务的发电商需承诺不再在电能量市场中出售其已用于辅助服务的容量。提供一次调频和二次调频服务的发电资源，需承诺在实时运行中提供相应数量的备用容量，并根据自动发电控制指令上调或者下调出力；而提供三次调频容量的发电资源，只需在实时平衡市场中提交备用容量报价。在大多数国家的电力市场中，辅助服务市场出清时并不会决定辅助服务调用时的发电量价格，发电量价格取决于实时平衡市场。但输电系统运营机构在选择辅助服务时，也会考虑实际调用时的电量价格；如实时运行中调用了这些辅助服务，那么提供辅助服务发电机组的实时电能价格也会由辅助服务市场确定。

输电系统运营机构主要通过两种方法获取辅助服务。一是在日前市场前向市场成员购买空闲容量。辅助服务交易一旦达成，成交市场成员必须保证在日前、日内市场出清后，依然留有约定数量的备用容量。市场成员同样有权力决定由哪个发电机组提供合同约定的辅助服务，辅助服务交易合同可以在交付前数年乃至数小时签订。

意大利、爱尔兰和西班牙输电系统运营机构采用了另一种备用容量获取方法，即日前市场出清后，在已知电厂日前发电计划的情况下再采购辅助服务。在日前市场关闸后，这些国家的输电系统运营机构会组织专门的交易，购买日前发电计划基础上的发电商增减出力备用服务。比如，输电系统运营机构通过购买发电机组的降出力服务，可以获得一个上调容量空间用作运行备用容量，这在西班牙和意大利事前辅助服务市场中称之为限制性市场。电能生产和备用服务提供二者之间紧密相关，合理的电力市场设计能够为发电容量在电能生产和辅助服务之间的高效分配提供优化。如果辅助服务市场和电能市场独立出清，但制定一种商品的利润最大化报价策略时必须基于另外一种商品的价格预测，发电商不得不面对市场预测不准风险，做出效率低下的申报和生产决策。

欧洲电力市场的电能市场和辅助服务市场通常依次出清，通过让辅助服务市场出清时间尽可能接近现货市场，能够在一定程度上缓解这种出清方法的效率低下程度。但在部分欧洲国家电力市场中，输电系统运营机构通过长期合同购买辅助服务，如法国电力市场通过三年期合同购买一次调频和二次调频服务；比利时电力市场则通过四年期合同购买一次和三次调频服务，通过两年期合同购买二次调频服务。

2.5 市场结算

在欧洲国家及区域电力市场中，长期交易、日前交易、日内交易、实时交易分别由多个交易机构负责组织，相应的电力市场的结算也由多个交易机构分别完成。

2.5.1 长期交易结算

对于市场成员通过场外双边交易（OTC）达成的长期交易，由交易双方自行协商进行交易结算，结算原则由双边合同规定。交易双方也可以将双边交易合同报送至电力交易中心，由其代为结算。对于期货交易所组织的长期交易，则由交易所按照市场规则对交易合同进行结算。

2.5.2 日前与日内市场结算

作为所有市场成员的结算对手方，电力交易中心与他们签订结算双边协议，负责对日前市场和日内市场交易结果进行结算。市场成员可以直接与电力交易中心进行结算，也可以委托清算代理公司，由代理公司与电力交易中心进行结算，市场成员必须与代理公司签订委托代理协议，并在电力交易中心报备。

每个市场成员均需要建立一个清算账户，并将该清算账户与市场成员的各个交易单元进行关联。电力交易中心有权获取市场成员的信用信息，并对市场成员的财务健康状况、竞争力以及与合规有关的各种必要信息进行监管，市场成员不得以涉密为由拒绝提供。电力交易中心会定期计算每个市场成员所需支付的保证金额度，市场成员有义务按时缴纳保证金，并始终满足保证金额度要求。

电力交易中心根据日前和日内市场交易结果，按日进行电能电费结算。

2.5.3 平衡市场结算

平衡市场结算也称为不平衡结算，由输电系统运营机构或者专门的清算公司负责。

在市场关闸后，市场成员提交的发、用电计划与实际发、用电结果可能会出现偏差。发电机组非计划停运，天气变化对发电机组性能的影响，用户负荷需求的不断变化以及风电、光伏发电等可再生能源发电出力的波动等，都是有可能导致出现电量计划与实际电量间的偏差。对于大多数商品而言，如果卖方未能按照合同约定数量交付商品,买方要么放弃消费未交付的商品，要么从其他卖方购买等量的同类商品。电力市场中应用的是后一种方式，但电力系统实时运行调节时间非常短，向其他市场成员的再次购买只能采用集中方式进行组织。一旦出现实际发电量或用电量与合同电量出现偏差，输电系统运营机构会集中购买替代电能或者处置多余电能。针对这个过程中会发生一系列的交易，输电系统运营机构是市场成员的交易对手方。

不平衡结算包括两个步骤:① 评估计算各市场成员的不平衡电量;② 确定不平衡电量的结算价格。

在实时运行结束后，输电系统运营机构会分别计算每个市场成员的计划净发用电量与实际净发用电量之间的偏差,得到每个市场成员的不平衡电量。计划电量是指市场关闸后，市场成员依据成交的交易合同，向输电系统运营机构申报的物理发电计划电量和用电计划电量。实际电量就是在发电商上网点和电力用户接入点的实际计量电量。如果一个市场成员的发电量大于其在市场上的净售出电量，或者其用电量低于其在市场上的净购入电量，则其偏差电量为正。在不平衡结算过程中，所有超发电量都需要卖给输电系统运营机构，偏差电量为负的市场成员则从输电系统运营机构购买相应的替代电量。

各市场成员进行不平衡电量结算时所使用的价格称为“不平衡电量价格”。合理有效的不平衡电量价格可以反映实时交付时的电能价值，输电系统运营机构以不平衡电量价格在实时市场中购买和售出电能，从而消除系统不平衡电量。在欧洲电力市场中，不平衡电量经常采用的方法有两种：统一定价或者二元定价，统一定价对同一时段的卖出电量和购入电量采用相同的定价，而二元定价则是对卖出电量和购入电量分别定价。

2.6 欧美电力市场架构对比

电力市场模式的选择受制于本国电力工业的发展路径，也受国家法律法规体系和政策环境影响，服务的能源发展战略也有一定差异，各国选择的电力市场模式不尽相同，同一国家不同地区甚至同一地区不同时期的电力市场模式也有明显差异，因此没有完全相同的两个电力市场。但各个电力市场之间也有很多相似特征，为便于研究，常从某一特征对各国电力市场进行分类，比如按照定价机制分为节点边际定价市场和分区边际定价市场。北美多个电力市场均采用了节点边际定价机制，因此节点边际定价模式的电力市场又被称为北美模式；欧洲电力市场多采用分区边际定价机制，因此采用分区边际定价的电力市场又被称为欧洲模式。

2.6.1 北美电力市场架构

与欧洲电力市场相比，北美电力市场在电力商品定义方面较为相似，包括具有时空特性的电能商品和辅助服务商品，此外多个北美电力市场还建立了金融输电权市场和容量市场，以支持金融输电权和容量商品的交易。以 PJM 电力市场为例，主要由电能市场、辅助服务市场、金融输电权市场、容量市场等构成。美国电力市场的详细介绍可参考文献［4］。

在定价机制方面，集中交易的电能市场采用节点边际定价机制，容量市场和备用市场采用分区定价机制，调频市场等采用系统边际定价机制，双边交易则由买卖双方自行定价。市场出清时，在考虑电网安全约束的基础上，以社会福利最大化为目标确定市场中标结果。

在北美市场中，独立的系统运营机构（independent system operator，ISO）或者区域输电组织（regional transmission operator，RTO）兼具电力交易机构和电力调度的职能，同时负责电力系统运行、电力市场运营和电力系统规划，在日前市场和实时市场中采用同样的定价机制和优化目标，各周期市场间的价格含义一致。

2.6.2 欧美电力市场间的主要差异

欧美电力市场在设计理念、市场框架上都有较大的不同。北美现货市场一般采用“日前市场+实时市场”的双结算机制，日前市场和实时市场采用类似的市场模型，均为考虑安全约束的市场出清，交易中同时考虑电能量供需平衡约束和网络约束；欧洲电力市场一般采取“无电网约束（或简化的电网约束）的电能交易+平衡机制”的机制，两个阶段的市场采用不同的出清和定价模型。第一阶段的市场的关闸时间一般在交割前1h，市场主体可以在价区内自由进行（双边交易或通过交易机构进行）不考虑网络约束的电能量交易，以及考虑简化的电网模型的价区间交易；第二阶段的平衡机制则考虑更加详细的网络约束，一般由各价区内的电网企业负责。一些操作中的具体差别如下。

（1）电能商品的定义及定价机制不同。北美电力市场空间上按节点定义电能商品，采用节点边际定价机制，在定价中充分反映电力商品价值的时空特性，将电力的物理特性和一般商品特性有机结合。欧洲采用分区边际定价机制，在定价中能够反映电力商品的时间特性和一定程度的空间特性。

（2）各周期交易之间的衔接机制不同。在中长期交易中，北美电力市场更注重金融特性，交易结果并不要求作为日前市场出清和调度计划安排的直接约束，欧洲电力市场则更注重交易的物理属性，中长期交易结果通常作为日前市场的基础。

（3）对发输电安全约束的处理方式不同。北美电力市场在出清中考虑电网的实际拓扑结构，市场出清结果同时满足电网安全约束、发电安全约束，出清结果对应到各个母线节点。欧洲电力市场则采用简化电网模型，只考虑报价区之间的可用输电能力，出清结果对应到各个价区。

（4）电力交易机构的职能不同。北美电力市场中，电力调度机构与电力交易机构合一，同时拥有电网运行、电力市场运营和电网规划职能，拥有完整的电网拓扑，在市场出清时能够考虑所有电网安全约束，市场范围与调度区范围一致；欧洲电力市场中输电系统运营机构与电力交易机构分设，二者之间需要进行频繁的业务互动和大量的数据交互，但不要求市场范围与调度区范围一致，电力交易中心只负责电能市场的组织、出清和结算，不负责交易结果的执行和偏差结算。

（5）市场成员的权力和责任不同。北美电力市场中，市场成员申报投标信息的同时，还需要申报机组的各种技术参数，市场出清时市场运营机构会充分考虑发电机组的技术参数，集中决策机组启停状态和出力安排，保障出清结果可行，如果执行结果与出清结果有偏差，则根据最新的市场出清电价对偏差电量进行结算，并不一定带来经济损失；在欧洲电力市场中，市场成员能够自行安排机组组合和出力计划，但计划与执行出现偏差时需要承担不平衡结算费用，不平衡量通常会带来一定的经济损失。在北美电力市场中，市场成员也可以通过自计划申报的方式对发电机组进行组合和出力安排，但需要作为价格接受者参与市场结算。

（6）对市场出清中复杂约束的处理不同。电力市场调度、出清中有一些复杂的约束，如机组启停约束、爬坡约束、特殊的电网安全约束等。理想的电力市场机制中，市场出清（调度）和定价应基于同样的数学模型，保证相关价格能提供正确的激励信息。当相关约束比较复杂导致从数学上无法直接求解得到准确的价格时，北美和欧洲采用不同的方法进行处理：北美市场中，一般市场出清（确定调度方案）采用完整的、准确的模型，而在确定相关价格时，采用简化的模型。由于定价计算的模型与调度模型不完全一致，基于这种方法得到的价格进行结算，可能造成一些市场主体的市场总收入无法覆盖全部报价成本的情况，进而需要通过价格上抬（uplift）机制对相关市场主体进行补偿。为了短期运行效率而牺牲价格信号。随着上抬费用的逐步上升，如何控制上抬费用，已成为 PJM 等市场的一个重要问题。

欧洲电力市场中，则尽量通过市场产品、交易机制的设计避免出清（调度）模型与定价模型的不一致。欧洲电力市场采取自启停、自调度的形式，由市场主体自行决定机组的启停计划，市场采用统一的边际价格，可以使所有中标方获得足够的收益，不会产生上抬费用。但会使市场出清的结果偏离最优调度。为了透明的价格信号牺牲部分运行效率。欧洲市场通过一些特殊的报价机制解决复杂约束问题。比如，通过设计块报价机制，使具有启停时间、启停成本的发电机组可以通过统一的块报价反映这些技术经济特性。

2.6.3　欧美电力市场的特点

由于电力市场模式的选择与电力工业的发展路径、国家法律法规及政策环境、能源发展战略等紧密相关，因此很难说什么样的电力市场模式最好，而且欧美电力市场都已经经历了二三十年的实践考验，在电力行业的发展中充分发挥了资源优化配置作用，因此两种市场模式都有成功之处，值得借鉴。

首先，欧洲电力市场在设计上追求简单，在市场交易中对电网拓扑、机组技术特性进行了最大程度的简化，使得市场出清的原则相对简洁透明，市场成员更容易理解市场的运营规则。其次，通过采用分区定价机制，并将电力交易机构和输电系统运营机构分设，实现市场范围和调度区范围解耦，欧洲模式非常适合市场范围的扩展，为更大规模的电力市场耦合甚至全欧统一电力市场的形成奠定了基础。最后，欧洲电力市场给市场成员提供了更多的自主决策权，市场成员可以自行安排机组组合和出力计划，自行优化发电、用电、储能、调节电源的配置，能够在市场成员层级上进行资源优化配置，可以在系统平衡、新能源消纳尤其是分布式电源的消纳方面充分调动市场成员的积极性。但随着市场不断发展，电网安全运行和市场经济运营之间的矛盾越来越突出，过于简化的价区划分和对机组技术特性的考虑不足，导致交易结果与实际执行偏差过大，报价区调整也会为市场运营带来很多冲击。欧洲电力市场为应对上述不足，通过报价格式创新，让市场成员在申报中充分考虑机组技术特性，但这也让欧洲电力市场逐渐丧失简单透明的优势。

北美电力市场首先在设计上追求优化效果，以节点边际电价理论为基础，将电力系统的技术特性充分融入电力市场经济运营，采用安全经济一体化的市场出清技术体系，力图最大化优化市场范围内的资源配置。第二，日前市场和实时市场采用相同的定价机制，各市场的价格具有相同的含义，实现了各市场之间有机融合和价格传导。第三，电能市场和辅助服务市场联合出清，实现了电能和辅助服务的联合优化。第四，对市场成员的要求相对较低，市场成员只需提交相应的设备技术参数和投标报价，市场运营机构负责保障出清结果可行，并通过自计划等方式为有能力的市场成员提供了充分灵活的参与手段。但市场出清与电网安全分析融为一体，电能市场和辅助服务市场联合出清，这也导致市场出清逻辑复杂，很难直观判断出清结果的正确性。另外由于北美电力市场要求市场范围与调度区范围一致，当市场扩展到一定规模时，受调度权移交和计算能力的制约，市场范围很难进一步扩大，更难实现全国范围的电力市场建设。

3 电力市场耦合运营

市场耦合是建立欧洲统一电力市场的基石，在市场耦合过程中带来了巨大的经济效益。由于电力市场建设受国家政策环境影响和电网物理联网情况限制，欧洲电力市场发展中长期保留较多的国家或地区特性。市场耦合是高效整合相邻国家和地区级电力市场的一种方式，能够增加市场的规模和流动性，对参与者具有更大的吸引力。本章试图完整地梳理市场耦合的概念，实现的方法，日前、日内和实时市场耦合的流程以及目前的实际进展情况，对市场耦合的具体算法和平台将在 11～13 章详细分析。

3.1 市场耦合概念

3.1.1 市场耦合的目标

拥有跨价区的互联输电通道是建立一体化电力市场的前提。互联输电通道建设可以使两个价区间的价差减少，并通过向电力行业投资者传递价格信号，引导电力投资。市场耦合促进发电资源在更大范围内的流动，推动电价较高的地区（发电资源短缺）电价下降，减缓对发电容量投资的需求；推动电价较低的地区（发电资源过剩）电价升高，减缓发电过剩的程度。输电系统运营机构间的紧密合作是市场耦合，进而形成一体化电力市场的另一个前提，电力输出地区的输电系统运营机构需要面对发电盈余，而电力输入地区的输电系统运营机构则需要面对发电供应紧张的情况。

市场成员开展跨价区电力交易需要占用跨价区输电容量，市场耦合可以通过跨价区输电容量隐式拍卖来达到此目的。隐式拍卖提供了一种整合由跨价区输电通道连接的两个地区的电力现货市场的方法。输电容量拍卖被“隐含地”包含在电力拍卖中，即电力购买者通过报价竞争整个耦合市场中的发电，输电容量的使用成本隐含在报价中，因此集中优化后生成的电价同时反映了每个报价区的电力成本和阻塞成本。换句话说，隐式拍卖通过将输电容量分配融入交易中心拍卖程序中，提高了跨价区交易的效率。实际中，使用隐式拍卖的市场耦合方式，意味着市场成员实际上不需要提前获得任何跨价区容量分配，就可以在他们自己的报价区内竞标售电或购电。

电力市场耦合通过采用中心算法同时优化出清所有可成交的电力交易，这些达成的电力交易满足所有输电系统运营机构提出的输电能力约束。

电力市场耦合的主要优化目标是，在满足电网物理约束的前提下，最大化所有市场成员的总社会福利，并根据市场出清结果确定跨价区的电力潮流。这就意味着，一个价区可以提供更廉价的电力来满足另一个价区的电力需求，同时降低了购电价区的用电价格。当跨价区输电容量足够大时，各价区电价将趋于一致；当有价区间发生阻塞时，阻塞线路两端的价区间电价会有差异，且耦合机制能够保证电力潮流总是从低价区流向高价区。

3.1.2 市场耦合模式

在市场耦合中，隐式拍卖是由两个或多个电力交易机构联合组织开展的，因此欧洲电力市场中各个电力交易机构也是“耦合”的。

市场耦合需要大量信息共享，市场信息由参与的各个电力交易机构和输电系统运营机构提供，输电系统运营机构提供市场中各价区之间的输电容量信息。电力市场耦合算法根据市场成员报价和跨价区输电能力等信息，出清得到市场中各价区的中标电量和价格。根据实施市场耦合的方式，这些信息的使用方式也可以不同。

实际中，市场耦合可以采用多种方式实现，具体包括价格耦合和电量耦合。

（1）价格耦合意味着高度的市场融合。在这种情况下，由电力市场耦合出清算法确定各报价区的价格、各报价区中标的报价列表以及报价区间的净电能交换。这些信息由各电力交易机构负责在各自的市场区域内进行细化分解。价格耦合出清可以采用基于可用输电能力（available transfer capacity，ATC）或基于潮流的出清方法。

（2）电量耦合意味着较低的市场融合水平。首先，电力交易机构仅调整由电力市场耦合算法确定的各价区间的潮流。接着，各电力交易机构分别计算各自价区的电价。因此，电量耦合可能会导致少量的反向潮流或价格差异。采用电量耦合方法也是出于实际考虑，因为不太可能将所有的电力市场都一步纳入价格耦合。采用电量耦合方式也有利于实施，各交易机构不必对其现有的市场出清程序进行较大修改，且电力交易机构仍然保留对其所属市场电价的计算权，减小了实施市场耦合的成本和阻力。

欧洲对独立的跨价区互联输电通道的成本进行了研究，结果显示，基于价格紧耦合的隐式拍卖是市场耦合的最优模式。在图 3－1 所示的电力现货交易中，通过比较计算出的跨价区潮流和跨价区可用输电容量，有助于缓解电网阻塞。如果潮流大于跨价区可用输电能力，则输电通道两端价区分裂，以使得潮流等于跨价区可用输电容量，每个价区形成不同的市场价格；如果潮流未超过跨价区可用输电容量，则整个价区将形成统一的价格。两个互联价区间的潮流即为各价区内的购、售电量偏差，因此该潮流取决于价区的电价水平。如果该潮流超过了跨价区可用输电容量，则系统将被分为电力盈余和电力短缺两个部分。电力盈余区域（售电量大于购电量）的价格将下降，电力短缺区域（购电量大于售电量）的价格将上升，这将使得电力盈余区域的购电量减少、售电量增加，同时使得电力短缺区域的购电量增加、售电量减少，从而减少跨价区潮流。隐式拍卖中的电价计算包含了输电阻塞管理，并最终形成一个新的市场均衡。在图 3－1 的例子中，挪威、瑞典之间如果有 100MW 的输电能力，则挪威的市场出清价格将从 100 欧元上升至 125 欧元，同时瑞典的市场出清价格从 150 欧元下降到 125 欧元，125 欧元即为统一市场的边际出清价格。若两国之间只有 50MW 的输电能力，则挪威侧的市场出清价格将从 125 欧元下降到 110 欧元，瑞典侧市场出清价格将从 125 欧元上升到 140 欧元，从而统一市场将具有两个不同的市场出清价格。图中虚线表示价区间有输电通道进行耦合出清时的成交情况，实线表示两个价区之间无输电通道，各价区独立出清时的成交情况。

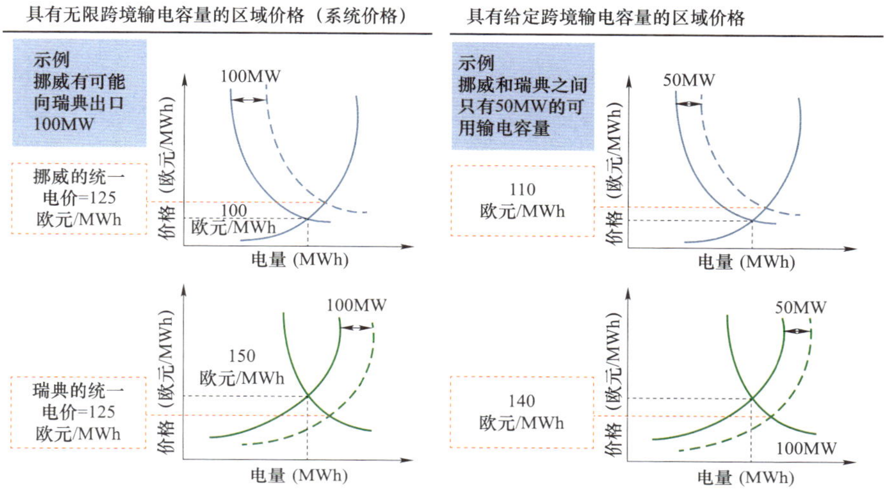

图 3-1　跨价区交易原理

3.2 市场耦合的方法

3.2.1 基于可用输电容量的市场耦合

在基于可用输电容量的市场耦合方法中，复杂的物理电网被大大简化为可用于电力市场交易的简易拓扑形式。各报价区由表示给定拓扑结构的跨价区输电通道连接，某一报价区与其相邻区域的电能交换只能通过这些输电通道进行，且受到各条输电通道的可用输电容量限制。基于可用输电容量的市场耦合方法可以与传输容量的显式和隐式分配方式相兼容，目前欧洲大部分地区采用了基于可用输电容量的方法进行日前市场耦合出清，但中欧和西欧已于 2015 年 5 月引入了基于潮流的市场耦合出清方式，欧洲最大的中央容量计算区（core capacity calculation region，core CCR）以及北欧输电容量计算区也正在各自的区域实施基于潮流的电力市场耦合。

基于可用输电容量的市场耦合方法中，每条跨价区联络线的可用输电容量值（即 ATC 值）与其他跨价区联络线上的电力流无关。各国输电系统运营机构基于提前两日的市场交易结果及相关物理潮流假设，采用启发式方法计算可用于交易的跨价区输电容量。因此，容量分配是在市场交易之前进行的，与市场出清完全分离。每条输电线路的可用输电容量是具有时间周期性和方向性的，某一时间周期内的可用输电容量（ATC）计算式为

$$ATC = NTC - NTF = TTC - TRM - NTF \tag{3-1}$$

式中：NTC（net transmission capacity）表示净传输容量；NTF（notified transmission flow）表示预安排输电潮流，即各市场成员向输电系统运营机构提交的因事先发电计划产生的跨价区输电潮流；TTC（total transfer capacity）表示最大传输容量；TRM（transmission reliability margin）表示输电可靠性裕度。

为了确保电力在系统间可靠地传输，计算 TTC 时需要考虑保证系统正常运行的输电线路物理约束，包括热稳定约束、电压约束及稳定约束等。计算 TRM 时考虑了由于市场成员的信息不完全及突发实时运行故障等因素造成的线路潮流预测不确定性，输电系统运营机构会根据以往经验或采用统计学方法进行 TRM 值计算。在网状电网结构下，NTC 计算值之间的关联性非常强。例如在欧洲互联输电系统中，两个国家间进行电力跨境交换不仅会引起这两国间的电力潮流变化，同时还会产生与其他国家间的潮流交换。因此，为了向市场成员提供更易理解的电力转移方式的描述，如采用交易路径法耦合模式，各国输电系统运营机构在计算两个区域间的 NTC 值时，通常不考虑其对其他区域 NTC 的影响；如果采用潮流法耦合模式，则通过灵敏度计算，能够考虑不同地区的交互影响。

基于可用输电容量的市场耦合方法是以报价区为基础进行的，当某个报价区内包含多个节点（发电或用电单元）时，认为该报价区内所有节点对市场中各关键输电通道（critical network elements，CNE）的影响是一致的。如图 3－2（a）所示，三个报价区分别由一个等效节点表示，各报价区间仅

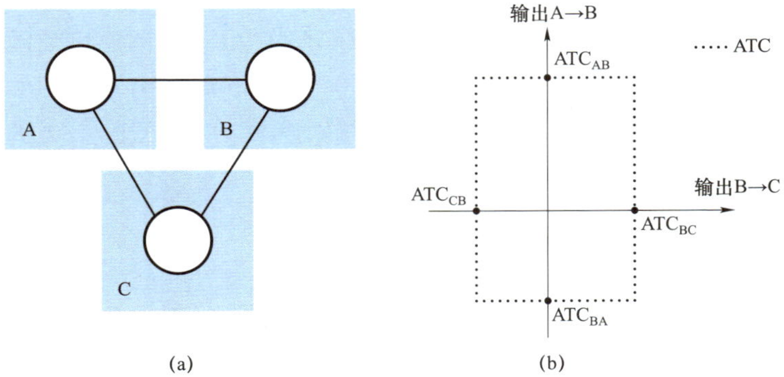

图 3－2　基于 ATC 方法的网络模型及潮流安全区

（a）网络模型；（b）潮流安全区

考虑跨价区输电通道的连接，每条跨价区输电通道的可用输电容量值与其他跨价区输电通道上的潮流相互独立，形成的报价区间的潮流安全域如图 3－2（b）所示，该安全域构成了电力市场耦合出清问题的解空间。

基于 ATC 的市场耦合方法的特点为：

（1）可以为双边交易提供优先权。

（2）不能最大化利用实际潮流安全域。

（3）在具有多个报价区的高度网格化网络中应用时比较复杂。

（4）针对某一指定网络，各报价区间的潮流安全域不唯一，有多种可能。

（5）实际潮流是在市场耦合出清之后确定的，因此交易计划潮流和实际物理潮流间的差异可能比较大。

（6）各条输电通道的 ATC 被认为同时可行的，但由于不知道实际的物理潮流，因此为了保证系统运行安全，ATC 值往往被压低。

3.2.2 基于潮流的市场耦合

与基于 ATC 的市场耦合方法相比，基于潮流的市场耦合（flow-based market coupling，FBMC）方法仅与隐式拍卖相兼容。在基于潮流的市场耦合中，尽管进行了简化，但在市场出清时会考虑更多的物理传输容量的限制。基于潮流的市场耦合方式下的跨价区输电容量分配，一部分是在事前发生的，而另一部分则是与市场出清同时发生的。

基于潮流的市场耦合下的网络模型虽然无需考虑所有输电线路，但每个输电系统运营机构都会为其控制区域定义关键网络线路，这些关键网络线路包括跨价区的输电线路以及受跨价区交换影响显著的内部线路。基于潮流的市场耦合方法计算跨价区输电容量时，会一并考虑跨价区输电线路与价区内部关键网络线路。在该方法中，一条跨价区输电通道的传输容量不再独立于其他跨价区输电潮流。在事前，通过将输电系统运营机构提供的所有主要输入信息与潮流方程相结合，即可获得潮流可行域。

采用基于可用输电容量的方法时，出清算法只能考虑价区之间的交易，包括转运潮流在内的实际运行潮流，则只能交由电力调度机构处理。在消除输电网络阻塞时，只能按照输电通道，一一调整阻塞通道两端的净注入潮流或者净流出潮流。为了更加有效地管理实际运行潮流，电力调度机构不得不事先分配某条输电通道的可用输电能力，以有效应对转运潮流和价区内的输电阻塞。考虑到转运潮流很难准确预测，因此在一个网格化的输电网中进行可用输电能力计算变得更加复杂。

用一个简化的三个分区组成的示例来探讨不同市场耦合方法解空间的差异，三个分区分别用 A、B 和 C 表示。首先假定联结这些分区的输电网模型非常简单。如图 3－3（b）所示，每个分区由单一节点表示，各个节点由电抗相同的输电线路连接在一起，各条输电线路的最大输送能力均为 200MW。

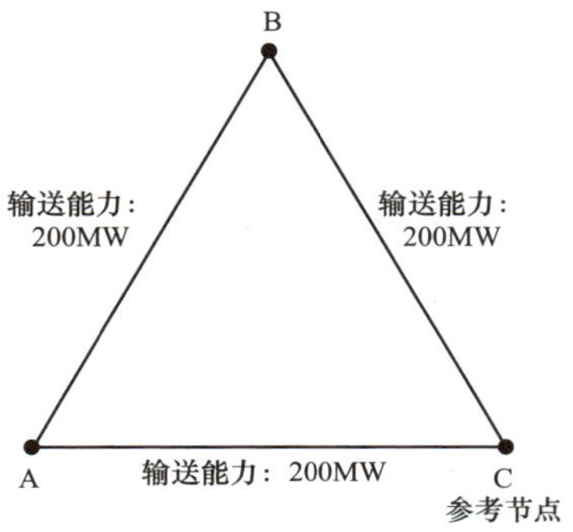

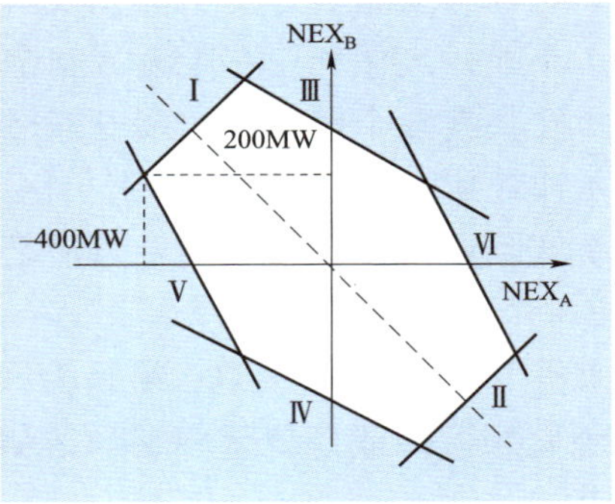

图 3－3　在一个三分区市场中的输电网络和安全域

（a）输电网络；（b）安全域

这个安全域是所有满足电网安全约束的可能注入和流出组合的集合，在这个三市场分区的案例中，来自每一个分区市场的净流出组合（对分区电力市场来说通常称为“净输出”）可以以二维空间中的一个点来表示。第三个市场分区作为参考市场分区，其净输出则由市场平衡状态唯一确定。在平衡状态下，三个市场分区的净输出总和应为零。

图 3－3（b）所示为市场分区 A 和市场分区 B 的净输出安全域，市场分区 A 的净输出表示为 NEX_A，市场分区 B 的净输出表示为 NEX_B。

对于这个三角形网络，以市场分区 C 为参考市场分区的潮流转移分布因子如表 3－1 所示。对于这样一个三角形输电网络，其潮流转移分布因子数值表明，在两个市场分区间 1MWh 的电力交易，所产生的电力潮流将根据两条并行输电通道的长度比例，以 2:1 的比例分配到两个输电通道上。

表 3－1　　三角形输电网络的电力潮流转移分布因子

线路名称	NEX_A	NEX_B
AB	－1/3	1/3
BC	－1/3	－2/3
AC	－2/3	－1/3

在图 3－3 中，所示安全域的每一条边代表输电线路的一个潮流约束。该约束限制了输电通道 AB 上的最大电力潮流，任一方向输送的电力潮流不能超过 200MW，相应的净输出约束为

$$-200 \leqslant \frac{1}{3}\mathrm{NEX_A} - \frac{1}{3}\mathrm{NEX_B} \leqslant 200$$

在图 3－3 中，线Ⅰ和线Ⅱ之间区域内所有 $\mathrm{NEX_A}$ 和 $\mathrm{NEX_B}$ 的组合均满足输电通道 AB 的输送能力约束。

输电通道 BC 的电力潮流约束为 200MW，任一方向输送的电力潮流不能超过 200MW，相应的净输出约束为

$$-200 \leqslant \frac{1}{3}\mathrm{NEX_A} + \frac{2}{3}\mathrm{NEX_B} \leqslant 200$$

在图 3－3 中，线Ⅲ和线Ⅳ之间区域内所有 $\mathrm{NEX_A}$ 和 $\mathrm{NEX_B}$ 的组合均满足输电通道 BC 的输送能力约束。

最后，在输电通道 AC 上，任意方向的电力潮流不能超过 200MW 这一安全约束，相应的净输出约束为

$$-200 \leqslant \frac{2}{3}\mathrm{NEX_A} + \frac{1}{3}\mathrm{NEX_B} \leqslant 200$$

在图 3－3 中，线 V 和线 VI 之间区域内所有 $\mathrm{NEX_A}$ 和 $\mathrm{NEX_B}$ 的组合均满足输电通道 BC 的输送能力约束。在图 3－3 中，白色区域就表示该输电网络的安全域。由于安全域内的所有组合均能够满足示例电网模型中的所有电网安全约束，所以在这个区域中的任意净输出组合均可行。

然而，使用可用净传输容量方法时，经常会导致在市场交易中无法充分利用可用的净传输容量。净传输容量限定了相邻价区之间的双边交易能力，而不考虑其他价区之间的电力交易情况对净传输容量的影响，这意味着每个价区的净输出交易量受限于与其他所有价区之间的净传输容量限值之和。比如，考虑表 3－2 所示的净传输容量限值矩阵，这个矩阵表明市场分区 A 的最大净输出交易量等于 $\mathrm{NTC_{BA}}$ 和 $\mathrm{NTC_{CA}}$ 之和，为 250MW。市场分区 A 的最小净输出交易量等于负的 $\mathrm{NTC_{BA}}$ 和 $\mathrm{NTC_{CA}}$ 之和，为－350MW。

表 3－2　　净传输容量矩阵

输出/受入	A	B	C
A		50	200
B	100		150
C	250	200	

因此，由净传输容量模型定义的电力交易空间，可以以每个市场分区各自的净输出限值的形式来表示，这个空间可以在一个二维的图形上描述。由于净传输容量模型限定的是单一限值，市场分区的净输出和电力交易空间的边界只能由垂直线段、水平线段，以及 $-45°$ 的对角线来表示。比如，市场分区 A 的最大限值和最小限值由垂直线段表示，市场分区 B 的最大限值和最小限值由水平线段表示，而市场分区 C 的最大限值和最小限值由对角线表示。沿着这些对角线，市场分区 A 和市场分区 B 的净输出电力交易总和恒定。而且，NEX_C 的数值等于 NEX_A 和 NEX_B 之和取负。在一个二维图形中，以竖直线、水平线和对角线组成的净传输容量电力交易空间，其形状要么像一个正方形，要么像一个菱形。为保证在市场中成交的任何电力交易所产生的电力潮流均能够满足电网安全约束，这个电力交易空间必须完全位于输电网络安全域之内。

在示例中，输电网络安全域所能容纳的最大电力交易空间如图 3－4 所示。很容易验证，这个电力交易空间对应的净传输容量集合，就是任意相邻两个市场分区之间正反方向的净传输容量限值均为 150MW。这说明，并非所有的可行电力交易都在这个净传输容量对应的电力交易空间之内。比如，在图形中点 E 对应的电力交易为市场分区 C 从市场分区 A 输入 200MW，从市场分区 B 输入 200MW。这一组电力交易是满足电网安全约束要求的，其对应的输电线路 1－3 的电力潮流为 200MW，输电线路 2－3 的电力潮流为 0MW。然而，由于图中基于净传输容量模型确定的电力交易空间所允许的每个输电通道最大交易量为 150MW，所以该电力交易将无法达成。

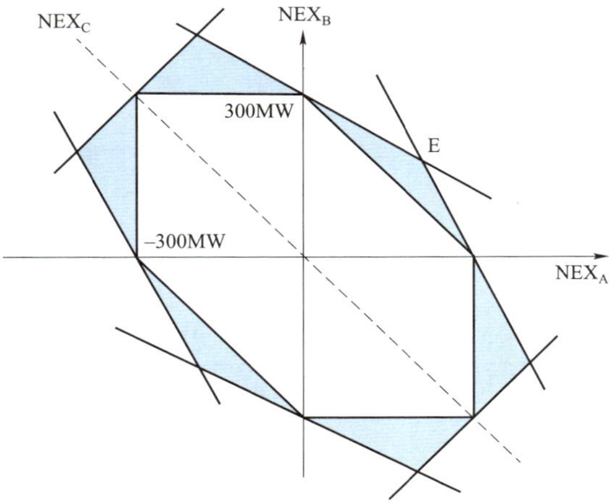

图 3－4　输电网络安全域和最大的净传输容量电力交易空间

需要说明的是，也可以选择一个特定的净传输容量组合，使得点 E 能够包括在由选定的净传输容量组合确定的电力交易空间之内，比如设定在市场分区 A 和市场分区 C 之间净传输能力为 200MW，在市场分区 B 和市场分区 C 之间的净传输能力为 200MW，而在市场分区 A 和市场分区 B 之间的净传输能力为 0MW。这个净传输容量组合对应的电力交易空间如图 3－5 所示，它是一个由直线构成的区间。从图中可以看出，为将点 E 包括在电力交易空间中，安全域中大量的可行电力交易空间被排除在外，总的电力交易空间变得更小。

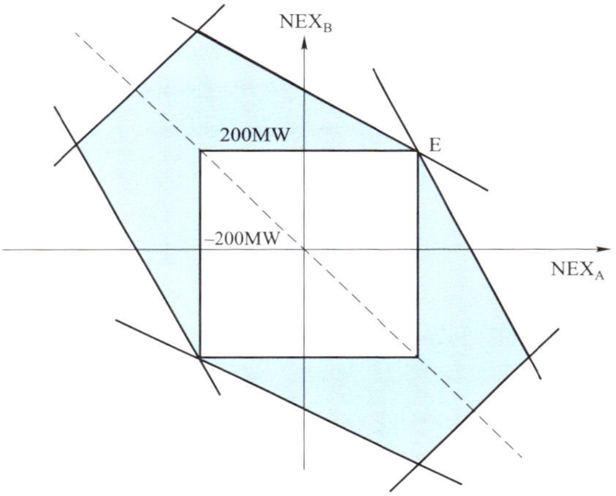

图 3－5　包括点 E 的净传输容量电力交易空间

在前面的示例中，已经说明了任意一个由净传输容量组合确定的电力交易空间，都只能覆盖安输电网络全安全域的一部分。在这种情况下，要想选择包括输电网络安全域中设定点的电力交易空间，只能以将其他部分可行点排除在电力交易空间之外为代价，在市场交易中将无法达成排除点所对应的电力交易结果。

基于潮流法的电力市场耦合出清，能够实现最经济高效的阻塞管理。每个价区的净潮流发生变化时，市场出清算法在计算过程中能够自动识别转运潮流，并直接处理输电通道上的过载问题。电力调度机构只需要向电力交易机构提供跨价区输电通道的最大输电能力，市场出清算法能够自动找到实现社会福利最大化的各输电通道潮流分配方式。由于电力调度机构不需要事先分配各输电通道的输电能力，所以对市场出清算法来说有更大的求解空间。

这就意味着基于潮流法的电力市场耦合解空间能够等于乃至大于基于协调净可用输电能力方法对应的解空间。

基于 ATC 的市场耦合解都可以由基于潮流法的市场耦出清算法找到，而且基于潮流法的市场耦合出清还能够在 ATC 解空间之外寻找更优方案。如果市场耦合的最优解落在 ATC 方法的解空间之内时，两种市场耦合设计都能够找到最优解。但如果市场耦合的最优解落在 ATC 方法的解空间之外时，则只有基于潮流的市场耦合出清方法能够找到最优解。如果同等程度的考虑电网安全约束，理论上基于潮流法的市场耦合设计比 ATC 法的市场耦合设计效率更高。

目前，欧洲已经从采用基于 ATC 的市场耦合方法逐渐转变为采用基于潮流的市场耦合方法。《容量分配与阻塞管理导则》要求使用通用网络模型来实现日前和日内市场的耦合：

（1）可用传输容量通常根据基于潮流的方法进行计算。由于跨价区输电通道间的输电容量高度相关，基于潮流的方法应作为日前和日内输电容量计算的主要方法。

（2）基于 ATC 的计算方法适用于跨价区输电容量相互依赖性较小的地区（如北欧）。

（3）同样采用基于潮流的方法的容量计算区可以合并为一个更大范围的容量计算区。

基于潮流的市场耦合方法能够更好地体现跨价区输电网络的物理特征，并提供更为准确的跨价区输电容量。与 ATC 方法相比，基于潮流的市场耦合更为复杂，但可行域也更大，换句话说，基于潮流的市场耦合方法能够向市场提供更大的跨价区输电容量。但由于复杂性的增加，市场出清算法中包含的基于潮流的市场耦合参数难以确定，可能会带来运行上的困难。

3.2.3 市场耦合流程

无论采用基于 ATC 的方法还是潮流法，市场耦合出清均包括三个主要步骤：市场耦合预处理、市场耦合和市场耦合后处理。

市场耦合预处理：市场耦合出清的前置阶段。此时电力调度机构进行跨价区可用输电能力计算。

（1）创建基础算例，包括预期的次日网络拓扑、各价区的净输入潮流和净输出功率、各关键输电通道的潮流。

（2）定义发电转移因子、关键输电通道、各种预想故障和安全矫正措施。

（3）应用电网运行经验，设定最终调整因子（final adjustment value，FAV），以调节基于潮流法的市场耦合解空间。

（4）应用上述定义的发电转移因子、关键输电通道，计算潮流转移分布因子和输电通道裕度区间等参数。

（5）验证潮流法计算中的各种参数，保证解空间合理。

（6）将计算及定义的各种参数发送到电力交易机构。市场耦合预处理阶段从 D–2 日晚上启动，一直持续到 D–1 日 10:00 结束，结束时预处理的各种参数需通过电力交易机构的网站对外发布。

市场耦合阶段：实际上就是市场出清，该任务由电力交易机构实施。市场出清过程主要包括：① 向市场成员发布出清中用到的各种参数；② 接收各市场成员的竞价申报；③ 按照市场规则，进行市场出清计算；④ 发布市场出清结果，市场耦合出清计算从 10:30 开始，至 13:00 结束，计算结束就立即发布出清结果。

市场耦合后处理：由电力调度机构实施，该阶段主要包括：① 校验市场出清结果；② 进行阻塞费用分摊；③ 分析系统安全运行的不确定性。

在可用输电能力计算中，用于应对不确定性的一个重要手段就是可靠性裕度参数的选择，该参数也称为潮流法市场耦合中的潮流可靠性裕度（flow reliability margin or FRM in FB）。由于未来发用电分布存在不确定性，电力系统运行人员很难准确预测未来每个小时各关键输电通道上的实际潮流。在实际运行中，关键输电通道上的实际潮流可能大于预测潮流，也可能小于预测潮流，而当实际潮流大于预测潮流时，很可能会发生输电通道过载。为将关键输电通道出现过载的风险控制在一定水平之内，就需要将输电通道的一部分输电能力预留下来，以应对可能的潮流波动，预留部分即为潮流可靠性裕度。由电力调度机构提供的关键输电通道的可用输电能力，等于输电通道最大输电能力减去可靠性裕度。而可靠性裕度（FRM）的大小，通常依据潮流法中预测潮流与实际潮流偏差的历史统计进行设定。导致输电能力计算中出现不确定性的原因有很多种，比如气温、降水、燃料价格和光照等。然而，有两个因素是潮流法中导致不确定性出现的根本原因：① 对电网模型的线性化处理；② 将输电通道对节点的灵敏度汇聚成输电通道对分区灵敏度的具体做法。另一方面，当采用基于潮流法的市场耦合出清时，市场出清算法自动计算价区之间的潮流。这意味着在基于潮流法的市场耦合出清中，会自动计算转运潮流，这在一定程度上能够降低可用输电能力计算的不确定性。最后，所有的不确定性都会反映在潮流可靠性裕度参数选择中，为应对各种风险，与输电通道的物理输电能力相比，在市场耦合出清中采用的可用输电能力相对较低。

3.3 日前和日内市场耦合

3.3.1 日前市场耦合

欧洲各国的日前电力市场目前已经通过市场耦合方式实现跨价区联合出清，以实现社会福利的最大化。其目的在于统一不同国家的日前市场的运营，包括关闸时间、交易品种以及跨价区输电容量分配等。针对所有跨境供需资源物理合约以外的电量进行集中竞价交易，欧洲日前电能市场采用统一的价格耦合算法进行市场出清，它以价格耦合区域内交易的社会福利最大化为目标。各地区电力交易机构负责轮值出清，以隐式拍卖的方式自动开展跨价区输电通道传输容量分配以及电能出清，并采用分区定价机制形成各价区的出清价格，同一交易时段每个价区市场出清价格相同。价格耦合算法能够高效促进市场价格的形成，充分考虑跨价区输电容量约束和容量分配约束，且支持计算结果的再现和计算规模的扩展，也能够适应报价区的变化。日前耦合算法的输入信息包括输电容量分配约束、跨价区输电容量和市场主体提交的投标数据；输出内容涵盖各交易时段各价区的市场出清价格、净出清电量以及中标状态确认等各类信息。

日前市场耦合增加了跨价区的电力流动，有助于实现价格趋同并减少价格波动，到目前为止已经取得了成效。如图 3－6 所示，该图显示了在显式（无联合）拍卖和隐式（联合）拍卖的电价波动水平。

在日前市场耦合过程中，各输电系统运营机构将报价区之间的可用输电容量提供给各报价区的市场成员和电力交易机构。大部分输电系统运营机构基于两价区间所有联络线的容量总和减去一定的合理安全裕度形成可用输电容量，该容量相对保守，且不考虑各机组实际的开停情况。少部分输电系统运营机构采用基于潮流（FB）的容量计算方法，即基于各机组和负荷对线路的灵敏度因子形成可用输电容量，该方法需要明确一定的开机方式，通常由输电系统运营机构与一些平衡责任主体通过双边合约等场外交易方式形成必开机机组组合。上述两种可用输电容量分别在后续的耦合出清过程中提供了

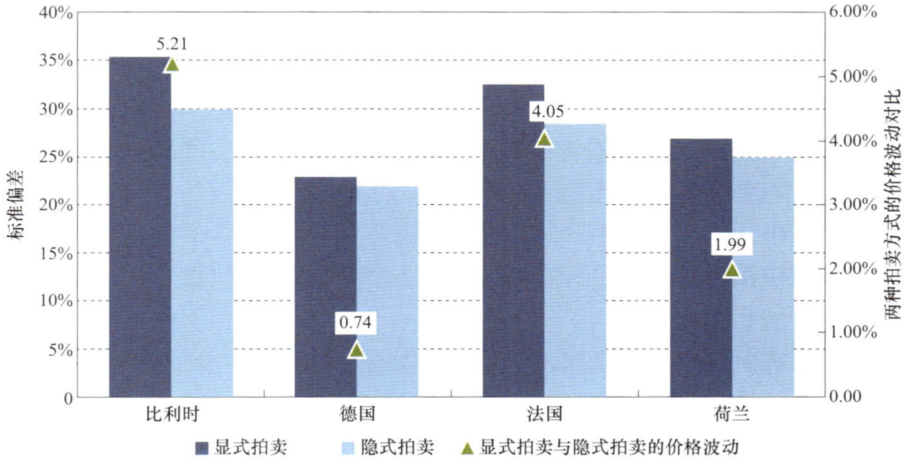

图 3-6 日前市场耦合对电能价格波动的影响

基于可用输电容量的安全约束条件和基于潮流的安全约束条件。市场成员基于可用输电容量，申报参与日前市场的投标和报价，由其所在投标区域的电力交易机构汇总聚合。电力交易机构基于汇总聚合的各报价区报价信息以及报价区之间的可用输电能力，采用泛欧混合电力市场耦合出清算法（Pan-European hybrid electricity market integration algorithm，EUPHEMIA）进行集中优化出清（第 11 章将详细介绍），形成各价区内各市场成员的中标结果。在出清过程中，报价区间的互联输电通道输电能力和电力潮流同步完成优化分配，若跨价区的输电通道没有出现阻塞，则报价区间的出清价格将趋向一致。当跨价区间的输电通道出现阻塞时，市场将出现分裂，价区间将出现价差，这一价差导致的阻塞盈余将分配给相应的输电系统运营机构或相应的输电权持有者。

日前耦合市场由欧洲主要的 7 个电力交易机构负责轮值运营，通过调用云端泛欧混合电力市场耦合出清算法进行出清，目前最长计算时间 12min。电力交易机构接入该云端算法的接口由各自负责建设，且不完全相同。轮值电力交易机构调用算法进行出清的时候，其他电力交易机构也将同步用上述系统进行出清，他们的结果作为备用，以防轮值电力交易机构因不可抗力无法形成出清结果。

电力交易机构应保证耦合出清算法的准确高效，输电系统运营机构则应校核并保证出清结果满足跨价区输电容量约束和容量分配约束。电力交易机构负责设计日前电能市场的商品类型，并保证价格耦合算法能够支持各种商品类型的统一出清。商品类型可以包括单时段交易和多时段交易，电力交易机构以两年为周期，与市场成员、输电系统运营机构和监管机构协商改进市场中的商品类型设计。电力交易机构应根据失负荷价值提出日前市场的最高限价和最低限价建议，经监管机构批复后及时发送给相关的输电系统运营机构。日前市场跨价区输电阻塞费用等于输电通道两端价区的日前市场价差与输电容量之积，但不平衡费用或附加费等不得计入日前跨价区输电价格。输电系统运营机构根据统一的日前耦合市场出清结果，按照批复的通用算法，计算得出价区间交换计划。

统一日前电能市场耦合出清具体步骤如下：

第一步：输入数据，做好准备。为保障按时发布跨价区输电通道可用容量和分配约束信息，输电容量计算机构应在 11 点前向电力交易机构提供上述数据。如果无法在日前市场关闸前 1h 提供，则需及时通知电力交易机构，电力交易机构应立即通知服务范围内的所有市场主体。

第二步：日前电能市场耦合出清。日前市场最迟在上午 11 点开市，每个价区的市场关闸时间均在中午 12 点前，各市场主体在市场关闸前向提交报价。电力交易机构将接收到的市场主体报价进行匿名处理，汇总后提交负责日前电能市场耦合出清的轮值交易中心进行出清计算。

第三步：发布市场出清结果。根据市场规则，执行日前市场耦合计算的电力交易机构按时向输电系统运营机构、电力市场指定运营机构发布出清结果。各输电系统运营机构负责校核市场出清结果，判断是否符合输电容量分配约束和跨价区输电容量约束，电力交易机构负责校核市场出清结果是否与市场主体的报价信息一致，完成校验后立即向市场成员发布中标结果。

第四步：输电系统运营机构计算每个交易时段各报价区之间的交换计划，并通知相关电力交易机构、中央结算主体、转运代理。执行出清计算的电力交易机构如果无法得到全部或者部分时段的出清结果，应立即通知相关的输电系统运营机构，并通知市场主体，告知可能启动应急预案。

3.3.2 日内市场耦合

日内耦合市场的主要功能是实现“连续交易”，通过隐式连续分配跨价区输电能力。日内跨价区耦合总的来说是一个日内“订单（投标或报价）”共享项目，通过建立统一的“订单”共享平台，各电力交易机构负责区域内的市场主体在满足可用传输能力约束的前提下，基于“先到先得”的方式从“订单”共享平台中得到自己想匹配的“订单”，以实现一个价区内市场成员的投标和报价与来自同一价区内或任何其他价区的“订单”进行连续匹配，同时保证跨价区输电容量的可用性。

通过整合不同国家和地区的日内市场，市场成员受益于相邻价区的电力资源流动，可以增加日内“订单”匹配概率。与采用一套出清算法对各投标区域进行“耦合”拍卖（如果不存在输电容量限制，则不同地区的“订单”是等价的）的日前耦合机制不同，日内市场不存在统一的出清算法，它的耦合基于连续交易的“合并”订单，即由各地区的电力交易机构将各自负责投标地区的“订单”进行汇总并公布在统一的共享平台上，由各市场主体进行摘挂牌，以先到先得的方式完成交易，直到日内交易关闸时间（例如实时运行前 1h）。不考虑“订单”发布时间限制，竞价是连续滚动匹配的，并且在每次执行交易后，跨价区可用输电能力会自动更新。

欧洲日内电能市场采用统一的连续交易匹配算法进行市场出清。在日内跨价区市场开市后、关闸前，连续交易匹配算法按照价格优先、时间优先原则，考虑输电容量分配约束、跨价区输电容量约束和输电容量分配约束，持续计算匹配市场成员报价，针对报价进行有效的输电容量分配以实现交易的社会福利最大化，并保证计算结果可以稳定复现。连续交易匹配算法输出结果包括每笔交易的中标状态和成交价格、每个交易时段各价区的中标电量。电力交易机构负责保障计算结果的准确高效，输电系统运营机构负责出清结果的校核，确保满足跨价区输电容量约束和输电容量分配约束。与日前市场一样，电力交易机构也负责设计日内电能市场的商品类型，并保证连续交易匹配算法能够支持各种商品类型的统一出清。各输电系统运营机构联合协商提交日内跨价区市场的开市时间和关闸时间，市场关闸时间设置首先要尽可能接近实时运行，给市场主体提供尽可能多的发用平衡调整机会；同时也要给输电系统运营机构和各市场主体预留足够的时间进行计划安排和实时平衡，避免出现电网安全运行问题。日内跨价区输电容量定价应基于市场主体报价，并反映通道的阻塞情况，但不平衡费用或附加费等不得计入日内跨价区输电价格。输电系统运营机构根据统一的日内耦合市场出清结果，按照批复的通用算法，计算得出报价区间交换计划。

统一日内电能市场耦合出清具体步骤如下：

第一步：输入数据、做好准备。在日内跨价区市场开市前 15min，输电系统运营机构需向电力交易机构提供跨价区输电通道可用容量和分配约束信息。如果由于电网运行方式变化等原因导致跨价区可用输电能力改变，输电系统运营机构应及时通知输电容量计算机构，并由其立即通知电力交易机构。输电系统运营机构无法按时提供跨价区输电容量和分配约束信息时，需要及时通知电力交易机构，由电力交易机构立即通知服务范围内的所有市场主体。

第二步：日内电能市场耦合出清。在跨价区日内交易每个时段，各输电通道都有一个对应的市场关闸时间，通常不早于实际运行前 1h，并视实时调度和安全运行要求而调整。在市场开市后、关闸前，日内交易可以连续开展，各市场主体在市场关闸前提交报价，电力交易机构将接收到的市场主体报价进行匿名处理，汇总后将相应时段的报价提交市场耦合出清系统进行匹配计算。

第三步：市场出清结果发布。执行日内市场耦合出清计算的电力交易机构按时向其他电力交易机构发布每笔交易的出清结果，向输电系统运营机构发布净交易结果。

第四步：输电系统运营机构计算每个交易时段各价区之间的交换计划，并通知相关电力交易机构、中央结算主体、转运代理和输电系统运营机构。日内市场耦合出清完成后，执行出清计算的交易机构及时向市场主体发布每笔交易的中标结果，并公开发布加权汇总后的交易量价数据。

电力交易机构和输电系统运营机构也可以协商提出集中竞价的日内交易类型，各市场主体提交投标，报价截止后交易机构进行集中统一出清。为确保与现有连续交易匹配出清的协调，已有日内连续交易可能需要在某一时间段内暂时停止。新提出的日内集中竞价交易不能影响现有交易市场的透明性，应保证平等对待相邻区域的市场主体，跨价区输电容量分配依然由输电容量管理模块完成。

3.4 实时市场耦合

不同于日前与日内市场，欧洲统一电力市场的目标模式中并没有针对平衡市场耦合的具体规定，欧洲平衡市场一体化也尚未形成明确的模式。目标模式仅建议对人工调用备用（也称为替代备用）进行跨境（价区）交易，并通过试点项目在输电系统运营机构的密切监督下进行市场测试。根据市场运营机构与输电系统运营机构运行衔接所需的协作程度，试点项目提出了各类平衡市场模型，包括从各国内部平衡到跨境平衡的扩展，以及输电系统运营机构之间的双边或多边交换功率调节等，这需要最高水平的协调与合作。

平衡市场在耦合方面面临高度的复杂性。首先，成员国的业务和市场规则的多样性是面临的一个严重问题。其次，平衡和备用变化对系统稳定性和供应安全的影响至关重要。因此针对跨境市场的发展，各国对跨国合作通常采取保守做法。但如果要充分利用电力市场，鼓励新能源发电发展，目标模型必须为区域和泛欧平衡市场制定更为清晰明确的目标。

首先需要协调解决的是各市场关闸时间和技术特性的一致性。其次，需要对所有时间尺度的不同备用品种鼓励跨境一体化调用，而不仅是目标模式中要求的替代备用。北欧市场的实践说明，一次调频服务也可以通过“受监管的电力市场”进行跨境交换。跨国平衡市场可实现风能的低成本聚合消纳，并提高电力系统运行和市场运营的整体效率。通过多国联合形成的区域市场统一平衡风力发电，可以优化系统整体备用水平，减少开机规模，降低平衡成本。这得益于风力发电和其他类型发电聚合具有平滑效应，能够有效降低其随机性。跨国平衡市场也可有效提高日内市场的流动性，并激励所有发电机降低其平衡偏差。为达到降低平衡偏差的设计目标，平衡市场中市场价格将高于日前和日内市场，以此鼓励市场成员在平衡市场前完成交易，避免因为平衡偏差而付出更高的成本。如果跨国平衡市场建成投运，那么出现系统功率不平衡时，国家或电网控制区之间就可以进行平衡功率交换，有效减少系统所需的备用。

最后，需要更好地了解风力发电场参与平衡和向系统提供备用的潜力。以目前的技术，风力发电场已经可以提供包括平衡在内的电网支持服务。先进的控制技术允许它们根据系统的要求向上或者向下调节出力，具体取决于特定时刻的风力可用性。这可以为系统提供极大的灵活性，使输电系统运营机构能够选择利用更低价的平衡资源，另一方面也就意味着，需要建立能够给所有提供这些服务的市场主体提供合理回报的市场机制。

3.5 阻塞管理

电力交易机构通过市场出清计算，确定各个价区中的中标发电和用电市场成员，以及未中标的发电和用电市场成员。对于一些特殊的投标报价，还会决定中标的交易时段。因此，市场出清就决定了各价区每个交易时段的净发电或用电，价区间各输电通道的计划潮流也能够确保在电力调度机构提供的可用输电能力范围之内。电力交易机构同时计算每个价区的市场价格，每个价区每个交易时段只有一个成交电价。电力交易机构除计算各价区出清电价和中标净发电或负荷外，还需要计算各价区之间的计划潮流，并将阻塞盈余在各输电系统运营机构之间按照市场规则进行分配。日前市场关闭后，输电系统运营机构提供用于日内市场出清计算的关键输电通道可用输电能力，这对日内电力市场运行非常重要，如果在日前市场中采用基于潮流法的市场耦合出清，日前市场出清将直接影响剩余可用输电能力的计算。

电力交易机构计算的跨价区计划潮流，将被输电系统运营机构用作确定高压直流输电通道的初始计划潮流。价区间计划潮流并不是由价区净发电或负荷唯一确定的，为了得到一组关键输电通道的计划潮流，电力交易机构通常采用专用的市场耦合后处理流程进行计算。每条输电通道由输电系统运营机构给出一个成本系数，并找到一组潮流组合，使所有输电通道上的潮流乘以成本系数的总和最小。成本系数被设置为能够最小化网损和最大化电力安全供应能力，同时还可以考虑平衡调节服务。

3.5.1 输电阻塞收益分摊

当跨价区可用输电能力不足，出现输电阻塞时，输电通道两端价区的市场价格出现差异，电力交易机构从电力用户收取的费用高于向发电企业支付的费用，出现的偏差称为输电阻塞盈余，无论在基于可用输电容量法还是基于潮流法的市场耦合出清中都会出现这种现象。输电阻塞盈余的出现缘于跨价区输电容量短缺，比如市场成员希望跨价区交易更多的电力，但需求超出了跨价区输电通道的可用能力。剩余的阻塞盈余资金由输电网所有者分配。在基于潮流法的市场耦合中，相邻价区的电价差异是整个区域内所有阻塞约束输电通道的结果，而在可用输电容量法中，电价差异只产生在发生阻塞的输电通道线上。如果实施基于潮流法的市场耦合，这种对价格差异的不同解释可能需要输电网拥有者对阻塞盈余进行不同的划分。由于两种方法对阻塞盈余产生的解释不同，所有二者对应的阻塞盈余分摊方法也有一定差异。理论上讲，由电力交易机构出清产生的输电阻塞盈余可以采用如下两种方法计算：① 将所有跨价区输电通道的输电量与对应两端价差乘积进行求和得到；② 将所有关键输电通道的输电量与输电通道对应的影子价格乘积进行求和得到。各关键输电通道的影子价格是由电力交易机构进行市场耦合出清时自动计算生成，表示阻塞输电通道在电力市场出清中的边际成本。对于基于可用输电容量市场耦合来说，两种方法得到的结果完全一致，因为两个价区之间的价差恰好等于影子价格，关键输电通道也就是各价区之间的联络线。而采用基于潮流的市场耦合方法时，关键输电元件与跨价区输电通道并不完全一致，虽然两种方法计算出的结果完全一致，但阻塞收益的来源有了变化，所以对阻塞盈余在各输电设备所有者之间的分配也会产生一定的差异。

3.5.2 日内市场跨价区可用输电能力管理

北欧的日内电力市场目前基于可用输电容量的市场耦合方式，并且在北欧地区实施基于潮流的市场耦合后的早期阶段，可能仍将采用基于净传输能力耦合方式。在目前的市场实现方式中，日内市场首先接收日前市场耦合出清后剩余的跨价区输电通道可用输电能力，当然输电系统运营机构有权根据实际运行状况修改这些输电通道的可用输电能力。由于日前市场和日内市场都采用基于可用输电容量的市场耦合方法，剩余的可用输电能力可以从日前市场直接传递到日内市场。如果只在日前市场中采用基于潮流市场耦合方法，则需要为日内市场的运行计算相应的可用传输容量。实际上，一个易于接受的方法是根据基于潮流的参数和电力交易机构接收到的投标来计算这些跨价区输电通道可用输电能力，也就是参照日前市场的净交易结果，提供一组符合基于潮流参数限制的可用输电能力。在计算确定跨价区输电通道的可用传输能力时，因为有多组可用传输能力可选，需要建立一个方法，从前一天的基于潮流的可行解域中提取一个用于日内市场的可用传输能力可行解域。

3.5.3 跨价区可用输电能力信息发布

用于日前市场的跨价区输电通道可用容量需要在市场耦合出清之前向所有市场成员发布，以便市场成员能够分析市场供需关系，预测电力市场出清价格，并根据对市场的预估情况向电力交易机构提交日前市场报价。欧洲电力市场投入运行以来，市场成员在市场中接收到了大量的跨价区输电通道可用输电能力历史数据。这些跨价区输电通道可用输电能力已经成为电力市场交易系统的一个重要组成部分，使市场成员对电力市场的运行有了一个清晰的了解。这些跨价区输电能力不仅仅是一个市场参数，一定意义上来说，它已经成为电力市场内涵的重要组成部分。当使用潮流法耦合出清时，输电系统运营机构需要将潮流耦合的网络约束发布给市场成员和电力交易交易机构。除了潮流法相关约束外，可能还需要向市场成员提供额外的信息。如从基于潮流法可行解域中提取的各种指标，比如每个竞价区的最小和最大净交易量，以及在基于潮流法可行解域中的最大跨价区交易量。这些指标包含电力市场的重要信息，能够提高对市场的深入了解。更进一步来说，辨别什么市场信息有用或者说必不可少，并向市场成员提供这些市场信息，这是电力交易机构与市场成员需要一起不断修炼的重要能力。

3.6 市场耦合现状

3.6.1 日前市场耦合现状

目前，欧洲各国主要通过市场耦合的方式实现跨境联合出清。2006 年，法国、比利时、荷兰日前市场成功实现了耦合，成为日后欧洲日前电力市场耦合的雏形。2010 年，中西欧（Central-West Europe，CWE）实现日前市场耦合，主要包括德国、法国和荷兰、比利时、卢森堡地区。2014 年初，北欧地区、中西欧地区及英国实现市场耦合，形成了西北欧（North-West Europe，NWE）耦合区域；该耦合区域首次采用价格耦合（price coupling of regions，PCR）算法，这是欧洲统一电力市场建设进程中的里程碑事件。西北欧区域市场随之先后于 2014 年 5 月、2015 年 2 月与西班牙、葡萄牙、意大利、斯洛文尼亚实现耦合，进一步扩大市场范围。2017 年 2 月，欧洲已实现日前市场耦合的国家共 23 个，正在实施日前市场耦合的国家共 5 个。截至 2019 年 12 月，欧洲已实现日前市场联合的国家共 27 个，初步形成了大范围资源优化配置的电力市场交易平台。

3.6.2 日内市场耦合现状

欧洲正在积极进行日内统一市场的建设，其目标模型是：通过搭建统一的信息系统（common IT system）实现“订单”共享（shared order book），跨价区输电容量由隐式拍卖法进行分配。随着可再生能源发电占比的不断增加，日内市场对于保证电力系统平衡越发重要。在日前市场联合出清的基础上，多家交易所启动了欧洲跨国日内交易方案（cross border intrada，XBID）来进一步推进欧洲电力市场的一体化建设。XBID 项目已成功上线运行，并于 2018 年 6 月进行了首次跨境电力交易与电力传输，覆盖了 14 个欧盟国家。随后，多家电力市场运营机构和输电系统运营机构陆续提供颗粒度更小的跨价区日内连续交易产品。法国—比利时将推出 30min 跨价区日内交易产品，奥地利—匈牙利将推出 15min 跨价区日内交易产品，比利时—德国、比利时—荷兰以及荷兰—德国则将推出 15min 和 30min 跨价区日内交易产品。欧洲日内市场耦合计划已推动奥地利、比利时、保加利亚、克罗地亚、捷克、丹麦、爱沙尼亚、芬兰、法国、德国、匈牙利、拉脱维亚、立陶宛、卢森堡、挪威、荷兰、波兰、葡萄牙、罗马尼亚、斯洛文尼亚、西班牙和瑞典 22 个国家开展日内连续交易。

3.6.3 实时平衡市场耦合现状

近年来，随着欧洲统一电力市场建设的推进，在欧洲输电系统运营商联盟协调组织下，各国正积极探索建立跨国平衡和辅助服务采购机制。目前共有 7 个试点项目，试点内容主要包括跨国平衡和调频备用共享等。跨国电网控制合作（international grid control cooperation，IGCC）是基于跨国平衡的试点项目，其基本原理是将不同控制区的相反方向的区域控制偏差（area control error，ACE）相互抵消，从而减少调频辅助服务的调用量，提高系统运行的经济性。目前，该试点项目已经覆盖了欧洲大陆 8 个国家的 11 个输电系统运营机构。

4 电网运行与市场的协同

电力市场的特殊性在于，仅有符合市场规律的市场设计是不够的，必须同时在运行上建立一整套与市场相配套的规则，确保市场结果的可行性和电力系统的安全。第 1 章介绍了为推动欧洲统一电力市场建设,《第三能源法案》提出制定了一系列电网准则和导则，以确定电力市场运营和电网调度运行基本准则，明确电力调度与电力市场协调配合的主要原则，其中以《远期输电容量分配导则》《输电容量分配和阻塞管理导则》《实时电力平衡导则》最为重要，是欧洲统一电力市场顶层设计的核心内容。电网准则和导则规范了欧洲电力市场电力商品的定义，明确了跨价区输电能力计算和分配原则，使各个国家间的电力市场互联互通和逐步融合成为可能，铺平了电力资源在欧洲大范围优化配置之路。

4.1 基 本 框 架

4.1.1 远期输电容量分配

在欧洲电力市场中，市场成员既可以通过电力交易机构进行集中竞价与撮合交易，也可以通过场外双边协商进行电力交易，相较而言，集中组织的电力交易更加透明高效。在远期市场中，市场成员可以提前几年进行电力交易，并能一直持续到交付日的前一天，交易标的物既可以是物理合约也可以是金融合约。远期交易的目的是为市场成员提供避险手段，帮助规避电力现货价格波动风险。远期电能交易和远期跨报价区输电权交易分开组织，输电权可以帮助规避价区间的价差波动风险。第 12 章将详细介绍远期跨价区输电容量市场、金融输电权和物理输电权的有关内容。

4.1.2 短期电力市场及输电容量分配

短期电力市场主要包括日前市场、日内市场和接近实时的平衡市场。日前市场在交付日前一天组织，市场成员可以针对已有双边交易仍未满足的发用电需求，向电力交易机构提交报价，由电力交易机构进行市场出清，形成日前市场中标结果和初始调度计划。欧洲日前市场采用了隐式拍卖进行输电权分配，输电权与电能市场联合出清。

日前市场关闸后，市场成员可以利用日内市场继续调整合同仓位。欧洲日内市场通常采用连续出清模式，同时也在探索可行的日内集中竞价出清模式。在日内市场关闸前，市场成员可以连续投标，而交易机构则会滚动匹配报价实现市场出清。在日内市场关闸后，市场成员形成并提交其最终调度计划，只有输电系统运营机构有权对其进行调整。

4.1.3 实时电力平衡

在实时调度运行中用于保障发电负荷实时平衡的机制称为实时平衡机制，实时平衡机制依赖两个平衡市场的支持。一个是容量平衡市场，该市场可以在交付日之前一天到一年前开展，具体开展时间欧盟内部并无统一的要求。容量平衡市场中标的发电和负荷必须承诺在实时运行中能够提供用于实时平衡的电能。另一个是能量平衡市场，参加能量平衡市场的市场成员需要提交其增减出力对应的价格要求，在实时市场关闸时间之前，市场成员可以随时提交和修改报价，容量平衡市场中标的市场成员必须参与能量平衡市场。在电网实时运行中，输电系统运营机构在考虑发用电设备技术能力的前提下，顺序调用成本最低的发用电资源以平衡发电与用电偏差。在《实时电力平衡导则》（*Guidelines on Electricity Balancing*，EB GL）中对实时平衡机制进行了详细描述，当然《系统运行导则》（*Guidelines on Electricity System Operation*，SO GL）对实时平衡机制也很重要，它对保障实时电力平衡备用类型、备用大小及各方权责等做了更为详细的描述。有时将获取非平衡备用类辅助服务的机制也纳入实时平衡机制，比如无功服务的获取。

4.2 报价区和控制区

欧洲电力市场采用分区定价机制，假定分区内部输电能力充足，不会出现阻塞，因此每个分区内所有市场成员的市场出清价格相同。各分区之间的市场出清价格可以不同，因此分区又称为报价区。分区之间通过输电通道相连，若输电通道容量充足，通常两个分区的电价会相同；当输电通道出现阻塞时，该时段两个分区之间的市场价格会出现价差，这时两个分区分裂成两个电力市场。分区间的价差称为该输电通道的阻塞收益，阻塞收益的受益方为输电通道的拥有者。报价区的定义需要按一定周期进行重新评估，如果分区内存在阻塞或者分区间阻塞消失，则需要对分区的设置进行调整。分区设置一旦确定，则在远期、日前、日内和实时平衡等各周期的电力市场交易中保持不变。由于历史原因，欧洲报价区的边界与成员国的行政边界划分非常相似。

报价区和控制区两个概念很容易混淆，报价区是一个市场概念，而控制区是一个运行概念。控制区是指互联电力系统中的一个紧密相连的电网分区，由单一系统运行机构负责区内的电网安全运行。在欧洲，输电系统运营机构负责输电网运行并拥有相应的输电资产，所以一般而言，控制区与输电系统运营机构经营范围一致。大多数情况下，控制区和报价区的划分一致，比如比利时全网就既是报价区，也是控制区，由该国国家电网负责输电和运营。也有控制区数目多于报价区数目的国家，比如德国就有四个控制区，但整个德国电网是一个报价区。与上述情况不同，瑞典全网属于一个控制区，但这个控制区内却有四个报价区，这种情况比较少见。

4.3 输电容量计算区与区域安全协调机构

一方面，电网中的潮流分布会相互影响；另一方面，跨报价区输电通道运行由多个相邻输电系统运营机构负责，因此需要各输电系统运营机构的紧密合作。为准确计算跨报价区输电容量，优化利用电网输电能力，同时也是为了提高输电系统运营机构协调效率，输电容量分配和阻塞管理导则要求定义输电容量计算区，每个容量计算区包括一组跨报价区的输电通道。欧洲输电系统运营商联盟于 2015 年 10 月提交了第一个容量计算区提案，由于各监管机构未能在预定的 6 个月内就提案达成一致，因此作为最终裁决人的能源监管机构合作署，在将中西欧和中东欧合并为一个核心区的基础上，批准了该提案。2019 年 1 月欧洲的容量计算区划分为 5 个区域，远期目标是将尽可能多的输电容量计算区进行合并。

容量计算区是一个非常重要的概念，针对每一个输电容量计算区，在所有交易周期的电力市场中使用的输电容量都需要据此计算。容量分配与阻塞管理导则指出每个容量计算区内的所有输电系统运营机构需要建立共同的输电容量协同计算平台，并明确平台运行管理规程。输电容量协同计算平台在区域层或者更高的层面来计算输电容量，容量计算区中各个输电系统运营机构需要向计算平台提供计算必需的各类数据，其中至关重要的是公共网络模型。

区域安全协调机构（regional security coordinator，RSC）是与输电容量计算区紧密相关的另一个概念，依据《第三能源法案》成立，每个控制区至少应隶属于一个区域安全协调机构。区域安全协调机构由各个输电系统运营机构组成并共同管理，主要的职责是促进输电系统区域协调，其前身是在 2008 年成立的一个由输电系统运营机构自愿参与的民间组织。区域安全协调机构可以参与一个或者多个容量计算区的电网安全管理工作，发起针对所辖容量计算区的提案建议，但由于成员输电系统运营机构对所辖控制区的电网安全负有最终责任，所以可以自行决定是否执行这些提案。协调输电容量的计算是区域安全协调机构的重要任务之一，如果一个容量计算区内有多个区域安全协调机构，那么一个时期内只能有一个区域安全协调机构负责牵头计算工作；而其他区域安全协调机构则需要配合牵头方开展工作，并做好牵头方无法正常履行工作时的补位准备。

4.4 市场与运行分区

欧洲统一电力市场通过市场机制实现电力的实时平衡，在实时《电力平衡导则》（EB GL）中明确描述了欧洲统一电力市场范围内各层级的市场分区与运行分区之间的关系（见图 4－1），其中最小的地域概念就是调度计划区，在这个层面上市场分区和运行分区达到统一。

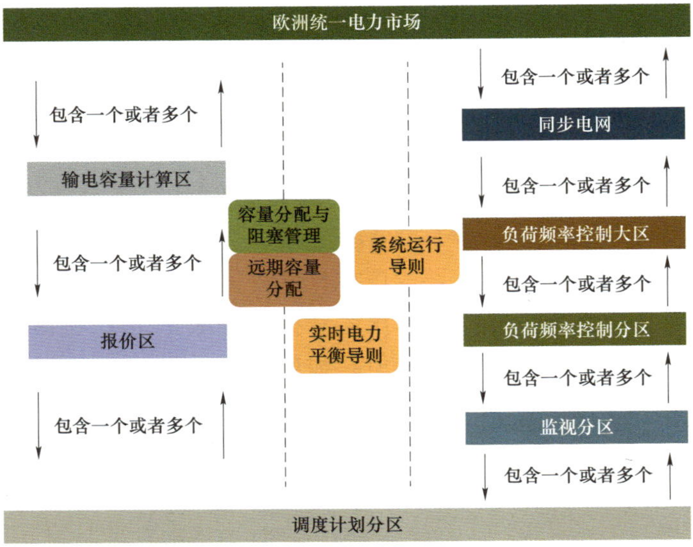

图 4-1　日前日内市场、实时平衡市场和系统实时运行中有关电网分区的术语及其相互关系

欧洲电网由多个同步电网构成，如欧洲大陆同步电网、英国电网、爱尔兰电网、北欧电网和波罗的海电网，同步电网间通过直流互联，每个电网由同步互联的多个输电系统运营机构调管范围组成，同步电网可以共享快速调节的调频辅助服务，如一次调频。每个同步电网由一个或多个负荷频率控制大区构成，各个负荷频率控制大区之间通过联络线连接，并在联络线端口安装测量装置。负荷频率控制大区又可以包括多个负荷频率控制分区，每个分区由一个或多个输电系统运营机构负责负荷频率控制。系统运行导则规定，同一电网分区中的所有输电系统运营机构均需要参与负荷频率控制大区划分的提案过程。

欧洲大陆在除德国、丹麦、南欧等地区外的绝大部分地区，负荷频率控制大区和分区是一致的。监视分区由同步电网的一部分或者全部组成，并由一个或者多个输电系统运营机构负责管理，各个监视分区之间通过联络线与其他监视分区相连，并在联络线端口安装有测量装置。每个输电系统运营机构均会实时测量监视分区之间的有功功率交换，大多数情况下，负荷频率控制分区与监视分区及输电系统运营机构的控制区重叠。

市场的结果最终要体现在调度计划中，调度计划在电力平衡中的作用至关重要，因此调度计划分区既是电力市场的概念，也是电网运行的概念。

调度计划分区与一个或者多个控制分区重叠，并且其范围永远小于报价分区。具有三种不同的情况：① 如果一个报价分区只包含一个控制分区，则调度计划分区与报价分区范围相同；② 如果一个控制分区包含多个报价分区，则调度计划分区与报价分区的范围相同；③ 如果一个报价分区包含多个控制分区，在该报价分区内的多个输电系统运营机构可以联合确定调度计划编制过程，否则报价分区中的每一个控制分区均为一个独立的调度计划分区。调度计划分区这一概念非常重要，在实时电力平衡中，很多业务活动都是需要在调度计划分区层面开展：① 平衡责任主体应向所在调度计划分区的输电系统运营机构报送物理计划；② 不平衡量需要按照调度计划分区计算，也就意味着不平衡量分区与调度计划分区相同；③ 辅助服务市场和电能平衡市场的参与方与相对应的平衡责任主体应属于同一个调度计划分区。

4.5 远期市场与输电容量分配

远期输电容量市场的主要作用包括：① 为市场成员提供跨价区的远期风险防控手段，促进跨价区的长期电力交易开展；② 优化跨价区远期输电容量的优化计算和容量分配；③ 确定远期跨价区输电容量的无歧视使用原则，保障各市场主体平等使用跨价区输电容量；④ 公平合理地分配远期输电容量，并形成经济有效的输电容量价格；⑤ 保障并提升远期输电容量分配相关信息的可靠、可信、公开和透明程度；⑥ 促进欧盟范围内输电网和电力行业长期高效的建设与运行。

4.5.1 远期输电容量计算

在远期输电容量市场中，各输电系统运营机构至少应该以年和月为时间间隔，周期计算跨价区的远期输电容量。跨价区输电容量计算方法有输电容量交易路径计算法和输电容量潮流计算法两种。在同一市场区域中，各周期市场交易的输电容量计算方法必须保持一致，即不管是远期市场，还是日前与日内市场，其跨价区输电容量计算中选择的方法应该是一致的。如果输电系统运营机构能够提供确凿的证据，证明采用潮流法可以提高跨价区输电通道可用能力，且计算结果准确性、计算方法透明性较好，那么在保证给受影响市场主体留出半年适应时间的前提下，欧洲要求参与远期输电容量计算的各输电系统运营机构采用潮流法计算跨价区输电容量。具体计算时还需要保留一定的安全裕度，使用的安全限额和预想故障也需遵守相关规定。跨价区输电容量算法还应包括支路潮流的发电灵敏度因子计算方法，从而保证计算验证的预防措施在实际运行中切实可行。有关具体计算方法将在第 12 章和第 13 章中详细介绍。

公共电网模型和运行场景是远期跨价区输电容量计算的基础，各输电系统运营机构应按照要求提供调管范围内的网络模型、所有发电和负荷参数，用于生成计算用的统一公共网络模型。同时各输电系统运营机构还需提供调管范围内电网的多种可能运行场景，用于合成输电容量计算中使用的典型计算场景。在计算远期跨价区输电容量时，输电系统运营机构也可以选择采用统计法而不是场景分类法，即根据日前和日内市场中输电容量的统计数据，并考虑一定可用概率，计算得出远期跨价区输电容量。针对长期跨价区输电容量计算结果，各输电系统运营机构需经共同协商，确定在各个交易周期的电力市场中如何进行分配。

计算完成后，每个输电系统运营机构都需要对调管范围相关的跨价区输电容量计算结果、长期交易可用输电能力分配结果进行校验，并与相邻输电系统运营机构及计算牵头机构进行协商确认。如果由于电网运行方式变化等各种原因，导致已分配可用输电能力减少，则提出输电容量削减要求的输电系统运营机构需要向其他各输电系统运营机构详细说明原因，各方通过协商对已经分配的可用输电能力进行调减。欧洲输电系统运营商联盟每两年需发布一次跨价区输电容量计算和分配报告，并将该报告提交给能源监管机构合作署，报告主要包括各价区内以及价区间输电通道的输电容量计算方法、安全裕度、输电容量计算能力提升措施等内容。

应该注意的是，无论是远期市场，还是日前与日内市场，在输电容量计算和分配过程中，报价区的数目及范围应完全保持一致。如果报价区发生了变化，如报价区合并导致某个输电通道不再起有效，输电系统运营机构有义务补偿持有该输电通道远期输电容量使用权的市场成员。

4.5.2 远期输电容量分配

欧洲远期输电容量分配依照市场规则，通常采用边际定价法决定各交易时段、各跨价区输电通道和各送电方向的输电容量；输电容量分配算法需具有稳定性，需以统一输电容量分配平台为依托，确保多次重复计算能够得出相同的结果。根据跨价区输电容量远期交易分配比例和市场成员报价信息，平台自动计算出清各时段、各通道、各方向的输电容量分配结果，包含中标输电权容量和中标价格。平台出清的输电权可以是物理输电权，也可以是金融输电权，金融输电权又可以分为强制性和选择性金融输电权。所有输电系统运营机构均需要基于该系统进行年度和月度跨价区输电容量分配，也可以协商进行其他时间周期的长期输电权分配。

各输电系统运营机构应协商提出调管范围内的输电权分配提案，提案需明确采用的输电权类型、分配周期、输电权商品类型（基荷、峰荷、谷荷）和所覆盖的报价分区。物理输电权持有者有权部分或者全部使用其输电权，但如果在规定时间之前，持有者未提交输电权使用计划，则输电系统运营机构有权收回并转交其他有需求的市场成员使用，同时对原持有者做一定的经济补偿。选择性金融输电权持有者享有获取阻塞收益的权力，具体收益取决于日前市场中输电通道两端的阻塞价差。强制性金融输电权持有者既享有获取阻塞收益的权力，也有承担阻塞损失的义务，具体收益和损失同样取决于日前市场中输电通道两端的阻塞价差。如果采用物理输电权，输电系统运营机构必须支持输电权持有者提交跨价区输电计划安排，并按输电计划予以执行。输电权持有者也可以向符合条件的其他市场成员出借输电权，帮助他们安排跨价区输电计划。

在远期输电容量交易开始前，各输电系统运营机构需向统一远期输电容量分配平台提交跨价区输电容量的长期输电权分配比例，并进行安全校核。在报价截止前，完成平台注册并经确认的市场成员可以提交输电权竞价投标。在市场出清计算时，如果某一输电通道的买方申报输电容量需求小于可用输电容量，则该时段该输电通道输电权出清价格为零。输电权持有者可以退还所拥有的部分或者全部输电权，交由平台进行再次拍卖，并按后续出清价格对输电权原持有者进行经济补偿。输电权持有者也可以向第三方转让部分或者全部输电权，但需提交平台进行校核确认，通过后即完成转让。每次竞标结束后或者发生输电权退回转让变化时，平台都会通知相关输电系统运营机构和市场成员。如果由于各种原因，平台无法完成市场出清计算，则欧洲市场会根据事先确定的应急方案，由各方输电系统运营机构共同协商确定输电权交易结果。对于每一个跨价区输电通道及其正反送电方向，远期输电容量市场运营机构均需向市场主体发布交易周期、交易结果、每次交易的参与主体、符合输电权转让资格的市场主体清单等信息。

4.5.3 统一输电容量分配平台

在远期输电容量市场导则生效半年内，输电系统运营机构需要向监管机构提交统一输电容量分配平台的功能需求和建设方案，至少明确平台支撑的报价区范围、平台可靠性要求、匹配的业务流程、商品类型、远期输电容量分配周期、输电容量分配方法和算法、金融结算和风险防控、合同管理和数据接口等内容。统一输电容量分配平台作为远期输电容量市场的重要技术支撑平台，提供的服务主要包括市场主体注册、统一接入服务、输电权交易、输电权金融结算、信用金管理、与清算中心的协作、应急输电权分配、输电权回收、输电权转让、信息发布和数据交换等。该平台的具体功能将在第 12 章进一步详述。

4.5.4 输电阻塞收益分配和成本回收

输电阻塞收益分配由各输电系统运营机构依据条例（EU）2015/1222 规定，协商提出具体分配方法。远期输电容量分配相关工作引发的各输电系统运营机构运营成本，由输电系统运营机构根据实际情况自行测算后向监管机构提出，经质询确认后纳入输配电价或者其他途径进行回收。统一输电容量分配平台的建设运营费用由各个输电系统运营机构分摊，纳入输电系统运营机构运营成本。此外因提供公共网络模型、计算场景等数据，以及输电权交易管理等各种活动产生的成本，也均由各输电系统运营机构按比例分摊，纳入输电系统运营机构成本测算范围。

4.6 短期市场的输电容量分配和阻塞管理

短期市场的输电容量分配和阻塞管理主要针对日前和日内电能市场，涵盖的主要内容包括：① 跨价区输电通道可用输电能力计算方法，用于计算满足多个输电通道同步可行的可用输电能力；② 报价分区的效率评价标准；③ 报价区划分评估程序。

短期市场的输电容量分配和阻塞管理工作的主要目的包括：① 提升电力生产、交易和供应的竞争效率；② 保障输电网络的最优利用；③ 保障电网的安全稳定运行；④ 优化跨价区输电能力的计算和分配；⑤ 保障和提升市场信息的可靠性和透明度；⑥ 促进欧盟范围内电网和电力工业的可持续发展和高效运营；⑦ 通过公平有序的电力市场运营形成合理的电价；⑧ 促进跨价区输电容量的公平使用。

4.6.1 电力交易机构的市场耦合职责

电力交易机构是国家级和区域级电力市场的运营机构，通过与输电系统运营机构的密切协作，组织开展日前和日内电能市场交易，并根据日前和日内市场耦合出清结果，发布各市场主体的中标电量和电价。为开展日前和日内电能市场运营，每一个报价区都需要指派一个负责市场运营的电力交易机构。一旦通过资格审查并完成指派手续，电力交易机构就可以在批准区域范围内组织日前和日内市场交易。电力交易机构的资质有效期为四年，但希望进入的机构与组织每年均可以提交准入申请，它的指派通常由各个国家的监管机构负责，如果由政府部门审批，也需要采用与监管机构相同的资格审查标准。国内和国外的电力交易机构申请在审查时必须一视同仁，采用同一个标准。在同一个报价区内，监管机构可以指派符合准入要求的多个电力交易机构同时开展市场运营服务，以促进交易机构之间的公平竞争。当指派的电力交易机构未能严格履行工作要求，监管机构可以取消其在指定报价区的业务许可。如果成员国不允许多个电力交易机构在同一个报价区竞争开展日前和日内电力交易业务，则可以从多个竞争性的申请者中，选择指定符合条件的最优电力交易机构。

针对日前和日内市场耦合出清，电力交易机构需要制定统一的市场耦合工作标准，明确市场耦合出清和定价算法的功能要求，设定市场的最高限价和最低限价，并与其他电力交易机构合作实现日前和日内电能市场的耦合出清。在市场耦合出清时，电力交易机构应共享市场耦合出清的各类信息，实现市场报价的匿名处理，并在完成市场耦合出清结果校核后，确定各市场主体的中标电量和中标电价，形成最终市场中标结果且通知各市场主体。电力交易机构需要与其他电力交易机构、输电系统运营机构合作制定应急处置规程，在市场耦合出清系统无法提供可用结果时，能够按照应急处置规程给出市场出清结果。

如果一个报价区内有多个电力交易机构，则需要与输电系统运营机构协商确定各电力交易机构联合开展耦合出清的合作机制。各电力交易机构将联合开展日前和日内电能市场耦合出清，并通过牵头电力交易机构组织开展：日前和日内市场耦合出清算法、软件和规程的开发和维护，跨价区输电容量计算结果和阻塞约束数据的分析处理，以及日前市场耦合出清和日内滚动匹配出清。

4.6.2 输电系统运营机构的市场耦合职责

输电系统运营机构不仅负责运营实时平衡市场，也在日前和日内市场运营中承担着非常重要的工作。如果欧盟成员国之间有电网连接，则成员国的所有输电系统运营机构均应参与日前和日内市场的耦合运营，输电系统运营机构需要明确在日前电能市场耦合出清和日内电能市场滚动匹配出清中，对输电系统运营机构与输电容量分配的具体要求，提议跨价区日内电能市场的开市和关闸时间，并与电力交易机构联合验证日内滚动匹配出清算法是否符合要求。输电系统运营机构负责跨价区输电通道的输电容量计算，建立适当的跨价区输电容量应急分配规程，在有需要时实施跨价区输电容量的分配，输电容量计算结果和容量分配约束都会发送至电力交易机构。

输电系统运营机构会基于跨价区输电能力和容量分配约束，对日前电能市场耦合出清结果进行校核，然后遵守并执行市场耦合出清结果。在有需要时，输电系统运营机构会开发价区间交换计划计算系统，计算并发布价区间的交换计划，另外它还可能承担电力交易转送。

电力交易机构与输电系统运营机构联合进行每日的日前和日内电能市场耦合运营，联合定期讨论决策电力现货市场的日常运行事宜。

4.6.3 日前与日内跨价区通道的输电容量计算

所有输电系统运营机构均需要滚动计算用于日前和日内电能市场出清的跨价区输电容量。针对日前电能市场，输电系统运营机构需要使用最新的电网运行数据进行计算，时间是交付日两天前（D－2）的 15:00 之后。针对日内电能市场，输电系统运营机构需要使用最新的电网运行数据重新计算日内剩余时段的跨价区输电容量，计算频度需要综合计算效率和电网安全运行要求而定。

由于交流电网中各个输电通道之间存在相互影响，跨价区输电能力的计算通常以输电容量计算分区为单位进行。输电容量计算分区的定义方法由输电系统运营机构联合提出，需要考虑的因素包括：① 两端报价分区相同的一个输电通道或者多个输电通道，应该划分到同一个输电容量计算分区；② 如果某个输电系统运营机构的调度运行与输电容量计算分区中的某个或者多个输电通道有关，则该输电系统运营机构也需要划入相应的输电容量计算分区。

针对采用基于潮流的输电容量计算方法的多个输电容量计算分区，如果输电网直接相连，同处于一个日前电能市场或者日内电能市场耦合区之内，并且合并后比合并前的计算效率更高，此时它们需要合并成一个大的输电容量计算分区。

4.6.3.1 公共网络模型

公共网络模型由电网、发电和负荷信息等构成，市场主体需要按照发电和负荷数据需求提交相应信息。数据内容主要包括发电和负荷的技术参数、可用能力以及机组发电计划和运行状态等信息。输电系统运营机构需共享市场主体提供的各类数据，但仅限于在输电容量计算时使用。输电系统运营机构提出的公共网络模型建模方法包括运行场景定义、单一电网网络模型定义、由单一电网网络模型拼接形成公共网络模型的方法及过程。所有输电系统运营机构共同协商确定每一个输电容量计算周期的公共运行场景，主要包括发电、负荷和输电设备拓扑等数据预测。日前和日内电能市场的每一个交易时段都需要定义一个运行场景，并由所有输电系统运营机构协商确定场景下各报价区的净发电或者负荷、直流线路潮流通用预测原则，确保预测结果偏差最小以及欧盟范围内发电和负荷的总体平衡。在定义运行场景过程中，价区内的发、用电和价区间交换功率应当得到同等对待。输电系统运营机构需要联合提交所负责报价区电网的网络模型，网络模型应能覆盖各典型运行场景，反映对输电网络运行状态的最佳预测。针对区域安全运行分析中需要用到的所有输电网设备，输电系统运营机构必须提供支持电网建模所需的相关数据，保证数据质量满足有功与无功潮流分析、电压稳定分析的要求。

4.6.3.2 输电容量计算方法

输电系统运营机构需要联合提出适用于日前和日内市场的输电容量计算方法提案，包括输电容量计算所需各类输入信息的计算方法、输电容量计算方法和计算结果验证方法等详细内容。输入数据计算方法主要包括可靠性裕度计算方法、与输电容量计算相关的运行约束和预想故障确定方法、相关的校正措施确定方法等。输电容量计算方法主要包括输电通道容量计算数学模型、保障价区内和跨价区潮流受到平等对待的措施、兼容已分配跨价区输电容量的办法、调整关键输电线路或者跨价区潮流的校正措施、输电通道容量潮流法中灵敏度因子和关键线路可用能力的计算方法、输电容量交易路径计算法中跨价区输电容量计算方法及关键输电线路输电能力在各价区之间的高效利用措施，以及关键输电线路潮流受跨价区交易影响时，各个价区间合理分配其输电能力的方法。

4.6.3.3 可靠性裕度计算方法

可靠性裕度计算首先需要输电系统运营机构评估电网运行计划潮流与实际潮流偏差的概率分布，然后根据偏差概率分布计算得出可靠性裕度。可靠性裕度算法需要设定潮流偏差概率的计算原则，并明确应考虑的不确定性因素，包括为保持频率稳定而调节输电设备潮流时引发的无意偏差，以及在计算时点到实际运行期间可能发生的其他不确定性因素。在每个输电容量计算周期，如果采用潮流计算方法，输电系统运营机构需要考虑各个关键输电线路的可靠性裕度，而采用输电容量交易路径计算方法时则需要关注跨价区输电通道的可靠性裕度。

4.6.3.4 安全稳定限额及预想故障管理

在电力系统安全分析中，输电系统运营机构需要充分考虑系统安全稳定限额。如果在输电容量计算中使用的安全限额与电网安全分析中使用的不同，输电系统运营机构需要详细说明安全限额和预想故障的计算与选择标准。

输电容量计算还需计及安全校正措施的影响，各输电系统运营机构应定义计算中自身可用的校正措施，同时考虑与其他输电系统运营机构联合实施的其他可用安全校正措施，以最大化利用输电通道容量保障电力系统运行安全。各输电系统运营机构需要预先就联合实施的安全校正措施达成一致同意的应用原则，且优先选取零成本或低成本的安全校正措施。每个计算周期中，输电系统运营机构应确保采用了相同的可用安全校正措施集合，并分析了各安全校正措施的技术可行性。输电系统运营机构有权对计算出的关键输电线路和跨价区输电通道输送容量进行校核和调整。如采用输电容量交易路径计算方法，输电系统运营机构可以共同协商跨价区输电容量在各价区间的分配策略，存在电网安全运行问题时，输电系统运营机构可以降低跨价区输电通道的可用容量。

4.6.3.5 输电容量计算过程

在每一个计算周期中，市场主体按照规定向输电系统运营机构提供发电和负荷数据，输电系统运营机构为每一个运行场景生成单一电网的网络模型，负责公共网络建模的输电系统运营机构收集单一电网的网络模型，拼接形成公共网络模型。各输电系统运营机构则需要提供安全稳定限额、灵敏度系数、安全校正措施、可靠性裕度、容量分配约束和已分配的跨价区输电容量等信息，然后应用公共网络模型对每个运行场景进行安全分析，以验证是否满足安全稳定限额约束。计算跨价区输电容量时，区域安全协调机构充分考虑输电容量已分配情况，忽略那些受影响不大的关键输电线路，基于灵敏度系数计算报价区内净发电或负荷变化以及直流线路潮流变化产生的影响，确保所有价区净发电或负荷，以及直流线路潮流均满足跨价区输电容量、安全运行限额和可靠性裕度要求。在上述计算过程中，可用安全校正措施对跨价区输电容量的优化也需要考虑在内。

潮流法输电容量计算首先基于安全稳定限额数据计算关键输电线路的潮流，然后使用公共网络模型、灵敏度系数、预想故障集计算功率转移分布因子，再使用功率转移分布因子计算已分配输电容量产生的潮流分布。针对各运行场景下关键输电线路潮流计算结果,在不影响价区间交换功率的前提下,计算机构可以对输电线路潮流进行调整。关键输电线路的可靠性裕度计算需要考虑各种预想故障的影响，计算机构可应用安全校正措施，调整关键输电线路的可用裕度或者功率转移分配因子。

在输电容量交易路径计算中，计算机构需要使用公共网络模型、灵敏度因子和预想故障集来计算跨价区输电通道上的最大功率交换；并可基于价区内及价区间功率交换平等对待的原则，应用安全校正措施调整跨价区输电通道上的最大功率交换，最大交换功率减去已分配容量和可用裕度，就是输电通道的剩余可用容量。

在计算过程中，相邻输电容量计算机构及相邻输电系统运营机构之间需要紧密协作，交互计算所需的各种网络信息和运行信息。计算结束后，潮流计算方法将会给出每个报价区基于潮流路径的结果数据，输电容量交易路径计算方法则会给出跨价区输电能力数据，这些计算结果应提交相关的输电系统运营机构进行核对。输电系统运营机构对调管范围内所有跨价区输电通道和关键输电线路的输电容量进行校核，并将校核结果和分配约束发送输电容量计算机构和计算分区内的所有输电系统运营机构，输电容量计算机构随后对外提供校核后的跨价区输电容量和分配约束信息，支持输电容量分配。

4.6.4 报价分区设置

报价分区的设置主要取决于输电网络的阻塞约束情况，并非一成不变，责任单位应定期对已有报价分区设置的效率进行评估，并据此对报价分区进行优化调整。能源监管机构合作署、监管机构、输电系统运营机构以及与报价分区相关的成员国均可发起对已有报价分区设置的评估动议。在发起评估动议时,发起者应明确需要进行重新评估的地理范围和需要考虑的互连区域,提出应参加评估的输电系统运营机构和监管机构。报价分区的评估主要有两个步骤：

第一步：参加评估的输电系统运营机构需要提出评估方法和评估假设条件，以及其他备选的报价分区划分方案，并报送参加评估的监管机构，监管机构根据需要可以对提交材料进行修改。

第二步：输电系统运营机构应用导则中提出的报价分区标准对当前报价分区和各备选分区方案进行评估比较，视需要组建评估工作组，召开咨询研讨会，向参与评估的成员国和监管机构提交评估建议，明确继续保留还是变更报价分区设置。成员国和监管机构应在半年内完成对提议的评估，最终决定保留还是变更报价分区设置。在评估过程中，电力交易机构和市场主体有义务提供评估所需的各种信息，参加评估的输电系统运营机构可以共享这些信息，并保证信息专用于报价分区评估，欧洲输电系统运营商联盟和输电系统运营机构负责发布评估过程中的其他相关信息。

能源监管机构合作署每三年会对报价区设置进行一次评估，并要求欧洲输电系统运营商联盟提交技术分析报告，分析现有报价分区对市场效率的影响。在电网安全方面，报价分区设置评估需要考虑其报价分区划分对保障电网安全运行和电力安全供应方面的影响以及跨价区输电容量计算中的不确定性程度。在市场效率方面，报价分区设置评估的主要内容包括：① 改变报价区划分引起的经济效率变化；② 保持输电能力稳定的代价；③ 在市场流动性、市场集中度和市场力、市场竞争的促进作用；④ 价格信号的准确性以及对电网建设指引的有效性；⑤ 价区变化导致已达成合同变更，市场主体、电力交易机构和输电系统运营机构的交易成本增加；⑥ 消除现有阻塞所需的电网投资；⑦ 避免采用经济低效的校正措施保证市场出清结果可行；⑧ 对内部交易和其他价区交易的负面影响等。为了确保报价区划分的稳定性和鲁棒性，报价区设置应在较长时间内保持稳定，在各个交易周期中保持一致，发电和负荷在同一个时段只能属于一个报价区。报价区划分还需考虑未来多年电网规划的影响，尽量体现电网规划对现有阻塞的缓解作用。

4.6.5 协同再调度和对冲交易

再调度和对冲交易的协同方案由所有输电系统运营机构联合商议提出，方案中应包括跨价区调节措施，以有效缓解输电系统运营机构的物理性约束，而不考虑造成物理性阻塞的因素是否落在调管范围之内。这些措施也可能会大幅影响调管范围外的潮流，方案应充分考虑这一实际情况。每个输电系统运营机构可以根据其调度规程和协议，对所有的可用发电和负荷进行再调度。各输电系统运营机构应该避免单独采取跨调管范围的再调度和对冲交易措施，需要与相邻输电系统运营机构有效协商，以优化其对电网安全运行和市场高效运营的影响。再调度之前，所有的发电和负荷均应向输电系统运营机构提交报价信息，再调度和对冲交易的价格应综合考虑相应交易周期的电力市场出清价格，以及再调度资源引起的各种可计算直接成本。另外，发电和负荷还应事先提交用于再调度和对冲交易成本计算的所有必须数据，这些数据可以在输电系统运营机构之间共享，但应保证它们仅用于成本测算。

4.6.6 日前和日内市场输电容量分配算法研发

日前电能市场采用价格耦合出清算法，日内电能市场则采用连续交易匹配出清算法，它们均由所有电力交易机构联合开发、维护和运行。日前价格耦合出清算法和日内连续交易匹配出清算法的功能性能应满足导则要求。电力交易机构还需联合输电系统运营机构制定电力市场应急出清预案，无法完成正常出清计算时，可根据应急预案生成交易结果。

各输电系统运营机构联合提出适用于日前市场和日内市场的输电容量分配基本原则，并告知所有电力交易机构，其内容主要包括日前价格耦合算法和日内连续交易匹配算法的功能性能要求，日前耦合市场和日内耦合市场出清时间，跨价区输电容量和分配约束等详细信息。各电力交易机构则需要联合提出高效的日前与日内市场输电容量分配算法需求、以及算法研发方案，并组织开展算法研发。

4.6.7 日前电能市场和日内电能市场结算

市场清算机构作为各市场主体的结算对手方，通常称为中央对手方，负责与市场主体进行日前和日内交易结算。市场清算机构需要及时完成日前和日内交易结果的结算，最迟在结算日后两周内将阻塞费用支付给输电系统运营机构。输电系统运营机构需联合协商提出阻塞费用分摊方法、再调度和对冲交易费用分摊办法。阻塞费用分摊方法应能够促进输电网的长期投资和运行，并严格遵守导则提出的阻塞管理原则。再调度和对冲交易费用应在所有输电系统运营机构之间合理分摊，整个过程需要保持透明并受到审计监督，具体包括再调度和对冲交易成本核算、安全校正措施应用情况事后评估机制、安全校正措施的安全影响和经济影响评估，监管机构对输电容量计算的监督。此外，分摊方法还需要能够激励阻塞管理的效率提升，与输电系统运营机构的权利相匹配，与阻塞费用分摊等其他机制相协调，能够促进欧洲电网和电力市场的建设和运行，还应与日前日内市场协调一致，并遵守透明公平等原则。

输电系统运营机构应联合协商确定日前和日内市场跨价区输电容量计算结果冻结时间。在日前电能市场中，冻结时间一般在市场关闸时间前半小时，在此之前输电系统运营机构可以根据电网运行情况对输电容量和分配约束进行核算调整。对于日内电能市场，跨价区输电容量计算结果一经提交即冻结。冻结以后，跨价区输电容量和分配约束不能进行更改。

4.7 实时电力平衡

实时电力平衡管理主要涵盖一次调频备用（频率控制备用，frequency container reserve，FCR）、二次调频备用（frequency regulation reserve，FRR）和替代备用（replacement reserve，RR）等辅助服务的获取和结算。输电系统运营机构、配电运营机构、能源监管机构合作署、欧洲输电系统运营商联盟、受委托提供市场服务的第三方机构和其他市场主体是实时平衡管理的核心参与方。

实时电力平衡管理的主要目的包括：① 促进实时平衡市场的竞争、公平和透明运营；② 提高电网实时调度运行以及国家级实时平衡市场和欧洲实时平衡市场的运营效率；③ 整合形成更大范围的实时平衡市场，促进实时平衡服务的大范围优化配置，提升欧洲电网的安全运行水平；④ 促进欧洲电网和电力工业的长期高效运行和可持续发展，提升日前市场、日内市场和实时平衡市场之间的协同水平；⑤ 保障实时平衡服务以公平、客观、透明的市场机制获取，为新市场主体的进入提供公平便利条件，提升实时平衡市场的竞争性，避免扭曲欧洲统一电力市场的价格信号；⑥ 推进负荷侧相应资源参与市场，包括负荷聚合商和储能，使其能够与其他市场主体进行公平竞争；⑦ 促进可再生能源参与市场，服务欧盟可再生能源发电发展战略目标的实现。

实时电力平衡管理应注重均衡性和公平性原则，保障市场公开透明，在市场主体运营成本最低和市场总体效率最高之间进行合理取舍，实现最优化运行。输电系统运营机构在电网运行中应尽最大可能采用市场机制保障电网的安全稳定运行，当然它也被赋予了受法律保护的市场干预权力；为有效协调实时平衡市场运营与配电网运行,与配电运营机构的充分沟通也必不可少。实时平衡市场的建设与运行不能干扰远期市场、日前和日内市场的建设及运行。

4.7.1 实时平衡市场

在实时平衡市场中，输电系统运营机构负责获取电力平衡服务以保障电力系统的安全稳定运行。输电系统运营机构应采用自计划模式进行发电、用电计划安排，如果已经并将继续采用集中调度模式，则输电系统运营机构需向监管机构提出申请，由监管机构评估是否满足规则要求。为保障实时平衡市场的高效运营，配电系统运营机构、输电系统运营机构、平衡服务提供者和平衡责任主体需要通力合作，每个配电系统运营机构都需要及时向所属输电系统运营机构提供不平衡结算所需的必要信息，输电系统运营机构则需要与调管范围内平衡服务资源所接入配电网配电系统运营机构共同协商，确定平衡服务费用的分摊方法。平衡服务提供方在进入市场之前，必须通过所接入电网输电系统运营机构的资格认证，经过认证后方可向输电系统运营机构提交平衡容量报价。如果平衡服务提供方已经中标平衡容量服务，则必须向所属输电系统运营机构提交平衡电能报价或者在平衡容量合约中要求的包括电量、商品类型等信息的组合投标。无论提供平衡容量还是平衡电能服务，平衡服务提供者和平衡责任主体都必须处于同一个调度计划分区。平衡责任主体应尽力保持自身平衡或者帮助系统保持电力平衡，并对实时运行中自身的发用电偏差承担财务责任。日内市场关闸前，平衡责任主体可以改变自身发用电计划以调整平衡仓位，采用集中调度模式的电网则需要专门规定平衡责任主体调整平衡仓位的方法。日内市场关闸后，平衡责任主体可以通过调整自身发用电计划，尽力维持发用电平衡。第 8 章将详细介绍实时市场的具体内容。

4.7.2 欧洲实时电能交易平台

欧洲实时电能交易平台具有多种功能。

（1）替代备用交易模块（trans-European replacement reserve exchange – RR）。负责替代备用管理的输电系统运营机构需要提出替代备用交易模块功能框架，替代备用交易模块由输电系统运营机构或者输电系统运营机构指定的第三方企业运营，至少应包括替代备用调用优化和跨输电系统运营机构结算等功能。同时，输电系统运营机构应使用实时交易平台提交替代备用平衡电能报价，以满足对替代备用的需求。该模块采用基于最优排序的多边 TSO－TSO 平衡电能交易模型，对所有标准化替代备用报价进行出清。

（2）人工频率恢复备用（人工调用二次调频服务，manual frequency restoration reserve，mFRR）备用交易模块。输电系统运营机构需要联合提出人工调用频率恢复备用交易模块功能框架，该模块由输电系统运营机构或者输电系统运营机构指定的第三方企业运营，至少应包括 mFRR 调用优化和跨输电系统运营机构结算等功能。类似的，输电系统运营机构应使用实时交易平台提交 mFRR 的平衡电能报价，以满足对 mFRR 的需求。该模块采用基于最优排序的多边 TSO－TSO 平衡电能交易模型，对所有标准化 mFRR 报价进行出清。除此之外，mFRR 功能框架设计还需规定 mFRR 公共费用的分类和分摊方法、市场的关闸时间、商品定义。

（3）自动频率恢复备用（自动调用的二次调频服务，automatic frequency restoration reserve，aFRR）备用交易模块。输电系统运营机构需要联合提出服务 aFRR 交易功能框架，该模块由输电系统运营机构或者输电系统运营机构指定的第三方企业运营，至少应包括 aFRR 调用优化和跨输电系统运营机构结算等功能；输电系统运营机构应使用实时交易平台提交、交换来自 aFRR 的平衡电能报价，以满足对 aFRR 的需求。该模块采用基于最优排序的多边 TSO－TSO 平衡电能交易模型，对所有标准型 aFRR 报价进行出清。另外，aFRR 功能框架设计还需规定 aFRR 公共费用的分类和分摊方法、市场的关闸时间、商品定义。

（4）处理净不平衡电量的交易模块。输电系统运营机构需要联合提出服务净不平衡电量处理功能框架，该模块由输电系统运营机构或者输电系统运营机构指定的第三方企业运营，至少应包括净不平衡电量处理和跨输电系统运营机构结算等功能。该模块采用基于多边 TSO－TSO 的净不平衡电量处理模型。如果指定一个或者多个第三方企业运营净不平衡电量处理模块，则需要明确各企业的职责分工，保证所承担的职责已于监管，并明确产生冲突时的协调机制。

在使用实时交易平台组织各类辅助服务交易时，所有输电系统运营机构均不得通过参与交易获得非正当经济收益。如果指定一个或者多个第三方企业运营相应交易模块，则需要明确各方的职责分工，保证所承担的职责易于监管，并明确产生冲突时的协调机制。

4.7.3 实时平衡电能市场关闸时间

各输电系统运营机构应在欧盟范围内协调确定统一实时平衡电能市场的关闸时间，并至少对替代备用、mFRR 和 aFRR 分别设定一个欧盟范围内统一的关闸时间。市场关闸时间的确定需要考虑尽可能接近实时运行，不能早于日内跨价区市场关闸时间，并且给实时平衡调度预留充足的时间。实时平衡电能市场关闸后，平衡服务提供方将无法再提交或者修改他们的平衡电能报价。如果平衡服务提供方发现无法提供所投标的电能，应立即告知所接入的输电系统运营机构（假若是从配电系统运营机构接入电网，如配电系统运营机构要求提供相关信息，平衡服务提供方也需要向接入的配电系统运营机构第一时间提供无法提供的电能数量）。采用集中调度模式的输电系统运营机构至少需要确定一个汇总调度计划关闸时间，该时间能够支持平衡服务提供方尽可能以接近实时运行的时间提交汇总计划申报，最早时间不能早于实时运行前 8h，最晚时间应早于输电系统运营机构的电能申报关闸时间。在汇总调度计划关闸时间以后，如果需要修改汇总调度计划，则只能和接入的输电系统运营机构联络，按照既定规则进行处理。采用集中调度的输电系统运营机构都应该设定在实时平衡电能市场关闸前使用汇总调度计划申报的规则，以保证输电系统运营机构能够满足实时备用容量需求、有足够的可用的发电资源和需求侧资源解决内部阻塞或确保实时平衡，关于集中调度模式下的调度计划形成的具体流程可参考 7.6 节。

4.7.4 实时平衡电能市场的标准化产品定义

平衡电能和平衡容量产品定义应尽可能地标准化，以促进跨价区竞争，避免不公平的市场分区，同时促进需求侧资源、第三方主体、可再生能源发电以及储能等参与市场。输电系统运营机构应该提出平衡电能和平衡容量标准化产品定义，至少应包括如下参数：启动时间、爬坡时间、全部投运时间、最小/最大数量、退出时间、最小/最大持续时间、校核时间、调用模式。输电系统运营机构还可以提议和使用特殊的平衡电能和平衡容量产品，并在提议中说明标准化产品无法保障电网安全运行的原因，或者说明哪些平衡资源无法通过标准化产品参与市场竞争；此外还需要说明减少特定产品对市场效率负面影响的具体措施，在可行条件下还要提出将特定产品定义报价转化为标准化产品报价的方法，并说明该产品定义不会引起调度计划区内和区外实时平衡市场效率的严重下降和扭曲。

集中调度的输电系统运营机构应采用汇总后的调度计划报价进行平衡服务交换或共享，在保障满足电网安全约束的前提下为其他输电系统运营机构提供平衡服务。汇总调度计划报价转化为标准产品报价时，应充分考虑其对电网安全运行的影响，转化过程应透明、公平，不能阻碍平衡服务交易，输电系统运营机构在交易过程中需要保持财务中立。如果无法通过实时平衡市场获取所需平衡服务，输电系统运营机构可以采取应急措施并通知市场主体，此时输电系统运营机构可以不按照最优报价排序调用平衡服务。

4.7.5 平衡电能服务的获取

为保持电力系统实时平衡，输电系统运营机构可基于报价排序表按照低成本优先的原则依次调用平衡电能报价。除非遇到紧急情况，输电系统运营机构在平衡电能市场关闸时间前不能对平衡电能报价进行调用。所有输电系统运营机构须联合确定平衡电能报价调用原则，对调用平衡电能报价的目的进行分类，并明确分类原则。输电系统运营机构在调用平衡电能报价时需要告知调用目的，其他输电系统运营机构可通过平衡服务优化调用系统获取该信息。如果输电系统运营机构未按照报价排序调用平衡电能服务，则需要及时告知原因。平衡服务优化调用系统基于 TSO－TSO 模型，根据报价排序表自动计算形成服务调用请求，各输电系统运营机构应按照出清结果进行平衡电能调用。输电系统运营机构需要提交平衡服务优化调度算法所需的各类信息，并在输电系统运营机构平衡电能市场关闸时间前提交所有平衡电能报价信息。

实时平衡电能市场采用分时段边际定价机制，但考虑到日前和日内市场定价机制的衔接，用于消除输电系统运营机构内部阻塞的平衡服务报价不能参与定价。平衡电能市场中跨价区输电定价需要充分反映网络阻塞，不得对平衡电能交易形成额外收费，并且只有日前和日内市场中有网损定价时才能够在定价中引入网损部分。输电系统运营机构需要研发平衡电能报价优化调用功能模块，对来自各平衡电能报价排序表中的电能服务进行优化调用。该功能在向各输电系统运营机构提交调用需求时，应考虑不同平衡电能产品的调用过程及技术限制，满足电网和设备运行安全约束，参考平衡电能报价的通用排序表，适应输电系统运营机构提出的对冲平衡电能服务调用需求，并充分考虑跨价区输电容量。

输电系统运营机构需要建立平衡电能服务标准产品的公共通用排序表，上调报价和下调报价分别在两个独立的通用排序表中维护，供平衡电能服务优化调用使用。输电系统运营机构也可以根据平衡电能服务标准产品设计的需要，建立多个通用排序表，每个输电系统运营机构均需将平衡电能调用请求发送给平衡服务优化调用模块，由其从通用排序表选择最优平衡服务提供方，并通知提出服务请求的输电系统运营机构和平衡服务提供方，平衡服务提供方负责按时按要求提供平衡电能服务。需要通过频率恢复备用和替代备用进行控制区频率控制的输电系统运营机构，可以在考虑电网运行安全的情况下，最优选择所有通用排序表中的服务提供方；不使用替代备用进行控制区频率平衡的输电系统运营机构，则只能在频率恢复备用通用排序表中选择服务提供方。在电网紧急状态下，输电系统运营机构可以决定只调用位于本控制区内的平衡电能服务提供方，以最快消除电网安全运行隐患，但需要及时公布相关信息。

4.7.6 平衡容量服务的获取

每个输电系统运营机构至少每年需要进行一次平衡容量备用需求评估，在满足调度计划区平衡容量需求的情况下，最小化容量备用成本。容量备用需求评估时需要考虑本控制区和相邻控制区平衡容量的获取、可行容量备用的共享，兼顾本控制区非合约平衡电能服务，以及可通过欧洲电力交易平台获取的跨价区可用平衡电能服务。输电系统运营机构制定平衡容量服务获取规则时，必须基于市场化手段，至少频率恢复备用和替代备用服务的获取需要基于市场化手段，获取过程应该短期可行且具经济性，获取的合约容量可以分为多个合同时段。上调和下调平衡容量的获取需要分别开展，频率恢复备用和替代备用的平衡容量获取尤其如此。输电系统运营机构需要制定通用的平衡容量交易规则和流程，以有效组织开展平衡容量交易。除指定采用TSO－BSP模型之外，平衡容量交易均应采用TSO－TSO模型，应考虑满足跨价区可用输电能力和电网安全约束，输电系统运营机构在日内市场关闸后计算日内跨价区可用输电能力时，如果发现在负荷控制区内存在跨价区输电能力不足风险，可能无法满足平衡容量交易需求，应立即通知负荷控制区内其他输电系统运营机构。

输电系统运营机构开展频率恢复和替代备用容量交易时，可以提出一个日内跨价区可用输电能力计算方法提案用以明确：① 通知负荷控制区中其他输电系统运营机构的流程；② 平衡容量交易的评估程序；③ 因计划检修、故障停运和输电阻塞等原因引起的跨价区输电能力降低风险评估方法；④ 由于跨价区可用输电能力不足导致的备用容量不足评估方法；⑤ 特殊情况下的紧急预案；⑥ 风险监视和事后评估需求；⑦ 结算规则。原平衡容量服务提供者可以将平衡容量提供责任转移给其他提供者，但新的提供者需经过资格认证，且该责任转移不会危及电网安全运行。如果二者不在同一个报价区，则要求具有足够的可用跨价区输电能力满足跨价区平衡容量服务责任转移需要。

4.7.7 用于平衡服务的跨价区输电能力管理

在日内跨价区市场关闸时间后，输电系统运营机构仍需不断更新跨价区可用输电能力，以满足平衡电能交易或者不平衡净交换电量管理的需要。跨价区输电能力发生变化或者重新计算时，需要及时更新。输电系统运营机构需联合提出实时平衡阶段的跨价区可用输电能力计算方法，明确跨价区可用输电能力分配机制；在确定跨价区可用输电能力更新计算方法前，输电系统运营机构可延用日内市场关闸时间后的跨价区可用输电能力。跨价区可用输电能力分配结果应分别应用于自动频率恢复备用、手动频率恢复备用和替代备用交易，分配后的输电能力应计入后续可用输电能力计算。如果已分配可用输电能力未被使用，则自动释放，并在后续更短周期的交易中分配使用。跨价区输电容量可用于电能交易、平衡容量交易或者备用共享，输电容量的分配则通过联合优化或者市场化分配方法完成，其价值需要根据跨价区输电容量的真实价值或者预测价值确定。面向电能交易的跨价区输电容量的实际价值取决于市场成员的日前市场报价和日内市场报价，面向平衡容量或者备用共享的跨价区输电容量的实际价值取决于市场成员提交的平衡容量报价，而跨价区输电容量的预测价值则基于跨价区日前市场价差和日内市场价差预测结果得出。

输电系统运营机构需要提交电能与输电容量联合优化方法提案，优化分配匹配平衡容量交易或备用共享的跨价区输电容量。该方法仅适用于周期不超过一天的平衡容量或备用共享交易，并且交易达成时间需要在平衡容量交付前一天之内。提案应包含的内容有联合优化流程、输电容量的隐式分配和显式分配协调开展、定价和阻塞收益分配机制、输电容量最大分配额定义流程等。针对跨价区输电容量市场价值，输电系统运营机构会实际对比电能交易与平衡容量交易或备用共享两种场景，然后提出合理化的建议分配方法。联合优化时，各场景下跨价区输电容量的使用应被平等对待，平衡容量交易或备用共享对应的跨价区输电容量分配结果不能转移使用。

采用市场化机制分配跨价区输电容量时，分配的目标容量不能超过上一年该价区间用于电能交易的输电容量的 10%；如果价区间存在新建输电通道，则分配的目标容量不超过其额定容量的 10%。在与联合优化过程有效协同的前提下，在交付前两天内签订的平衡容量合约，或者价区间为直流输电通道，可以不受此容量比例限制。

针对提前一周签订合约并且合约时间超过一周的平衡容量或者共享备用交易，输电系统运营机构也需要提出经济有效的跨价区输电容量分配方法，方法内容包括分配原则、定价机制、分配容量限额等内容。分配的目标跨价区输电容量不能超过上一年该价区间用于电能交易的输电容量的 5%；如果价区间为存在建输电通道，则分配的目标容量不超过其额定容量的 10%。在使用 TSO－BSP 模式时，与输电系统运营机构签订协议的平衡服务提供者，如同时也是输电通道的物理输电权持有者，则有权使用跨价区输电容量进行平衡容量交易。

4.7.8 实时平衡市场结算

实时平衡市场结算是市场健康运营的保障。结算过程需要释放足够的经济信号，以反映电力系统平衡情况，保证不平衡结算价格能够反映电能的真实价值，激励平衡责任主体保持电力平衡或者帮助系统恢复平衡。实时平衡市场结算还应该促进平衡结算机制的协同，激励输电系统运营机构主动履行各项责任，避免扭曲对平衡责任主体、平衡服务提供方和输电系统运营机构的激励，支持市场主体间充分竞争，激励平衡服务提供者向所接入的输电系统运营机构申报和提供平衡服务。此外，实时平衡市场结算还应该确保所有输电系统运营机构在实时平衡市场中的财务中立，实现不平衡结算的所有盈余和亏损按照一定原则向电力用户疏导。除不平衡电能费用结算外，每个输电系统运营机构还需要考虑建立平衡容量结算机制。

平衡电能结算至少涵盖频率恢复服务和替代备用调用过程中产生电能的结算。输电系统运营机构需要对各不平衡计算时段、各不平衡管理分区、上调和下调方向分别计算实际发生的电量，对接入的每一个平衡服务提供方进行计算和结算。输电系统运营机构负责计算和结算一次调频过程中实际产生的电能，结算价格可以为正、负或者零；还需要计算和结算频率恢复调节、替代备用调用过程中实际产生的电能，结算价格按照上调、下调方向分别定价，价格可以为正、负或者零。对于每个被调用的平衡电能报价，输电系统运营机构均需计算各平衡责任主体的不平衡分摊费用。在同一个不平衡分区内，如果某个平衡责任主体在多个时段内均引起不平衡量，则需要对每一个时段的不平衡分摊费用进行计算。针对每一笔不平衡费用分摊计算，输电系统运营机构需要区别确定用于平衡调节的平衡电量和用于其他目的电量。各输电系统运营机构间的结算又可以分为有意交换电能结算和无意交换电能结算，有意交换电能分为替代备用、手动频率恢复、自动频率恢复和净不平衡几类。在同一个同步电网内部，不同输电系统运营机构之间的有意交换电能还可能包括一次调频和快速爬坡服务等类型。各输电系统运营机构间需要建立结算协调机制以方便对输电系统运营机构间结算进行调整。输电系统运营机构之间的无意交换电能结算价格需要充分反映用于频率恢复和替代备用的电能价值，并对送出和受入分别定价。

输电系统运营机构或者有资质的第三方可以开展不平衡结算业务，对调度计划分区内每个平衡责任主体的各不平衡结算时段进行结算，计算其不平衡电量和相应的结算价格。市场结算规则需要明确不平衡费用分摊、不平衡电量和不平衡电价计算原则，并采用统一的不平衡电量定价机制确定每个不平衡时段的正、负不平衡电量结算价格。市场结算规则也需明确在何种情况下采用双向定价机制，区别正、负不平衡电量进行定价。欧洲市场一般每 15min 作为一个不平衡结算时段，所有市场交易时段的划分与不平衡结算时段的划分应保持一致。输电系统运营机构负责制定不平衡电量的计算细则，针对各平衡责任主体、各不平衡结算时段、各不平衡分区与不平衡状态，分别计算不平衡电量、不平衡电价和不平衡费用分摊。

不平衡管理分区通常与调度计划分区保持一致，集中调度模式下一个不平衡分区内可能包括多个调度计划分区。输电系统运营机构也需要制定不平衡电价计算细则，针对各不平衡结算时段、不平衡分区和每个不平衡电量方向的价格进行计算，不平衡价格可以为正、负或者零。负不平衡电量的定价不能低于在频率恢复和替代备用中提供正向平衡电能的加权均价，而在未调用平衡资源时，定价不能低于避免调用而产生的价值。正不平衡电量的定价不能高于在频率恢复和替代备用中提供反向平衡电能的加权均价，或者在未调用平衡资源时，不能高于为避免调用而产生的价值。在一个不平衡结算时段内，如同时发生上调和下调服务，则应结合上述原则进行综合定价计算。

无论采用 TSO－TSO 模型还是 TSO－BSP 模型，调用平衡容量报价的输电系统运营机构至少应建立针对频率恢复和替代备用的结算规则，对获取的平衡容量进行结算，同时对跨价区输电容量分配结果进行结算。输电系统运营机构还需要制定净不平衡电量计算方法，尽量降低在净不平衡电量管理中调用平衡资源时效果的相互抵消程度，并充分考虑电网运行安全约束、设备技术约束和电网输送能力约束，最小化对跨价区可用输电能力的影响。

4.7.9　实时平衡市场信息披露

在实时平衡市场运营中，欧洲输电系统运营商联盟和各输电系统运营机构需要披露大量市场信息。在遵守信息保密的前提下，欧洲输电系统运营商联盟需要定期发布评估报告，对实时平衡市场相关导则实施情况，以及实时平衡市场的耦合情况进行披露；详细版报告每两年发布一次，简易版市场耦合评估报告在次年发布。评估报告的内容包括实时平衡市场的耦合及协作情况、实时平衡市场试点项目进展、市场未来继续耦合中面临的风险挑战、平衡容量和共享备用交易发展状况、挑战应对建议等。报告还会详细介绍已有平衡服务交易，对潜在的平衡服务交易进行分析，评估已有平衡资源标准产品的合理性、发展可持续性、成本效益对比及提升空间、对实时平衡市场耦合的影响、以及标准产品的深度耦合需求和实时平衡市场耦合中的不协调现象。

欧洲输电系统运营商联盟需要建立一套实时平衡市场评价指标，充分衡量与有效评估：① 平衡电能和平衡容量报价的可用性；② 净不平衡电量、平衡服务交易和备用共享的经济效益；③ 标准产品的优点；④ 实时平衡的总成本；⑤ 平衡市场的经济效益和可靠性；⑥ 实时平衡市场中可能的低效率和价格扭曲问题；⑦ 特定产品的效益损失；⑧ 系统净不平衡电量和不平衡价格，平衡服务的年度价格变化；⑨ 用于实时平衡的跨价区可用输电能力预期成本效益与实际成本效益的对比；⑩ 各个输电系统运营机构信息披露报告的摘要。除以上指标外，评估内容还包括各调度计划分区、报价分区、跨价区输电通道或负荷控制大区的统计信息。欧洲输电系统运营商联盟将评估结果提交能源监管机构合作署后，能源监管机构合作署有权对其进行修改和审批。

在遵守信息保密规定的基础上，输电系统运营机构每两年需发布一次实时平衡市场运营报告。运营报告内容包括：① 各种电力商品的可用量、实际获取量，以及备用容量概况分析；② 特定产品的成本效益分析，潜在低效和市场扭曲问题；③ 平衡容量和备用共享交易的机会分析，平衡电能最优调用的效益分析等。

输电系统运营机构应根据监管机构的要求，需要从多个角度对实时平衡市场进行成本效益分析，涵盖的内容包括：① 技术可行性、经济效益、市场运营成本效益对比；② 对全欧洲和各国家电力平衡成本的影响，以及对欧洲电力市场价格的潜在影响；③ 对实时平衡市场竞争性和市场耦合的影响；④ 输电系统运营机构和平衡责任主体履行义务的能力；⑤ 诸如 IT 系统建设等其他技术要素对市场主体的影响。输电系统运营机构需要将成本效益分析结果报监管机构，并提出各种问题的应对建议。

5 高比例新能源下的电力市场

在过去的 20 年间，欧洲许多国家和地区为了应对气候变化，颁布了很多碳减排相关的公共政策，受此影响，发电容量结构出现了明显的改变。风力与光伏发电在全部发电量中占到相当大的比例，但其具有明显的间歇性与随机性特征，电力市场设计需要做出适应性的调整。本章以德国为例，详细介绍新能源与电力市场之间的关系，以及应当如何围绕新能源进行电力市场设计。截至 2021 年，德国可再生能源占总电力消费的比例达 50.5%，其中 75% 来自风能和太阳能光伏发电，即波动的间歇性电源。预计 2030 年，可再生能源将占总电力消费的 65%。可再生能源的比例不断提高给电力系统运行提出重大挑战，电力系统的灵活性对消纳高比例波动性可再生能源起着重要作用，必须发展满足灵活性要求的电力市场机制。

5.1 可再生能源激励机制——从固定电价转向市场竞争

以欧盟为代表的发达经济体，在 21 世纪前十年实现了可再生能源的规模化发展，其发展实践证明，诸多国家采用的多样化的电价和补贴政策是非常有效的激励手段。目前欧洲的可再生能源激励政策主要可分为政府补贴型和市场导向型两大类，前者主要包括固定电价制度（feed-in tariff，FIT），而后者主要是溢价制度（feed-in premium，FIP）和差价合约（contract for difference，CfD）机制。从趋势上看，随着电力市场的不断成熟，可再生能源的激励机制从固定电价向适应电力市场竞争的方向加速转变。

5.1.1 固定电价制度

固定电价制度也称强制购电法，是指按照各类可再生能源发电的标准成本，直接规定各类可再生能源电力的上网价格，电网公司必须按照规定的价格收购可再生能源发电商的全部电量。固定电价制度的实施期限一般为15～25年，能够在一定时期内促进可再生能源发电的规模化发展，其优势在于能够保证可再生能源发电项目的固定收益，投资风险容易估计和控制。德国的《可再生能源法案》是世界上最著名的被参考、引用度最高的上网电价政策框架。

固定电价制度对促进可再生能源发电规模化发展起到了重要推动作用。其优势是项目的投资收益可以预期，固定电价的价格下调较为规律，投资风险可控，但相应的缺陷是在电价调整前后，会引起市场投资规模波动性变化，引发“抢装潮”“末班车”等现象。从市场投资者角度看，固定电价政策是对投资最为有利的一种政策。固定电价的调整也可以在一定程度上反映技术进步的水平。以德国为例，德国每年参考技术进步等其他因素公布最新的可再生能源电价，针对技术成本下降快的技术，如光伏发电，其电价调整比其他技术更频繁，从2012年的20～30欧分/kWh连续下调到2015年的9欧分/kWh左右，风电电价也略有下降，而水电、生物质能等可再生能源技术的电价水平基本没有变化。许多国家在实施固定电价政策的同时，一般要求电网必须优先收购可再生能源发电。

固定电价政策本质上是政府干预市场的行为，也存在一定的弊端。如果某项可再生能源技术成本在短时间内变化大，固定电价水平调整可能具有时间的滞后性，难以及时反映可再生能源技术进步和真实成本，就会给开发企业形成巨大的利益空间，造成短时间投资过热、可再生能源发展政策激励过度、可再生能源市场过快增长的情况，对电力系统运行和补贴需求等产生更大的压力。以德国为例，由于2010～2012年光伏发电固定电价水平调整的滞后，促使德国光伏发电市场迅速增长，年均新增装机在750万kW左右，超过政策预期（德国2020年光伏发电发展目标是累计装机5170万kW），也造成费用分摊水平迅速上升，迫使其后德国不断提升可再生能源电价附加标准，2013年高达5.28欧分/kWh，2014年涨到6.24欧分/kWh，占德国终端民用电价的1/4左右。

固定电价制度的另一问题是无法与电力市场衔接，固定电价独立于市场价格，可再生能源电量由电网公司全额保障性收购，不能跟随负荷的变化和反映供求关系。可再生能源收入不能与市场价格挂钩，对市场价格起到扭曲作用，特别是随着可再生能源比例不断提高，这个问题越来越突出，可再生能源入市参与市场竞争不能回避了。

5.1.2 固定补贴机制（溢价电价机制）

随着可再生能源发电成本的不断下降，为避免由固定电价制度过度保护造成的可再生能源发展失控，欧盟在 2014 年提出了以市场为基础的可再生能源电价补贴机制，即固定溢价补贴。固定溢价补贴是指在电力市场价格的基础上给予可再生能源一定的电价补贴，溢价制度既考虑了可再生能源发电的实际成本和价格补贴需求，又与电力市场的市场电价相挂钩。溢价制度改变了固定电价制度下电网公司必须全部收购可再生能源电量的规定，可再生能源发电商需要通过电力市场交易进行售电。德国能源部于 2014 年停止大规模可再生能源发电的固定电价，开始采用溢价制度。

溢价制度的优点是：在此补贴机制下，政府的补贴规模较为稳定，能够预测，便于统筹管理，并且能够通过市场供需关系的变化及时对可再生能源发电投资进行调节，避免过度投资。但同时由于电力市场价格的波动存在不确定性，FIP 的补贴标准也需要及时做出调整，对投资者来说，可再生能源项目的整体收益也存在不确定性，与在 FIT 机制下相比投资风险较高。以丹麦为例，针对光伏、陆上风电、生物质能发电以及地热发电采取溢价制度，规定在市场交易电价的基础上，政府对单位销售电量给予确定额度的补贴，对光伏和地热发电给予 5.4～8.1 欧分/kWh 的固定补贴；对陆上风电和生物质能发电分别给予 3.3 欧分/kWh 和 2 欧分/kWh 的固定补贴。

溢价制度在市场价格的基础上增加的溢价，很好地反映了可再生能源的环境和社会价值。该溢价可以有固定溢价（constant premium）和可变溢价（sliding premium）两种实现方式。固定溢价即在市场价格基础叠加一个常数溢价，因此在市场价格较高时可再生能源价格也较高，导致较高的整体社会成本；而在市场价格较低时，可能导致可再生能源项目的盈利风险。因此为了克服固定溢价的缺点，一些国家引入了可变溢价：当市场价格升高时，溢价会降低；而当市场价格降低时，溢价会升高，从而降低了过补偿风险。通过引入溢价上下限或者总价格上下限，可以进一步降低社会对可再生能源的补偿总成本，也会降低投资者风险，保障其收益。

溢价制度可以更好地与市场衔接，促使可再生能源参与市场，响应负荷变化，促进在需要的地区增加可再生能源投资，响应运行要求缓解电网运行压力，促进不同发电技术的竞争和进步。

欧洲各国可再生能源激励政策实施状况如表 5－1 所示。

表 5－1　欧洲各国可再生能源激励政策实施状况

国家	实施的可再生能源激励政策	可再生能源目标	
		占比	年份
西班牙	FIT（2002～2011 年） FIP（2012～2018 年）	74%	2030 年
德国	FIT（2002～2013 年） FIP（2014～2018 年）	40%～45%	2045 年
英国	可再生能源义务制（renewable obligation，RO，2002～2009 年） RO＋FIT（2010～2014 年） RO＋FIT＋CfD（2015～2017 年） CfD（2018）	70%	2030 年
丹麦	FIT（2002～2013 年） FIP＋FIT（2014～2018 年）	100%	2050 年

5.1.3　差价合约（CfD）机制

可再生能源的差价合约机制可以认为是一种市场化的固定上网电价机制：设定基准价格（或称参考价格）、执行价格和合约量，发电商基于基准价格和执行价格的差以及合约量获得支付。其中，参考价格是预先规定的某个市场的价格或多个市场的加权价格；执行价格一般根据可再生能源的发电成本确定；可再生能源的合约量通过直接分配或拍卖方式获得。这里以英国可再生能源差价合约为例进行说明。

为减少消费者的支付费用，降低可再生能源发电的补贴强度，英国政府已决定从 2017 年开始，全面实施差价合约机制。英国在《2011 电力系统改革白皮书》中提出从 ROC[1]机制向 CfD 机制过渡的方案。在 CfD 模式下，国有结算公司与可再生能源发电企业签订长期合同确定合同价格，在交易过程中如果市场平均电价低于合同价，则向发电企业予以补贴至合同价；反之则发电企业返还高出的部分。

[1] ROC：可续期债务证书，英文全称为 renewable obligations certificate。

2012 年开始，英国逐渐以基于差价合约形式的固定电价政策（feed-in tariff with contracts for difference，FiTCfD）替代可再生能源义务政策（renewable obligation，RO）。两者政策均是为了鼓励低碳电力的发展，但是后者由于机制设计复杂、不确定性较大，逐渐被摒弃。英国专门成立了低碳合约公司（low carbon contracts company，LCCC）负责管理和发放 FiTCfD，以及与低碳发电商签订 FiTCfD。

CfD 机制的核心是由多方竞争招标确定合同价格（strike price），该价格必须低于政府指导价格。可再生能源发电由于边际成本较低，在实际电力市场中具有优先上网的优势。电力市场批发价格每日波动，但 CfD 机制确保可再生能源发电企业的收益保持不变，实际收益为中标电价。当招标价格高于电力市场批发价格时，超出的部分可再生能源企业需要返还，低于的部分，则通过向电力用户征收额外费用加以补足。

2015～2016 年，英国共完成了两轮 CfD 的招标，合计有 20 个项目签署了差价合约合同，包括 2 个海上风电项目、15 个陆上风电项目和 3 个太阳能发电项目。根据 2015 年 2 月公布的第一轮差价合约的最终竞标分配结果，共 27 项合计装机超过 200 万 kW 的可再生能源发电项目得到该轮 CfD 的资金支持，其中陆上风电项目最多，为 15 项（74.8 万 kW），海上风电项目 2 项（110 万 kW），垃圾热电联产两项（9.475 万 kW）。从竞标价格看，除 2 项垃圾热电联产项目外，第一轮的 CfD 成交价格普遍低于此前英国能源气候变化部公布的行政差价合约（administrative scarcity pricing，ASP）水平，陆上风电降低 17%（达到 79 英镑/MWh），海上风电降低 18%（达到 127 英镑/MWh），光伏发电降低 34%～58%。表明竞争方式大大降低了电价补贴需求和政府在可再生能源项目上的支出。

5.1.4 德国的可再生能源法案

德国一直引领世界可再生能源的发展，尤其是在 2000～2012 年，其提出的以可再生能源为主的能源转型战略也使其成为欧洲乃至世界可再生能源的领跑者。德国可再生能源的持续稳定发展与其适应可再生能源不同发展阶段需求、相对持续稳定的法律、规划、经济、并网等政策密切相关，尤其是已成为全球典范的可再生能源固定电价政策，不仅促进了德国本国可再生能源的起步、成长和成熟发展，也成为世界许多国家发展可再生能源的样本。

2000 年起，实行新能源“固定上网电价”机制，新能源不参与市场竞争。在政策的有效激励下，德国风电和光伏发电累计装机量分别从 2000 年的 610

万 kW 和 7.6 万 kW，增加到 2014 年的 3920 万 kW 和 3820 万 kW，发电量也由 95 亿 kWh 和 6000 万 kWh，增长到 546 亿 kWh 和 349 亿 kWh。考虑到新能源发电技术特别是光伏发电技术进步及成本下降因素，以及可再生能源规模迅速扩张带来的庞大电价补贴资金需求压力，德国不断调整固定电价水平。固定电价政策作为德国可再生能源规模发展初期的主体激励政策功不可没。

但是，在成熟的电力市场背景下，由于固定电价水平难以及时反映市场和发电成本情况，并且政策调整时效性和灵活性有限，使得德国开始更多地考虑电价补贴的合理性及经济性，因而转向以发挥电力市场作用为主、鼓励竞争、优化可再生能源补贴方式的新机制。

随着可再生能源应用规模扩大，欧盟对其成员国提出逐步将可再生能源推向市场的要求，德国也根据可再生能源电力发展情况，不断调整可再生能源电价机制，EEG 在 2004、2009、2012、2014、2016 年经历了 5 次大的调整。考虑可再生能源技术成本下降及补贴总额增加电力用户负担等因素，德国可再生能源定价机制开始由固定电价向市场溢价（market premium）和可再生能源项目规模拍卖试点（auction）转变。

2009 年《可再生能源法案》引入了直接营销计划，可再生能源运营商可选择固定电价或者在现货市场上出售电力。2012 年引入了市场溢价模型，新能源以“市场电价+溢价补贴”模式进入市场。可再生能源运营商在现货市场出售电力，并以市场价格结算，同时可以获得市场溢价。市场溢价指的是《可再生能源法案》规定的标准电价和现货市场平均价格之差。

2012 年在光伏发电领域率先引入了“规模总量控制”（deployment corridor）政策，即为每季度发展规模设定上限及下限，当实际发展规模超过设定上限时，标准电价下降幅度变大；反之，当实际发展规模低于设定下限时，标准电价下降幅度缩小。可再生能源发展规模和与标准电价下降幅度直接挂钩。

2014 年引进了拍卖制度，通过设定规模容量控制限制可再生能源的扩张，750kW 以上项目标准电价通过招标确定，使可再生能源发展与电网和其他基础设施的发展更好地匹配。还藉此引进了另一项规定，当 EPEX SPOT 的现货价格为负且持续至少 6h 的情况下，禁止补偿。

通过实施市场溢价机制及规模总量控制政策，德国可再生能源发电尤其是光伏发电市场进入到平稳发展状态，最直观的表现是自 2013 年德国光伏发电一改 2009～2012 年井喷式发展，进入相对平稳发展阶段。从电力用户角度看，光伏发电发展增速放缓使可再生能源电价补贴资金总额增幅减小，2013

年后德国居民电价及工业电价分别维持在 29 欧分/kWh 和 11.75 欧分/kWh 左右，没有明显大幅上涨。

目前德国国内对全面推行可再生能源规模招标拍卖制度给予高度评价，认为这一制度是完全建立在欧洲电力市场上的可再生能源电价补贴制度，是可借鉴的可再生能源创新激励机制。通过将可再生能源完全推向市场，一方面可更准确地反映市场需求及发电成本，另一方面减轻可再生能源补贴资金压力和负担，符合德国一贯遵循的补贴成本有效性原则。

5.2 提供电力系统灵活性的主要技术

德国能源署对电力系统的灵活性定义是：通过调整发电和负荷从而应对净负荷（用电需求减去可再生能源发电）快速变化，保证系统平衡的能力。德国的电力系统灵活性主要来源于：电源结构、需求响应、市场规则和系统运行四个方面。

5.2.1 发电灵活性

目前，燃煤和燃气发电厂是德国最重要的系统灵活性来源。波动性可再生能源的比重增加及其所享有的优先调度权，对传统电厂灵活运行的需求将有所增加，要整合高比例的可再生能源，离不开现有传统电厂的灵活化调节，传统电厂的电力产出将会逐步下降，但其装机容量短期内不会下降。

电厂的灵活性通过最低负荷、爬坡率和启动时间三项关键参数描述。

（1）最低负荷：发电厂在稳定运行条件可以产出的最小净发电，以额定负荷的百分比衡量。

（2）爬坡率：电厂在其运行过程中更改自身净发电的速度，单位为 MW/min，或者每分钟额定负荷的百分比。

（3）启动时间：从启动设备运行至达到最小负荷的时间。

最低负荷越低、启动时间越短、爬坡率越高，电厂就越灵活，越能满足市场和电网的需要。传统电厂的灵活性改造就是让发电厂能够扩大负荷调节范围、以更低的最低负荷运行，可以更快地达到最低负荷，并能应对更加频繁的负荷变化。改造措施可能会导致运维成本增加，也会降低发电厂组件的使用寿命及其效率，燃煤发电厂的改造成本为 100～500 欧元/kW。

一般情况下，燃气发电厂的灵活性远超于燃煤发电厂，但其灵活运行成本随着爬坡的陡度和长度而增加。此外，它们还会受气体燃料成本的影响，在依赖进口液化天然气（liquefied natural gas，LNG）的电力市场上尤其如此。热电联产电厂的运营商会收到固定热电联产补贴，以抵消提供灵活性的成本；随着电厂规模不同，补贴的价格为 3.1～8.0 欧分/kWh。

抽水蓄能是在德国及全世界范围内，用于平衡可再生能源发电波动的最常见技术。抽水蓄能电厂的效率通常为 70%～85%。现代化抽水蓄能电厂的负荷水平可在满负荷抽水和满负荷发电区间内连续调节。可以在大约 30s 内完成从发电状态到抽水运行的切换，反之亦然。发生电网故障时，大多数抽水蓄能设施可以快速投入运行，从停机状态到满负荷状态所需的启动时间为 75～110s。抽水蓄能电厂提高灵活性的主要技术措施包括扩大上库容量和增设涡轮机。2018 年德国储能的装机容量和容量比例如表 5－2 所示。

表 5－2　　德国储能的装机容量和容量比例

参数	总计	抽水蓄能	大型电池	小型电池	压缩空气	电能转换
装机容量（GW）	8.31	6.7	0.45	0.5	0.32	0.34
容量比例	—	80.6%	5.4%	6%	3.8%	4.09%

电池是将能量以化学形式储存在电池内并在需要时将其转化为电能的电化学储能装置。电池可能具有不同性质、尺寸和类型，主要类型包括锂离子、铅酸、钠硫和氧化还原液流等。它们的优势是可以快速、动态调整以应对短时电力波动。电池可以提供电力和灵活性的时间短则在几秒内甚至在不到 1s 的时间内，长则至少 30min。政策措施支持下竞争日趋激烈的电力市场、可再生能源发电量的增长以及巨大的技术进步，都使电池成为所有灵活性选项中增长最快的一个。目前大型电池主要用于短期储能，提供一次调频辅助服务。近年来，因为其成本低于其他调频服务提供者，例如传统发电机、水力发电和抽水蓄能水电，一次调频辅助服务市场几乎全靠大型电池支撑，大约 600MW 的一次调频容量被竞拍。

5.2.2　需求侧灵活性

需求侧灵活性主要指工商企业或者居民能够且愿意在特定市场条件下提供的灵活性。需求侧灵活性通过响应外部价格信号或者合同约定的切换信号，对用电负荷进行主动管理（在很多情况下都是自动管理）。常见的需求侧灵活性措施有临时消费调整和用电特性调整。

（1）临时消费调整：将消费转移到高可再生能源发电时段。

（2）用电特性调整：在峰值负荷时期减少消费，在较低负荷时期增加消费。

更高程度的需求侧灵活性很大程度上取决于相关政策激励程度，激励越大，电力用户，尤其是能源密集型行业，最大化自身潜力、响应系统需求的潜力越强。但前提是需要存在某种形式的灵活性激励信号，以反映系统的灵活性需求，这种信号主要体现在市场价格中。

近年来，德国需求侧灵活性市场取得了长足的发展。需求侧资源主要以聚合商或者虚拟电厂形式参与批发市场、调频服务市场和其他辅助服务市场。在化学、钢铁和玻璃等能源密集型行业，工业需求侧灵活性的技术潜力尤其突出。2019 年具有需求侧灵活性的工业部门总用电量达 75.1TWh。

电力多元转换指的是用于将电能转化成氢或甲烷形式的化学能（电转气），或者液体燃料（电转液）、热能（电转热）的各种技术。此种技术（尤其是电转气）可用于取代传统的化石燃料和化工原料，用于工艺耦合目的，或者以大型储能设施的形式作为一项灵活性措施。但因为成本高昂，且必须对监管体系进行复杂的改革，电转气和电转液尚未在德国得到广泛应用。大多数电转气和电转液设施都是试点项目，而大多数商业化电力多元转换项目都属于电转热。

居民需求侧灵活性有潜力实现与工商业需求侧灵活性类似的功能，比如电动汽车的灵活充电和热泵的灵活使用，以及其他智能型的家电装置。居民需求侧灵活性的主要机制是促使消费者对价格信号做出反应。

5.2.3 系统运行的灵活性

5.2.3.1 再调度和可再生能源限电

再调度和可再生能源限电是输电系统运营商用于管理电网不平衡和输电网阻塞的常用措施。输电系统运营商经常要求电厂运营商在电网瓶颈的一侧提高发电量，而在另一侧减少发电量，从而消除阻塞。过去再调度只影响 10MW 以上的传统发电厂，随着可再生能源的进一步扩张、多能耦合以及新兴市场主体的发展（例如电动汽车和热泵），可再生能源电厂往往更临近过载地点，因此在解决电力供需不平衡方面相当有效。自 2021 年 10 月起，规模低至 100kW 的较小型可再生能源电厂和热电联产电厂也被纳入再调度措施中，这有助于减少再调度成本。

可再生能源限电是与再调度类似的机制，但它只会影响受可再生能源电厂和热电联产电厂。电网运营商可以减少或者削减 25kW 以上的可再生能源电厂和热电联产电厂的发电量。小于 25kW 的太阳能光伏系统，如果其发电功率高于容量的 70%，也可能会被限电。限电的目的是确保供电电网的安全性和可靠性，但是必须证明限电的必要性，且已经尝试过了电网优化、加强和扩建等所有其他措施。电网运营商必须向电厂运营商支付赔偿，以补偿后者损失的所有利润。电网运营商将该成本包含到电网费用中，最终由终端消费者承担。

5.2.3.2 先进的可再生能源发电预测

精确的可再生能源发电预测，减少了电网不平衡的发生频率，因此采取短期、复杂且更加昂贵的灵活性措施的需求也会下降。近年来，基于人工智能和云计算技术等尖端科技，可再生能源发电预测精度可以达到小时前预测的偏差范围为 3%～6%，日前预测的偏差范围为 6%～8%。

5.2.3.3 现有电网的更高利用率

德国的输电系统运营商通过加强或者扩建电网，采用智能电网技术提高电网利用率。如德国的三个输电系统运营商正计划建造及运行总容量为 450MW 的电网助推器项目，预计可再生能源限电率可减少 9%。动态输送容量技术是另一项较常见的措施，它可根据环境气候对输电线路容量进行动态调整。在德国，所有输电系统运营商目前都在其电网中应用了动态输送容量技术。

5.2.3.4 电网运营商之间的合作与协调

德国输电系统运营商的四个平衡区域通过联络线彼此互联，可以对不同平衡责任区之间可能出现的不平衡进行灵活管理。为了协调不同区域，2008 年起德国的四个输电系统运营商开展合作，其中安普莱昂（Amprion）作为责任输电系统运营商，管理和协调所有平衡区之间的电力流动。

新再调度条例（电力市场 2.0）的出台也加强了配电系统运营商和输电系统运营商之间的合作，因为接入配电电网的较小发电机组（低至 100kW）将被纳入再调度中。配电系统运营商需要把此类机组纳入电力平衡，评估并向输电系统运营商和平衡责任主体通报其灵活性潜力。

5.2.4 可再生能源激励政策

德国的可再生能源激励政策促进了系统的高效运营和灵活性资源的高效使用。《可再生能源法案》（*Erneubare Energien Gesetz/German Renewable Energy Sources Act*，EEG）是一个很好的例子。自 2000 年颁布以来，《可再生能源法案》已经过多次修正。

（1）2000 年起，实行新能源“固定上网电价”（feed-in tariff，FIT）机制，新能源不参与市场竞争。

（2）2009 年《可再生能源法案》引入了直接营销计划，可再生能源运营商可选择固定补偿或者在现货市场上出售电力。

（3）2012 年《可再生能源法案》引入了市场溢价模型，新能源以“市场电价+溢价补贴”模式进入市场。可再生能源运营商在现货市场出售电力，并以市场价格结算，同时可以获得市场溢价。市场溢价指的是《可再生能源法案》规定的标准电价和现货市场平均价格之差。

（4）2014 年《可再生能源法案》引进了拍卖制度，通过设定的容量限制可再生能源的扩张，750kW 以上项目标准电价通过招标确定，使可再生能源发展与电网和其他基础设施的发展更好地匹配。还藉此引进了另一项规定，当 EPEX SPOT 的现货价格为负且持续至少 6h 的情况下，禁止补偿。

（5）针对沼气发电厂，于 2012 年通过了附加支持计划。灵活性溢价支持可灵活使用的附加装机容量，在十年期限内，每年的灵活性溢价为 130 欧元/kW。2014 年，灵活性溢价被灵活性补贴所取代，后者针对 2014 年 7 月 31 日之后投运的机组，在 20 年期限内，向可以灵活使用的附加装机容量授予每年 40 欧元/kW 的补贴。2021 年，灵活性补贴增加到 65 欧元/kW，其目的是增加可调度电厂容量。为了获得补贴，发电厂必须通过外部评估机构的评价，提供其灵活运行的证据。针对通过转移消费时间参与削峰的消费者，电网也会提供电网费用折扣，藉此支持可再生能源的发展。

5.3 提高电力系统灵活性的主要市场措施

发电、负荷和系统运行体现在技术的灵活性上，是德国电力系统灵活性的物理基础，对于实现可再生能源高比例消纳非常重要。但德国案例表明，建立正确的市场规则，以确保电力系统中发电、负荷、系统的物理灵活性得到充分的释放和激励，同等重要。德国没有通过直接的补贴激励措施提升电厂的灵活性或建设更多灵活的电厂，市场规则变化既是灵活性需求的结果，也是灵活性发展的激励因素。德国出台了多项促进电力系统灵活性的法律法规，并且通过不断完善欧洲电力交易所的规则（见表 5－3），有力地促进了可再生能源的并网消纳，这些措施主要聚焦在以下方面。

表 5－3　德国出台的提升系统灵活性的法规和市场规则

年份	法规和市场规则
2005	通过《电网电价条例》
2008	EPEX SPOT 交易颗粒度降至 1h
2009	《可再生能源法案（EEG）》：引进可再生能源的直接营销
2011	在 2022 年之前逐步淘汰核能的决定
2012	《可再生能源法案》：引进可再生能源的溢价市场模型
2012	《可再生能源法案》：引进沼气发电厂的灵活性溢价
2012	通过《可中断负荷法令》
2013	建立电网备用
2014	《可再生能源法案》：引进可再生能源竞拍
2014	《可再生能源法案》：引进沼气发电厂的灵活性补贴
2014	EPEX SPOT 交易颗粒度降至 15min
2014	第一个大型电池参与一次调频市场
2015	通过《电力线路扩建法》
2015	EPEX SPOT 提前期降至 30min
2015	第一个小型电池聚合商通过了参与一次调频市场的预审
2016	通过《电力市场法》：引进了电力市场 2.0 和备用容量
2016	通过《能源转型数字化法》
2017	德国联邦网络管理局的决定，包括修正一次调频的采购（2019～2020 年竞拍时长从每周缩短到每日；自 2020 年起，从每日缩短到 4h 竞拍）
2017	EPEX SPOT 提前期降至 5min
2018	电池提供大部分的一次调频辅助服务
2019	超过 1GWh 小型电池容量参与调频
2020	一次调频缩短至 4h 竞拍
2020	在 2038 年之前逐步淘汰煤炭的决定
2020	通过“国家氢能战略”开发具有竞争力的氢能市场并为研究和市场产能提升项目提供额外的资金
2021	72 个电力多元转换试点项目
2021	可再生能源参与再调度，基于 2019 年通过的《电网扩建加速法案（NABEG 2.0）》

5.3.1 扩大市场规模

系统规模越大，在具备足够的输电容量的情况下，电厂距离越远，同步因子或出力波动的相关性就会越小，天气因素所导致的波动就越容易平滑。同时由于预报局部地区天气要比预报更大尺度范围内的天气要困难得多，预报误差会随着平衡区域的放大而显著下降。因此，扩大系统规模有助于德国电力企业降低对于灵活性的需求。系统规模扩大通过德国输电系统运营商之间的合作完成的。大约 15 年前，德国四大输电系统运营商一致同意在大范围内对波动性电源进行平衡，并且德国与邻国一起合作使用系统备用，实际上扩大了平衡区范围，大大降低了系统对灵活性的需求。

跨国电力交易一直在欧洲电网整合中发挥着重要作用，前面章节已经介绍了市场耦合的范围持续扩大的过程。为实现更多跨境电力交易，欧盟发起了多个联合项目，建立新的联网线路。2021 年，德国和挪威之间 1400MW 的高压直流电输电线路北欧联络线（Nord Link）海底电缆投入运行。

5.3.2 灵活调整发电计划

电厂灵活性意味着可以灵活安排发电计划和实现对电厂的灵活调度，包括在最后一刻对发电计划进行更改。德国 20 世纪 90 年代电力市场放开时，由于市场规则不灵活，电厂的发电计划通常是提前一天就已制定，且发电计划变更十分困难，发电侧缺乏充分的物理灵活性。因此德国监管机构决定调整市场规则，允许在当日修改发电计划（日内调整），并且越来越靠近实时运行。市场规则的调整使得系统能够更好地利用已有的物理灵活性，而无需改造电厂或新增电厂容量。

5.3.3 灵活开展市场交易

德国还开展了一系列旨在提高市场流动性和市场接受度的改革。在电力交易方面，引入电力现货交易，通过保障所有市场参与者的支付、消费和交割能顺利进行，从而提高市场交易的便捷度。此外，由于交易机制和调度系统的技术优化，德国市场的时间颗粒度大为缩短，市场参与者可以更多地在日内甚至更加接近实时开展交易，并在最后一刻调整调度计划，通过充分利用现有电厂的灵活调节潜力，获得最大化的经济效益（表 5－4 给出了德国电力市场产品颗粒度的指标）。除此之外，在日前、日内市场中，跨欧洲和跨国电力交易合作推动了市场规模的扩大和流动性的改善，欧洲统一电力市场的逐步形成，对在欧洲范围内消纳可再生能源和共享灵活性资源，发挥了重要作用。

与美国电力市场相比，德国市场的特点是灵活性高、适应性强，这与其电力市场设计的理念有关。

表 5-4　　　　　德国电力市场产品颗粒度的指标

交付期 定义交付产品的时间期限	日前：产品在第二天交付 日内：产品在一天内交付 期货市场：产品在规定的未来日期交付，例如下个月（月前）或者次年（年前），最远可至未来好几年
提前期 交付期开始之前的交易时段结束时间，或者产品在交付之前开放交易的时间	在德国日内市场提前期为 5min（2017 年引进）
产品持续时间/可交易合同或者竞拍持续时间描述可提供产品/产品可竞拍的时长	目前，德国日内市场为 5min（2014 年引进）、30min、1h 和数个小时时间段
最低和最高价格	德国日内市场上，两者目前均为 3000 欧元/MWh
最小价格增量	德国日内市场上目前为 0.1 欧元/MWh
最低数量增量 定义为可以交易、并可在交易中上下增减的最低数量	德国日内市场上目前为 0.1MW

5.4　德国电力市场的主要特点

5.4.1　强调电力市场一般商品属性

与北美电力市场不同，欧洲电力市场希望尽可能简化电力商品的特殊性，其电力市场设计容易理解，市场透明度高，报价形式比较简单。电力市场采用分区定价机制将复杂网络简化，价区内可以不考虑阻塞，市场成员能够自由通过双边协商决定或通过自愿参与交易所集中交易确定交易结果和价格，市场主体具有较大选择权。市场规则简单，出清过程清晰、便于监管，主要措施包括分区定价和单一能量报价。

5.4.1.1　分区定价

“报价区”是欧洲市场的重要概念，就是要保证同一价区内的电能商品的同质性：将不出现或者较少出现输电阻塞问题的输电网络定义为一个报价区，一个报价区的电能商品是一个独立的商品，内部的价格相同。如果一个国家或者区域的输电网络容量充足，则可以划分为一个报价区，德国即为单一价区；如果有部分输电通道经常出现阻塞，则可以将输电通道两端的网络分别划分为一个报价区，以此类推，最终将国家或者区域电力市场划分为若干个报价区。价区划分需充分考虑各国电网结构特点和价格承受能力，能够有效降低交易费用。

每个报价区内由一个或者多个电力交易机构负责日前市场和日内市场的交易组织，每个报价区内的出清价格相同。输电系统运营机构会定期对报价区的划分进行评估，如果报价区内经常性出现输电阻塞，则该价区可以进一步分裂成多个报价区；如果两个报价区间的输电通道很少阻塞，则输电通道两端的价区可以考虑合并。如果市场成员的各发电机组或者用户不在同一个报价区，则需要针对每个价区内的发电机组和用户分别提交报价，中标结果也会分价区，中标结果在各机组或者用户间的分配则通常由市场成员自己决定，但是诸如意大利、西班牙、波兰等部分国家做法不同，与美国市场类似，它们采用集中调度方式编制发用电计划。

5.4.1.2 单一能量报价

日前市场和日内市场都是单一能量市场，这意味着电厂运营商仅能通过电力交易获得回报，爬坡或启停成本以及固定成本都需要体现在能量价格中。每个市场成员可以拥有多个发电机组或者电力用户，在提交次日报价时，市场成员并不需要给每台机组或者每个用户报价，可以打包进行申报。发电报价并未考虑机组的技术特性，比如机组的启停特性、爬坡能力、最低技术出力、联合循环参数等，主要采用分时段简单报价，每个时段可以申报多段电量电价。这样可以使市场交易透明，容易理解，增加流动性。但在市场出清时，发电机组两个交易时段间出力波动可能超出其技术能力，或者不满足启停约束。为此，欧洲电力市场又提出了能量块等多种报价类型，增加各交易时段间的耦合约束；随着报价类型的增加，欧洲电力市场简单透明的优点也会削弱，市场成员难以直观判断出清结果是否正确。

5.4.2 自平衡和自调度

德国的电力系统遵循自平衡和自调度的原则。每个消费者对自己的负荷进行预测，并在市场上找到提供能量的发电商。住宅用户或小型商业客户等小型消费者的负荷预测由市政部门或当地电力公司等整合商负责。所有发电企业和消费者都通过所谓的“指定（nomination）”过程，向输电系统运营商提供所有电力交易情况，包括市场参与者之间的所有能量交割关系，但不涉及价格信息。输电系统运营商负责检查所有提交的调度计划（头寸）是否匹配，以及这些参与者是否实现自平衡。如果未实现平衡，则输电系统运营商要求相应的市场参与者更正其发电计划（任何变化都需要负荷侧和发电侧市场参与者双方的同意）。一旦提交的发电计划正确，则被采纳。

自调度是一种计划安排和调度协议，其中独立发电商根据自身在市场内独立提供商业服务的经济性为标准，确定所需的调度计划（头寸）。例如，运行多台机组的独立发电商可以选择在何时使用哪台机组，这样可实现发电机组最佳经济效益和最灵活运行的方式。但在紧急情况下，德国的输电系统运营商可以直接对所有电厂进行直接控制。

可再生能源由于预测困难，其自调度计划需要及时更新。可再生能源电厂可以像其他电厂一样在市场上自由参与交易，但由于其边际价格低（接近零），如果需要更新发电预报和发电计划，可再生能源运营商可以通过与其他独立发电商开展交易，以履行自己的平衡责任。因此可再生能源可以根据一次能源即风能或太阳能进行“自调度”，而不会造成系统失衡。

5.4.3 平衡责任主体分担平衡责任

5.4.3.1 平衡责任主体及其管理者

平衡负荷和发电是输电系统运营商的基本任务之一，德国通过自调度和自平衡机制，将该任务的一部分职责交给了市场参与者，其实施主体被称为平衡责任主体（BRP）。平衡责任主体是德国开放的电力市场的中心结构，由任意数量的能源生产商和用户/消费者组成，他们不需要在地理上或者电气联系上很接近，但必须属于同一个调度计划区。一个调度计划区可能包括多个平衡责任主体，在德国，一般为100～200个。平衡责任主体建立起电力生产者和消费者明确的平衡对应关系，每个BRP都会有一个管理者，负责其内部的发电和负荷之间的平衡。BRP管理者可以是电力交易商、供应商（例如能源公用事业公司）或者独立购买电力的大型企业。对于较大的电力交易商和电力供应商来说，通常在每个调度计划区都操作一个BRP，以便在每个调度区域都能有供电资格。

5.4.3.2 平衡责任主体在电力平衡中的作用

BRP管理人的任务是及时准确地弥补在其BRP中出现的发电和负载之间的偏差。大多数的BRP管理人主要是电力供应商，要完成平衡任务，必须尽可能准确预测其BRP内的负荷，并通过调整自身的发电生产或者通过在电力市场购电/售电来保持BRP的供需平衡。为此，就需要利用电力市场中种类繁多的电力交易产品，从长期的金融期货交易、中长期的交易合约到以小时甚至15min为单位的现货市场。

在市场关闸后，作为BRP管理人的供电商必须向输电系统运营机构提交为了供应它的预测负荷签订的购电协议，发电生产者作为购电协议出售方的实物供应商，会从自己的经营角度将要生产的电能最佳地分配给自己的各个发电机组，并向输电系统运营机构提交发电计划。BRP管理人有足够的动力根据其BRP的负荷需求准确生产电力或购买电力，否则要支付额外的平衡费用，这个费用一般比较昂贵。

然而，整个系统的运作离不开预测，因此也必然带来误差，包括可再生能源和负荷的预测误差以及计划外的电厂停机。这样的预测误差具有物理过程中的随机性本质，预测将来的时间点越远，误差就越大。当越接近运行时间点，预测就越准确。在实践中，BRP管理者从约一周前开始预测风力和光伏发电，并直到最后在日前市场上提交竞标时刻前，不断地进行修正。即使是在提交报价后，这种持续的预测过程仍然在进行，因为人们可以在日内市场上通过交易来修正他们过高或过低的报价。只要日内市场具有流动性，最后提交的预测结果的误差对需要启动多少备用调节功率交易起决定性作用。

5.4.3.3 平衡责任主体承担系统平衡成本

除了随机性导致的误差之外，另外一个造成瞬时功率失衡的原因是：BRP提交给输电系统运营机构预测和发电厂生产计划以15min为间隔，而实际的负荷、可再生能源发电却是随时变化的，造成连续变化的负荷、发电曲线与离散式的生产计划安排的差别。在每个BRP中，所有的随机性和确定性失衡的总和造成了功率失衡，继而导致了整个调度控制区的频率偏差。

输电系统运营商的角色是合并平衡区域内平衡责任主体的数据，调整各平衡责任主体之间的不可预料偏差，确保平衡区域内的总体平衡。如果仍存在平衡偏差，则输电系统运营商通过平衡市场调用备用保证平衡，并向平衡责任主体收取相关费用。采购备用调节容量的成本以及启动一次备用功率的费用由输电系统运营机构支付，并通过输电费由用户承担。二次及三次备用调用的电能费用，必须量化并且根据谁导致谁负责的原则，分摊给造成调度区内功率失衡的相关平衡责任主体（见5.6节）。

在某种意义上，平衡责任主体的总体目的就是为了设立一个虚拟账户清算一个调度计划区域中的电力馈入量和用电量。在某一时刻所有BRP电力馈入量和用电量的偏差正好对应于调度区在这一刻的能量盈余或短缺。换句话说，调度区失衡电量总量等于在本调度区包含的所有平衡责任主体的失衡电量总和。

总而言之，平衡责任主体是由力生产商/用户与输电系统运营商之间的连接点。

5.4.4 电力市场提供近实时交易机会

20 世纪 90 年代末，德国能源部门开始市场化进程并建立能量市场时，市场规则并不支持灵活的电厂运行，日前发电计划无法更改。随后，德国逐步调整了市场和调度规则，为电力系统引入更多的灵活性。如今，在关闸时间前，市场主体都有通过市场交易满足其需求的交易机会，发电计划直到最后一刻都可以更改；配合自平衡及自调度的原则，这是德国电力系统的灵活性能够被真正利用的原因。目前，市场主体参与交易的最短时间：

（1）在某一个德国电网运营商管辖区域内交易：直到交割前 5min。

（2）多个德国电网运营商管辖区域之间交易：直到交割前 30min。

（3）欧洲国家之间交易：直到交割前 60min。

市场交易后，电厂运行中的每项变更都必须与需要交换数据的输电系统运营机构进行协调。为了确保所有数据交换都满足运行的需求，建立快速、可靠的程序非常重要，这需要德国系统运营商付出巨大努力。

5.5 电力市场与发电计划

5.5.1 电力市场的组织

如上所述，德国电力市场遵循自平衡原则，即每个负荷都负责预测并找到可以满足其需求的交易伙伴。德国的电力市场提供了辅助交易主体寻找交易对手、满足其平衡需求的平台，市场主体可以通过平台确定从长期购电协议到实时平衡的不同平衡策略。

（1）从交易周期来看，德国电力市场包括长期市场、日前市场、日内市场和实时市场，表 5－4 归纳了各市场的特点。除实时市场外，其他市场因为均发生在实际运行之前，因此又称为远期交易。在从多年直至实时运行前的多个时间尺度内，市场成员均可以开展电力商品交易。市场成员提交交易申报的最迟时刻被称为“关闸”时间。

（2）从交易方式来看，又可以分为双边交易市场和集中交易市场，长周期交易多以双边交易方式开展。由于电力供需关系变化剧烈，且价格分时段变化，采用双边交易可能会造成交易成本奇高。欧洲日前与日内市场往往采用集中交易方式，由电力交易所负责开展，通过引入集中交易大幅降低交易成本，保障市场高效运行。德国同时存在集中交易和连续交易两种日内市场，集中拍卖和连续交易共存时的协调工作非常复杂。表 5－5 为德国电能量市场结构。

表 5－5　　德国电能量市场结构

<table>
<tr><th>市场类型</th><th>市场子类型</th><th colspan="2">服务类型/特征</th><th>组织者</th><th>灵活性措施参与/卖方</th><th>买方</th></tr>
<tr><td rowspan="2">批发市场</td><td>现货市场</td><td>• 日前市场
• 日内市场
• 日后市场</td><td>• 竞拍（电力交易所）或者场外交易市场
• 产品在交易发生后的第二天、一天之内或者一天后交付</td><td rowspan="2">• 专门的公司，例如 EPEX SPOT
• 场外交易平台，通过经纪公司
• 双边（直接场外交易）</td><td rowspan="2">• 所有传统电厂（运行时）
• 燃气发电厂
• 储能
• 可再生能源
• 虚拟电厂运营商或其他作为可再生能源直接营销者的其他专门公司
• 经纪公司（电力交易公司）</td><td rowspan="2">• 平衡责任主体
• 大型电力用户（工业）
• 储能
• 虚拟电厂
• 经纪公司（电力交易公司）</td></tr>
<tr><td>衍生市场</td><td colspan="2">1. 期货市场
• 竞拍或者场内交易市场
• 产品在未来的规定日期交付，可长达数年（例如月前或者年前）
2. 远期市场
• 场外交易市场
• 产品在未来的规定日期交付，可长达数年（例如月前或者年前）</td></tr>
<tr><td>零售市场</td><td></td><td colspan="2">• 能源公用事业机构向终端用户直接出售电力</td><td>• 能源公用事业机构和终端用户之间的直接合同</td><td>• 潜在的中小企业的需求侧灵活性和居民需求侧灵活性</td><td>• 终端用户（私人居民，中小企业）</td></tr>
</table>

5.5.2 发电计划的形成

市场成员可以根据实际交付时发用电能力预期变化，选择从长期交易开始，直到日前和日内市场不同时间周期进行交易，以调整合同仓位。市场交易关闸后，市场成员之间就不允许再进行交易，每个市场成员都必须向输电系统运营机构提交其发用电计划。

下面的案例展示波动性新能源如何提交发电计划。假设前一天，某一风电场预测将在下午 2:00～3:00 之间生产 80MWh 的电量。电厂运营商 A 在日前市场上向负荷 B 出售 80MWh，并且两者都向输电运营商发送相应的发电计划。在第二天（交割日）上午 8 点，新的预测显示下午 2:00～3:00 的发电量为 95MWh。因此，A 在日内市场向燃气电厂运营商 C 再出售 15MWh。之后，A 和 C 将更新后的发电计划发送给输电系统运营商。下午 1:00，新的预测预计 A 仅能生产 90MWh，因此 A 从另一个电厂 D 购买 5MWh，A 和 D 再次向系统运营商发送发电计划。表 5－6 显示了四个市场参与者的发电计划。

表 5－6　四个市场参与者的发电计划

风电场 A 的发电计划	时间	发电量	卖给 B	卖给 C	从 D 买入
日前计划	下午 2:00～3:00	80MWh	80MWh		
上午 8:00 更新	下午 2:00～3:00	95MWh	80MWh	15MWh	
下午 1:00 更新	下午 2:00～3:00	90MWh	80MWh	15MWh	5MWh
负荷 B 的用电计划	**时间**	**用电量**	**从 A 买入**	**从其他方买入**	
日前计划	下午 2:00～3:00	220MWh	80MWh	140MWh	
没有更新的计划					
发电厂 C 的发电计划	**时间**	**发电量**	**卖给 D**	**从 A 买入**	**卖给 X**
日前计划	下午 2:00～3:00	200MWh	200MWh		
上午 8:00 更新计划	下午 2:00～3:00	185MWh	200MWh	15MWh	
没有更新的计划					

由于日前市场和日内市场的存在，市场参与者几乎可以完全通过电力市场平衡其发用电计划。只有无法预料的负荷偏差、可变电源预测误差或发电损失（例如电厂非停）无法使用这些工具来平衡，此时需要输电系统运营机构调用备用容量来进行平衡。由于系统运营商向平衡责任主体收取的偏差价格远高于日前市场或日内市场的价格，市场参与者就有动力提高自平衡的准确度。以上做法的难点在于找到交易伙伴，特别是最后一分钟的交易，因此电力交易所提供靠近实时的交易机会就非常重要。

5.6　辅助服务与电力平衡

5.6.1　平衡备用需求

市场关闸后，交易中心不再组织市场交易。输电系统运营商需要通过调用事先采购的备用容量应对平衡责任主体运行中产生的偏差。德国电力备用分为一次备用、二次备用和三次备用（表 5－7 归纳了各备用市场的特征）。三种备用的主要区别在于爬坡时间和启用时间。

表 5－7　　德国电力市场调频/备用产品

调频产品	激活模式	完全可用之前的时间	激活期限	定价机制	被允许参与的提供者/灵活性措施
一次调频/备用（或者频率控制备用，FCR）	自动	30s	15min	◆ 仅容量被竞拍并获得报酬 ◆ 电量（调频服务的实际提供）不被竞拍，也不会获得报酬，因为假定正负调频会随着时间变化而趋于平衡 ◆ 竞拍分成一天六个时间段，每段 4h，分为正调频和负调频	◆ 所有传统电厂（运行时） ◆ 储能 ◆ 虚拟电厂 ◆ 大型电力消费者（工业） ◆ 最低 1MW
二次调频/备用（或者自动频率修复备用，aFRR）	自动	5min	15min	◆ 容量和电量都可竞拍并单独获得报酬（自 2020 年 11 月起） ◆ 竞拍分成一天六个时间段，每段 4h，分为正调频和负调频	◆ 所有传统电厂（运行时） ◆ 储能 ◆ 虚拟电厂 ◆ 大型电力消费者（工业） ◆ 最低 5MW
三次调频/备用（或者分钟备用或手动频率修复备用，mFRR）	手动	15min	1h	◆ 与二次调频采用相同的结构	◆ 所有传统电厂（运行时） ◆ 燃气发电厂 ◆ 储能 ◆ 虚拟电厂 ◆ 大型电力消费者（工业） ◆ 最低 5MW

输电系统运营机构负责根据调管范围内电力系统的运行特性，计算实时

平衡所需各类备用辅助服务需求。一次备用辅助服务至少每年进行一次需求计算，并应对同步电网进行需求计算。一次备用服务需求计算需要考虑一定程度的预想故障，同步电网内各个输电系统运营机构按照调管范围内的净发电和净负荷分摊备用辅助服务需求。二次备用辅助服务需求则按照负荷频率控制分区进行计算，通常基于大量历史数据采用概率法进行计算。三次备用辅助服务需求也需要按照负荷频率控制分区进行计算。

中欧是欧洲最大的同步区，而德国是其中一部分。中欧总的一次备用为3000MW，这是基于中欧两台最大的发电机组同时故障而确定的。备用应尽可能平均地分配在参与国当中，其中德国需要提供约 700MW 一次备用，且保持数年不变。相反，二次备用和三次备用的数量是不断变化的，这取决于输电系统运营商对备用的实际需求。由于欧洲电力市场平衡责任由平衡责任主体分担，备用服务需求的大小与平衡责任主体的平衡能力有一定关系。当市场参与者能够更加准确地平衡其头寸时（如通过日内市场），那么对于备用的需求就小一些，这样输电系统运营商将在下一年内减少备用的买入。

可再生能源的增加并不意味着需要增加二次备用、三次备用。尽管新能源在电力系统中的占比不断提高，但德国输电系统运营商在 2010～2017 年购买的备用容量总体来说反而有所下降。图 5－1 展示了德国输电系统运营机构买入的二次备用和三次电力备用情况。在过去几年里，买入量不断下降的趋势一直延续。2019 年 10 月，德国电力系统运营商总计采购了±2800MW 的二次备用和三次备用。

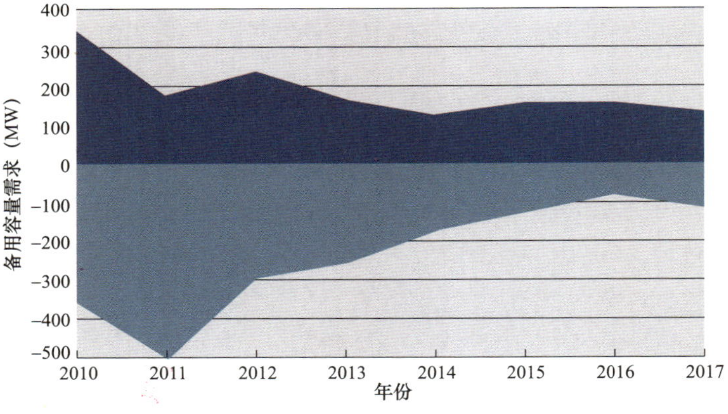

图 5－1　德国二次备用、三次备用容量需求变化情况

5.6.2 平衡备用容量的获取

为保证在实时运行时留有充足的用于平衡调度的备用发电容量，输电系统运营机构会早于市场关闸时刻较长时间之前购买所需的备用容量。提供这些运行备用容量的发电商则承诺不再在市场中出售这部分容量，而是留给输电系统运营机构用于实时平衡。提供一次备用、二次备用和三次备用服务的发电机组，必须能够在相应控制服务要求的响应时间内上调或者下调到要求的备用量。影响电厂可供备用的类型和数量的重要因素是爬坡率，即发电机组每分钟出力提高和/或下降的速度。燃气电厂由于其启动时间短，因此是唯一能在离线状态下提供三次备用的火电厂。径流式水电站只能提供一次备用，抽水蓄能电站可以提供任何类型的备用。在德国，铝冶炼厂和电解池等可立即中断的负荷已经进入了备用市场。

在备用市场上，输电系统运营商是唯一的买家。为确保市场的非歧视性和透明性，德国联邦网络管理局负责对备用市场进行监管。德国输电系统运营商通过一个互联网平台对备用进行招标。想要参与备用市场的备用提供商必须首先通过德国输电系统运营机构的资格预审，以证明他们可以满足提供一种或多种类型备用的技术要求。在中标后，供应商必须保持其处于可用状态。一次备用仅投标容量价格，而不含能量价格。这主要是因为总体来看，电网的频率偏差平均为零，所以提供一次备用提供正向和负向备用的均值也为零。二次备用和三次备用投标包含两个价格，即容量价格（欧元/MW）和能量价格（欧元/MWh）。容量价格是为了保持备用可用而支付的，而能量价格是在输电系统运营商实际启动备用的情况下支付的。在评标时，优先考虑容量价格最低的报价，同时也会参考能量价格的高低，但在整体评价中的占比较小。

中标后，容量价格就会被支付，而能量价格是在输电系统运营商实际启动备用时支付。输电系统运营商会将所有费用支付给备用提供商。容量价格由所有负荷支付给输电系统运营商的输电费来补偿，能量价格由造成市场失衡的平衡责任主体支付。备用的能量价格通常远高于日前市场或日内市场的价格，这给市场参与者提供了强烈的信号，促使其尽可能通过能量市场（尤其是日内市场）进行平衡。参与备用市场交易的备用容量不允许同时参与能量市场交易。例如一家 300MW 的电厂在备用市场上提供了 100MW 备用容量，则该电厂在能量市场上只能最多出售 200MW，并且需要保持剩下的 100MW 始终可用，以应对输电系统运营商对备用的要求。

2000 年左右，一次备用和二次备用的招标期为六个月，只有三次备用每天进行招标，参与招标的发电机组的最小容量为 30MW。随着自动化程度不断提高。如今一次备用的招标期为一周，而二次和三次备用则每天进行招标。招标周期的缩短吸引了更多的发电运营商进入备用市场，参与招标的发电机组的最小容量已经减小到 1MW，此外还允许较小的机组组团参与招标。例如医院中用作备用发电机组的柴油发电机（小于 1MW），也可通过系统集成商与别的机组进行组团参与系统运营商的备用招标。值得注意的是为了保证系统运行的可靠性，在三次调频/备用市场之外，德国还建立了一些特殊的备用类型（见表 5－8）。

表 5－8　　德国保证电网安全的市场外备用

备用类型	市场机制设计	运营机构	参与对象	购买者
冬季备用	◆ 2013 年建立 ◆ 每一年冬季设置，为期六个月，以增加二次调度容量 ◆ 2021/22 年冬季的需求预估：5670MW ◆ 支付款项：运营成本补偿	◆ 输电系统运营商和德国联邦网络管理局	◆ 非运行或者已关停的系统相关电厂，以及其他欧洲国家合适的电厂不被允许在市场上售电的电厂	◆ 输电系统运营商(成本转嫁到终端用户）
容量备用	◆ 2016 年建立 ◆ 批发或者调频市场上没有足够的供应、无法满足全部需求之时的附加容量 ◆ 容量上限为 2GW ◆ 第一个交付期 2020 年 10 月 1 日开始，2022 年 9 月 30 日终止 ◆ 第一个交付期内的容量：只有 1.056GW ◆ 支付款项：年度报酬，作为关停补偿	◆ 输电系统运营商和德国联邦网络管理局 ◆ 输电系统运营商组织的招标	◆ 退役燃煤电厂（关停时） ◆ 储能设施（如果未在市场上出售电力） ◆ 需求侧灵活性 ◆ 可再生能源（如果未在市场上出售）	◆ 输电系统运营商(成本转嫁到终端用户）
安全备用	◆ 2016 年 10 月到 2023 年有效 ◆ 总容量：2.7GW ◆ 支付款项：基于协议的年度补偿，定期关停不支付费用，提前关停支付一次性补偿	◆ 输电系统运营商和德国联邦网络管理局	◆ 基于八个褐煤区块逐步建成 ◆ 应在加入备用 4 年后关停 ◆ 不被允许在市场上售电的电厂	◆ 输电系统运营商(成本转嫁到终端用户）
电网稳定性备用	◆ 2019 年建立 ◆ 一个或多个发电机组发生故障后，用于短期修复电网稳定性的附加容量 ◆ 容量上限为 1.2GW ◆ 电厂必须在 30min 之内提供满负荷，并能够维持至少 38h；总运行时间至少为每年 500h	◆ 输电系统运营商和德国联邦网络管理局 ◆ 输电系统运营商组织的招标（最低容量 100MW）	◆ 中等规模的燃气电厂	◆ 输电系统运营商(成本转嫁到终端用户）

5.6.3 平衡备用的调用

一次调频控制产生的偏差电量会自动平衡，因此一次调频电量不再额外结算。二次备用机组的发电量通常以预先确定的价格，或者以参与三次备用的发电机组电价进行结算。三次备用发电机组增加或减少的发电量由输电系统运营机构在平衡市场中购买，参与三次备用的发电机组和符合参与条件的电力用户提交平衡市场上调和下调报价。上调报价是指相对于市场关闸时提交的发电计划，发电机组愿意以此价格增加出力。反之，下调报价是指相对于市场关闸时提交的发电计划，发电机组愿以此价格减发的电量。控制区内系统不平衡电量为负，即用电超出关闸后提交的发电计划，输电系统运营机构按照从小到大的原则接受一定数量的上调报价，消除系统不平衡电量。同样的，当系统不平衡电量为正时，输电系统运营机构按照从大到小的原则接受一定数量的下调报价。接受降下调报价表示输电系统运营机构出售一定数量的电能给申报者，为了降低价格最昂贵发电机组的出力，因此会按照报价由高到低的顺序接受下调报价，以最小的购电成本保持系统发用电平衡。

5.6.4 不平衡结算

实时调度结束后，输电系统运营机构会分别计算每个市场成员的净发用电量计划值与实际值之间的偏差，得到每个市场成员的不平衡电量。如果市场成员的发电量大于其在市场上的净售出电量，或者其用电量低于其在市场上的净购入电量，则其偏差电量为正。在不平衡结算过程中，所有超发电量都需要卖给输电系统运营机构；同样，偏差电量为负的市场成员则从输电系统运营机构购买相应的替代电量。

市场成员与输电系统运营机构之间进行不平衡电量结算时所使用的价格称为“不平衡电量价格”。有效的不平衡电量价格能够反映实时运行阶段的电能价值，也就是实时市场的出清电价，输电系统运营机构以不平衡电量价格在实时市场中购买和售出电能，从而消除系统不平衡电量。

第二篇

市场设计关键问题

6 日前与日内市场设计关键问题

本章在欧洲市场框架的基础上，详细讨论影响短期市场（日前和日内）设计的一些重大问题。6.1 节主要讨论电力市场指定运营商（NEMO）这个关键机构及其功能。日前和日内市场均由电力交易机构负责管理与运营，这些交易机构在欧盟被统称为电力市场指定运营商。6.2 节和 6.3 节分别讨论日前市场、日内市场设计的关键因素。6.4 节阐述如何处理竞价交易区域内的阻塞问题。对于某一报价区内的电力交易产生的价区内输电线路潮流，市场不负责进行阻塞管理；换句话说，对同一报价区内的交易来说，价区内被视为无阻塞，但这并不符合实际，价区内有时也的确会发生阻塞。

6.1 电力市场指定运营商

在欧盟的电力市场“目标模式”里，电力交易机构负责组织实施的日前竞价是市场交易的主要部分，交易机构会通过集中隐式拍卖方法完成面向不同交易的输电容量分配。《容量分配与阻塞管理导则》（后文简称《导则》）是关于欧洲日前市场（day-ahead market，DAM）和日内市场（intraday market，IDM）设计与一体化整合的关键法规。值得注意的是，日前市场和日内市场完成的交易都具有自愿性质，这类短期市场是对远期市场的补充，原因是实际需要交割的发电量或用电量往往与中长期合同的仓位头寸存在偏差，此时市场主体需要通过日前与日内市场进行灵活调整。这类短期市场的价格形成机制非常重要，其对远期市场的价格具有重要参考意义。

最近几年，日内市场交易出现了强劲的增长，图 6－1 为 2012～2015 年间法德两国的日前与日内市场交易规模。可以看出，这两个国家的日前与日内市场交易量存在很大的差异，但共同的一点是两国包含日前与日内交易在内的电力现货交易量均在稳步上升。

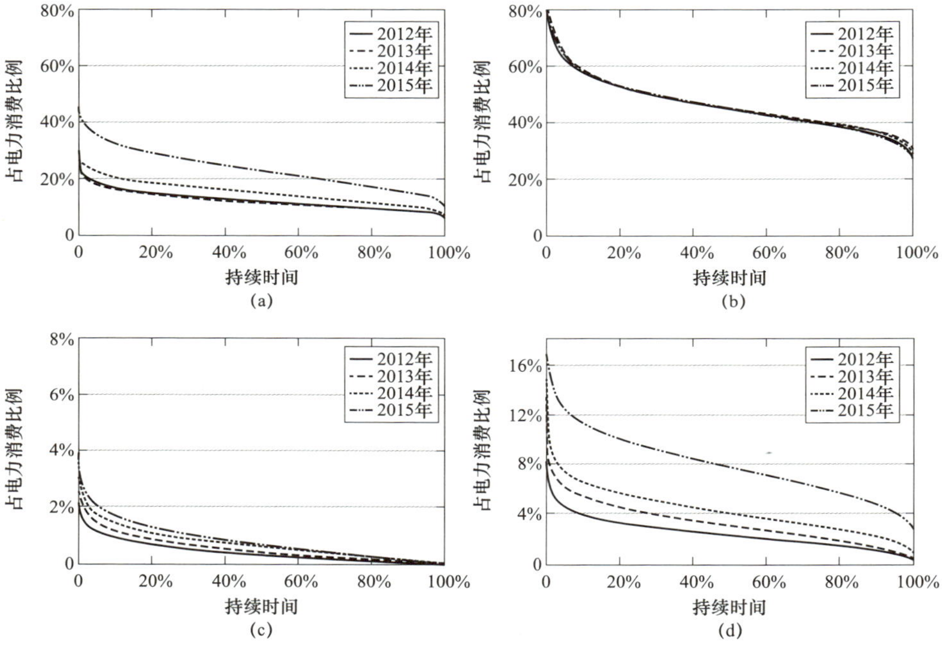

图 6－1　法国与德国的小时日前与日内市场交易量占每小时电力消费比例

（a）法国日前市场；（b）德国日前市场；（c）法国日内市场；（d）德国日内市场

短期电力市场（主要指日前与日内）的设计需要随着环境变化而不断发展。刚开始时，市场设计需要面对的是容量大、爬坡速度慢、以化石燃料为主的发电容量和灵活性比较差的负荷需求。随着多种可再生能源在所有电压水平的渗透、普及，以及用户需求侧管理手段的多样化，情况正在发生变化。如何调整市场设计以适应这种新的环境是一个被广泛争论的话题。目前已经形成的共识是，在多种可再生能源高渗透率背景下，市场设计需要考虑更多的灵活性，以便系统能够高效运行。短期电力市场设计需要激发合理有效的技术（容量）投资，并鼓励它们充分释放出灵活性（能力）。为了实现这一目标，需要实施一套各要素互为补充的系统性措施；并且在所有交易时间窗口上，均有必要进行跨国电力市场一体化整合，这是欧盟范围内资源多样性能够得到充分利用的关键。此外，日前市场设计也需要调整，比如引入更为合适的报价模式。更加重要的是，日内市场、平衡市场等接近实时运行的各市场，它们的功能需要进一步加强。

传统上，电力交易机构只是负责汇总、匹配某一特定报价区内不同时间尺度交易窗口的投标、报价。但近一段时间以来，电力交易机构开始越来越多地介入欧洲范围内各报价区之间短期交易（日前和日内）的组织实施。当然，场外交易仍非常重要，且主要以长期合同形式开展。为了促进跨（国）境电力交易，亟须出台一整套关于电力交易的制度框架，明确电力市场指定运营商的基本设置要求以及需要履行的职责。简而言之，电力市场指定运营商可以被视为经过认证的电力交易机构，它的主要职能是负责组织跨价区电力交易。

6.1.1 电力交易机构

电力市场指定运营商是主管机关指定的合格实体，其主要任务为组织日前或日内市场交易。一家电力市场指定运营商可以运营一个日前市场或日内市场，也可以同时为两个以上市场提供交易服务。欧洲主要有两类电力市场指定运营商：成本管制型（即垄断性）电力交易所和商业化（即竞争性）电力交易所。每个欧盟成员国应确保在其领土内至少有一家电力市场指定运营商，成员国可以设立一个或多个商业化（竞争性）电力交易所作为电力市场指定运营商，或是继续指定现存的成本管制型（垄断性）电力交易所作为电力市场指定运营商。

成本管制型运营机构通常是非盈利或利润受管制的，它们从管制性定价费用中获得收入。此类机构一般可以通过公用事业改革方案（如西班牙的 OMEL）或输电系统运营机构改革方案（如匈牙利的 HUPX）进行设立。通常情况下，它们还会承担一些超出交易服务以外的工作任务。与之相反，商业化交易所是盈利性的市场组织，其核心业务就是提供交易服务。它们的收入来源于各种用户付费，并与为其成员用户执行的交易量有关；例如欧洲电力能源交易所和北欧电力交易所就是商业性交易所，两者在许多欧盟成员国之间开展交易服务业务竞争。从发展历史上看，商业化交易所通常由市场参与主体、金融机构、输电系统运营商机构或私人投资者联合体设立。

图 6–2 概述了欧盟各成员国的电力市场指定运营商情况，包括竞争状况和被指定的方式。电力市场指定运营商可以由成员国的监管机构或政府部门指定，也可利用通行证制度直接拓展跨国交易服务[1]。负责指定电力市场指定运营商的机构应通知能源监管合作署关于电力市场指定运营商的指定及撤销情况，能源监管合作署会提供一份实时更新的各国电力市场指定运营商情况概览，方便感兴趣的人查阅。

图 6–2 显示大多数欧盟成员国都选择了竞争性市场运营商。截至 2019 年，在几乎所有选择竞争性运营商的成员国（爱尔兰、斯洛文尼亚和克罗地亚除外），都指定了不止一家电力市场指定运营商。大多数情况下，监管机构负责指定电力市场指定运营商；几乎所有电力市场指定运营商都会同时负责日前和日内市场运营，只有瑞典例外，该国的电力市场指定运营商仅负责日前市场交易。同时需要注意的是尽管许多国家允许多家电力市场指定运营商提供交易服务，往往只有一家实际在运，但英国电力市场是唯一的例外，同时存在 APX 与 Nord Pool 两家实际在运的电力市场指定运营商。在其他欧盟成员国，所有取得执照的电力市场指定运营商目前均没有实际投运，都还在等待《电力市场指定运营商多方协议》（即 MNA，下文简称《协议》）的颁布实施（该《协议》允许多个电力市场指定运营商在同一个报价区内竞争运营）。2019 年 7 月，欧洲中西部地区的多国颁布实施《协议》；随后在 2020 年 6 月，针对日前市场的北欧版《协议》正式生效。

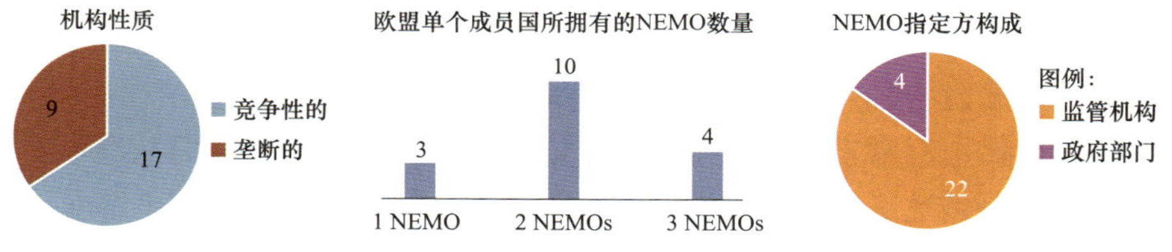

图 6–2　欧盟区域内日前市场 NEMO 的状况与数据（不包括塞浦路斯与马耳他）

表 6–1 显示了每个国家的 NEMO 竞争状况，表 6–2 显示了在各成员国中许可运营的竞争性 NEMO 组织。

[1] 《导则》第 4 条第 5 款规定，被指定的电力市场指定运营商有权在另一国提供交易服务，而无需在该成员国被指定为电力市场指定运营商。

表 6－1 竞争性 NEMO 国家和垄断性 NEMO 国家

竞争性 NEMO 国家		垄断性 NEMO 国家
挪威	荷兰	罗马利亚
瑞典	法国	保加利亚
芬兰	比利时	捷克
丹麦	英国	斯洛伐克
拉脱维亚	爱尔兰	匈牙利
爱沙尼亚	卢森堡	葡萄牙
立陶宛	奥地利	西班牙
德国	克罗地亚	意大利
波兰	塞尔维亚	希腊
斯洛文尼亚	波斯尼亚和黑塞哥维那	
阿尔巴尼亚	北马其顿	
黑山		

表 6－2 各成员国中许可运营的竞争性 NEMO 组织

EPEX/Nord Pool/其他交易所		EPEX/Nord Pool	其他交易所
挪威	荷兰	英国	爱尔兰
芬兰	法国	瑞典	斯洛文尼亚
丹麦	比利时	波兰	克罗地亚
拉脱维亚	卢森堡	奥地利	
爱沙尼亚	德国		
立陶宛			

虽然电力市场指定运营商数量具有垄断性和竞争性两种模式，但欧洲更倾向于竞争性模式。然而该问题远非表面看上去那么简单，2018 年 7 月，欧盟发表了第一份关于电力市场指定运营商数量竞争情况及其发展的报告。该报告提到，在当前阶段，关于“废止成员国选择采取合法垄断模式的权利”是否合理这一议题，欧盟委员会仍没有达成结论性意见。

客观而言，两种模式各有优缺点。与竞争性电力交易所相比，成本管制型电力交易所的优点是更缺少滥用市场权力和反竞争的动机，这是因为电力交易机构本身具有自然垄断的特点。电力交易存在显著的规模经济效益，可以受益于正向的网络外部性（高流动性会吸引更多的流动性）。但与竞争性交易所相比是，成本管制型电力交易所可能交易效率不高，创新交易的动力不足。

在欧洲电力市场一体化背景和欧洲特定的监管环境下，商业化电力交易所是有意义的。原则上，促进跨境交易以及与其他电力交易机构的合作，对成本管制型电力交易所来说是一项并不费力的附加任务,但处理跨境交易时,由于监管欧洲内部能源市场运营的权利没有赋予整个欧洲层面的监管机构，而是分散赋予各国的国家监管机构，因此在市场耦合方面存在较大的“监管鸿沟”，需要交易所以创新精神强力推动。与成本管制型交易所相比，竞争性电力交易所有明显的动机在市场耦合运营方面进行合作与创新，从而谋取产生大规模的额外交易量，并创造更多的收入。但是需要重视与控制商业化电力交易所的市场力,具体的做法可以是通过提高透明度要求和引入治理规则,以防止交易所间的合作串谋以及由此导致的封闭式卡特尔垄断。

6.1.2 电力市场指定运营商资质要求

如果想成为被指定的 NEMO，必须满足如下要求：

（1）已经拥有或者正在签约获得履行日前电能市场和日内电能市场所必须的各类设备和资源，包括必须的人员、资产、信息系统、技术能力和运行规程,以证明能够履行日前电能市场和日内电能市场的交易组织和耦合出清。

（2）能够向市场主体提供便于获取的市场信息。

（3）能够高效地开展日前市场和日内市场耦合出清，并且保持市场耦合业务与其他业务之间的财务独立。

（4）与市场主体的业务保持足够程度的独立。

（5）如果被某个成员国指派为唯一的负责日前市场和日内市场业务的电力交易机构，则必须保证在其他成员国提供服务收取的费用不能用于该成员国的业务开展。

（6）保证公平对待所有市场主体。

（7）具有适当的市场监视手段和制度。

（8）与市场成员和输电系统运营机构之间签订有适当的信息透明和信息保密协议。

（9）能够提供必要的市场出清和结算服务。

（10）具有与所在成员国的各输电系统运营机构协作的必要的通信系统和常态化制度。电力市场指定运营商指派机构本身也必须接受监督，必须合理使用电力交易机构指派制度和资格审核标准，不能人为限制各个电力交易机构之间进行公平竞争。

6.1.3 电力市场指定运营商职能

电力市场指定运营商的任务[1]包括接受市场成员报价，按照日前和日内市场耦合规则进行报价匹配和输电容量分配，发布价格并对达成的交易结果进行结算。

除此之外，电力市场指定运营商的另一个非常重要的职能是发挥市场耦合运营商（market coupling operator，MCO）作用。市场耦合运营商需要匹配来自不同报价区的日前和日内市场报价，并负责同步分配跨价区输电容量[2]。这项任务由所有电力市场指定运营商共同完成，同时还需要与协同容量计算者（coordinated capacity calculators，CCC）密切合作。日前和日内市场耦合对应的各类算法、系统和程序产生的研发成本由全部电力市场指定运营商共同承担。经相关监管机构批准后，输电系统运营机构也可分担一部分费用[3]。在实际操作中，大部分的开发和运营成本是由输电系统运营机构承担的。

6.2 日前市场设计关键问题

欧洲日前市场被设计成通过双向盲拍机制（即密封拍卖，blind auction）进行交易。在交割前一天的中午，市场各参与方会向电力市场指定运营商提交第二天的小时交易投标与报价，以调整他们在远期市场持有的仓位头寸。最简单的一种形式是，采用“价格–数量对”进行每小时投标。图 6–3 给出了在日前市场某一个小时时段内，总需求曲线和总供给曲线匹配出清的示例。发电报价（红）价格低于出清价格的将被接受，这些被接受的发电报价可以按照不高于出清价格的电价来供应电能。用电投标高于出清价格的将被接受，这些被接受的用电投标愿意支付高于出清价的电价来购买电能。日前市场竞价采用市场统一边际定价机制进行出清，这意味着所有被接受的供应方获得和购买方支付相同的（统一）电价，即出清价格。

[1] 见《导则》的第 7（1）款。
[2] 见《导则》第 2 条（30）。
[3] 见《导则》第 76 条第 2 款。

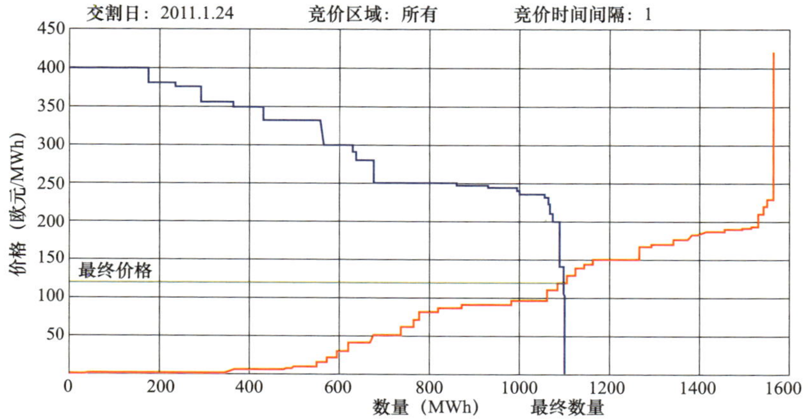

图 6-3　2011 年 1 月 24 日罗马尼亚日前市场某小时内需求总量（蓝色）曲线与供给曲线的出清示例

本节接下来的内容将深入讨论日前市场设计需要考虑的三个核心问题，即日前市场报价形式、时间颗粒度以及最大/最小出清价格限制。

6.2.1　报价格式：单一报价、块报价和多部制报价

采用边际定价出清时，对市场成员（买卖双方）来说，最优的报价策略是按照边际成本进行报价，日前集中拍卖竞价市场的情况即是如此。也就是说，如果市场成员的出价高于他们的边际成本，那么他们的出价可能不会被接受，也许就失去了本可以获得利润的机会；但如果他们的出价低于边际成本，若中标后被要求发电，则会亏损。但是，简单的小时“价格－数量对”报价并不是最优的竞价形式。原因是发电商无法将诸如启停成本、最低运行出力等因素涵盖在报价内。随着可再生能源在发电组合中所占份额的增加，这些不随电量变化的成本影响因素变得越来越突出。

针对这一问题，目前市场中最常见的一种补救办法是引入块报价（block bid）。块报价的具体格式有很多种，但典型的块报价是指覆盖连续几个小时的不可分割固定发电量报价（all-or-nothing order）。报价要么全部被接受，所有发电小时都执行报出的价格；要么覆盖所有发电小时的整块报价都被拒绝。但是不随电量变化的成本并不能在块报价中明确地体现出来，它包含在加价（这一加价是报价与发电边际成本之差）中。另外，随着块报价的引入，出清算法得出计算结果所需的（计算）时间显著增加。相比于单一报价，块报价使得标准化拍卖竞价的流动性下降，因为块报价对应的时间尺度往往更长，

不利于开展灵活交易。

因为欧洲统一市场耦合出清是在欧盟层面通过市场耦合运营商职能完成的，所以统一市场的交易品种在一定程度上要协调一致。电力市场指定运营商应提交一份与单市场日前交易耦合出清（SDAC）和单市场日内交易耦合出清（SIDC）算法相匹配适应的交易产品提案。SDAC 和 SIDC 是各国内日前和日内市场在欧洲市场层面的耦合机制。除了单一报价和块报价，其他类型的报价格式也需要与 SDAC 和 SIDC 的匹配算法相适应。2018 年 2 月，所有欧盟成员国的国家监管机构（National Regulatory Authority，NRA）均已完成全部 NEMO 对 SDAC 和 SIDC 交易品种修订提案的审批；关于 SDAC 中可能出现的交易品种具体参见《区域价格耦合方案》(*Price Coupling of Regions*，PCR)。

除了单一报价和块报价外，还有另一种常见的报价模式，即多部制报价，多部制报价会直接考虑各种与电量无关的成本分量，与单一报价和块报价相比有如下优点：

（1）有利于可获取信息资源较少（体量较小）的参与者，因为他们更难决定在块报价中应加入的最优加价（mark-up）。如果加价设定的数量水平不合适，那么市场的最终效率可能会降低，而交易成本和市场成员面临的不确定性则会增加。

（2）由于成本结构在报价中未予以明确界定，针对块报价的市场监测（market monitoring，MM）几乎是不可能的。相比之下，包含电能报价、爬坡和启动成本等多个分量的多部制报价成本结构可审计，容易开展市场监测。

（3）基于单一报价和块报价，不太容易及早可靠地确定细化到机组的具体发电计划，发电往往是只能在公用事业公司或聚合商自身内部进行组合优化。而多部制报价可以比较好地反映机组的技术特性与经济报价一并考虑，有利于调度集中指定开停机计划。在如今的美国的集中式电力市场中，比较多地采用了多部制报价。

发电商反对采用多部制报价的一个常见观点是，这种报价会泄露商业敏感信息。但柏林理工大学的纽霍夫·卡斯滕（Neuhoff）教授等人指出，多部制报价信息分享内容不会超出其已经分享给输电系统运营机构的必要内容范围。同时块报价的优点也很突出，就与电量无关的各种成本要素而言，块报价对应的定价方法比多部制情况下要更简单。另外一个值得关注的观点是，在多市场耦合环境下，由于各市场内部对非线性定价原理的具体实施细则存在差异，多部制报价可能也比较难以有效应用。从政策角度来看，各市场很难对与电量无关的成本分量补偿标准进行统一，对于已经就补偿标准进行过微调的市场尤其困难，而块报价则不容易出现这种问题。总体而言，与多部制报价相比，块报价牺牲了部分优化效果，但使得市场出清简单，有利于市场规则的统一和市场规模的扩大。

6.2.2 交易的时间颗粒度

在单市场的日前耦合出清（SDAC）中，交易产品的时间单位通常是 1h。然而这是以日内市场和/或某国内部市场上具有更小时间颗粒度的交易产品、可以实现更加精细的头寸偏差调整为前提的。显而易见的是，交易品种的时间单位越小，价格波动性就越大，价格能更好地反映并奖励系统中灵活性资源的价值。如果机组可以更快地增加或减少出力，也就可以更大程度地从价格波动性中受益。灵活的系统调节资源需要通过明确的价格信号进行投资与运行激励，而更小的交易时间单位可以提供这些激励。

当然，在交易时段长度为 15min 或 30min 时，对于需要通过合理交易组合确保经济收益的市场成员而言，可能会产生一些其他方面的问题，即无法全面考虑跨期交易组合的损益。但更短的交易时间单位可以让日前市场交易和实时电力平衡管理更加协调一致。如果发电和用电计划安排细化到一个更短的时间颗粒度，备用需求可能也会减少。更短的时间单位也有助于将风险从输电系统运营机构转移到平衡责任主体。此时输电系统运营机构的干预将会减少，需要向市场主体分摊的成本也将减少。换句话说，在引入更小的时间颗粒度交易产品后，调度计划制定过程中的确定性会增强，不平衡量也会减少，当然由于发电/负荷的不可预测性或不可预见事件而导致的不平衡不在此列。

同时也要看到，采用更小时间间隔，单一报价也就更难处理与成本无关的成本分量，而且随着可能出现的组合更多，市场出清计算所需时间可能会显著增加。竞价的时间颗粒度要求越细，对块报价和多部制报价的需求越大。

重要的是，《清洁能源法案》（*Clean Energy Package*）提出 NEMO 应向市场成员提供短时段交易机会，其时间间隔至少与日前市场和日内市场的不平衡结算周期一致。

6.2.3 最大与最小出清价格限制

学术文献中经常会提出的一个一般性观点是：应该取消价格上限和下限，因为它们扭曲了价格信号，会限制尖峰机组或灵活更强的电力资源收回其资本投资的可能，从而引发所谓的“收入缺失（missing money）”问题。设置价格下限并没有什么理论依据，而随着更多电力需求方积极参与市场、电力存储手段的增加和市场力的减少，维持价格上限的理由也越来越少。取消价格上限将给市场成员更高程度的规划安全性（planning security）。

而哈佛大学的威廉·霍根教授认为，对于一个可以合理解决容量短缺问题的市场来说，设置更高的价格上限是必要但不充分的。然而就容量稀缺性本身来说，要区分究竟是真正的供给缺失还是市场力原因，这是很难甚至不可能的。

电力市场指定运营商应与输电系统运营机构合作，研究提出一项关于《统一最高及最低价格》（*Harmonised Maximum and Minimum Prices*，HMMP）的方案，必须充分考虑失负荷价值的估算结果，并以此作为容量稀缺的定价参考。该方案将适用于所有参与 SDAC 和 SIDC 的报价区。

2017 年 2 月，所有电力市场指定运营商均将他们关于 SDAC 和 SIDC 的 HMMP 提案呈交给各有关 NRA，但 NRA 无法达成一致意见，因此要求能源监管合作署做出裁决。2017 年 11 月，能源监管合作署批准 SDAC 的“统一最高出清价格”为 3000 欧元/MWh，而 SDAC 的“统一最低出清价格”为 –500 欧元/MWh。统一最高出清价格并非静态不变的。更准确地说，如果在一个独立的或多个报价区中，某一天中有一个交易时间单位的市场出清价格超过 SDAC 统一最大出清价格的 60%，则 SDAC 统一最大出清价格将相应地增加 1000 欧元/MWh；因此可以说，统一最高出清价格并没有设计成一个妨碍容量稀缺价格出现的“固定的价格上限”。

6.3 日内市场设计关键问题

风能和太阳能等形式发电的增加导致了日内市场交易量的上涨。越接近实时运行，风能和太阳能（也包括需求预测）发电预测越准确；相应地，新能源也就可以在日内市场做出更加合理的发电计划调整。在 2020 年，不同欧盟成员国的日内市场还不像日前市场那样统一。例如在比利时和荷兰，日前竞价结束后不久，可以开展以小时电能产品为对象的连续交易；在法国，小时电能产品之外还存在以 30min 电能产品为对象的连续交易；在奥地利，除了小时电能产品外，还存在 15min 电能交易产品。在其他国家，例如西班牙，会开展多次日内竞价。在德国，则已经形成了连续交易和竞价相结合的交易机制。图 6－4 详细地展示了 2016 年欧洲电力交易所中的德国市场交易时序。

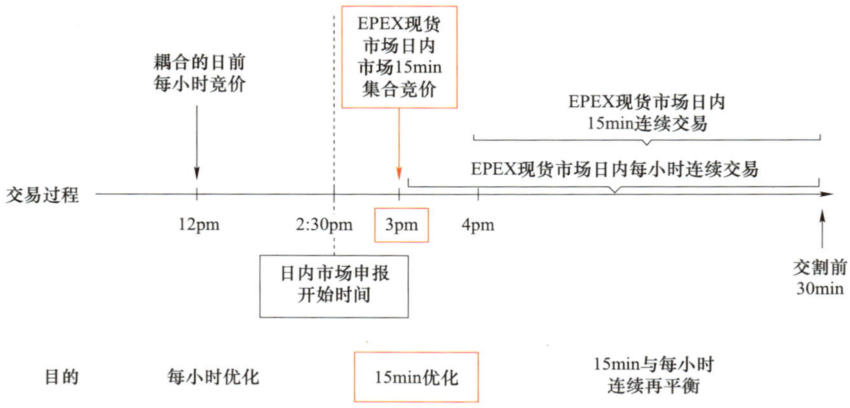

图 6－4　2016 年德国 EPEX 市场自日前市场至日内市场关闸的交易全过程

德国在日前竞价结束 3h 后，将开启针对 15min 电能产品（即 24×4＝96 点）的日内拍卖交易。可以认为，在日前市场关闸时点到日内竞价时点，市场成员可能并未获得太多增量信息。而实际上，这个日内拍卖市场主要是为了方便市场成员在日前市场出清后进行交易调整，并以更精细的时间颗粒度来安排德国内部的发电生产和用电负荷计划。紧接着日内拍卖交易开展的是针对小时电能产品的日内连续交易；在随后一个小时，最后启动的是针对 15min 与 30min 电能产品的连续日内交易。在德国这个市场交易案例中，针对内部不同地理范围，日内连续交易的关闸时间也不一样。首先，在交割前一小时，所有市场成员不能再进行跨境日内交易（日内跨境交易关闸时间）；其次，在交割前的 30min 内，内部 4 个控制区之间均不能再进行任何交易；第三，在交割前的 5min 内，在各控制区范围内不能再开展任何形式的交易。

长久以来，在日内市场交易时间尺度上，最佳的交易机制设计到底是什么？是连续交易还是拍卖竞价？或是两者兼而有之？这一直是欧盟讨论的一个“热门话题”，本节将重点讨论这个问题；接下来的内容将对日内市场的流动性进行介绍，并着重论述流动性问题必须与最佳交易机制共同讨论。最后一小节是关于日内交易关闸时间点，即交易停止而输电系统运营机构接管系统平衡的时刻。在上一节中已经指出，日内市场中关于最高和最低出清价格的逻辑与日前市场逻辑是一致的。

6.3.1 连续交易与拍卖竞价

一直以来，连续交易都是日内市场的一种即有机制。在以连续交易为核心的交易所中，市场各参与方可以在交易有效窗口期内的任意时间提交报价至共享“订单”系统中，这一交易“订单”列表可以为所有市场参与方查看。

如果新提交的买方报价高于当前最低的卖方卖价，亦或是新提交的卖价低于当前最高的买价，交易将匹配成功。在匹配成功的出价中，竞价者最先提交的报价即为交易价格。这意味着买家/卖家的结算价格即为其报价（按报价结算），在日内交易时段的每一笔交易都可以有一个不同的价格。这是与拍卖竞价交易的关键区别之一，拍卖竞价的出清规则是统一定价，即所有的买家/卖家均按相同的价格进行结算。

欧洲明确连续交易应当按照日内市场交易时间尺度开展。与之相匹配的算法也需要能够兼容针对单个交易时段的报价或连续多交易时段的（块）报价；然而关于交易时段的时长则没有明确规定，由电力市场指定运营商在其提交的市场方案中进行定义[1]，但应允许有一些交易产品的交易时间单位至少和不平衡结算周期一样短[2]。除了连续交易外，如果监管当局批准的话，还应允许存在补充性的跨境日内拍卖竞价交易。《导则》也要求制定基于连续交易的欧洲统一电力市场解决方案，并辅以“可靠性容量定价”。

除了下面将要说到的统一定价有关好处之外，支持拍卖竞价优于连续交易的三个其他论点如下：

（1）跨价区输电能力的分配。支持日内市场采取拍卖竞价机制最重要的论据之一是，就像当前的日前市场耦合一样，拍卖竞价可以促进日内市场的耦合。市场耦合的挑战之一是跨价区输电容量的分配，最有效的解决方就案是拍卖竞价，即在集中交易的同时完成输电容量的分配（隐式分配）；但输电容量的有效分配与连续交易的结合并不像集中拍卖这样高效。在连续交易场景下，输电容量将通过直接竞价（显式拍卖）或者先到先得的方式进行分配，与电能交易分开，这样的安排可能对速度更快/更有经验的交易商更加有利，然而经济效率更高的交易商得不到什么好处。进一步延伸来看，拍卖竞价可以阻止通过引入交易机器人获取越来越大的买卖价差以及攫取市场中输电容

---

[1] 出自《导则》第 53 条。

[2] 出自《监管指令（欧盟）》2019/943 第 7 条第 2 款。

量的稀缺价值。

（2）操作安全性。拍卖竞价对于交易所来说操作更简单，市场系统的技术故障风险更低。此外发电机组会在日内连续交易中进行报价加价以反映其机会成本，市场交易结果所反映的发电计划并不是最经济的。在随后的统一定价的实时平衡市场竞价中，发电机组将提交反映其边际成本的报价，报价出清结果是成本最低的发电计划。这种不一致可能引发对单个发电厂站出力进行重大调整，从而导致在非常接近实时运行的时候电力系统潮流分布出现更大的不确定性。

（3）流动性。从拍卖竞价中获得的单一价格增加了市场透明度。一个流动且透明的日内价格尤其有利于套期保值交易，且可以提供清晰的价格信号以吸引增强市场灵活性的投资。但在连续交易中却不是这样的情况，市场成员还需要计算平均成本或其他指数，流动性在整个交易期的延展会导致日内市场价格波动和不透明性。此外，对日内市场的参与者来说，拍卖竞价模式还意味着显著的费用降低。更进一步说，连续交易不太可能为不同类型的块报价提供流动性，支持高效的买卖匹配。

但是连续交易也有明显的优点：

（1）连续交易为参与者提供了充分的自由来表达他们的需求，而不连续的竞价可能会由于交易机会有限而导致效率低下。连续市场允许存在 7×24h 的滚动交易，市场成员可以在出现不平衡时及时开展交易。这些不断产生的新信息可供市场成员连续交易参考。

（2）日内连续交易允许市场成员进行非常接近实时的交易，而拍卖竞价交易的关闸时间和实际交割之间的时滞更长，往往会降低交易信息的效率。理论上，拍卖竞价也可以设计为近乎实时，但现实操作上存在困难。例如，为了能够一直交易到交割前一小时，必须组织 24 次日内拍卖（每小时一次）。如图 6－5 所示，绝大多数的日内交易发生在实际运行前的几个小时里，这反映了市场成员更倾向于进行短时日内交易。

6.3.2　出清规则讨论——统一边际定价与按报价结算

在连续交易中，隐含的出清规则是按报价结算。在拍卖竞价中，既可以选择按报价结算，也可以选择采用统一边际定价。SDAC 实行的是统一边际定价，德国、西班牙、意大利和葡萄牙的日内市场竞价中也采用了边际定价规则。然而在平衡市场中，边际定价规则和按报价结算规则在欧盟均可以找到应用案例。

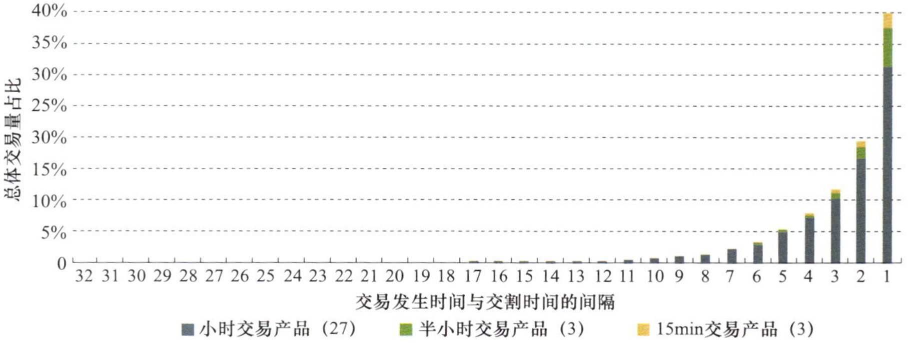

数据来源：NEMOs和ACER calculations。

图 6-5　2017 年在连续交易市场中，小时交易产品、半小时交易产品和 15min 交易产品在每小时间隔中的交易量占日内交易总量的比例（交割前每小时连续交易量占比）

注：1. 横坐标的 1h 代表在物理交割开始之前的 60～120min 这一时间间隔。

2. 括号中的数字指代拥有此项交易产品的交易区域数量。

一个常见的错误观点是“按报价结算”比“统一边际定价”更容易降低购电成本，而事实情况是，随着出清规则的不同，市场主体的竞价策略也大不一样。在按报价结算的情况下，市场成员不再有动力按照其成本进行报价；取而代之的是，他们会基于对出清价格的预测进行报价，这将在很大程度上消除“按报价结算”所期望的节约。统一边际定价的主要优点如下。

（1）在按报价结算的场景下，发电商将不再按照其边际成本报价，会不可避免地带来效率下降。因为如果他们只报自身的边际成本，在报价成功成交后，他们将不会得到任何对于固定成本的补偿或是获得利润。若所有报价都超过各自的边际成本，且超过数额取决于报价者对市场最高可成交报价的不同估计，则完美的、总成本最小的出清逻辑将不再有保证。

（2）按报价结算的另一个低效之处是，预测市场价格这一行为带来的总成本将会加在所有参与者身上。虽然收集必要信息以及持续开展的逐小时、逐日价格预测，有非常显著的规模经济效益，但是预测市场的动态定价所需的数据分析既复杂又昂贵。

（3）在按报价结算的模式下，大公司拥有更多资源，针对报价策略拥有更好的洞察力，从而可通过准确预测价格获得优势。简而言之，“统一边际定价”会激励市场参与方降低成本（因为所有参与方以相同的价格结算），而按报价结算会鼓励参与方花费巨大的成本进行价格博弈（原因是博弈结果决定价格）。

（4）在尝试发现非竞争行为方面，统一边际定价模式比按报价结算模式更具透明度。如果市场是竞争性的，在统一边际定价下，报价者有动机按照边际成本进行报价。至少边际发电成本是比较容易衡量的，所以可以比较容易地发现报价是否超出边际成本。

（5）在按报价结算的情况下，合约交易市场将缺少一个比较透明的价格参考，而一个比较接近实时价格的参考价格对与交易各方是非常必要的。

（6）在按报价结算的市场中，有能力操纵市场的供应商可以报出一个比在正常的竞争市场要更高的价格，从而使自身获益。而在按统一边际定价市场，该供应商的竞争对手也会从垄断性质的操纵价格中获益。

然而，当存在市场力操纵情况时，统一定价模式也存在问题：不完全竞争条件下，有能力操纵市场的发电商将会有动机通过减少发电，实现更高的盈利。原因在于减少电力供应可能会提高市场出清价格，从而提高非边际机组的盈利水平。类似的策略在按报价结算上是不可能实现的，因为一个机组的出价不能直接影响到其他机组获得的结算价格。

总的来说，拍卖竞价理论并没有就定价结算规则效率得出一个确定的结论。然而考虑到上述所有论点，统一定价似乎是更适合电力市场的竞价方案。

6.3.3　日内市场的流动性

日内市场的流动性非常重要，它可以帮助给出一个明确的价格信号，从而激励市场成员在短期运行时提供灵活性，在长期尺度上进行有效投资。目前，流动性问题仍是欧盟大多数日内市场的一个隐忧，图 6－6 给出了欧洲最大的日内市场在 2011～2017 年的流动性概况。

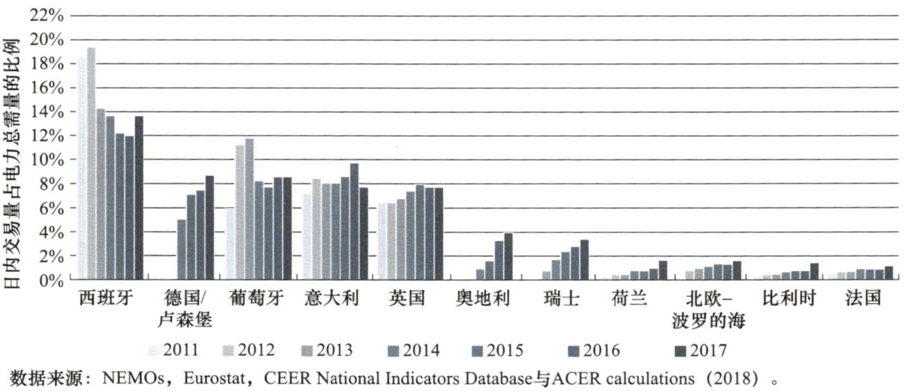

数据来源：NEMOs，Eurostat，CEER National Indicators Database与ACER calculations（2018）。

图 6－6　2011～2017 年以来欧盟部分市场日内交易量占电力总需量的比例

注：仅展示了拥有四年以上参考数据的市场。

与 2016 年相比，2017 年较上一年同期流动性增幅最大的国家分别是比利时（+77%）、荷兰（+75%）、北欧和波罗的海国家（+31%）。能源监管机构合作署和 CEER 在其市场监测报告中指出，比利时和荷兰的这一增长，相当大的一部分原因是由于 2016 年 10 月引入了改进的隐式日内跨价区容量分配平台。

从图 6 – 6 可以得出一个推论，即日内市场中基于拍卖竞价的市场设计促进了流动性。西班牙、意大利和葡萄牙的日内拍卖竞价通常比其他进行连续交易的欧洲国家日内市场表现出更高的流动性。事实上，以拍卖竞价为基础的日内市场中观察到的高交易量，并非由于竞价机制。意大利、西班牙和葡萄牙市场流动性高的最重要原因是，如果需要在对发电机组组合中的发电出力进行重新调整，日内市场是唯一选项。日前市场结束后，任何双边交易以及市场外的自我发电组合调整均不被允许。

此外，可再生能源激励政策对日内市场流动性也有影响。有些国家采用可再生能源固定价格收购制度（feed-in tariff，FIT），可再生能源发电厂产生的电力按固定价格由电力公司购买，系统平衡责任由输电系统运营机构（或配电系统运营机构）负责。输电系统运营机构需要在日内市场上交易不平衡量，导致交易量增加。相反，有一些国家采取上网电价补贴（FIP），对可再生能源发电公司的投资激励是通过在电力批发交易市场进行交易，并在可再生能源发电的基础上增加溢价来获得的。在 FIP 制度下新能源发电拥有者要为他们的预测失误负责。与输电系统运营机构不同，这些参与者要么使用其他可控的发电能力来实现内部自平衡，要么在其他可控发电规模很小的时候，放弃在日内市场对预测误差进行主动干预，因而都会导致日内交易量的减少。

西班牙、意大利和葡萄牙三个国家的日内交易量相对较高的原因可以部分解释为是由以下三个共同的市场特征决定的：① 可再生能源机组的高度渗透；② 没有连续交易机制，不存在替代日内竞价交易的第二选择；③ 强制性按机组报价，而不是按机组集合报价。

纽霍夫等人研究了德国市场 15min 为单位的日内竞价实施情况，发现额外的竞价增加了流动性，降低了价格波动。此外，市场成员需要为实时不平衡费用付费，可以激励每一位市场成员在日内市场针对各自发电与负荷进行平衡调整。

当然如果这些价格激励信号不够强烈，市场成员就不会觉得有必要在日内市场进行交易，流动性就会仍维持在较低水平。此外，如新能源发电要为自己的不平衡电量负责（按照与传统机组相同的规则），他们也将被迫在日内市场进行交易。另外，关于系统状态的透明的“近实时”信息也至关重要。如果市场成员掌握了这些信息，他们就可以估计潜在的不平衡结算量，从而激励他们在日内市场平衡其头寸；特别是从电力系统的安全运行的角度来看，这是非常必要的。简而言之，建立一个功能良好的高流动性日内市场首先需要设计出非常好的平衡结算规则。

6.3.4 日内市场关闸时间

关闸时间即市场交易的截止时间，日内市场关闸时间指日内交易与实时运行间的时间间隔，它设计需要综合以下两点因素进行权衡，从而在市场交易与系统运行之间取得平衡：

（1）需要最大化市场成员的交易机会，以便其在日内市场允许的时间窗口内开展尽可能接近实时的交易，以调整各自的不平衡量。

（2）为输电系统运营机构和市场成员提供足够的时间开展发用电计划与平衡管理，以便保障电网和运行安全。

此外，根据《导则》规定，欧洲日内跨价区交易关闸时间，以及跨价区输电容量分配关闸时间，最多只能比实时交割提前一个小时。在日内跨价区交易关闸之前，允许单个报价区按照给定的交易时段开展日内电能交易[1]。

如果不平衡结算可以提供有效的激励，那么关闸时间越接近实时，新能源发电就能更准确地更新发电预测，并在日内市场中进行交易以更多、更好地避免不平衡量。接近实时的交易关闸时间将使得日内市场具有更高的流动性，也更有能力吸引更多的灵活发电资源——仅次于（快速）需求响应，这些灵活资源能够快速调整他们的出力响应实际运行情况的变化。随着对灵活峰荷机组进行更加准确的调度，此前不得不在低负荷率下（低效）运行以提供平衡服务的发电机组将会越来越少。此外，对于备用容量的需求也会减少，需要输电系统运营机构实时干预的情况也会减少，而这都将降低系统成本。

日内市场关闸与实时运行需要设置一定的时间间隔，主要原因是输电系统运营机构需要有足够的时间来计算系统的安全性，并在实时运行之前采取必要的应对措施。不可否认的是，输电系统运营机构与电力交易机构之间的紧密合作将变得越来越重要，以此来减小“日内市场关闸”与“系统实时运行”间的时滞。

[1] 出自《导则》第 59 条。

6.4 竞价区内的市场与调度协调：再调度和对冲交易

欧洲采用的是区域定价，简而言之，这意味着电力通常在一个报价区内进行交易申报，该报价区通过跨区的互联线路与其他报价区连接。报价区内的物理网络被视为无阻塞电力网络，交易时只考虑各个报价区之间的网络约束。但是实际运行中，由于内部阻塞问题，在单个报价区内，电力交易结果产生的潮流并不一定与实际线路潮流一致。欧洲有一些地区的内部阻塞是一个结构性问题，可再生能源发电的快速增长和跨价区交易的增多加剧了这一问题。再调度和对冲交易就是为了解决报价区内产生阻塞时的市场和调度协调运行问题。

在短期内，网络阻塞可以通过代价较小的预防措施，如改变网格拓扑结构，或者是通过昂贵的解决措施（诸如对冲交易或再调度）来缓解。通过对冲交易或再调度，输电系统运营机构在电网区域的阻塞端调整增加发电量，并向另一端的发电减少量进行补偿。这些现货市场调度带来的“偏差电量成本”需要通过输电价格实现社会化分摊。如果没有对冲交易或再调度的机会，输电系统运营机构可能会限制预先调度时的跨价区的容量；在这种情况下，输电权的所有者必须得到补偿。

ACER 和 ENTSO－E 给出了对冲交易和再调度的定义：

（1）再调度。由一个或几个输电系统运营机构发起的通过改变发电和/或负荷模式以改变输电系统物理潮流，从而缓解系统阻塞的所有办法的通称。再调度时发电或负荷模式是“预先定义”的精确调整，具体做法可以是：

1）内部再调度：当某一个报价区内部发生阻塞时，自身内部进行再调度；

2）外部再调度：当报价区 B 发生阻塞时，在报价区 A 进行再调度；

3）跨价区再调度：在不同的报价区间进行再调度。

再调度又可以分为预防性再调度以及校正型性再调度，前者用于维护系统保持正常运行状态；后者则是在违反安全运行约束的情况发生后立即激活。

（2）对冲交易：由输电系统运营机构在两个报价区之间发起的用以缓解实际拥堵的跨价区电力交易。对冲交易情况下，发电或负荷模式的精确改变是没有预先定义的。

再调度和对冲交易的定价应参考相关时间窗口内有关电力市场交易价格；基于已发生成本公开透明地计算出再调度和/或对冲交易成本。

各个成员国之间对于再调度的补偿标准并不相同。最常用的方法是按报价结算；其次是管制定价，这个价格可以基于其他市场价格（如日前市场价格），或者是按照成本定价（需要对电厂机组发电计划调整带来的燃料成本增加即其他相关成本进行补偿）。

表 6–3 显示了 2015～2017 年，各国实际发生再调度和对冲交易费用情况。需要着重强调的是再调度和对冲交易是应对内部阻塞的短期解决方案，需要尽可能降低再调度和对冲交易费用。《清洁能源法案》提出应引入以市场为基础的再调度机制，只有在缺乏必要竞争的特定情况下，才能采用非市场化的再调度。

表 6–3　　在“昂贵的补救措施”方面的各国具体表现

良　好		较差	待审查
挪威	法国	英国	荷兰
芬兰	比利时	德国	奥地利
丹麦	捷克	西班牙	
拉脱维亚	斯洛伐克	葡萄牙	
爱沙尼亚	罗马尼亚		
立陶宛	保加利亚		
匈牙利	斯洛文尼亚		
克罗地亚			

从长远来看，输电系统运营机构可以建设新的线路解决网络潮流阻塞；同时，也可以通过重划报价区或引入节点电力市场准确地进行阻塞管理。在美国的一些地区（如 PJM）采用节点定价，它可以认为是区域定价的一种极端情况，即传输网络中的每个节点就成为“一个报价区”。在短期来看，节点现货电价可以确保输电网络的最优使用；长期来看，也能给新的投资带来最优的激励。

以上三种解决方案都有缺点：修建新的输电线路费时费钱；重新划分报价区也需要时间，并且会遇到很多阻力，报价区设置的任何更改都会产生赢家和输家。尽管在理论上节点电价被公认为最佳解决方案，但出于多种因素，它被认为与当前的欧洲目标模型并不一致。欧洲电力和天然气监管机构也对采用节点电价进行了评估，结论是节点定价的实施需要对现行市场设计和机构设置进行重大且成本高昂的众多改变，需要为输电系统运营机构、市场成员和监管机构制定新增的规则和要求。此外，一个国家出现多个价格将引发社会福利分配问题，这在政治上也是很困难的。欧洲电力和天然气监管机构认为，"节点方法可视为未来输电容量分配与阻塞管理中容量计算的最终目标以及（技术和经济上）最优的解决方案，但当前现实条件下则需要追求可行的基于潮流的方法创新和实施举措。"

欧洲普遍认为，输电系统运营机构在阻塞管理方面加强合作，会带来诸多有利影响。具体而言，电力网络和调度信息的共享、跨价区的对冲交易和多边再调度可以降低系统总成本，并使更多的跨价区容量进入市场。由于这些原因，每个容量计算区的输电系统运营机构需要就再调度和对冲交易合作提出通用方法，包括与跨价区协调有关的措施，以及各容量计算区的所有输电系统运营机构在采取的阻塞管理措施，而不管阻塞的实际根源是否主要在其控制区域之内。此外，由于联合矫正措施会产生相应的福利再分配，各容量计算区的输电系统运营机构还需要提出一套合理的再调度和对冲交易成本分摊方法。

7　平衡市场设计关键问题

在电力市场模式下，基于市场成员投标的实时平衡机制也称为实时平衡市场。欧洲的系统运行导则、电力平衡导则对实时平衡进行了规范，这也是未来全欧洲实时平衡市场耦合的基础。由于欧洲各国电力行业基础和发展路径不完全相同，电力系统实时平衡控制中采用的机制和制度也不完全相同。相比日前市场和日内市场，实时平衡机制的统一尚处于起步阶段，实时平衡市场的耦合统一进度也明显落后于日前市场和日内市场。现有的国家级实时平衡市场由调度机构负责运营，市场范围与控制区一致，本章主要探讨国家级实时平衡市场的运营机制。

本章首先介绍各种平衡备用及其调用方式，以及平衡机制的总体架构。其次介绍平衡机制的四个组成部分，它们分别是备用需求分析、实时平衡市场、不平衡结算机制和平衡电能服务的调用。欧洲电网调度运行可以采用自调度或者集中调度，二者差异明显，如非特别指出，在文章中缺省为自调度模式。本章最后以波兰为例，探讨了欧洲市场与集中式调度的协同。

7.1　平衡备用分类及其调用方式

发用电需要保持实时平衡是电力系统最为显著的特征之一，同时系统频率也应当控制在额定频率附近。如果系统频率偏离额定频率过大，将严重影响供电质量，甚至损坏用电设备。频率偏差超过一定范围时，还会导致发电机保护动作，断开发电设备与电网的连接，从而引起系统频率的更大波动，造成一连串的发电设备脱网，即所谓连锁故障。连锁故障的出现常常会造成大面积停电，甚至造成全网大停电。因此调度机构必须负责控制区内的发用电平衡，实时控制电力系统发输配用各个环节，以免出现大的频率偏差和连锁故障，这就需要建立一整套电力平衡机制，用于规范调度机构、电网企业、发电企业、电力用户等各参与方行为。

欧洲系统运行导则中规定了四类平衡备用辅助服务，分别是频率控制备用、自动频率恢复备用、人工频率恢复备用和替代备用。

每类平衡备用和相应的频率恢复的时间顺序（见图 7－1）概述如下：

（1）频率控制备用是在频率不平衡时响应系统频率控制的有功备用。频率控制备用是一次调频，响应系统频率扰动最快，且最多能持续 30s。由于其响应时间快，在同一频率同步区内的所有输电系统运营机构均自动化部署了频率控制备用。

（2）自动频率恢复备用是能够将系统频率恢复到给定值的可用有功备用。自动频率恢复备用在频率控制备用后，由每个成员输电系统运营机构的控制器在频率扰动出现后的 30s～15min 之内自动启动，属于二次调频。

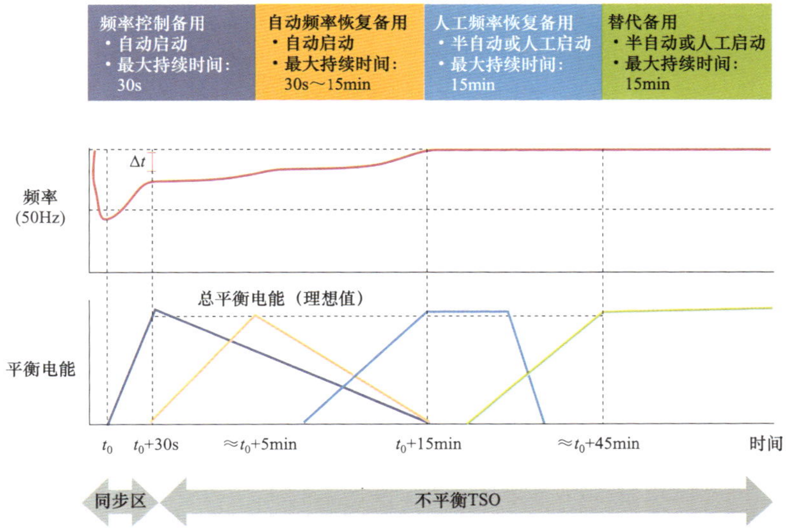

图 7－1　平衡备用和频率恢复时间顺序

（3）人工频率恢复备用最多可工作 15min，其主要跟随自动频率恢复备用，且在持续时间更长的频率失衡中被输电系统运营机构人工启动。

（4）替代备用是用于恢复系统频率的有功备用。替代备用的启用时间为频率失衡后的 15min～1h。因为替代备用不是 SO GL 的强制性要求，所以并非所有的输电系统运营机构都使用替代备用。

而在国家级实时平衡市场中，则采用了欧洲输电系统运营商联盟对辅助服务的定义，分为一次调频、二次调频和三次调频三种；其中二次调频对应自动频率恢复备用，三次调频则对应人工频率恢复备用和替代备用，其关系如表 7－1 所示。

表 7－1　　辅助服务分类对应关系

备用定义标准和频率控制流程	频率控制过程	频率恢复过程		备用恢复过程
SOGL 里定义的运行备用	频率控制备用（FCR）	自动频率恢复备用（aFRR）	人工频率恢复备用（mFRR）	替代备用（RR）
ENTSO－E 运行手册	一次控制	二次控制	三次控制	三次控制

当系统出现频率波动后，频率控制包括了频率控制过程（frequency containment process，FCP），频率恢复过程（frequency restoration process，FRP）和备用恢复过程（reserve restoration process，RRP）。平衡备用的启动和频率恢复的过程关系如图 7－2 所示。

（1）频率控制过程通常在频率波动后会立即响应，其响应过程也是同步电网内所有输电系统运营机构之间的一个协作过程，执行比例控制机制，在同步区内因为发电和负荷不平衡事件发生，导致频率扰动后，启动频率控制备用是同步电网内所有具有一次调频能力的发电机组的自动响应，以连续频率测量值作为控制信号，目标是将系统频率波动控制在一定范围内。

（2）频率恢复过程是在频率控制区内通过自动频率恢复备用或者人工频率恢复备用，接替已被启动的频率控制备用，将系统频率控制到给定值。相较于频率控制过程，频率恢复过程是较慢的控制机制，跟随基于负荷频率控制原则的误差控制信号，连续地调整每个被自动频率恢复备用或人工频率恢复备用调用的平衡设备的输出。

（3）备用恢复过程也是最慢的一种备用，通常是频率波动发生 15min 以后，通过备用资源的调节，恢复二次调频备用的调节能力，做好对下一次频率波动的响应准备。在频率控制区内通过启动替代备用替代已被启动的自动频率恢复备用，完全恢复系统频率和系统备用。替代备用的需求由各频率控制区决定。

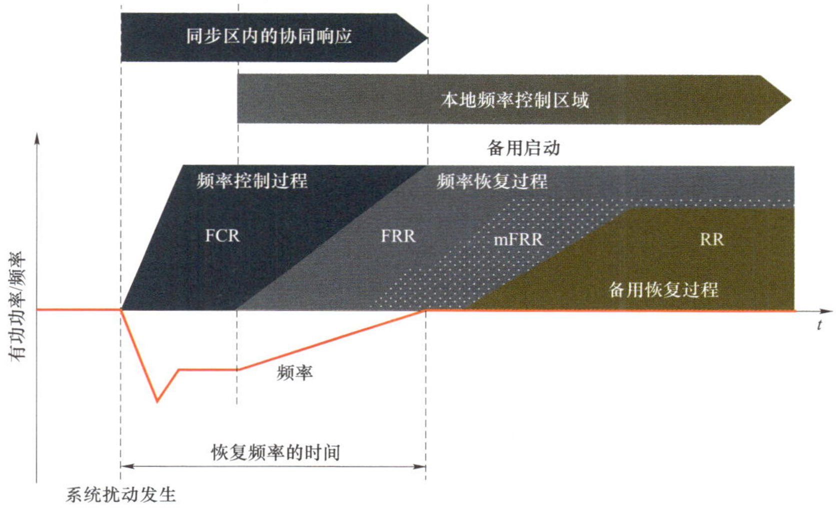

图 7－2　频率恢复和备用启动结构

尽管欧盟各国都有这几类辅助服务，但每种类型的具体定义、辅助服务需求计算方法和调用过程各不相同。各国在实时平衡市场中获取平衡资源的方法以及采取的不平衡电量结算方法也有一定差异。本章后续将围绕实时平衡市场进行阐述，实时平衡市场由四个重要部分组成，分别是备用需求规模（size of reserves）、实时平衡市场（balance market）、不平衡结算机制（imbalance settlement mechanism）和平衡电能服务的调用（activation of balancing energy），如图 7－3 所示。

实时平衡市场的四个组成部分紧密相关，需要在市场设计中统筹考虑。此外，实时平衡市场的设计和运营会直接影响其他短周期电力市场的运营，比如不平衡电价过高时，市场成员则会倾向于开展短期市场交易，从而减少暴露在不平衡结算中的电量。

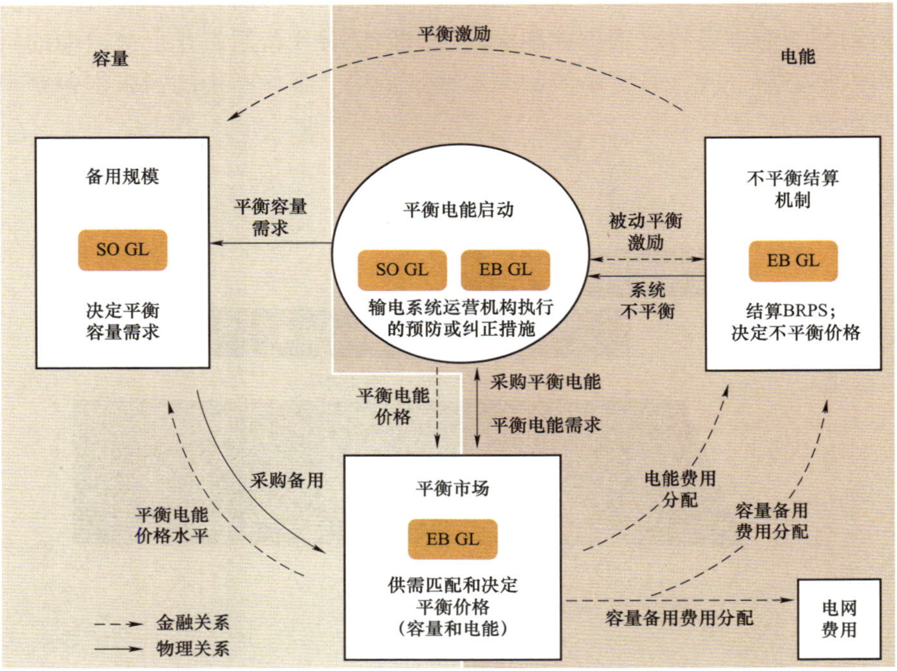

图 7－3　实时平衡市场的四个重要组成部分

7.2　平衡备用的需求计算

输电系统运营机构负责根据调管范围内电力系统的运行特性，计算确定实时平衡所需各类备用辅助服务需求。由于欧洲电力市场平衡责任由平衡责任主体分担，备用服务需求的大小与平衡责任主体的平衡能力有一定关系。如果实时不平衡价格很高，或者平衡责任主体自身的平衡能力很强，对系统备用服务的需求则越小。此外，平衡备用需求也和有辅助服务提供能力但未签订合约的机组规模有关系，如果在实时运行时有较多的资源能够提供辅助服务，则辅助服务需求较小。输电系统运营机构通常有静态计算法和动态计算法两种可选方法计算辅助服务需求。静态计算法通常用于较长一段时间，比如年度或者月度，一般采用确定性方法进行计算。采用动态法计算的辅助服务需求更新频度较高，通常采用概率法进行计算。

新能源占比高的国家应该考虑更短的辅助服务交易周期，以允许间歇性电源和需求侧响应资源参与提供辅助服务。如果交易周期足够接近实时运行，间歇性电源的发电能力预测也相对更加准确，间歇性电源和需求侧响应资源参与辅助服务的风险更加可控。但输电系统运营机构可能不太愿意缩短辅助服务交易周期，因为这会造成获取辅助服务的时间窗口过短，一旦不能获取到足够的辅助服务资源，输电系统运营机构就难以保障电力系统的安全运行。

一次调频辅助服务至少每年进行一次需求计算，并应对每一个同步电网分别进行需求计算。一次调频服务需求计算需要考虑一定程度的预想故障，同步电网区内各个输电系统运营机构按照调管范围内的净发电和净负荷分摊一次调频辅助服务需求。二次调频辅助服务需求则按照负荷频率控制分区进行计算，通常基于大量历史数据采用概率法进行计算，每个负荷频率控制分区中的输电系统运营机构根据计算结果确定调管范围内自动频率恢复备用和人工频率恢复备用的比例。三次调频辅助服务需求也需要按照负荷频率控制分区进行计算。

FCR、FRR 和 RR 的需求规模计算规则分别在 SO GL 第 153、157 和 160 条里描述。主要规则归纳如下。

（1）FCR：① 应至少每年确定一次需求规模；② 计算的地理区域维度为同步区域；③ 计算规则应考虑最大参考事故规模（比如说欧洲大陆同步区的最大事故规模为正负 3000MW）；④ 欧洲大陆同步区和北欧同步区有权选用概率策略；⑤ 同步区内的每个输电系统运营机构按照调管范围内净电量（净发电、净负荷）按比例分摊的 FCR 要求。

（2）aFRR 和 mFRR：① 计算的地理区域维度为负荷频率控制分区（load frequency control，LFC）；② 基于历史数据，应用概率方法；③ 对每个负荷频率控制分区，输电系统运营机构根据计算结果确定 aFRR 与 mFRR 的比例；④ 采购的 FRR 不应小于预想故障事件对应的电力，并至少涵盖 99%的时间内（基于概率评估的）正或负方向的不平衡电力；⑤ LFC 大区的所有输电系统运营机构，应确保 LFC 大区的 FRR 预留容量能够满足同步区域框架协议定义的频率控制误差（frequency regulation control error，FRCE）目标要求。

（3）RR（输电系统运营机构的可选备用）：① 计算的地理区域维度为负荷频率控制分区；② 需求规模确定应与 FRR 共同完成；③ 在每一个欧洲大陆同步区和北欧同步区域中，应该有足够的正/负 RR。

7.3 平衡市场

依据 7.2 节明确的辅助服务需求，输电系统运营机构负责组织和运营平衡市场，并作为单一购买方，向拥有辅助服务资源的市场成员购买各种辅助服务容量。当系统发生不平衡事件时，输电系统运营机构按照相应的辅助服务管理办法，调用签约辅助服务提供方的平衡电能服务。参加实时平衡市场前，辅助服务提供方需要通过输电系统运营机构的资格核查，确保符合各种参数和性能要求，以保证在实时运行中能够提供满足条件的辅助服务。

7.3.1 实时平衡机制

在一次调频控制中，产生的偏差电量会自动平衡，因此一次调频电量不再额外结算。二次调频机组的发电量通常以预先确定的价格，或者以参与三次调频的发电机组电价进行结算。

人工调节发电机组增加或减少的发电量由输电系统运营机构在平衡市场中购买，参与三次调频的发电机组和符合参与条件的电力用户提交平衡市场上调和下调报价。上调报价是指相对于市场关闸时提交的发电计划，发电机组愿意以此价格增加出力。反之，下调报价是指相对于市场关闸时提交的发电计划，发电机组愿以此价格减发的电量。

如果控制区内系统不平衡电量为负，即用电超出关闸后提交的发电计划，输电系统运营机构按照从小到大的原则接受一定数量的上调报价，消除系统不平衡电量。同样的，当系统不平衡电量为正时，输电系统运营机构按照从大到小的原则接受一定数量的下调报价。接受降下调报价表示输电系统运营机构出售一定数量的电能给申报者，为了降低价格最昂贵发电机组的出力，因此会按照报价由高到低的顺序接受下调报价，以最小的购电成本保持系统发用电平衡。

就像日前电力市场一样，在接受购电报价和售电报价时，可以选择按报价结算或者按统一边际价格出清两种模式。在短期电力市场中，统一的边际价格出清定价机制被认为更加有效。然而欧洲很多国家在平衡市场中选择了按报价结算的定价机制，意大利、英国、法国和比利时均是如此。平衡市场之所以倾向于选择按报价结算的定价机制，主要是基于平衡服务需求的几个特征来考虑，即连续接受购电报价和售电报价、满足电网安全约束，此外还要保障发用电平衡。

7.3.2 实时平衡与批发市场间的市场套利

由于电能无法经济的大规模存储，平衡市场每时每刻的出清价格都是唯一的电力现货价格。除平衡市场外，所有交易都具有期货特征，在电力使用之前都无法交付。

尽管实时平衡市场中成交的电量规模很小，但其出清价格或者实时市场价格，却对电力批发市场中的出清价格具有很大的影响。市场成员可以通过提交市场购电报价或售电报价，从批发市场中购买或者出售电能；也可以在实时运行时自主调整发用电行为，但按照不平衡价格进行结算。换句话说，市场成员可以在批发市场和实时市场之间套利。没有哪个发电商愿以低于实时市场出清价格在批发市场售电，也没有电力用户愿意高于实时市场出清价格在批发市场购电。因此，实时市场出清价格的任何扭曲都会传递到批发市场的出清价格。

7.3.3 平衡容量购买

实时平衡服务由能够灵活调节的发电资源提供，这些发电资源能够在实时平衡市场交易时段内快速调整出力。灵活调节的发电资源，比如水电机组、燃气机组，能够在很短时间内快速启动。对于已经启动且出力低于最大发电能力的慢速调节火电机组，如果能够在要求的时间范围内调节发电出力，也可以参与提供平衡服务。

为保证在实时运行时留有充足的备用发电容量用于平衡调度，输电系统运营机构会早于市场关闸时刻较长时间购买所需的备用容量。提供这些运行备用容量的发电商则承诺不再在市场中出售这部分容量，而是留给输电系统运营机构用于实时平衡，具体可以按照备用发电容量的动态特性对运行备用进行分类。提供一次调频、二次调频和三次调频服务的发电机组，必须能够在相应控制服务要求的响应时间内上调或者下调到要求的备用数量，比如对于一次备用要求的时间是 30s 内，二次备用要求的时间是 15min 内。

因此发电机组能够提供的备用受限于其调节速率，单个发电机组很难满足所有的备用容量需求，输电系统运营机构必须从多个发电机组购买备用容量。提供一次调频和二次调频备用容量的发电资源，需要承诺在实时运行中提供相应数量的备用容量，并根据自动控制指令上调或者下调机组出力。提供三次调频容量的发电资源则要求在平衡市场中提交备用容量报价。

在大多数电力市场中，备用容量市场出清并不决定在实际调用中所发电量的价格，发电量价格取决于实时平衡市场。然而，输电系统运营机构在选择备用容量报价时，也会考虑实际调用时的电量价格。在这种情况下，如果在实时运行中调用了发电资源的备用容量，这些发电机组实时电能的价格也与备用市场相关。

7.3.4 平衡容量的成本分析

发电机组提供一次、二次和三次运行备用的成本，主要取决这些发电机组由于预留备用容量而未能发电的机会成本。对于提供上调备用的发电机组，市场成员需要保证其发电计划必须低于最大可用容量，换句话说也就是预留一部分上调容量。

比如，若现货市场价格是 400 元/MWh，某发电机组的变动成本是 240 元/MWh，在现货市场售电将获得 160 元/MWh 的利润空间。这意味着提供 1MW 的上调备用容量，每小时会有 160 元/MW 的机会成本。当发电机组变动成本低于现货市场价格时，发电商在批发市场中售电将会盈利，此时提供备用容量将会产生机会成本。反之，当电能市场的价格低于发电机组变动成本时，提供备用服务将会产生启动成本，以及市场价格低于发电机组变动成本时由于维持最小技术出力发电而产生的净成本。

当由边际发电机组或者中标序列外发电机组提供备用容量时，此时备用容量的机会成本为零，即变动成本等于或者高于市场出清价格的发电机组提供备用时，其机会成本为零。然而由于调节速率的限制，每个机组能够提供的备用容量有限，一部分备用容量需求需要由一些机会成本较高的发电机组来提供，对于这些发电机组，机会成本决定了其提供备用的成本。

7.3.5 备用容量的获取

欧洲输电系统运营机构通过两种主要的方法获取备用容量。最主要的方法是在日前市场前上向市场成员购买空闲容量来获得备用容量，交易合同提前时间可以是交付前数年乃至数小时。备用容量交易一旦达成，市场成员有义务保证在日前市场和日内市场出清后，依然留有合同约定数量的备用容量可用。市场成员同样有权利决定由哪个发电机组提供合同约定的备用容量。

意大利、爱尔兰和西班牙 TSO 采用了另一种备用容量获取方法，在日前市场出清后，电厂日前发电计划已知的情况下采购备用容量。日前市场关闭后，这些国家的输电系统运营机构会运行专门的市场，购买发电商与日前发电计划间的偏差电量；比如输电系统运营机构购买某发电机组的降出力服务，使机组的出力低于发电计划，从而获得一个上调备用容量。这在西班牙电力市场和意大利事前辅助服务市场中称之为限制性市场，也被用于市场关闸前的系统再调度。

由于电能生产和备用服务提供二者之间紧密相关，这为两种紧密耦合商品的市场组织和运营提供了基本理论依据。如果运行备用市场和电能市场独立出清，评估一种商品的利润最大化报价策略时必须基于对另外一种商品价格的预测，发电商不得不面对市场预测不准的风险，预测失误就可能会导致做出效率低下的申报和生产决策。

欧洲电力市场中电能市场和运行备用市场通常依次出清，并让运行备用市场出清时间尽可能接近电能市场，从而在一定程度地缓解这种方法效率低下的负面作用。市场成员可以通过提高电能市场和运行备用市场出清价格预测精度，在这两个市场之间进行交易套利。德国是在日前电能市场出清前几分钟购买三次调频备用，发电商提交运行备用报价，输电系统运营机构以总费用最小为目标接受相应的运行备用报价，以满足各种运行备用需求。意大利和西班牙电力市场采用了电能市场后购买的方法，日前市场出清以后不久，输电系统运营机构运行专门的运行备用市场，以尽可能降低电能市场和运行备用市场分别出清产生的不利影响。

然而在欧洲的许多国家级电力市场中，运行备用通常由输电系统运营机构通过长期合同方式购买。比如法国电力市场通过三年期合同购买一次调频和二次调频运行备用；比利时电力市场中则通过四年期合同购买一次和三次调频运行备用，通过两年期合同购买二次调频运行备用。

7.4 不平衡结算机制

市场关闸后，市场成员依据其在市场交易中的售电和购电交易结果，向输电系统运营机构申报相应的物理发用电计划，并承诺按照申报计划发电或用电。然而在实时运行时，市场成员无法保证恰好按照申报的计划发电或用电，发用电计划与实际发用电结果可能会出现偏差。发电机组非计划停运，难以预计的天气变化影响机组性能，以及风电、光伏发电等可再生能源发电能力的变化等，都是导致出现偏差的原因。从用户侧角度看，不平衡量还反映了用电负荷需求的不断变化。

对大多数商品而言，如果卖方未能按照合同约定数量交付所有商品，买方要么放弃消费未交付的商品，要么从其他卖方购买等量的同类商品。电力市场应用的是后一种方式，但由于电力系统实时运行时间要求非常高，向其他市场成员再次购电只能采用集中方式组织。一旦实际发电量或用电量与合同电量出现偏差，则由输电系统运营机构负责购买替代电能或者处置多余电能。这个过程中涉及一系列的交易，在这些交易中，输电系统运营机构成为市场成员的交易对手方。

不平衡结算过程包括两个步骤：① 评估计算各市场成员的不平衡电量；② 确定不平衡电量的结算价格。

7.4.1 不平衡电量

实时调度结束后，输电系统运营机构会分别计算每个市场成员的净发用电量计划值与实际值之间的偏差，得到每个市场成员的不平衡电量。计划值是指市场关闸后，市场成员依据实际交易结果，向输电系统运营机构申报的物理发用电计划电量；实际指就是在发电商上网点和电力用户接入点的实际计量电量。

如果市场成员的发电量大于其在市场上的净售出电量，或者其用电量低于其在市场上的净购入电量，则其偏差电量为正。在不平衡结算过程中，所有超发电量都需要卖给输电系统运营机构；同样，偏差电量为负的市场成员则从输电系统运营机构购买相应的替代电量。

如果某个市场成员在某一指定时间的实际发用电量与关闸时提交的计划电量不同，也就是实际电量不等于净合同仓位。举例来说，假定某垂直一体化电力公司的用户 1 和用户 2 分别消耗了 30MWh 和 25MWh 电量，而关闸时提交的物理用电计划为 30MWh 和 20MWh。假定发电机组 A 的实际发电量为 70MWh，而非计划值 60MWh；发电机组 B 的实际发电量为 10MWh，而非计划值 40MWh。同时假定由零售商供应的用户 3 的实际用电量为 45MWh，而非计划值 50MWh。

图 7－4 展示了不平衡电量的计算过程。根据所属发电机组实际发电量和所属电力用户实际用电量之和，计算得出电力公司净物理电量为 25MWh。基于净合同仓位电力公司提交的净物理电量计划为 50MWh。与在市场中售出的电能相比，电力公司少发了 25MWh 电量，因此在实时运行中，输电系统运营机构必须额外提供 25MWh 的发电量，以替代电力公司欠发的电量。

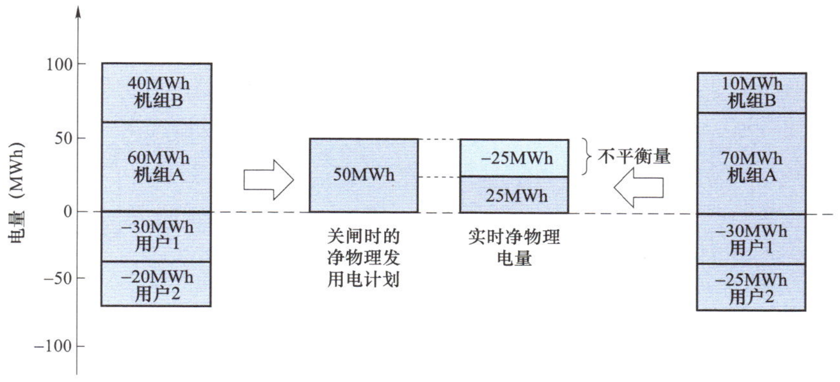

图 7-4　垂直一体化电力公司的不平衡量

图 7-5 所示为上述示例中零售商不平衡电量的相似计算过程。相比于关闸时提交的用电计划，零售商少用了 5MWh 电量，因此零售商的不平衡电量为正的 5MWh。

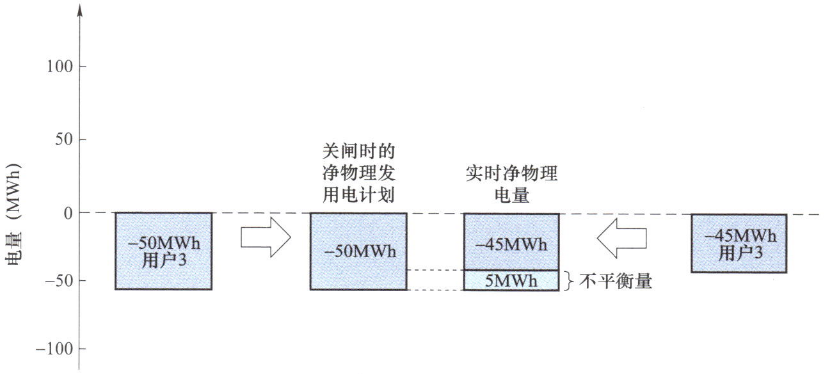

图 7-5　零售商的不平衡电量

只有在采集到电能量计量信息后，输电系统运营机构才能准确计算出每个市场成员的不平衡电量。在此前的实时调度运行中，则由输电系统运营机构通过额外购买发电量或者减少发电量，消除全系统的不平衡电量，即实时平衡所有市场成员的实际发电量和用电量之差。如图 7-6 所示，全系统的不平衡电量即为所有市场成员的不平衡电量之和。

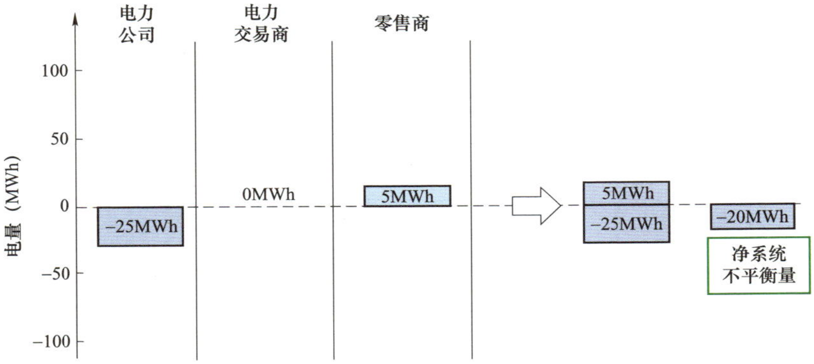

图 7－6　系统级的不平衡电量

7.4.2　不平衡电量价格

市场成员与输电系统运营机构之间进行不平衡电量结算时所使用的价格称为“不平衡电量价格”。有效的不平衡电量价格能够反映实时运行阶段的电能价值，也就是实时市场的出清电价，输电系统运营机构以不平衡电量价格在实时市场中购买和售出电能，从而消除系统不平衡电量。

表 7－2 展示了输电系统运营机构与具有不平衡电量的市场成员之间的交易结果，输电系统运营机构通过开展这些交易从市场中购买电能，以消除总的系统不平衡量，并且我们假定实时出清电价为 400 元/MWh。因为输电系统运营机构在实时市场中购买的电能用于平衡总的系统不平衡量（也就是所有市场成员各自不平衡电量之和），所以实时市场中购买的电量等于销售的电量，由于输电系统运营机构采用相同价格进行不平衡结算，因此其收支也保持平衡。

表 7－2　在简化的不平衡电量结算系统中输电系统运营机构所达成的交易

系统调度运行机构开展的交易		交易电量（MWh）	成交价格（元/MWh）	电费（元）
在实时市场购买		20	400	－8000
不平衡电量结算	电力公司	25	400	10000
	零售商	－5	400	－2000
总和		0		0

实际上，如何合理评估用于不平衡电量结算的实时调度电能价值，是一个非常复杂的事情，并不像示例的这么简单。一个重要的原因是不平衡电量价值与输电系统运营机构在实时电力市场中的购售电交易价格在时间和空间粒度上并不匹配。在实时平衡市场上，输电系统运营机构可能不得不在同一个小时的不同时段、电网的不同位置以不同的价格购买或者出售平衡电量，然而不平衡电量通常以小时或者一刻钟为单位进行结算，不会考虑不平衡量出现在电网的什么位置。

7.4.3 不平衡电量二元定价机制

尽管在市场关闸之后，市场成员之间不能再进行交易，但他们依然可以自行通过产生不平衡电量的方式买进或者卖出电能。例如，假如发电商认为系统实时运行中可能会出现较大发电缺口，即出现负的不平衡电量，这样实时市场的出清价格将高于日前市场价格和日内市场价格，此时发电商可能会冒险在实际运行时发出比发电计划更多的电量。该发电商因此将会产生一个正的不平衡电量，由输电系统运营机构以实时市场出清价格购买，其过程如前面所述。同样，如果发电商预计实时市场出清价格低于日前市场价格和日内市场价格，可能在实时运行中就会生产比发电计划更少的电能，并由输电系统运营机构以实时市场出清价格代为购买欠发的电量。

除荷兰以外，欧洲电力市场都采用特殊的不平衡电量定价机制限制这种自行改变发电计划的做法，重要原因之一就是因为不平衡电量结算价格与实时市场出清价格在时间和空间尺度上不匹配。正是因为这种不匹配现象的存在，不平衡电量结算价格可能无法有效反映实时调度运行中由不平衡电量增加或者降低的成本，进而产生错误的激励，促使市场成员在实际运行时自行改变发电计划以实现套利。特别是当电网出现阻塞时，这种行为会更加明显。

只有设计特殊的不平衡电量定价机制，使得无论不平衡电量带来的成本是增加或是减少，都保证不平衡电量的收益必然低于其在日前或者日内电力市场中的交易收益，才能限制市场成员的自调整行为。典型的做法是为市场成员的正平衡电量和负平衡电量设定不同的价格，也就是常用“不平衡电量二元定价机制”。表 7－3 所示即为欧洲各国广泛采用的不平衡电量二元定价机制典型示例，表中的不平衡电量结算电价是日前市场出清电价和实时平衡市场出清电价的有机组合。

表 7-3　　不平衡电量结算的二元定价机制

市场成员的不平衡量	全系统的不平衡量	
	负	正
	$P_{BM}>P_{DA}$	$P_{BM}<P_{DA}$
负	P_{BM}	P_{DA}
正	P_{DA}	P_{BM}

具体来说，如果全系统的不平衡电量为负，TSO 需从实时平衡市场购买额外的电能，以消除系统不平衡电量。这种情况下，实时平衡市场的出清价格很可能高于日前市场出清价格。不平衡电量为负的市场成员按照实时平衡市场出清价格结算，由于该价格高于日前市场出清价格，市场成员支付的不平衡电量费用高于市场成员在日前市场购买欠发电量或者超用电量所需费用。不平衡电量为正的市场成员，其超发电量刚好抵消全系统的不平衡电量，则以日前市场出清电价支付其超发电量，相对日前市场交易，市场成员并未额外获利，他们完全可以在日前市场出售相应的超发电量。

如果全系统的净不平衡电量为正，则情况刚好相反。对不平衡电量为正的市场成员，将按低于日前市场出清价格的实时平衡市场出清价格对超发电量进行结算；而对不平衡电量为负的市场成员，则需以较高的日前市场出清价格支付不平衡电量，因此市场成员并未能够通过帮助消除系统正的不平衡电量而额外获益。在这个模型中，通过不平衡电量二元定价，消除了市场成员通过自行改变发电行为从实时平衡市场中获利的可能性。

法国、比利时和意大利电力市场都使用了上述示例的定价机制。英国电力市场中使用的不平衡电量二元定价系统也与示例中的方式相似。当市场成员不平衡电量为负时，如果系统不平衡电量此时也为负，市场成员需按照实时平衡市场中由售电成交报价确定的系统购入价（system buy price，SBP）结算，系统购入价一般高于其他市场中的成交价格。当市场成员不平衡电量为正时，如果系统不平衡电量也为正，市场成员按照实时平衡市场中由购电成交报价确定的系统卖出价（system sell price，SSP）支付，系统卖出价一般低于其他市场成交价格。如果市场成员的不平衡电量与系统不平衡电量方向相反，则市场成员按照另外的价格结算，这个价格是基于日内现货市场短期电能交易确定的一个市场指数价格，类似前面提到的日前市场出清价格。

接下来，来看一个应用二元不平衡价格进行结算的示例。假定系统不平衡量为负，实时平衡市场的出清价格为 400 元/MWh，日前市场的出清价格为 240MWh。表 7－4 列出了输电系统运营机构在实时平衡市场中组织达成的交易，以及不平衡电量结算情况。由于电力公司的不平衡电量为负，因此不平衡电量结算中需应用较高的不平衡电量价格付费，而不平衡电量为正的电能提供者则得到的支付价格较低。从表格 7－4 可以看出，在不平衡电量二元定价机制下，输电系统运营机构的收支并不平衡，而是出现了结余，这些结余一般会返还给电网用户，比如以降低输电费的形式体现。

表 7－4　　二元不平衡价格结算中输电系统运营机构的交易

系统调度运行机构开展的交易		交易电量（MWh）	成交价格（元/MWh）	电费（元）
在实时市场购买		20	400	－8000
不平衡电量结算	电力公司	25	400	10000
	零售商	－5	240	－1200
总和		0		800

2010 年，比利时鲁文大学（University of Leuven）的学者范德桑德（Vandezande）等人在一项理论研究中就二元定价对批发电力交易的主要影响进行分析。研究指出，在二元定价机制下，不仅输电系统运营机构收支不平衡，而且如果以市场成员为单位进行不平衡电量统计，市场份额大的市场成员会占有明显的优势，他们有更多的机会利用自身资源实现自我平衡，需要承受的不平衡电量成本较低，因此存在不公平竞争。二元定价机制会激励市场成员采用低效率的竞争策略，包括在批发市场中过量签订交易合同，持留部分供应能力留作自用，以及在关闸后提交低于预计需要的发电计划等。因二元定价机制存在的上述问题，像英国等原来采用二元定价的欧洲国家，也转向在实时平衡市场中采用统一的系统边际电价来对不平衡电量进行定价。

7.4.4　发用电资源聚合

由于对不平衡电量的正偏差和负偏差电量采用不同的价格进行结算，那么在评估计算市场成员的不平衡电量时，如果市场成员的发用电资源聚合的程度不同，则评估出的不平衡电量也不同，市场成员相应的不平衡电量成本也不一样。

在上述示例中，以市场成员发用电资源组合为对象进行不平衡电量计算，因此不平衡电量是指市场成员所有发电机组和电力用户不平衡电量之差。在基于市场成员所有资源的不平衡电量评估计算中，发电量在发电机组 A 和发电机组 B 之间的具体分配并不影响不平衡电量计算结果。这是因为假定电力公司的用户用电量不变时，电力公司的不平衡电量就只和两台发电机组的发电量之和相关。

然而，在实时运行中，特别是当发电机组的出力分配导致电网安全约束越限情况出现时，发电机组之间的出力分配调整可能会产生额外的系统运行成本。因此输电系统运营机构不仅在发用电资源组合层面限制自行调整发用电计划，也限制在单个发电机组或者电力用户层面自行调整发用电计划。正因如此，在有的电力市场中，输电系统运营机构以更细的粒度计算不平衡电量，比如区别市场成员所有发电资源和用电资源进行不平衡电量评估计算。而在另外的电力市场，针对装机容量大的发电机组，输电系统运营机构则以机组为单位对不平衡电量进行评估计算，同时单独对较大的负荷组进行净不平衡电量评估计算。

针对上述示例中的电力公司，从市场成员汇总层面来看其不平衡电量为－25MWh。采用二元不平衡量定价机制情况下，不平衡电量的结算电价为 400 元/MWh，电力公司总的不平衡电量结算费用为 10000 元。然而这－25MWh 的不平衡电量是所有发电机组和电力用户正负不平衡电量的总和，每个发电机组和电力用户的不平衡电量则为其提交的发用电计划与实际发用电量之差。表 7－5 汇总展示了以发电机组和电力用户为单位计算得到的电力公司不平衡电量。

表 7－5　以发电机组和电力用户为单位的电力公司不平衡电量结算

主体名称	计划电量（MWh）	实际电量（MWh）	不平衡电量（MWh）	价格（元/MWh）	不平衡电量费用
机组 A	60	70	10	240	2400
机组 B	40	10	－30	400	－12000
用户 1	30	30	0		
用户 2	20	25	－5	400	－2000
总和			－25		－11600

由于发电机组 A 的不平衡电量为正，以较低的电价 240 元/MWh 进行结算，而发电机组 B 和电力用户 2 的不平衡电量为负，按照较高的不平衡电价 400 元/MWh 进行结算。不平衡电量结算费用此时高于以市场成员所有资源

组合为单位计算的费用。在以发电机组和电力用户为单位的结算模式下，即使从电力公司层面来看不平衡电量为零，如果每个发电机组和电力用户的实际发用电量与计划发用电量不一致，电力公司依然可能需要支付一定的不平衡电量结算费用。

在西班牙、意大利和北欧国家等电力市场中，市场成员的不平衡电量计算都是以发电和用电成员为单位进行的。意大利电力市场对大型的发电机组则按机组为单位进行计算，对大型的电力用户以厂为单位进行计算。需要注意的是，在不平衡电量评估中，小型机组的发电和小型用户的用电可以相互抵消。在英国电力市场中，每个电厂按照发电机组为单位进行电能结算。法国、德国、荷兰、澳大利亚和比利时电力市场则允许将市场成员的所有发电量和用电量汇总，以市场成员总的发用电资源组合为单位进行不平衡电量计算。此外，多个市场成员可联合组成一个平衡责任主体，作为一个法人主体，承担所辖范围内所有发电商和电力用户的不平衡电量财务责任。

7.5 平衡电能调用方法

即使各市场成员在所有电力市场中达成的交易电量总体平衡，但在实时运行中，发电和负荷也往往无法严格保持一致。这就要求 TSO 在实时运行中调用平衡电能来时刻平衡发电与用电，保障电网实时安全运行。

欧洲存在两种平衡电能调用方法，即被动平衡电能调用和主动平衡电能调用。两种方法的关键区别在于，在被动调用方法中，输电系统运营机构实时调用平衡电能来消除系统不平衡量；而在主动调用方法中，输电系统运营机构会根据对未来的不平衡量预测，提前调用平衡电能。平衡电能的调用策略选择与平衡责任体的自我平衡机制、输电系统运营机构的不平衡结算机制有关；采用被动调用方法时，输电系统运营机构的不平衡管理更加依赖于市场成员的参与，因而比较短的不平衡结算周期和单一的不平衡定价更适合这种方法。

相反，主动调用法则更加依赖输电系统运营机构对平衡服务资源的调用和管理，要求输电系统运营机构能够更加准确预测系统不平衡量情况，但通常很难给平衡责任主体带来较强的激励信号。可用发电资源的多样化构成也对采用何种调用方法具有很大的影响，对于相对独立的电力系统，如果灵活调节资源有限，再加上可能具有较高的可再生能源发电渗透率，输电潮流也难以预测，采用主动调用法更为合适一些。欧盟各国中采用各种平衡电能调用方法的情况如图 7－7 所示，图中也展示了不同平衡电能调用方法对平衡责任主体激励程度的差异。

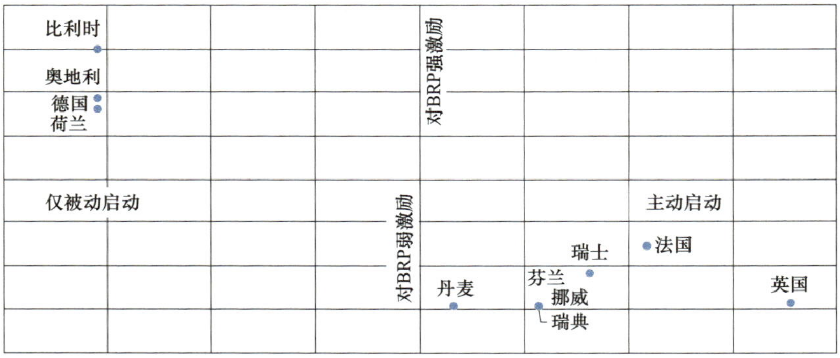

图 7－7　基于平衡电能调用方法和对平衡责任主体激励情况的欧盟各国实时市场分类

两种平衡电能调用方法背后的逻辑可以总结为：平衡电能主动调用方法通过降低平均平衡电能价格来实现最小化总体平衡成本目标；而在平衡电能被动调用方法中，则是通过减少平衡电能的需求数量来实现最小化总体平衡成本目标。另一个区别是，采用被动调用方法的输电系统运营机构通常不会购买替代备用，而采用主动调用方法的输电系统运营机构一定会购买并可以调用人工频率调节备用或者替代备用（mFRR 或 RR），并在实时运行之前进行调度干预。

需要强调的是，采用被动调用法要求必须建立流动性强、功能完善的日内电力市场，并且要求日内市场的关闸时间尽可能接近实时运行，从而为平衡责任主体提供充足的时间进行交易，以尽量减少不平衡电量的产生。这样实时运行中需要调用的平衡电能就能够得到极大降低。相反，主动调用方法则容易引发扭曲日内市场的负面作用。这主要体现在两个方面，① 输电系统运营机构购买的用于主动控制的平衡电能（比如替代备用）不能再参加日内市场交易，这会减少日内市场的供应能力；② 实时运行中的不平衡量减少将导致不平衡电量的价格走低，不平衡结算费用也更少，这样平衡责任主体缺乏动力到日内市场中进行交易来平衡自身供需，从而减少了日内市场的需求。实际上，采用主动调用法后，平衡责任主体面临的市场信号无法反映电网安全运行实际压力，看到的只是被输电系统运营机构采用事前干预手段抑制后的价格信号，这种干预造成的成本需要通过其他成本更低的方式来补偿。平衡电能主动调用方法的支持者认为，在接近电网实时运行的时候，市场很难及时向平衡责任主体发送正确的信号，只有输电系统运营机构有更好的接近实时运行的信息，可以对整个调管区域内进行全局优化，其效果远远优于各个市场成员对自身可用资源的优化，因此平衡电能主动调用方法可能更经济。

欧盟官方并未对这两种平衡电能调用方法的优劣对比下定论，两种方法都可以使用，具体效果由各国自行评估，并结合自身实际情况确定采纳何种调用方法。由于实时平衡市场的关闸时间通常为实时运行前一小时之内，这就要求对平衡电能的主动调用不能提前太多（比如提前数个小时就对平衡电能进行调用）。除非电网出现紧急运行状况，调度才可以提前进行主动调用。考虑到替代备用的提前调用时间通常为 30min（或更短），对输电系统运营机构来说，1h 的提前量应该足够了。

7.6 市场与集中式调度的协同

与西欧和北欧国家采用自调度模式不同，希腊、爱尔兰、意大利、北爱尔兰和波兰等国采取的是集中调度模式，这就形成了一种非强制性电力市场和集中式电力调度相结合的模式。既通过集中调度赋予调度机构更多的系统运行掌控权，又赋予市场主体自主参与日前市场的选择权，通过市场手段实现高效的资源配置，此种模式的市场运行需要与系统调度运行程序有更多的协同，下面以波兰市场作为示例，详细说明二者之间的衔接关系。

7.6.1 调度计划流程

波兰电力系统运行计划经由一系列嵌套的流程环节形成，具体包括指导性的年度计划、月度计划以及精细化的短期日计划等。

波兰输电系统运营商（Polskie Sieci Elektroencergetyczne，PSE）在交割日 6 天前启动短期运行计划编制工作。系统运行和市场交易日平衡管理在交割日 9 天前（D－9）启动，覆盖连续六天时间并在每天下午 4 点进行迭代发布，最后一次更新时间是交割日前 3 天（D－3）。预调度日计划只发布一次，时间在交割日前 2 天（D－2）的下午 4:00。调度日计划也只会发布一次，具体时间是交割日前 1 天（D－1）下午 5:00；而即时调度日计划也是迭代发布的，第一版发布时间在交付日前一天（D－1）晚上 7:00，后续每 15min 更新一次，直到交割日（D）结束。波兰电力系统调度计划时间跨度如图 7－8 所示。

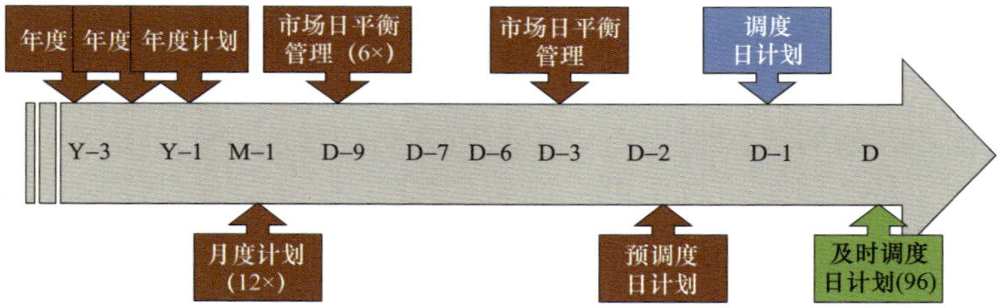

图 7－8　波兰电力系统调度计划时间跨度

发电运营商也需要参与到运行计划编制中来，他们首先需要配合提交检修和维护计划，并更新机组运行参数。在不同的调查日计划中，发电运营商必须在 D－9 日（交割日前 9 天）上午 10 点前提交发电机组有关信息；日计划以迭代方式更新持续到 D－1（交割日前 1 天）。在交割日（D），如果发生发电机组技术参数变化，相关信息必须即时提交。

电力系统约束和发电机组必开运行信息需要在系统和市场日平衡管理（D－6～D－3 日）中予以包含，并在预调度日计划（D－2）中进行更新。

7.6.2　市场运行与系统调度流程的衔接

日前、日内与平衡市场间的时序关系如图 7－9 所示。调度日计划和即时调度日计划中包含了细化到每小时的运行计划安排。这两项调度计划需要基于批发市场全部参与成员所提交的合约头寸予以确定。独立发电公司或负荷节点的合同头寸信息应在日前市场（DAM，强制）和日内市场（IDM，可选）提交。日前市场开始时间是在 D－1 日的上午 9:00（交割日的前一天），并于 D－1 日下午 2:30 关闭。日前市场对应 24 个交割时间段，每段长一个小时，日前市场出清确定的运行计划应涵盖 24h。日内市场在 D－1 日下午 3:30 开始，在交割日（D）晚上 10:00 关闭。如果需要调整交割时点 H 的合同头寸，最晚提交时间必须要在 1h 前（H－1）。日内市场中提交的调整不能违背 D－1 日辅助服务市场（调频和备用）的出清结果，如机组预留的向上或向下发电容量、最大发电约束等，如不满足这些要求，输电系统运营机构将拒绝此类调整。

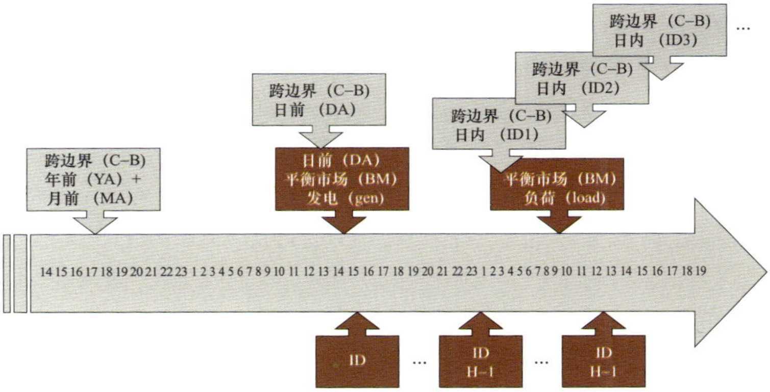

图 7–9　日前、日内与平衡市场的关闸时间序列

对发电机组而言，根据其对应合同头寸派生出来的发电计划应与机组并网协议中列示的运行参数一致（具体技术参数包括爬坡率、最小和最大技术出力、启停时间等），具有可行性并与对手交易方提报的计划协调一致（大型集中调度或协调运行机组不允许出现交易开口，即没有对应的买卖方）。不符合以上要求的发电计划将被拒绝，但它们可以在交易关闸时点前予以更正（只要交易没有结束，对已提交计划的验证就会持续）。至于那些不具可行性计划对应的发电或用电，将通过平衡市场进行偏差电量结算。

7.6.3　平衡市场与调度计划的制订

所有在线发电机组均有义务参与系统平衡，其平衡报价应在交割日（D－1）前一天提交。市场开放时间是上午 9:00，关闸时间是下午 2:30。报价必须涵盖发电机组从最小技术出力到最大技术出力的全部现有技术容量，并分 10 个报价段。第一段报价的容量（最低价格）必须等于最小技术出力；合计总容量等于机组合同头寸的报价是减量报价（发电减少）；与之相对，高于合同头寸的报价可以理解为增量报价（发电增加）。发电报价需要根据从低到高的顺序排列。

在线的弹性负荷可在自愿参与平衡市场报价（减少用电量），提交时间在交割日前一天（D－1）与交割日当天（D）。市场开放时间是前一日上午 9:00，关闸时间是交割日下午 9:30。针对 H 时段的减负荷报价必须至少提前于交割时间 1 个半小时前提交（H－1½）。

对于在线的发电机组和弹性负荷来说，平衡报价均有最低和最高限价。平衡市场出清软件采用线性规划调度（linear programming dispatch，LPD）优化算法确定中标报价，具体算法是在满足节点（包括必开机组要求）与输电安全约束条件下，基于平衡市场报价，最小化系统平衡成本的同时最小化用户总供电成本。LPD 优化算法还需要计及诸如运行备用容量、上行和下行调节容量等辅助服务市场因素影响，它会给出针对所有统调机组和负荷的初始调度计划，同时也为初始调度计划的未来调整（发电的增减、启停优先级）创建排序列表。LPD 计算结果会在调度日计划（PKD，D－1，下午 5:00）中发布；如果后续基于排序列表或后续 LPD 运行结果对 PKD 进行调整的话，相关信息则会在即时调度日计划中予以发布（自 D－1 日剩余时间开始，直至交割日 D 的结束，每 15min 更新一次）。

市场成员可根据其从平衡市场上购买或出售的电量获得补偿，系统平衡服务的补偿采用的是统一边际价格，即用于平衡系统运行的最高成交报价。正常市场条件下，如果市场成员的已提交或调整后发电计划发生合理偏差，它们也会按照相同的平衡市场统一边际价格进行结算。然而，当平衡市场表现出有价格操纵或过度交易嫌疑时，输电系统运营机构有可能直接对不平衡电量设定其他价格。

7.6.4 调度计划调整

正常电力系统运行条件下，发电机组和可调负荷的再调度由平衡市场中的输电系统运营机构负责，或者发电机组也可以在日内市场中自行开展。然而日内市场的交易自由度会受到平衡市场和辅助服务市场所确定交易头寸的限制，该头寸由输电系统运营机构在日前确定。这也意味着，针对发电交易组合中特定机组的发电调整，不得违反输电系统运营机构日前发布的该机组平衡市场和辅助服务市场出清结果。

调度日计划会发布首个完整版发电计划信息，颗粒度细化到单个机组，具体时间是交割日前一天（D－1）下午 5:00。在时间此后，直至交割日（D）结束，每 15min 会更新一次即时调度日计划，针对初始即时调度日计划的更新可以涵盖所有剩余的调度时段，也可仅限于选定的调度时段。即时调度日计划的调整影响因素主要有：电力需求波动、包含间歇性可再生能源在内的发电机组生产波动、设备停运以及其他与发电机组或电网有关的技术问题等；即时调度日计划还需要考虑日内市场中合同头寸的变化。即时调度日计划通过专用信息交换系统下达给发电机组。更新的即时调度日计划必须在对应交割期开始前至少 15min 下达给市场成员。

在紧急情况下，当系统面临平衡风险时，输电系统运营机构有权暂停平衡市场的运行，且无需考虑市场规则约束。此时，平衡市场的活跃和被动参与者（没有义务提交平衡报价）都可能参与系统平衡。

8 发电容量充裕度与容量市场

在电力行业市场化和低碳化转型中，随着短期电力市场竞争的加剧，特别是碳排放目标和清洁能源消纳目标的推进，很多国家面临长期供应激励不足的问题。为了确保电力市场长期具有充足的发电容量，防止电力短缺，欧洲很多国家已经建立了不同类型的容量机制。为了解决传统电厂的低盈利水平，降低转型风险，在长期通过改进电力市场设计来解决问题，在短期实施充裕度机制等补充措施。本章首先分析了容量机制缺失带来的问题，全面介绍了欧洲各国采取的容量机制类型，其后结合具体国家案例，详细分析了容量市场、战略备用和可靠性期权三种欧洲主要的容量机制。

8.1 概　　述

电力市场环境下，如何保证发电容量的充裕性是市场设计的重要内容之一。之所以要单独设计发电容量充裕度机制，主要原因是：一方面，电力市场环境下的价格波动性和政策不确定性会增大发电投资风险，从而影响发电投资；另一方面，电作为社会的基本生产资料和生活资料，电价常常受到较为严格的管制，也受到很多政策的影响，会造成市场价格与其真实价值之间的差异。一些学者通常用“收入缺失”(missing money)和“市场缺失”(missing market) 来说明以上问题。“收入缺失”是指由于电力市场中存在价格帽、可再生能源外生补贴等，造成机组收入不足以支付总成本，如图 8－1 所示；"市场缺失"是指随着可再生能源在系统中占比增大，传统电厂利润风险大，没有电力金融衍生品市场规避，或者其灵活性、可靠性价值没有通过机制体现，造成容量资源的收入不足。在新能源为主的电力系统中，由于大量出力波动、随机的风电、太阳能等发电的存在，以上问题会进一步加剧。

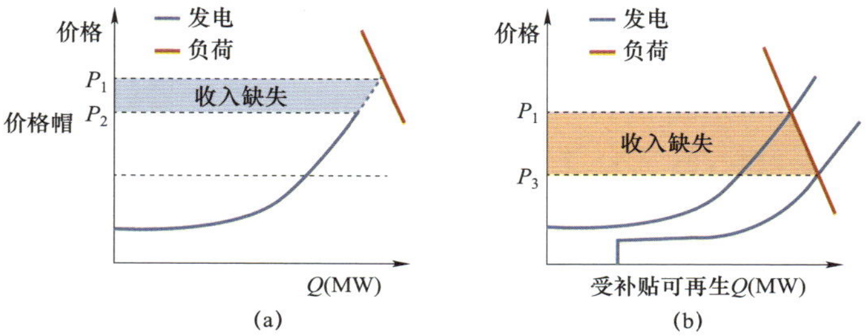

图 8－1 两类典型"收入缺失"示意图

（a）典型收入缺失情况；（b）新能源系统收入缺失情况

国外一些国家实施电力市场化改革之后，平均电价有所下降，但是实际数据表明，以市场为基础的机制基本上未能提供吸引投资所需的充分信号。一些学者的研究也证实了这一点，如北欧国家电力市场改革后的装机容量增长缓慢，而需求继续以相对较快的速度发展，结果就是改革前遗留下来的过剩装机容量已逐渐消失。斯坦福大学的保罗·乔斯科（Joskow）研究了美国批发竞争市场的表现，认为美国电力市场普遍存在缺陷和政策约束，造成在市场价格应该非常高的时候，实际的能源批发价格和运行备用价格均低于其"有效水平"，不能提供足够的净收入来支持有效的装机容量与发电结构。德国不来梅雅各布大学教授布伦科瑞夫特（Brunekreeft）和鲍克内希特（Bauknecht）认为德国电力市场也存在同样的问题。

市场环境下保证发电容量充裕度的机制/方法有多种，包括战略备用机制、容量补偿机制、稀缺电价机制、价格增量机制、容量市场机制、中长期合约机制等。本书将其分为容量机制和稀缺电价机制两大类。稀缺电价机制下，发电资源仅根据在市场中的实际发电（含辅助服务）获得收益，又称单一能量市场机制；容量机制下，发电资源除了获得能量收益外，其全部或部分容量还可以得到另外的容量补偿。两类方法根据其价格形成机制、配套规则等的不同，又分为不同的子类型。稀缺定价机制按供给紧张时段高电价的形成方法分为市场化高电价（澳大利亚）与价格增量（美国得州）两类；容量机制按容量补偿价格的形成方式分为容量补偿和容量市场两种，容量补偿方式又分全部容量补偿和部分容量补偿，容量市场方式又分集中式容量拍卖和分散式容量义务等。

8.2 欧洲主要国家容量充裕度机制及演化

为了防止电力短缺，欧洲很多国家已经建立了不同类型的容量机制。欧洲的电力行业正处于转型中，随着电力市场建设的完善、碳排放目标和清洁能源消纳目标的推进，很多国家面临长期供应激励不足的问题。一方面，部分电厂的运行寿命即将结束，部分电厂无法满足新的排放标准，而另外一部分电厂因国家能源政策选择而逐步淘汰（例如德国逐步淘汰核能），所以相当多的现有发电厂将在未来几年逐步退出。另一方面，迅速增长的可再生能源发电导致批发电价较低、传统发电厂的利用小时数减少，传统电厂生存空间变小、投资激励不足，但灵活的传统发电资源又对高比例可再生能源起着重要的备用、调节作用。因此一些国家认为，如果传统电厂的低盈利水平不是市场正常结果，而是市场或政策失效导致的，就有必要采取措施缓解市场失灵问题，在长期通过改进电力市场设计来解决问题，在短期实施充裕度机制等补充措施。

虽然欧洲各国容量充裕度机制设计各不相同，但它们都通过支付容量费用为容量提供商提供额外收入。如果容量补偿机制符合国家援助标准，则必须由欧盟委员会批准，定义如下：① 该措施由政府发起和/或涉及政府；② 主要目标是保证电力供应安全；③ 向电力供应商提供出售电力之外的额外补偿。受国家援助标准约束的容量机制必须提交给欧盟委员会审查，委员会根据《能源和环境援助准则》评估是否存在市场本身无法解决的电力供应安全问题，包括导致充裕度问题的市场失灵原因、量化其对投资和系统可靠性的可能影响、充裕度评估、可靠性标准等方面。

总的来说，如图 8－2 所示，欧洲容量机制可分为面向特定主体（targeted）和市场全体（market wide）两类，这两种机制都旨在确保有足够的容量来满足可靠性标准。特定主体类机制仅针对市场在没有补贴的情况下提供的额外容量，而“市场全体”类机制则支持所有市场参与者达到可靠性标准。上述两种机制可进一步分为量型（volume based）和价性（price based）方法。“量型”方法中所需容量的总量是预先确定的，然后使用市场化机制确定要支付的价格。“价型”方法中的价格由政府部门设定，受补偿的容量由市场确定。图 8–2 中，战略备用是指在市场外补偿一定量的容量，以便在紧急情况下调用，新建容量招标补偿通常向位于特定区域的新发电投资项目。集中购买模式即集中式容量市场，市场运营机构作为集中购买方代表供应商/消费者购买所需的容量；分散容量义务则规定电力供应商需要自行购买他们所需的容量；“价型”容量补偿则对所有市场内的容量资源进行政策性补助。

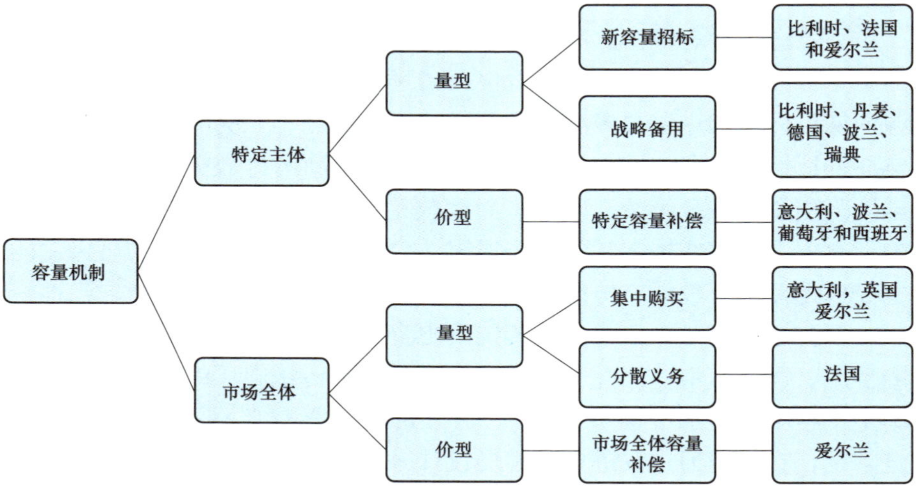

图 8–2　容量机制分类

根据问题性质的不同，容量充裕度问题可分为四类：① 长期尺度内，市场无法建立充足投资的容量；② 短期尺度内，市场设计未能提供足够的投资信号，但预期在较长期限内有效；③ 局域充裕度问题（即在一个成员国的特定地点），不能通过投资输电或更好地划定报价区来快速解决；④ 由于缺乏额外补偿，用户无法在保障电力供应安全方面发挥足够的作用。

针对不同的充裕度问题，采用的容量补偿机制也不一样。

（1）对于长期充裕度问题，最适当是采用面向“市场全体”类的容量机制，它可以将稀缺时的不确定高电价对应的潜在收入替代为有保障的正常收入，因此能够增加投资的确定性。具体来说，“可靠性期权”的机制则可能是最佳选择，参与者获得一定的固定容量收入，但放弃从高稀缺价格中获利的机会。

（2）如果政策制定者确信，从长远来看市场通过改革可以确保足够的投资激励，那么没有必要进行长期干预，但为了确保现有容量资源不会提前退坡，此时战略备用可能是最合适的机制，它有助于控制退出市场的现有容量。

（3）局域充裕度问题最好通过将本区域与其他具有足够容量的区域更好地连接起来解决。如果无法实现更好的电力互联（例如在偏远的岛屿上）或成本过高，可以为本地区域设置单独的报价区，使得电力短缺反映在当地的电价中，这样既刺激对新容量的投资，也刺激消费者的响应。如果由于区域太小竞争不足，设置单独的报价区也不可能，则可以引入诸如“市场全体”类机制、战略备用机制等作为过渡性的问题解决办法。

（4）如果认为需求侧弹性不足，可以考虑引入可中断负荷等需求响应机制，此时政策性的容量补偿不适用。

8.3 容量市场机制——英国案例

随着老旧的燃煤发电站和核电站的陆续关闭，整个英国的发电能力将大幅减少约 1/4；随着新能源汽车等产业的发展，电力需求大幅增长；低碳发电容量增加，低碳机组间歇性强和调度灵活性较差的特点对系统的备用容量提出了较高要求；同时，低碳机组发电比例的提高和其极低的运行费用会使现有的化石能源发电机组的运行时间减少，其收益也更加不稳定，这就会导致很多非低碳机组过早地退出，可用容量减少，加剧了对备用容量的需求。作为新一轮电力市场改革（electricity market reform，EMR）措施的一部分，英国政府 2014 年引入了容量市场（capacity market，CM）以确保电力供应的安全性，以减轻相关的供应安全风险。英国的容量市场设计与美国非常相似。

英国能源气候变化部（Department of Energy & Climate Change，DECC）在 2013 年底颁布的《英国电力市场改革执行方案》中指出，希望通过建立容量市场提供稳定、持续性的新刺激，保证现有机组的盈利能力，维持投资者对新建容量机组的热情。

8.3.1 英国容量市场运行流程

英国容量市场分为 T－1、T－4 两类拍卖，分别提前实际运行年 1 年、4 年进行。国家电网公司（National Grid，NG）是容量市场的主要运营方，负责评估电网容量需求，组织容量拍卖并购买相应容量。在容量市场中，输电系统运营机构的作用包括为容量拍卖提供咨询、管理拍卖过程和发布容量协议等；输电系统运营机构持有容量义务的资料库，任何物理交易都需要输电系统运营机构的同意。英国国家天然气与电力市场办公室负责管理容量市场规则，监管输电系统运营机构的运营，并负责容量市场规则的执行。容量费用的资金结算由 Elexon 公司负责，容量市场运行的时序如图 8－3 所示。

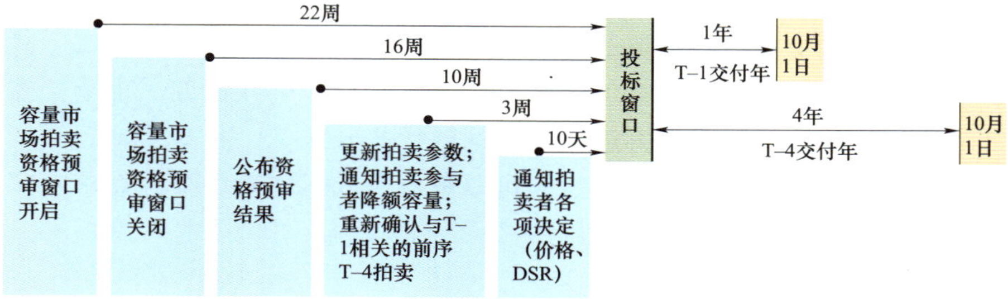

图 8－3　容量市场时序

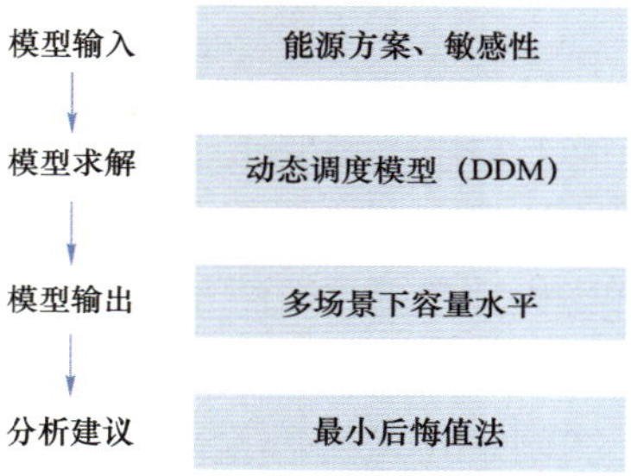

图 8－4　输电系统运营机构容量定额分析步骤

容量市场从需求的规划到实际的交割，可分为以下五个阶段：

（1）确定容量需求。新一轮电力市场改革运营机构对容量需求进行分析，通过建立可靠性标准、预测峰荷，预估未来几年维持电力供应安全所需的容量并提供指导性建议。输电系统运营机构容量需求计算主要采用动态调度模型（dynamic dispatch model，DDM），以若干能源方案及其敏感性为输入，计算给出不同的容量水平，然后采用最小后悔值法确定目标容量（流程见图 8－4）。

（2）资格预审。为了确保容量供应保持在真实可靠的水平，潜在的市场参与者必须首先通过容量资源的预审查。

（3）容量拍卖。成功通过资格预审程序的申请者可以参加相关的容量拍卖，拍卖方式为荷兰式降价拍卖。

（4）合同协议。如果申请人在相关拍卖中中标，则应向其授予一份容量协议，协议描述了在相关交割年份开始之前必须满足的某些具体要求以及容量义务。

（5）交割。获得拍卖容量协议的申请人，必须在 10 月 1 日至次年 9 月 30 日交割期间内，在系统出现压力的时候履行容量义务，超出协议的额外供给和未能支付的不足电能将受到相应的奖励和惩罚。

8.3.2 最新拍卖情况

（1）T－4 拍卖。英国容量市场组织的最新一次 T－4 拍卖在 2020 年 3 月 6 日，交割年为 2023～2024 年。表 8－1 列出了具体的拍卖结果明细。

表 8－1　　2019～2020 年 T－4 拍卖结果

拍卖标的物	T－4 拍卖，交割年 2023/24
出清价格	15.97 英镑/kW
拍卖轮次	12
容量协议授予的总容量	43748.988MW
目标容量	43774.082MW
参与拍卖的容量及其成交比例	59421.784MW（73.62%）
中标的机组数量	498
中标的申请企业数量	227
中标的母公司数量	160

该次拍卖的供应、需求曲线如图 8－5 所示，在第 12 轮次拍卖中实现了市场的出清。

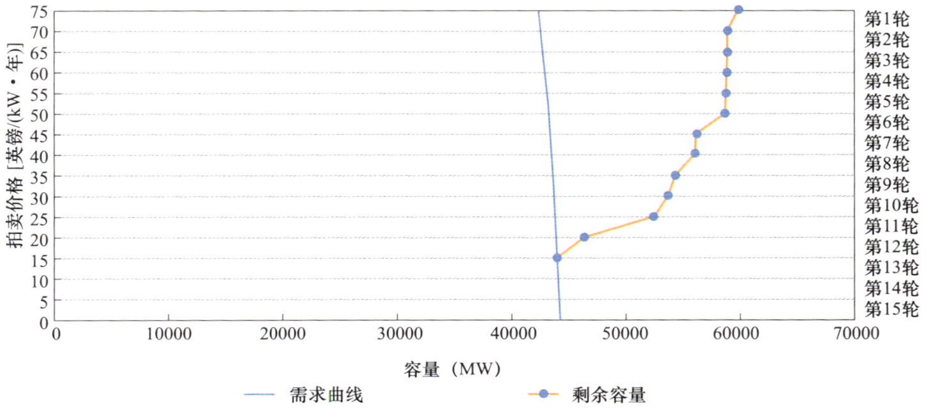

图 8－5　2019 年 T－4 供应与需求曲线

（2）T－1 拍卖。英国容量市场组织的最新一次 T－1 拍卖在 2020 年 2 月 7 日结束，交割年为 2020/21。表 8－2 列出了具体的拍卖结果明细。

表 8－2　　2019～2020 年 T－1 拍卖结果

拍卖标的物	T－1 拍卖，交割年 2020/21
出清价格	1 英镑/kW
拍卖轮次	15
容量协议授予的总容量	1024.409MW
目标容量	300MW
参与拍卖的容量及其成交比例	3027.229（33.84%）
中标的机组数量	33
中标的申请企业数量	86
中标的母公司数量	63

该次拍卖的供应、需求曲线如图 8－6 所示。在 T－1 拍卖中供应曲线和需求曲线没有交汇点，按照市场规则，采用净福利算法（net welfare algorithm）确定出清结果。

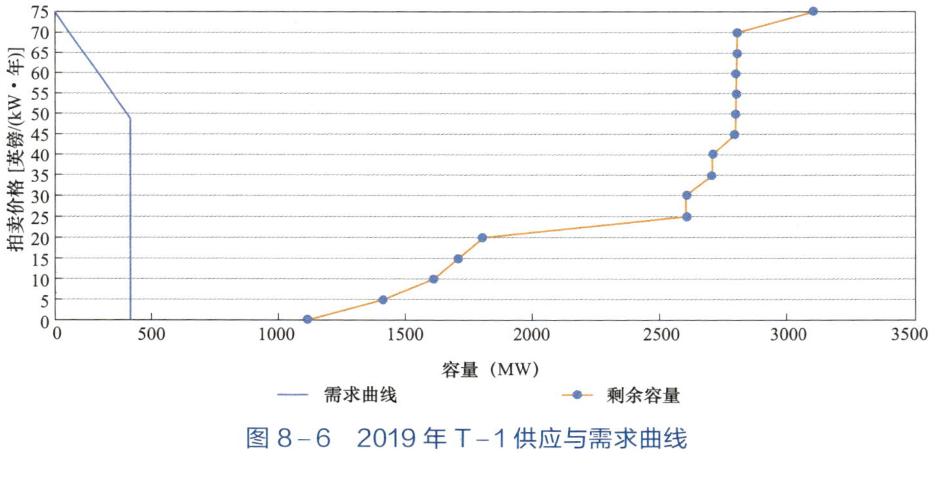

图 8－6　2019 年 T－1 供应与需求曲线

8.3.3　机制细则

（1）市场参与资格。英国容量市场是技术中立的，需求侧响应、跨国互联容量、储能均可以参与容量市场的拍卖。在单次拍卖中，不符合市场资格的资源类别为：① 已经享受差价合约补贴的发电项目；② 已经享受政府最终投资决策扶持制度（final investment decision enabling regime，FIDeR）补贴的可再生能源发电项目；③ 已经享受固定电价补贴（feed-in tarfii，FIT）的小规模可再生能源发电项目；④ 已经享受可再生能源义务（renewable obligation，RO）补贴的可再生能源发电项目；⑤ 已经签订前序容量市场合同的容量资源；⑥ 总容量小于 2MW 的容量不符合资格，但是可以和其他发电方式进行组合，聚合参加拍卖。一旦停止了以上类别的支持与补贴，所涉容量就可以参与容量市场。

在考虑容量贡献度时，即使是常规能源机组也不可能达到 100%可用，因此在符合资格的容量资源中，能够参与实际拍卖的有效容量要小于装机容量，这部分有效容量被称为降额容量（de-rated capacity）。在核算降额容量时，对于常规能源机组，英国国家电网采用的方法是计算过去 7 个冬季峰值负荷时间段内运行容量的平均值；对于间歇性可再生能源电厂，容量贡献度主要取决于发电可用性，因此需要记录天气状况并大量模拟来计算等效确定容量（equivalent firm capacity，EFC）。跨区域联络线的降额容量则通过国家电网的泛欧模型模拟仿真得到。最近几年随着储能市场的快速发展，从 2017 年开始也对储能的降额因子进行初步核定。

各类满足市场资格的容量资源降额系数每年都会更新，目前的参数如表 8－3 所示。

表 8－3　各技术类型降额系数

<table>
<tr><th>技术类型</th><th colspan="3">降额系数</th></tr>
<tr><td>开式循环燃气轮机发电（OCGT）</td><td colspan="3">95.14%</td></tr>
<tr><td>水电</td><td colspan="3">90.09%</td></tr>
<tr><td>热电联产（CHP）</td><td colspan="3">90.00%</td></tr>
<tr><td>燃油蒸汽发电</td><td colspan="3">89.14%</td></tr>
<tr><td>煤电、生物质发电、垃圾发电</td><td colspan="3">86.56%</td></tr>
<tr><td>需求响应</td><td colspan="3">84.28%</td></tr>
<tr><td>核电</td><td colspan="3">84.20%</td></tr>
<tr><td rowspan="2">联合循环燃气轮机发电（CCGT）</td><td colspan="2">T－1 拍卖</td><td>T－4 拍卖</td></tr>
<tr><td colspan="2">89.05%</td><td>90.00%</td></tr>
<tr><td rowspan="4">需求响应</td><td>持续时长（h）</td><td>T－1 拍卖</td><td>T－4 拍卖</td></tr>
<tr><td>0.5</td><td>17.50%</td><td>14.91%</td></tr>
<tr><td>1.0</td><td>34.21%</td><td>29.40%</td></tr>
<tr><td>1.5</td><td>50.00%</td><td>43.57%</td></tr>
</table>

续表

技术类型	降额系数		
	持续时长（h）	T－1 拍卖	T－4 拍卖
需求响应	2.0	62.80%	56.68%
	2.5	71.96%	66.82%
	3.0	78.09%	73.76%
	3.5	81.57%	77.78%
	4.0	95.52%	80.00%
	4.5＋	95.52%	95.52%

（2）容量拍卖。一级容量市场采用荷兰式拍卖，自价格帽起，以 5 英镑为 1 轮，每轮价格递减叫拍，达到最终满足容量需求的容量提供者成为价格设定者，这一价格也就成为拍卖出清价格，每位竞标成功的容量提供者均按此价格进行结算。

拍卖成交量由需求曲线和供应曲线共同决定。需求曲线是一条随着容量价格递减的曲线，曲线上的每个点都是容量成本与供应安全平衡的结果。倾斜向下的需求曲线可以保证在价格下跌时，有更多容量可以被采购，反应了价格信号对容量供给的激励。基于曲线的拍卖可能会呈现两种结果：供需曲线恰好相交于竞标出口点、供需曲线没有交点。

1）曲线相交于竞标出口点。如图 8－7 所示，当供需曲线恰好相交于投标出口点（如点 2）时，出清容量和价格即由该点决定。

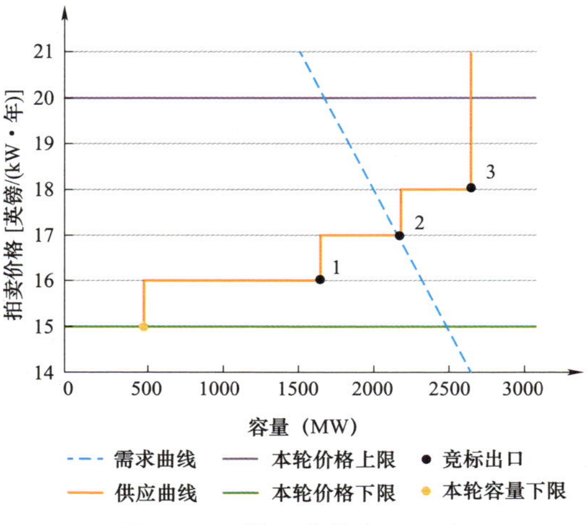

图 8－7　供需曲线有匹配点

2）曲线未相交于竞标出口点。图 8－8 展示的供需曲线无匹配点时，出清价格和容量由净福利法确定，其基本思路是，比较供应曲线上距离需求曲线最近的两个点，何者对消费者福利最大，即选取该点为出清点。具体步骤中，首先计算

$$W_D = \int_{Q_l}^{Q_h} P(Q)\mathrm{d}Q$$

$$W_S = P_h \cdot Q_h - Q_l \cdot P_l$$

式中：W_D 为消费者福利；Q 为需求量；Q_h 是需求曲线上方最近的竞标出口点（如点 2）对应的容量，若需求曲线上方不存在出口点，则 Q_h 为出清回合的容量供应上限；Q_l 是需求曲线下方最近的竞标出口点（如点 1）对应的容量，若需求曲线下方不存在出口点，则 Q_l 为出清回合的容量供应下限；$P(Q)$ 为需求曲线；W_S 为生产者福利；P_h 是需求曲线上方最近的竞标出口点对应的价格，若不存在该点，则 P_h 为出清回合的价格上限；P_l 是需求曲线下方最近的竞标出口点对应的价格，若不存在该点，则 P_l 为出清回合的价格下限。

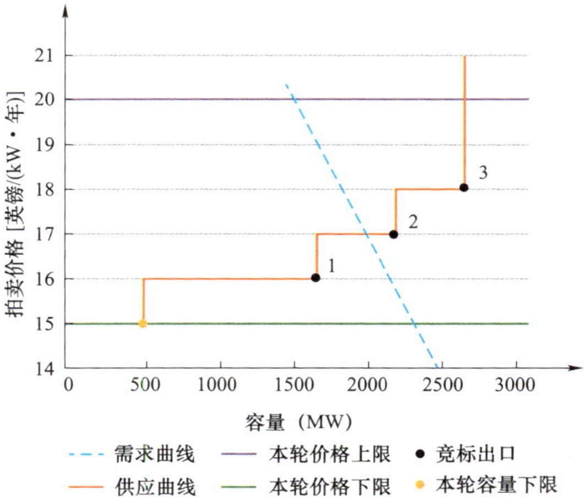

图 8－8　供需曲线无匹配点

可知，W_D 对应图 8－9 中所示红色区域，W_S 对应图 8－10 中所示蓝色区域。最后，判断 $(W_D - W_S)$ 是否大于 0，若是，则出清点为需求曲线上方的点（如点 2）；若否，则出清点为需求曲线下方的点（如点 1）。

（3）容量协议与义务。在每次拍卖授予容量协议后，容量提供者即享有了相应的义务和权利。需要履行的义务将取决于容量市场单元（capacity market unit，CMU）的类型。不同容量市场单元类型的要求分别为：

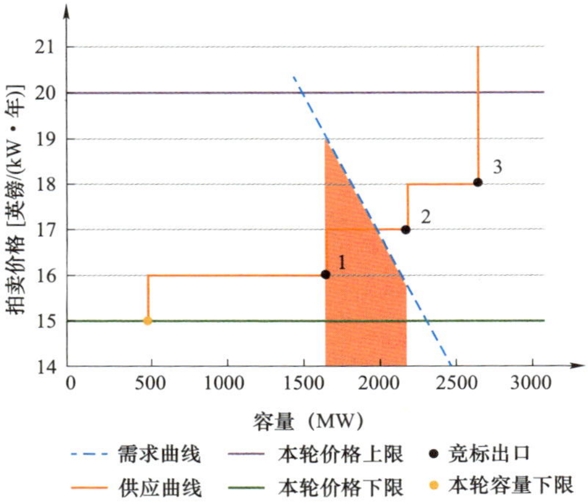

图 8-9　消费者剩余

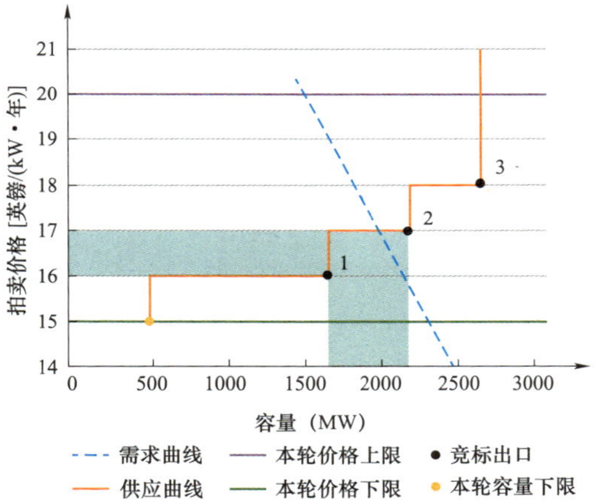

图 8-10　生产者剩余

1）预期可用的容量市场单元，即新建或翻新的容量资源。该类型容量市场单元在项目投产和运营之前承担着与项目交付进度相关的一切义务，需确保建设项目做足在协议年份内交割容量资源的准备。

2）现有容量市场单元。该类型容量市场单元属于已经建成、投产、运营的工程，要求在容量协议涉及的相关年份内，按照输电系统运营机构的要求交割资源。

3）需求侧响应（demand－side response，DSR）。在市场资格预审时，需求侧响应被分为“已验证”和“未验证”的两类资源。已验证需求侧响应承担与现有容量市场单元相同的义务，而未验证需求侧响应需要首先完成可行性运行测试，然后完成相应的义务。

如果容量市场单元无法履行容量协议中标明的义务，可以提出终止容量协议。但是无法履行义务将面临高额罚款的风险，而另一种规避风险的方法是开展容量协议的二级交易。容量提供者可以在早于运行年 1 年的拍卖中，对他们的容量进行二次交易；只要符合资格，之前未参与一级市场拍卖的容量提供者也可以参与到二级市场交易。对容量提供者来说，二级市场是他们规避容量市场惩罚风险的重要工具；对电力系统来说，二级市场的交易和调整可以避免因新建电厂延误、电厂检修等造成的容量不足。

（4）容量交割。竞标成功的容量提供者将在运行年得到相应的报酬，同时需要履行在运行年提供能量或减少电力需求的义务，以确保电力供应安全。交割的日期为 10 月 1 日到次年 9 月 30 日，例如 2020 年的交割日期为 2020 年 10 月 1 日到 2021 年 9 月 30 日。

当电力供应紧缺时，输电系统运营机构不会单独要求容量资源提供者提供容量或执行调度，而是发出全系统警告信号。输电系统运营机构至少提前 4 小时预警电力短缺，此时容量提供者须按照容量协议提供电能，超出协议的额外供给和未能交付的不足电能将受到相应的奖励和惩罚，罚金上限不会超过 CMU 的年度容量费，也不会超过月度容量费的两倍。如果输电系统运营机构没有提前预警，即使容量提供者未能按时按约交割电能，也不会受到惩罚。

8.4 战略备用机制——比利时及德国案例

8.4.1 战略备用机制概述

战略备用是通过与原本即将退出市场运行的老旧机组签订合同，从而确保短期供电安全的一种有效手段。战略备用比较适合当作满足短期可靠性需求的一种机制，其本质是专门预留到系统出现可靠性问题时使用的发电机组、储能或需求响应，即通过保持额外的容量来应对电力短缺。虽然战略备用的容量一般有限，但对电力批发市场仍然可能具有重要的干预作用。

提供战略备用的资源主要有现有发电机组、新建发电机组以及需求响应资源三类。其中前两类是独立于单一电能量市场以外的发电机组；而需求响应是指用户在系统需要时，有义务将负荷以足够快的速度降低到指定水平。并不是每个电力市场都允许需求响应资源参与战略备用，具体取决于一些实际情况。例如，如果可用的老旧机组容量过剩，此时让某些用户停电来确保整个系统有充足的容量可能并不经济。因此，需求响应是一种政策选择。某些国家（如瑞典）会对战略备用中需求响应所占比例提出要求。

通常只有在电能量市场无法提供充足容量的时候，战略备用才会投入使用（激活），此时市场价格高于释放稀缺信号的参考价格。战略备用的投入使用通常与预先设定的价格阈值有关，该阈值可以设定为市场价格上限，保护用户用电不受稀缺定价的影响。备用机组可在日前、日内或平衡市场中调用。调用机组的时间也会对市场价格产生直接影响。

战略备用通常通过招标的形式进行特定规模的采购，其成本一般通过输电费或平衡费等系统收费进行回收。

战略备用具有非常显著的优势，它可以快速实施，而且实施和交易成本低。然而，它不能降低能源政策和电力市场不确定性给新发电投资带来的长期风险。因此，如果投资者持续认为市场风险太高，且需求响应没有实现充分发展，则政府不得不投资新建的发电机组以增加战略备用的容量，这可能导致原来单一电能量市场的参与者减少，而新建电源的容量和合同不断增加。

实时战略备用机制需要考虑以下问题和风险。

（1）在容量裕度紧缺的市场中可能存在赌博和市场力滥用的现象。例如，发电厂可能会减少出力以抬高电价，而战略备用并不能降低这种市场力滥用行为的可能性。因此，市场中显著的价格尖峰仍有可能出现。

（2）未被选为战略备用的老旧机组可能会选择关停，从而导致“滑坡”效应。因此，为确保系统中有满足可靠性目标的充足容量，必须预留越来越多的发电厂作为备用。

（3）单一电能量市场根据发电厂的短期边际成本来确定优先发电顺序，然而战略备用的实施使得参与备用的发电厂独立于市场规则外，从而扭曲单一电能量市场的优先发电顺序。因此，系统中发电的可能不是成本效益最低的发电厂。不过，只要战略备用容量很小，而且只有在突发情况下进行调度使用，那么其对市场效率的影响就很小，退出成本也较低。

8.4.2 德国战略备用机制

2016 年 7 月 4 日，德国当局向欧洲委员会提交了一项采购战略备用的措施，该措施于 2019 年 10 月 1 日～2025 年 9 月 30 日有效。

德国采用的容量备用（战略备用）如图 8－11 所示，是指在批发市场无法满足所有需求的充足供应，系统出现可靠性问题时，确保电力供应安全的容量资源，包括发电机组、储能或需求响应等。容量备用机组由输电系统运营机构调度并使用，一般情况下不参与电量市场交易，只有在电量市场无法提供充足容量时才被调用。为了尽量减少潜在的市场扭曲，德国采取了一系列措施，将备用容量与市场严格分离。《德国能源法》和《容量备用条例》规定，四家德国输电系统运营机构应逐步建立备用容量机制，确保在市场无法出清、电力供应无法满足电力需求情况下的供电安全。

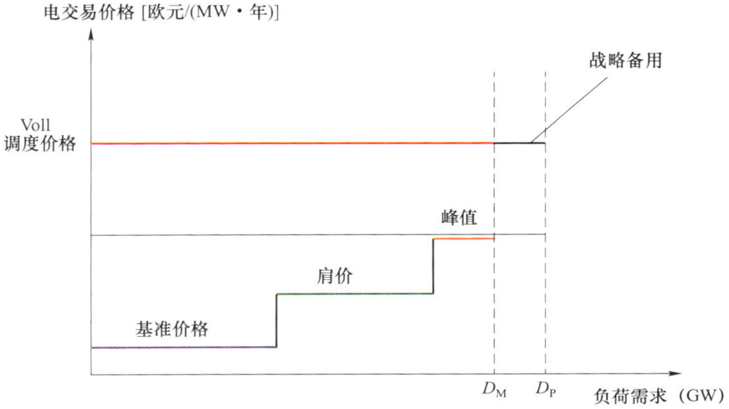

图 8－11　战略备用下的批发市场供应曲线

D_M—市场交易负荷需求；D_P—输电系统运营机构采购负荷需求

从 2017 年开始，输电系统运营机构通过定期的、竞争性、透明和非歧视性的招标方式联合采购从 2018/2019 年冬季开始的交割期为两年的备用容量。备用容量供应商提交其希望获得的年度报价，最高不超过每年 100000 欧元/MW，TSO 根据其报价进行采购，直到满足 2000MW 的容量总需求。中标的备用容量供应商按照招标中的最高中标价格（出清价）获得补偿。此外，备用容量被调用时产生的发电成本，输电系统运营机构将提供额外的补偿。

8.4.3　比利时战略备用机制

8.4.3.1　比利时战略备用机制的背景

2014 年比利时电力市场引入了“战略备用”机制，以解决核电淘汰计划带来的发电充足性问题，保证电力安全供应。

2014 年面临的电力供应问题主要来自以下方面。首先是核电淘汰计划。核能曾是比利时电源结构中极为重要的一种能源，2014 年核能发电量在比利时总发电量的占比接近 40%。但比利时计划从 2015 年开始关闭核电厂以逐步淘汰核能。核能淘汰计划的第一步将关闭 1.8GW 的发电容量，而其峰值负荷约为 12～13GW。此外，由于技术问题导致的核电机组计划外停机也使人们担心老化机组的可用性。其次，越来越高的可再生能源装机和发电比例增加了对系统灵活性的需求。2014 年比利时风电和光伏的装机分别达到 1.9GW 和 2.9GW，可再生能源发电量占比达到 12%，这些因素预计将降低批发市场价格。最后，由于机组老化或非盈利性而关闭现有燃气发电厂，2014 年比利时的可用容量减少 928MW。

战略备用是比利时解决供应安全问题的一种方法。每年，联邦能源部长根据比利时电网运营商 Elia 提供的供应安全统计分析，指示 Elia 为即将到来的冬季组建战略备用。在决定中，部长事先指定具体的战略备用容量，并可以根据有关的冬季的最新信息，在 9 月 1 日之前对战略备用的容量进行修改。在由部长决定战略备用所需的容量的基础上，在招标过程中由市场决定战略备用的价格。

8.4.3.2 比利时确定战略备用容量的时间表

根据比利时电力法，电网运营商 Elia 必须在每年 11 月 15 日之前提交比利时下一个冬季供应安全的概率分析。这一分析是联邦能源部长在决定战略备用容量时考虑的一个重要因素。最迟必须在 1 月 15 日之前做出下一个冬季的决定。具体时间表如下。

（1）11 月 15 日之前，联邦公共服务经济能源总局（DG Energy）为 Elia 提供有关概率评估的相关信息。

（2）11 月 15 日，电网运营商进行概率评估，并提交给联邦公共服务经济能源总局。

（3）12 月 15 日前，联邦公共服务经济能源总局向部长提供关于在下个冬季购买战略备用的必要性的意见。

（4）在收到联邦公共服务经济能源总局的意见后一个月，部长可指示电网运营商从下一个冬季的第一天开始，购买为期一年的战略备用，并确定容量的大小。部长将此决定通知燃气监管委员会（Commission for Electricity and Gas Regulation，CREG），相关意见发布在联邦公共服务经济能源总局的网站上。

（5）部长指示后一个月，电网运营商开始建立战略备用的程序，制定招标规则。报价在此程序开始后三个月内提交。

（6）提交报价后的 10 个工作日，电网运营商就所有收到的有效报价向电力和燃气监管委员会和部长提交报告。

（7）收到电网运营商报告后的 30 个工作日，燃气监管委员会发出建议，指出不合理的报价。

（8）9 月 1 日，如果电网供应商的最新分析和联邦公共服务经济能源总局的建议改变了供应安全的情况，部长可以修改战略备用的容量。

（9）9 月 1 日之后，电网运营商从不被燃气监管委员会视为显然不合理的报价中进行技术和经济选择，并在部长设定的范围内与所选方签订合同。

（10）9 月 15 日，如有必要，电网运营商会向联邦公共服务经济能源总局能源部长和燃气监管委员会报告需要额外的容量。

8.4.3.3 供应安全风险评估及应对措施

运营期间 Elia 每天都会评估比利时的潜在供应安全风险。供应安全风险评估主要考虑的因素包括可再生能源发电量预测、Elia 掌握的有关常规发电机组可用性的最新信息、潜在的进口量、比利时的总用电量预测。

Elia 会根据信息的变化不断重复进行这些评估。随着时间越来越接近实时，预测变得越来越准确。由于潜在风险是根据假设和预测确定的，因此不能绝对确定实际会出现短缺。

如果评估发现电力供应安全受到威胁，Elia 可以采取包括战略备用在内的多种措施来解决，具体流程如下。

（1）将请求发送给所有可能提供额外未签约容量的平衡负责方，以允许 Elia 调用可用电厂的所有剩余容量，或采用额外的手段来控制用电量。

（2）Elia 将评估是否可以采取特殊措施与中西欧地区的其他输电系统运营机构进行协调与合作，以进一步提高比利时的进口电量。

（3）激活比利时的战略备用。

（4）Elia 将利用其合同规定的平衡备用容量，例如激活特殊的快速启动天然气装置，减少工业客户的消耗以及向邻近的输电系统运营机构寻求帮助。

（5）如果市场备用不足，当局可以决定限制用电量并可能采取停电措施，以在未来数小时或数天内保持电网平衡。

（6）为避免整个比利时不受控制的大停电，最后一项措施是对负荷削减计划的控制部署。

8.4.3.4 战略备用的激活

激活战略备用主要有经济触发和技术触发两种方式，触发的条件分别为基于报价的供不应求和基于发用电量预测的供不应求（结构性短缺）。激活过程具体有四个阶段。

（1）检测：确定了激活战略备用后，Elia 会选择需要的备用机组，以提供所需容量。

（2）通知：选定的供应商会在激活前几个小时收到通知，以便他们准备好机组提供/削减所需容量，同时考虑激活所需的时间（“预热”时间）。

（3）验证：在此阶段，Elia 确认了所需容量，指示供应商去激活它或使其处于待机状态，发电机类型的战略备用资源（strategic generation reserve，SGR）开始其“启动阶段”，需求响应类型的战略备用资源（strategic demand reserve，SDR）开始其“下坡阶段”。

（4）交付：交付阶段的开始是机组达到 Elia 要求的功率水平的那一刻，在 Elia 要求停止该机组时，交付结束。

8.5 可靠性期权机制

8.5.1 机制原理

可靠性期权（reliability option，RO）是一种金融产品，属于看涨期权，其原理如图 8－12 所示。期权的买方向卖方支付费用，赋予期权买方按照约定的行权价格执行合同的权利（而非义务）。期权卖方一般为发电机组，买方可以是市场运行机构（集中式）或负荷服务实体（分散式），可靠性期权具有无扭曲、高可靠性等优点。当市场参考价格 ρ（日前或平衡市场价格）高于行权价格 s 时，期权卖方需要将正差值收益支付给买方。

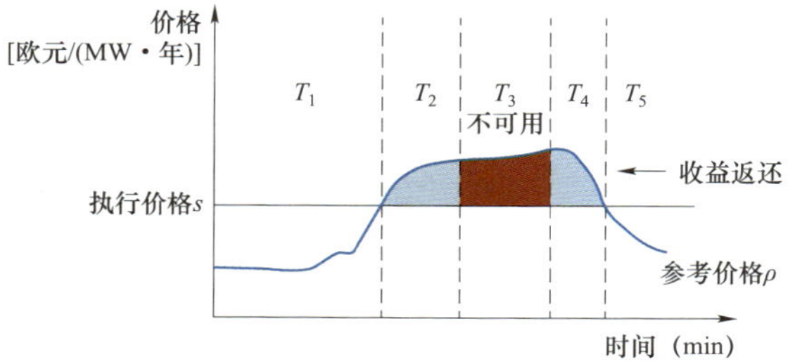

图 8－12 可靠性期权的原理

具体的结算如表 8－4 所示，在年度期权合同中，期权卖方按照拍卖的出清量（MW）和出清价 P［欧元/（MW・年）］支付给买方，期权费用覆盖了每天的各个时段。期权每天的每个时刻进行结算：T_1、T_5 时刻参考价格 ρ 低于行权价格 s，买方选择不执行；T_2、T_3、T_4 时刻参考价格 ρ 高于行权价格 s，发电商在市场中获得价格为 ρ 的收益，同时需按照差价 $\rho-s$ 返还部分收益给期权买方。此外，由于 T_3 时刻发电机不可用，不仅没有来自电能量市场的价格为 ρ 的收益，还仍需继续将行权价格 s 和参考价格 ρ 之间的差额返还，构成对市场成员的隐式惩罚（$\rho-s$）。有的市场进一步规定了显式惩罚：将发电机实际容量与合同中承诺的容量进行比较，超过阈值时在隐式惩罚基础上再额外处以显式惩罚，每个市场具体规定不同。

表 8－4　　可靠性期权结算

项目	T_1	T_2	T_3
发电侧价格［有 RO，欧元/（MW·年）］	ρ	$\rho-(\rho-s)=s$	$\rho-s-s_{\text{pen}}$
发电侧价格［无 RO，欧元/（MW·年）］	ρ	ρ	0
用户侧价格［欧元/（MW·年）］	ρ	$\rho-(\rho-s)=s$	s
拍卖价格［欧元/（MW·年）］	P	P	P

行权价格（strike price）由输电系统运营机构在拍卖前公布，通常依据参考峰值发电技术类型的可变成本来确定。一般市场将行权价格视为常量，有的市场设计更为复杂，行权价格可能随着时间推移发生变化，例如意大利每个月计算一次行权价格。

参考价格（reference price）用以反映容量提供商在电能量市场出售其电源时实际获得的价格，价格高时表明发电稀缺，价格低时表明发电充裕度充足。参考价格可以是日前、平衡（实时）等不同市场的价格组，一般选取日前市场价格和平衡市场报价的加权平均值，其通用计算公式为

$$R_i=\lambda P^{\text{da}}+(1-\lambda)b_i$$

式中：R_i 为代理商 i 的参考价格；λ 为日前市场价格权重；P^{da} 为日前市场价格；b_i 为代理商 i 在平衡市场中的报价。

8.5.2　运作流程

欧洲不同市场的可靠性期权机制运作流程总体较为相似，但各市场具体细节不同。可靠性期权的一般运作流程如图 8－13 所示。

（1）参数确定。市场运营机构确定行权价格、拍卖时间、需求曲线等参数。其中，行权价格一般在正常电价和稀缺价格之间，高于发电机运营成本；

总容量需求一般为峰值负荷加上一定的备用裕度；需求曲线一般为四点曲线，形状根据各市场的可靠性要求不同而不同。

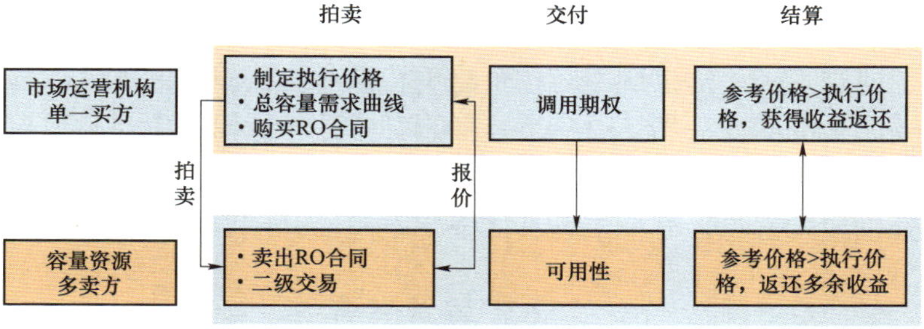

图 8-13　可靠性期权运作流程

（2）成员报价。参与拍卖的对象为容量资源，市场成员可以自愿参与，有的市场是强制参与，报价包含价格、容量等参数。其中，由于资源的装机不能直接用以衡量其可靠性，因此各市场规定了降额系数计算方法。

（3）拍卖出清。随后进行拍卖出清并签订合同。拍卖机制可以是意大利选择的下降时钟拍卖，也可以是爱尔兰等采用的简单一轮出清。

如图 8-14 所示，第一轮拍卖中，针对容量申报量（MW/年）和价格[（欧元/（MW·年）]，每个市场成员可以给出 3～10 个报价段。若第一轮拍卖中，发电商报出的总容量大于容量需求，则继续进行第二轮拍卖，重新申报量价曲线。每轮拍卖中，市场成员报的量和价格较之上一轮只能保持或减少。拍卖根据供需情况持续多轮，最多 21 轮，直至供需曲线相交。在得到出清价格的该轮拍卖中，所有入围的容量资源获得统一出清价作为可靠性补偿费用。

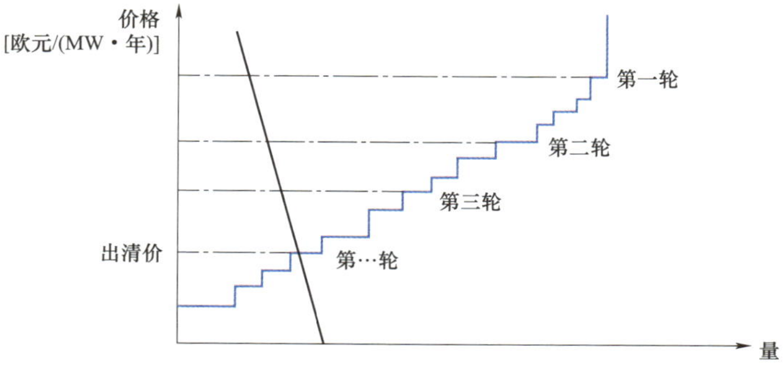

图 8-14　下降型时钟拍卖机制

（4）合同签订。欧洲市场一般将存量资源和新建资源的合同期限相区分，以进一步激励新建资源。不同市场的合同期限不同，意大利现有发电厂可用获得为期一年的合同，而新建容量可获得长达 15 年的合同。爱尔兰现有发电厂将获得为期一年的合同，新建容量获得为期 10 年的合同。

8.5.3 可靠性期权与容量市场机制对比

可靠性期权和集中式容量市场的对比如表 8－5 所示，二者的相似之处在于拍卖流程相似，容量市场和可靠性期权机制下的出清主体都获得“出清价格乘以出清量”的补偿。但是二者在金融原理、配套机制上有着本质区别。

表 8－5　　可靠性期权和容量市场对比

机制对比	容量市场	可靠性期权
拍卖结果	容量市场收益 = 出清量 × 出清价	期权费用 = 出清量 × 出清价
电能量市场	受补偿资源必须在日前市场报价	$\rho>s$ 时，收益返还
配套机制	价格上限较低（短期成本）	可设置较高价格上限（失负荷价值），与稀缺定价机制相结合
对市场扭曲	扭曲较大	扭曲小/无扭曲

（1）产品设计不同。容量市场是“多产品市场”模式，分为电能量与容量两类产品。在电能量市场设计中，具有容量补偿的机组有日前市场报价的义务（包括需求响应等其他类型），但容量收益会影响其电能量报价策略，这反过来又可能抑制市场价格，使发电机组无法从电能量超边际利润中回收其容量成本，违背了容量市场的初衷，使得容量收入的需求永久化，系统愈发依赖于容量机制。

可靠性期权是“单一产品市场（能量）+ 衍生品”模式，买方支付期权费用，在现货市场得到正向差价返还，利用金融产品实现风险规避。利用“期权费用”对容量进行补偿与“电能量市场”实现了有效耦合。虽然机组获得年度期权费用的计算方式与容量市场相似，但在现货市场中，其多余收益仍需返还给期权买方。已经有文献证明，在可靠性期权机制下，机组现货市场最佳报价策略依然是基于边际成本。因此，可靠性期权机制对市场的扭曲较小甚至可以做到无扭曲。

（2）配套机制不同。容量市场机制往往与较低的电能量市场价格上限配套，虽然可以起到抑制市场力、保持价格稳定等作用，但是也存在一些问题：一方面，价格上限低于失负荷成本（无法解决），缺电时无法引导需求响应或容量市场外投资；另一方面，如果价格上限范围内存在非容量市场的容量，容量市场出清的容量收益可能高于市场均衡值，增加社会成本。

“可靠性期权＋电能量市场”机制可以与稀缺定价相结合，通过正向差价返还，既保证发用电两侧的收益稳定，又使得实时电价充分体现系统供需，正确引导发电投资，使电力容量的社会价值更加明晰和透明，提高电力市场的效率。

8.5.4 意大利案例

8.5.4.1 引入背景

意大利的容量补偿机制的发展经过了两个阶段。起初意大利市场设计并未不存在容量机制，由于 2003 年夏季炎热，意大利供电紧缺，引发了轮流停电。同年 9 月，意大利与瑞士的联络线因风暴开断，引发整个意大利电网瘫痪，导致了欧洲几十年来最严重一次停电。在此背景下，意大利政府颁布第 379/2003 号法令，要求监管机构设计发电容量补偿机制。

随后不久，意大利电力与天然气管理局颁布第 48/2004 号决议，提出容量补偿的临时性过渡机制。容量补偿分为两部分，一部分是对系统关键时段的可用容量进行补偿，另一部分则补偿没有达到收入水平标准的发电厂。过渡机制实施期间，意大利新建了大量机组，系统装机容量接近峰值，但容量需求已经开始下降。此外，可再生能源发电也随之增加。

为顺应意大利电力系统的发展，2011 年意大利电力与天然气管理局颁布第 98/2011 号决议，对可靠性期权机制进行初步设计，并交由意大利电网公司进行详细设计。经多轮修改，意大利电网公司发布意大利可靠性期权机制的最终设计文件。意大利的可靠性期权机制主要面向拥有可调度发电容量、能够在日前和平衡市场进行报价且没有受到其他容量激励的市场成员。

8.5.4.2 合同主体

意大利电网公司是可靠性期权合同的集中购买方，购买 RO 的成本根据用户对系统峰值负荷的占比进行分摊。合同的卖方包括境内发电资源、境外发电资源以及需求响应资源，容量机制的参与是自愿的。针对合同卖方的进一步规定包括：① 不可调度的可再生能源排除在外，但具有水库的水电可以参与，水库容量需保证至少 4h 的发电能力；② 容量应不小于 10MW；③ 可以在 5min 内调节其输出功率，15min 内发电调整能力至少达到 ±10MW。

此外，意大利规定了每种发电类型的降额系数计算方法。

（1）火电厂的降额系数计算应基于过去三年历史发电量，并考虑强迫停运率、高温条件下的发电效率以及相关限制下的发电效率。

（2）水电站的降额系数计算应基于过去五年系统高峰时段机组的历史发电量。

（3）风能、太阳能光伏发电和径流式水电等可再生能源则采用分区降额系数，即将一个容量区内的所有该类型机组聚合在一起，使用过去五年中系统高峰时段区内所有机组历史发电量的中值计算。

（4）对于区外容量，跨境代理商应自行申报其合格容量。输电系统运营机构不计算其降额系数，但代理商必须证明其有资格参与日前市场。

（5）需求响应资源的合格容量取以下三个值中的最低值：① 有资格参与意大利平衡市场的容量；② 去年高峰时段历史用电数据的中值；③ 需求资源自行申报的需求容量。

8.5.4.3 运作流程

意大利可靠性期权的拍卖方式为下降型时钟拍卖（descending clock auctions），并设置 RO 拍卖价格上限。目前，现有电厂的价格上限为每年 25000～45000 欧元/MW，参照联合循环燃气电厂的年度固定运营成本（不包括折旧成本）进行计算；新建电厂的价格上限参照新建机组成本进行计算，为每年 75000～95000 欧元/MW。在价格相同的情况下，优先选择更灵活（启动时间较短）、更环保（碳排放更低）的容量资源。

意大利可靠性期权拍卖如表 8－6 所示，可以分为四类：① 主拍卖，一年一次；② 补充拍卖，容量机制实施初期的过渡机制；③ 调整拍卖，临近合同交割期，便于容量供应商调整头寸、输电系统运营机构调整容量需求；④ 二级市场，采用先到先得的连续拍卖模式，便于容量供应商在临近交割期调整头寸。

表 8-6　拍　卖　期　限

过渡阶段	主拍卖	补充拍卖	调整拍卖	二级市场
交易提前期	0～4 年	4 年	0～3 年	0～5 个月
合同期限	1 年	1～2 年	1 年	1 个月
成熟阶段	主拍卖	—	调整拍卖	二级市场
交易提前期	4 年	—	0～3 年	0～1.5 年
合同期限	3 年	—	1 年	1 个月

在成熟阶段，意大利容量机制主拍卖一年实施一次，提前 4 年开展，覆盖为期 3 年的可靠性容量需求。如图 8-15 所示，由于每年的主拍卖合同的交割期之间有重叠，因此每次主拍卖只需拍卖总需求的 1/3。但是，在 Y_0 年初次实施可靠性期权拍卖时，考虑到没有前面 Y_{-1}、Y_{-2} 年的可靠性期权合同对剩下 2/3 的容量需求进行覆盖，意大利配合第一个主拍卖一起启动了两个补充拍卖。补充拍卖的交易时点和主拍卖相同，但是合同期限不同。调整拍卖在可靠性期权合同主拍卖和补充拍卖之后启动，便于成员之间进行可靠性期权合同转让。最后一次调整拍卖完成后，二级市场会开放，允许市场成员在交割年度的每个月进行交易。以上规定仅适用于已有电厂，针对新建电厂，为了对其提供更稳定的收入预期，新建容量可获得长达 15 年的合同。

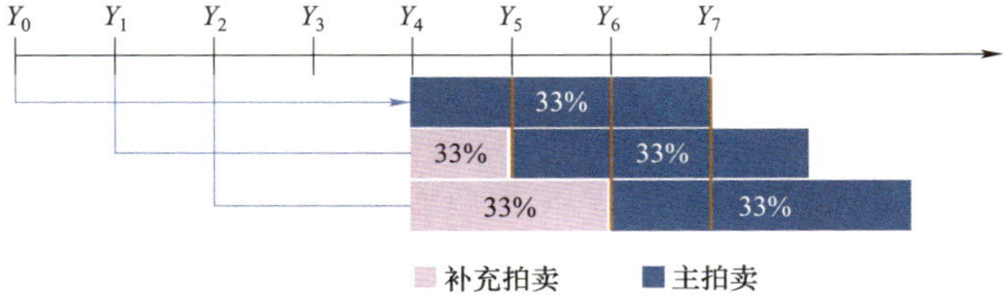

图 8-15　主拍卖流程

8.5.4.4　需求曲线

意大利可靠性期权机制中，需求曲线的制定方法类似于英国、美国等集中式容量市场的四点曲线（A、B、C、D 点），如图 8-16 所示。*X* 轴对应的各容量需求根据失负荷期望（LOLE）确定，即负荷因发电或线路容量不足而停电的概率，以 h/年为单位。*Y* 轴代表系统愿意为容量支付的价格［欧元/（MW・年）］。曲线 AB 段表示容量小于最低需求时，价格达到上限，此时 $LOLE$ 小于标准值 $LOLE_{target}$，C 点表示目标容量需求，此时 $LOLE=$

$LOLE_{target}$，对应价格为新建机组成本；D 点表示边际价值为 0 的容量大小，此时无需限负荷，$LOLE=0$。此外，由于意大利输电网具有明显的区域限制，因此容量市场分为六个区域，每次拍卖前分区确定曲线参数。

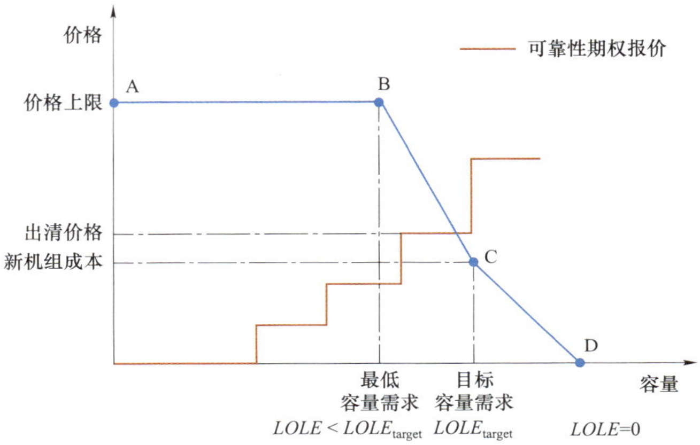

图 8–16 意大利容量需求曲线

8.5.4.5 结算机制

意大利可靠性期权机制在行权价格和参考价格这两个结算参数的设置上有自己的市场特色。

（1）行权价格。意大利 RO 的行权价格每月计算一次，由输电系统运营机构根据"峰值参考技术的可变成本"确定，即以最优发电装机结构组合中单位投资成本最低的可调发电技术为参考，此发电技术由输电系统运营机构至少提前 30 天通知。在意大利，峰值技术通常选为燃气轮机联合循环 CCGT 发电。虽然给定参考技术是固定的，但行权价格每周都在变化，它是燃料成本、碳排放成本、绿证成本等的函数。

（2）参考价格。意大利短期电力市场包括日前市场、日内市场及平衡市场。如表 8–7 所示，意大利参考价格选取较为复杂，λ 是日前市场价格权重，非连续，根据机组在日前或平衡市场的参与情况进行区分。签订可靠性期权合同的机组必须在交割期的每小时通过日前市场或日内市场报价，并提供容量。如果在市场中出清的量小于可靠性期权合同签订的容量，则通过平衡市场进行结算。此外，对于可再生发电而言，由于其暂时无法参与意大利平衡市场，因此签订可靠性期权合约的可再生机组必须在弱峰值（每天发生稀缺概率最高的 6h）期间在市场上提供签订的容量。

表 8-7　　可靠性期权的结算参考价格

市场参与情况	参考价格计算公式
在日前/日内市场报价并出清	日前市场价格 P^{DA}（$\lambda=1$）
在平衡市场报价（低于参考价格）	max（P^{DA}，执行价格）
在平衡市场报价（高于参考价格），未出清	max（P^{DA}，平衡市场最后出清的报价）
在平衡市场报价（高于参考价格），出清	max（P^{DA}，b_i），b_i 为代理商 i 在平衡市场中的报价
日前/日内/实时均未报价，非稀缺	max（P^{DA}，平衡市场最后出清的报价）
日前/日内/实时均未报价，稀缺	VOLL

（3）违约惩罚。意大利可靠性期权设计了复杂的正向价差返还机制，在系统稀缺时，容量供应商的收益返还较大，作为对容量供应商的隐性惩罚。如果机组在日前市场和日内市场中出清的容量小于合同签订容量，且在平衡市场中未按合同要求提供容量，监管机构确定了两种不同的情况。

1）若系统不处于稀缺状态，则该时段参考价格取为日前市场出清价格/平衡市场最后出清报价的最大值。

2）若系统处于稀缺状态，则该时段参考价格为失负荷价值，目前在意大利设定为 3000 欧元/MWh。

此外，当容量资源在交割期一个月内 25%的时间内提供的容量不超过 20%时，则定义为临时不履约（对于可再生能源和需求资源，仅考虑弱峰值内的时间）。如果发生临时不履约，则停止支付每月合同补偿。如果临时不履约在一年内的总时长超过三个月，则定义为最终不履约，此时取消可靠性期权合同，发电商需退还已获得的所有月补偿。

8.5.5　爱尔兰案例

2007 年，在单一电力市场（single electricity market，SEM）模式下，爱尔兰采用的是政策性容量费模式进行补偿，能源监管委员会和输电系统运营机构每年计算容量费用总金额（基于满足系统所需的容量，匹配性能最好的新建峰值电厂年化固定成本计算得到），向参与市场购电的市场成员征收容量费，支付给向市场提供发电容量的参与者。

2018 年，为了更充分地促进全岛电力市场与欧洲其他地区之间的耦合，爱尔兰开展了集成单一电力市场(integrated single electricity market，I－SEM)改革，容量机制也从行政决策转变为市场机制。2014～2015 年，经多方协商，爱尔兰选择了可靠性期权机制。

8.5.5.1 合同主体

爱尔兰参与可靠性期权拍卖的主体包括常规能源发电、可再生能源发电、储能运营商、需求侧资源（包括聚合负荷）、新建容量和联络线等，没有针对市场成员的最小投标规模限制。对于合同卖方，爱尔兰规定了每种发电类型基于历史数据的降额系数计算方法，与意大利类似。

不同于意大利自愿参与的RO机制，爱尔兰的RO机制是强制性的：10MW以上的发电机有义务参与容量机制。所有通过拍卖的发电商都将获得出售期权的付费，而未通过拍卖的发电量可以继续参与纯电量市场，这一规定使得可靠性期权拍卖具有更大的流动性。

8.5.5.2 拍卖流程

不同于意大利，爱尔兰是相对孤立的岛屿型电力系统，拍卖也较为简单。如表 8－8 所示，输电系统运营机构对每个容量年进行一次 T－4 拍卖，如果有特殊需要，也可以进行 T－3 拍卖、T－2 拍卖或 T－1 拍卖。与意大利 RO 机制类似，爱尔兰可靠性期权拍卖也设置了二级市场，供市场成员进行合同转让。

市场成员提交 1～5 个递增的报价段，容量最小精度为 0.001MW，价格最小精度为 0.01 欧元/MW，每对报价需标识为灵活性资源还是非灵活性资源。如果是非灵活资源，则该报价段必须完全出清或不出清；如果是灵活性资源，则该报价块可以部分出清。单个成员的报价可以是灵活和非灵活性资源的组合（但如果某个报价段是灵活资源，那么其更高的报价段也必须对应灵活性资源）。

表 8－8　　拍　卖　期　限

合同类型	提前时间
T－4	42～54 个月
T－3	29～41 个月
T－2	14～28 个月
T－1	2～13 个月

8.5.5.3 需求曲线

爱尔兰需求曲线（见图 8－17）的形状和意大利不同，主要区别在于后半段。目标容量需求根据 LOLE 等于 8h 制定，即平均一年中，发电量不足以满足负荷需求的时间为 8h。

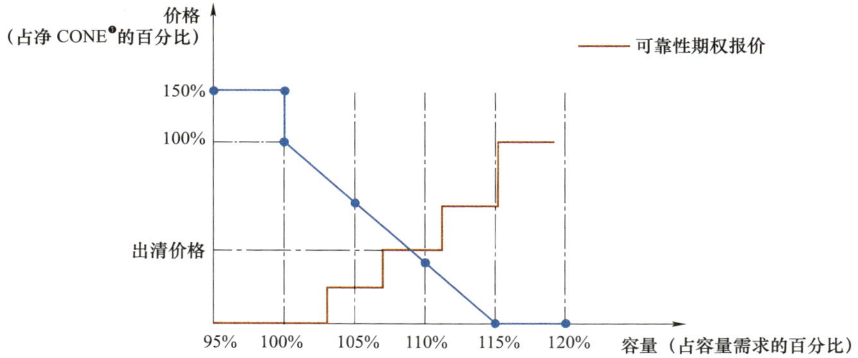

图 8－17 爱尔兰需求曲线

8.5.5.4 结算机制

爱尔兰可靠性期权机制的行权价格和参考价格这两个结算参数的设置也有自己的市场特色。

（1）行权价格。爱尔兰的可靠性期权行权价格计算较为复杂，需要综合考虑碳排放成本、不同类型的燃料成本、燃料运输成本等因素。

（2）参考价格。爱尔兰可靠性期权机制的参考价格计算也较为复杂，但与意大利略有不同。

1）日前市场：对于日前市场中出清的电力（不超过可靠性期权拍卖确定的合同量），参考价格为日前价格。

2）日内市场：对于日内交易市场中出清的电力（不超过可靠性期权合同量减去日前出清量后的剩余量），参考价格为日内市场价格。

3）平衡市场：对于通过平衡市场出售的电力（不超过可靠性期权合同量减去日前和日内的出清量后的剩电量），参考价格为平衡市场价格。

4）系统服务：如果容量资源给系统提供备用等辅助服务，参考价格为该服务的合同价格。

（3）惩罚机制。爱尔兰可靠性期权的惩罚机制与意大利类似，在电力稀

❶ CONE：发电机组的新进入成本，cost of new entry 的缩写。

缺时，容量供应商的收益返还较大，作为对容量供应商的隐性惩罚。但是，爱尔兰的可靠性期权惩罚机制与行政性稀缺定价机制结合，进一步增大了隐性惩罚。

1）爱尔兰电力市场取消了发电商价格上限，实施反映失负荷价值的新价格上限，约为 11000 欧元/MWh。

2）平衡市场不设价格帽，引入“行政稀缺定价（administrative scarcity pricing）”函数作为可靠性期权产品的附加激励机制。当系统缺乏备用时，平衡市场价格由政策曲线来确定，以确保电力短缺时价格上涨。

爱尔兰可靠性期权结算机制中还设置止损限额（stop-loss limit），即罚款上限，以在价格长期高于行权价的情况下保护发电公司。目前爱尔兰的止损限额因子分为两类：① 年度止损限额因子设置为 1.5，即发电商支付差价限制在每年收到的期权费的 1.5 倍；② 计费周期止损限额因子为 0.5。如果某年度系统电力供应严重稀缺，容量供应商达到了其年度止损限额，止损限额制度可以最大限度地激励机组在该年度剩余时间内仍可保持可用。

8.6 欧洲跨国容量市场概况

目前，欧洲已经提出了几种跨境参与的容量补偿机制市场设计方案，但没有出现各方都满意的“完美设计”，具体跨境参与方式有隐式、半隐式和显式三种。欧洲现有的跨国容量机制如表 8－9 所示。

表 8－9 欧洲跨国容量机制

国家	中间方案	目标模式
爱尔兰	半隐式：联络线降额，参与拍卖（现有方案）	国外容量显式参与
英国	半隐式：联络线降额，参与拍卖（现有方案）	将咨询作为机制五年检讨的一部分
波兰	半隐式：联络线，参与拍卖（现有方案）	外国容量显式参与，主拍卖前至少 2 周组织针对国外容量资源的预拍卖
意大利	显式：外国容量，参与拍卖（条件不同于国内机组）（现有方案）	外国容量，显式参与（在国家间达成协议之后）
法国	国外容量参与（7000MW，现有方案）	国外容量显式参与（通过入场拍卖 ticketing system 预选）

目前欧洲正在试图建立面向全欧的容量补偿机制，但是还有很长的路要走。目前，一些国家采用了临时性的跨境容量机制，其中爱尔兰、英国和波兰目前采取半隐式模式，联络线降额之后，启动国内容量拍卖；意大利和法国则允许国外容量直接参与国内拍卖。下面进行详细介绍。

8.6.1 孤立市场模式

孤立市场模式粗略认为，联络线、国外容量资源都无法对国内容量充裕度做出的贡献，可以忽略，即直接孤立设计本国容量机制。大多数建立容量机制的国家都采用这种方法，这种方法适合相对电气独立、与区外资源的交换较少的电力系统。

8.6.2 隐式扣除机制

隐式扣除机制是指在制定区内容量需求时将区外资源的贡献直接扣除。区外资源隐式扣除机制是最简单的考虑区外资源对区内容量充裕度贡献的方法。如图 8－18 所示，首先对外国容量贡献进行评估，并从区内的总容量需求目标中扣除，此时容量需求曲线左移。区外容量本身并不能直接参与区内容量机制、也无法获得区内的容量补偿。欧洲很多国家在容量市场建设初期都采取此方式，例如法国和意大利就是如此，明确不允许区外资源、联络线参与容量市场，并由市场运营机构公布区外资源对区内容量的贡献。

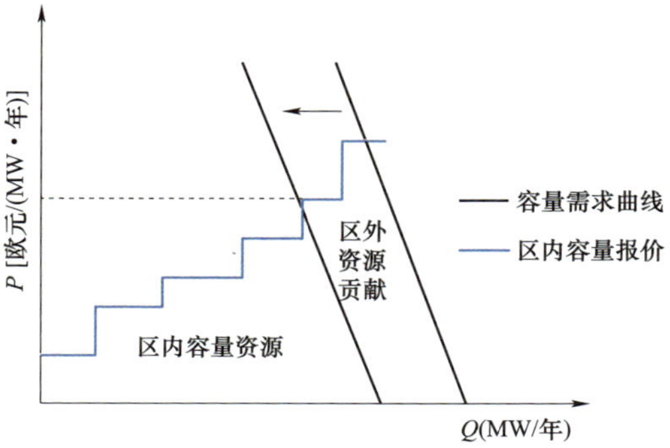

图 8－18　区外资源隐式扣除机制

如何计算区外资源对区内资源的贡献量是隐式机制最重要的因素，可以基于网络净传输容量进行计算，也可以基于潮流（flow-based）做计算。目前已实施隐式机制的市场中，区外容量扣除的计算方法尚未明确，大部分市场仅公布结果。

8.6.3 半隐式机制

半隐式机制市场机制下，只允许联络线参与区内容量机制并获得收益，但是区外的容量资源并不能参与，出清示意图如图 8-19 所示。目前，作为显式拍卖机制的过渡方案，爱尔兰、英国、波兰等实施了此机制，具体设计为：① 区外容量资源不具备参与区内容量市场的资格，也不会因此获得收益；② 联络线可以参与区内容量市场，按照区内容量的出清价格获得报酬，如果没有按照合同交割容量，则接受相应的罚款。

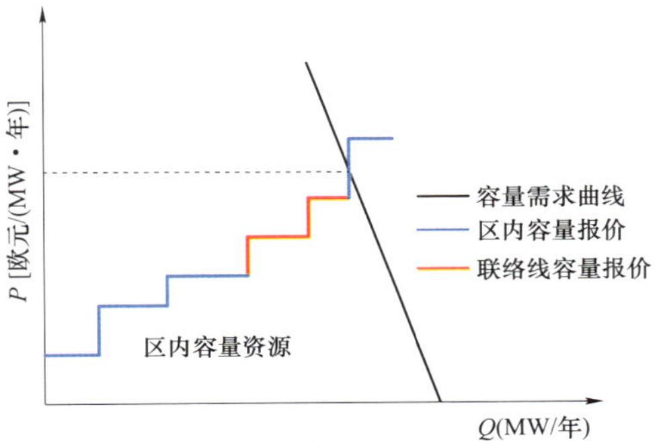

图 8-19 半隐式机制

容量机制设计的初衷是保障容量充裕度、提高电力系统的可靠性，因此获得容量补偿的成员需要保证可用性。半隐式机制下仅联络线获得容量补偿，因此需要承担相应的责任：① 区外容量资源不具备参与区内容量市场的资格，也不会因此获得收益，在区内稀缺时也没有相应的义务保证可用性；② 联络线可以参与区内容量市场，按照区内容量的出清价格获得报酬。如果没有按照容量机制合同交割相应的可用容量，不论是因为联络线自身的原因还是区外容量资源的原因，联络线都需要支付相应的罚款。为了保证区外发电机的可用性，联络线可以将一部分收入分给区外发电机。

在此机制下，如果联络线的容量报价低于出清价，则增大了区内容量市场的社会福利，有利于区内的用户。值得注意的是，由于联络线可用性等原因，联络线的可靠容量并不是其最大传输容量值。出于安全可靠性的考虑，也不允许联络线使用其铭牌容量进行报价，需要计算出联络线的可靠性容量。

目前，联络线的降额方法有：① 纯粹根据历史数据进行压缩，例如历史价差；② 使用失负荷价值计算来获得区域多样性收益系数（area diversity benefit factors）；③ 英国 Ofgem 于 2016 年 7 月采用的定性方法。

8.6.4 显式参与机制

显式参与机制是指区外资源、联络线都可以参与，美国 PJM、意大利等采用此机制。监管机构设定最大进口容量，邻近的区外资源可以参与区内的容量市场拍卖，获得与区内资源不同的价格。区内和区外的容量出清价差乘以区外资源出清量为共享收益，一般支付给联络线，由两端的输电系统运营机构平分。显式参与机制又可以按照拍卖机制细分为“入场券+报价共同拍卖”和“入场券单独拍卖”两种。

8.6.4.1 方式一：入场券 + 报价共同拍卖

区外资源直接报价，区外资源直接和区内容量资源一起出清。欧洲模式以爱尔兰为代表，进行两次拍卖，首先是国外资源预拍卖，每个同步区域分别组织，投标按升序排序，并由输电系统运营机构预先选择，直至达到相应的互联容量限值为止，然后启动国内主拍卖，国外资源报价不变，再次出清。如图 8－20 所示，在这种方式下，联络线对于区内的发电资源充裕度也有贡献，因此区外容量资源的拍卖收益不能完全分给区外资源，需要将容量阻塞费分给联络线。

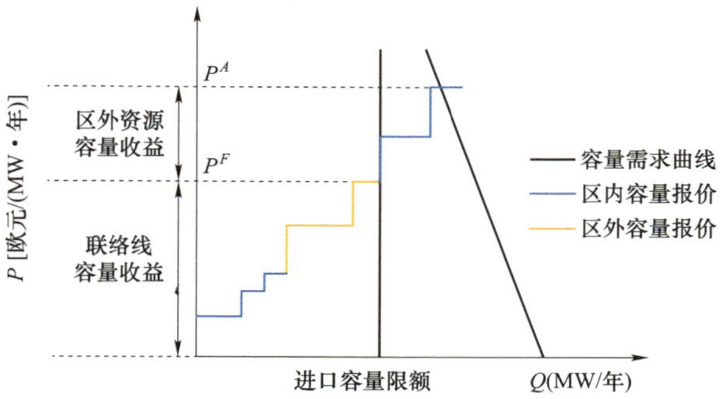

图 8－20 入场券 + 报价共同拍卖机制

P^A—区内拍卖得到的实际出清价；P^F—考虑区外资源限额得到的出清价

8.6.4.2 方式二：入场券单独拍卖

以法国为代表，入场券单独拍卖机制下，直接开展入场证书的拍卖，此时的共享收益为门票拍卖的总收入。如图 8－21 所示，举行两次拍卖。

（1）第一次拍卖：区外入场券拍卖。仅区外容量资源参与入场券拍卖，成功出清的容量资源将有资格参与区内容量机制。入场券拍卖的收入将分给联络线。

（2）第二次拍卖：区内拍卖。在第二次区内容量拍卖中，第一次拍卖成功出清的国外资源报价不变，放到第二次拍卖再次出清。

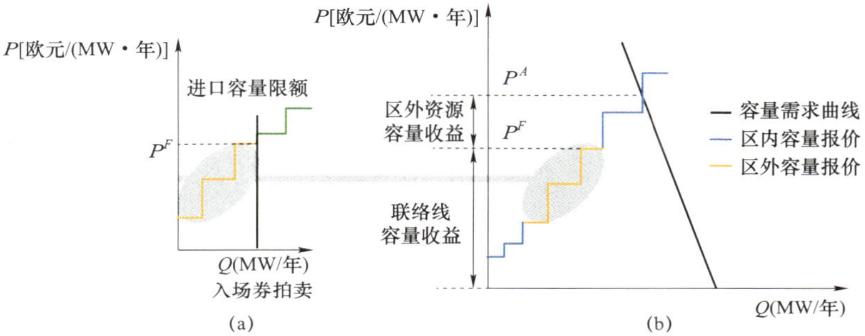

图 8－21　入场券单独拍卖机制

（a）区内拍卖；（b）区外拍卖

方式一和方式二的区别在于拍卖次数，理论上二者的拍卖结果相同。与半隐式机制同理，获得容量补偿的成员需要保证可用性。由于显式机制下区外容量资源、联络线都获得容量补偿，因此二者都需要承担相应的责任：

（1）邻近的区外资源可以参与区内的容量市场，按照区内容量的出清价格获得报酬，如果没有按照合同交割容量，则支付相应的罚款。

（2）联络线也获得一定的容量补偿，与半隐式机制下无论是联络线还是区外机组不可用，联络线都要承担惩罚的机制不同，联络线仅在自身技术上不可用的情况下支付罚款。

在此机制下，如果联络线或区外发电机的容量报价低于出清价，则增大了区内容量市场的社会福利，有利于区内的用户。

8.7　欧洲统一电力市场发电容量充裕度机制

欧洲议会和欧盟委员会关于欧洲内部电力市场的2019/943指令对于发电容量充裕度机制进行了顶层规划。该指令认为，成员国必须进行资源充裕性评估，如果识别到存在资源充裕性问题，那么有关成员国应当辨别出造成该问题的监管扭曲或市场失灵，并制定相应的计划，并提交给欧盟委员会审核。

在该计划中，需规定采取措施消除监管扭曲或市场失灵的时间表，并落实以下原则：① 消除监管扭曲；② 消除价格帽；③ 在平衡产品中引进稀缺定价函数；④ 增加联络线和内部电网的容量以充分发挥互联的作用；⑤ 采取措施使自调度、储能、需求侧能够参与容量市场；⑥ 保证平衡和辅助服务的采购基于成本—效益分析，且采用基于市场的方法；⑦ 取消管制价格。

该法令规定，要尽量减少容量机制的使用，尽量少签订新的合同，不是必需的情况下不能采用容量机制。如果实在要采用容量机制，优先采用战略备用机制。具体规定如下：① 如果不存在充裕性问题，成员国不应该引进容量机制；② 如果已经实施了容量机制，在没有资源充裕度问题的情况下，不能签订新的容量合同；③ 在采用容量机制前，有关成员国应与邻国以及这些邻国的利益相关方协商，全面研究这种机制可能对邻国产生的影响；④ 成员国应优先采用战略备用机制，如果不适用则可以采用其他类型的容量机制；⑤ 容量机制应该是临时性的，容量机制的执行期限不应超过 10 年，且应制定计划逐步淘汰容量机制或减少协议容量的数额。

在设计容量机制时，应遵循以下原则：① 暂时的；② 不造成市场扭曲，不限制跨区交易；③ 不超出解决充裕度问题所必需的范围；④ 通过透明、非歧视和竞争性的流程选择容量提供商；⑤ 提供激励使容量提供商在预测到系统有容量压力时是可用的；⑥ 确保支付给容量提供商的报酬是通过竞争确定的；⑦ 在选择容量提供商之前，明确容量提供商参与的技术类型；⑧ 允许所有能够提供满足性能要求的资源参与，包括储能和需求侧管理；⑨ 对在系统有容量压力时不可用的容量提供商施加适当的惩罚。

此外，对于建议优先采用的战略备用机制，该法令作出以下规定：① 战略备用容量一般情况下不调用，只有当输电系统运营机构可能耗尽其平衡资源才能确保供需平衡时，才能调度战略备用资源；② 如果调用了战略备用资源，说明当前容量紧缺，市场中的不平衡量应以失负荷价值、日内市场价格上限中的较高者结算；③ 购买战略备用的成本由造成不平衡的市场成员分摊；④ 参与战略备用的资源不得从电力批发市场或平衡市场获得报酬；⑤ 战略备用资源不参与批发市场和平衡市场。

9 市场竞争性与市场力

市场力可以通过设计合理的规则予以有效控制。本章的主要目的是从发电侧及电力零售侧两个角度，给出市场力防控“最佳实践”案例，并指导如何在电力市场运营中进行应用。在发电侧方面，北欧地区的多国电力市场整合可被看作是一种减少市场力的成功做法。在零售侧方面，挪威零售市场设计可被视为是实现有效零售竞争的成功案例。在讨论具体案例之前，先简要介绍一些与这些案例分析有关的基本概念与背景，其中还会涉及部分与可再生能源发电有关的市场力问题。

9.1 市场力定义和影响

让用户从电力体制改革中受益，这是欧洲推进电力市场化的基本出发点。具体收益形式有多种：① 随着生产与传输效率的提高、价格—成本利差的降低，电价水平将会下降；② 无论在短期、还是长期时间范畴，电力供应安全系数也将提高；③ 环保效益，即电力系统会变得对环境更加友好；④ 可持续发展，即长期来看，电力系统可以实现面向可再生能源的发展转型。本章主要关注前两个方面。

供电系统存在多种不同的组织与管理模式。在过去，“垂直一体化”以及“中央指令”是欧洲各国供电系统典型组织架构的主要特征。然而欧盟电力市场指令要求改变传统的“中央指令”体制，并给出了具体的实施步骤安排。随着行业“结构重组”和市场区域的整合，竞争开始成为可能，并将成为驱动电力系统效率提升的主要动因。

如果一个系统对“竞争”寄予如此厚望，那么显然系统中的“竞争”至少要做到“有效”。“有效竞争”是后续会被广泛使用的术语，它的意思是：真实市场也许不如教科书中完全竞争市场那么完美，但至少不存在垄断定价、各种形式的串谋以及市场操纵行为。然而，现实环境中确实存在很多不利因素，它们阻碍了欧洲电力市场实现“有效竞争”。

首先是市场力，即独立发电商或供应商抬高市场价格，获得超过正常竞争水平利润的能力。如果市场供应侧结构是高度集中型的，就容易引发市场力问题，但这并非市场力的唯一决定因素，集中度低的市场也有可能存在市场力，供给侧集中度高是出现市场力问题的充分但非必要条件。

另一个影响“有效竞争”的因素是不合理的市场及监管设计。众所周知，由于存在各种形式的“市场失灵”，如果仅仅依靠市场自己，我们所预期的电力系统改革收益将难以实现。只有各种市场失灵均得到妥善有效的处理，供电安全性、环境友好性以及可持续发展才有可能得到保障。通过合理的监管制度设计，市场成员行使市场力的可能性将会受到一定程度的抑制。

如上所述，若某个市场主体可单方面地将市场价格提升至竞争水平以上，实现自身盈利增加，即可视为其拥有“市场力”。为了抬高市场价格，该主体往往会减少其对市场的供电；但只有当单方面减少供电增加的利差足够多，且大于发电量减少对应的利润损失时，该主体才能从市场力行为中受益。这也就意味着，只有市场主体规模占比足够大时，它才有可能行使市场力，即通过很小规模的自身供电减少，实现较为明显的市场价格抬升。换句话说，此类主体必须是“相关市场”的关键供应商。

关于所谓的“相关市场”，并不存在一个准确的定义，但在竞争性政策环境下，“相关市场”往往指向特定产品类型与特定地理范围。具体就电力而言，由于没有其他相似替代品，因此产品类型这个维度是非常清晰的。换句话说，针对品种单一的电力商品市场与电力供应行业展开关于市场力讨论是合适的。

然而地理范围这一维度要复杂得多。欧洲的电力供应系统是互联互通的，但由于不同地理位置的供应和需求情况不断改变，互联容量需求也在持续变化。这种情况下，电力商品的“相关市场”地理范围并不是那么一成不变；

相反，随着时间推移，市场地理范围可能发生显著变化。在市场力分析与政策制定时，电力市场上述特点极其重要，需要审慎对待。

还有一个技术特性方面的问题，它也与电力市场的市场力息息相关，需要重视。如果发电装机中有一定比重的水电，且可以在水库中蓄水，这可能导致很难行使市场力。如果水电厂在某一个时间点减少出力，那么将会不得不在未来某个时间增加出力（除非水库蓄水发生泄漏）；水电厂减少出力和抬高市场价格能否获得多余的利润，能否超过后续出力增加带来的利润损失，具有很大的不确定性。

当存在市场力时，市场主体间的收入会出现分配调整，即从用户端向电力供应商转移；同时还会增加社会成本，因为用户虽然付出了更高的代价，但并没有获得更好的服务。如果市场力行使主体毫无动力压降成本或开展创新以实现未来效率提升，那么情况还会更糟，由此导致的额外社会成本数量会更多。总之，行使市场力将产生额外的成本，并且这些损失难以发现和量化。

但是从长期看，由于存在行使市场力以获得暂时性垄断利润的极大可能，这也有可能反而会激励创新，提升电力系统效率。只要行使市场力会吸引新市场主体的进入，他们终将通过竞争消除利差，此时市场力监管不是必须的，甚至其实质上反而会具有不良影响。但如果限制新成员准入，且市场力在很长一段时间内都存在，那么就有必要制定削减市场力的监管政策以保护用户的利益。

9.2 市场力评估

市场力严重程度经常以所谓的价格—成本利差率指标进行衡量，即价格减去边际成本之差占价格的比例［（价格－边际成本）/价格］，这一比率被称作勒纳指数（Lerner index）。该指标的隐含前提假设是，市场力不仅真实存在且已经行使。如若某市场主体有能力行使市场力但暂未行使，勒纳指数将反映不出市场力的存在。

理论上，勒纳指数是一个非常简洁的评估方法，但实际上可能很难进行应用。原因很简单，商品或者服务供应相关的边际成本信息往往是缺失的。然而就电力工业而言，情况又比较特殊，发电和供电成本相关的大多数相关信息都可公开获得。

就化石及核能发电来讲，可变成本中的绝大部分是燃料成本，燃料价格信息获取渠道比较多。在以水电为基础的电力系统中，其可变发电成本主要对应跨时段蓄水的机会成本，这也是一个可以计算出来的参考值。很显然，发电和供电边际成本的外部估算结果可能与实际情况有差异。但在发电和零售市场中，如果出现过高的价格—成本利差率，无需进行针对性的监测评估也可以发现。

尽管电力市场中有直接量化评估市场力程度的可能，然而各种间接性方法的应用并不鲜见，也非常有效。比如说，分析计算市场结构特征就有助于发现市场力风险，可以帮助锁定某个或多个具有行使市场力潜能的公司。当然，此类间接方法反映的是潜在市场力，而不是市场力实际行使情况。

结构化评估指标有多种，但有一个市场结构指标非常值得关注，即市场卖方的集中度。然而这个集中度指标也有其缺陷与不足，它忽略了对两个非常重要市场力影响因素的考虑：① 市场准入条件，如果新主体能非常容易进入市场，那在较长的时间跨度上看，已有市场主体是无法行使市场力的；② 需求的价格弹性，在需求侧存在较高价格弹性时，某一供给主体单方面希望减少供给以提高价格和利润，这是很难实现的。

具体到电力行业来讲，上述两个方面恰恰都不是那么理想。首先电力行业用电需求缺乏价格弹性，在短期运行时尤其如是；另外，电力市场的准入门槛也比较高。因此电力行业的结构非常稳定，用户很难在价格上涨时快速响应并降低用电需求，这反而意味着应用集中度评估方法有一定的合理性。但由于电力行业还具有一些其他方面的特殊因素，所以在市场集中度方法外，还需要引入其他的方法帮助进行市场力评估。

由前面几章的介绍可知，电力市场中某一特定时刻的实际交割量来源于四个部分：① 发电商与售电商的远期双边交易；② 两方的日前市场交易；③ 两方在日内市场上的调整；④ 输电系统运营机构在实时运行时为了确保系统平衡实施的调度干预。更加值得注意的是，受限于区域输电容量或其他规则约束，电力系统的物理特性决定了发电与用电必须在一定地理范围内保持实时平衡。

在如此复杂的市场中，发电商或多或少都可以找到一些机会抬高市场价格实现获利，这即是行使市场力。比如说，如果某区域发生输电网络阻塞，且恰好区内存在容量未完全利用的发电商，它完全可以利用这一容量约束所赋予的垄断地位进行价格操纵。有些发电商处于某些特殊节点位置，甚至有能力制造人为的系统阻塞进行牟利。以上情形的出现并不鲜见，如果发电商想有所动作的话，并不需要有很大的年度发电量，时机合适即可。

这种临时性市场力可能会导致出现非常显著的“尖峰价格”，即较短时间内发生较大的价格上涨。尖峰价格进行跨时平摊之后对平均价格的影响可能较小，但是制造尖峰价格的发电商盈利却会盆满钵溢。当然在少数极端情况下，也会出现即使行使市场力的发电商只占很小一部分，一段时间内的平均电价也都受到显著的影响。

如果某发电商控制了很大比例的“负荷跟踪”容量（即用于补充实际负荷与核电、化石能源等基荷机组出力差额的发电容量），他们或多或少都会有一个相对稳定的负载系数，此时就比较容易影响平均电价。在具有蓄水调节能力的前提下，虽然其负载系数变化会比较大，但水电也可视为拥有“负荷跟踪容量”。一个拥有较大份额可用负荷跟踪容量的发电商，并不一定会是年度发电量大户，但他们经常会成为能够调增出力以满足负荷需求的唯一发电资源，作用极其“关键”，因此也就具有相当大的市场力。

尽管“大”发电商往往也是“关键”的，事实上很多小规模的发电商也可以非常“关键”，这说明市场力分析不能只局限于主体规模大小和行业集中度。正因如此，在非市占率和集中度等指标之外，还有一些特定的方法聚焦于“关键”发电商的市场力评估。但比较麻烦的是，“关键”发电商监测分析需要比较多的经验数据。

关键供应商指数（pivotal supplier index，PSI）是最为典型的评估方法之一，它反映的是在一段时间内某给定发电商居于“关键”位置的交易时段占总时段的比例，可以用于评估潜在的市场力程度。另一个潜在市场力评估指标是剩余供给指数（residual supply index，RSI），它衡量的是将某给定发电商全部竞争对手容量汇总后，可以满足当前负荷需求的程度。如果剩余发电容量可以完全或者超额满足用电需求，该疑似发电商将不具有市场力。但如果剩余发电容量满负荷运行仍无法满足市场需求，那么该发电商是能够影响市场价格的。

由此可见，尽管有时市场集中度很低，但电力市场仍有可能会受市场力问题困扰。当然，如果市场集中度很高，很有可能最大的一家或两家发电商将会变得很“关键”，此时 PSI 和 RSI 指标值将比较高。因此在电力市场中，从市场力评估角度来说，规模和集中度往往需要关联看待；单一指标本身都有局限，但是基于市场力评估经验，它们二者的关联评价可以更好地反映市场力情况，毕竟市场集中度只是市场力的充分而非必要条件。

在分析欧洲电力市场的市场力问题时，我们将采用标准的行业集中度方法，分析欧洲电力供应市场的结构化发展特征。前 *X* 大发电商的市场份额之和（用 CX 表示）是最为典型的指标之一。应用时一般会关注几种特殊情况，如 C1 和 C3 分别表示最大单一发电商和前三大发电商的市场份额。另一个经常使用的集中度指标是 HHI，它反映的是所有市场参与者市场份额百分比的平方之和。在企业行为满足特定假设时，勒纳指数与 HHI 成比例关系，也可以用来进行市场力评估。

在讨论这些评价指标和方法的实际应用之前，我们需要注意的是，电力市场具有不同于其他普通商品的特殊性：各种容量约束增加了行使市场力的可能。因此在总发电能力相较需求变得稀缺时，发电商变得很“关键”的概率将急剧增加。同样的，如果电力网络容量无法同步跟上输电服务需求的增加，在网络阻塞产生的局部市场中，发电商变得“关键”的概率也会增加。

在电力市场化改革背景下，以上这些观察结果的指向比较明确：如果欧洲希望实现电力市场竞争和一体化所预期的效率提升，那么就有必要减少过剩的发电容量；但随着发电容量稀缺性日益增加（也可能主要发电商故意为之），如果放任市场力问题的发展，那么强化竞争所期望的潜在效率提升将难以出现。

电力市场竞争是一种公共商品，需要经由各种灵活的竞争政策以及各种可能形式的监管办法予以保障实现。更进一步，在决策输电容量和互联容量扩容的时点、位置和规模时，输电系统运营机构应该充分考虑它们对于促进市场竞争的额外收益。

9.3 欧洲电力工业的集中度及其结构性调整

如果欧盟国家成为一个单一的电力市场，那么市场集中度应该会非常低。可以通过数据看到：欧盟的平均年度电力消费量大约为 3000TWh，而法国电力（Electricite De France，EDF）作为最大的发电企业，其年度发电量为 480TWh 左右，仅占到总电力消耗量的 16%，前三大发电企业的 C3 和 HHI 分别为 0.50 和 1800，均低于警戒线。

然而实际情况是，欧洲范围内的跨境电力交易依然还面临较多实质性障碍。首先是存在诸如市场开放程度差异以及输电费用等制度性障碍，由此导致远距离电力交易时，输电费用会不断“叠加（pancaking）”。各国之间互联容量不足，甚至有些国家内部输电容量也受限，这是电力交易面临的另外一类障碍。需要注意的是，输电互联容量是否“充足”，这更多的是一个经济问题而非物理问题；问题的关键点在于：互联容量是否足够大，以便能够顺利进行跨境交易，从而使得相邻国家和地区价格趋于相同。

根据以上价格均一化原则，欧盟的互联容量目前明显不足，欧盟的国家被切分成若干个“电气岛”，各岛之间的互联容量非常有限，无法通过跨境交易实现价格趋同。电气岛的数量当然取决于它的定义，但是基本情况是清晰的，欧洲电力市场不同区域的价格差距较大。更进一步，其中一些区域市场表现出了相对较高的集中度（见表 9－1）。

表 9－1　欧盟区域电力市场竞争性情况

区域市场	人口规模（百万）	电力消费规模（TWh）	C1	C3
伊比利亚市场	50	257	35%	64%
西欧市场	169	1208	36%	64%
东欧市场	59	236	16%	34%
北欧市场	24	380	20%	43%
亚得里亚市场	73	425	34%	51%
英国市场	60	373	18%	41%

来源：vattenfall, Annual Report 2005。

注　C1—规模最大的发电商的市场占有率；C3—规模前三名的发电商的合计市场占有率。

当然以上那些“电气岛”内部也存在互联容量限制，这又产生了更多的区域或国家级细分市场。在多个国家的内部市场中，前三大发电商的市场占比合计均超过 70%。如果要充分发挥欧洲统一市场的价值，输电互联网络还需要进行大规模的扩容。在欧洲市场一体化工作完成之前，某些区域和国家的集中度水平表明它们存在较严重的市场力风险，这将扭曲价格并影响资源优化配置。

欧盟电力市场一系列指令为欧洲电力行业结构的根本性变化打开了一定的空间。指令的目标是实现电力行业的竞争性业务（发电和售电）与自然垄断业务（输电和配电）的分离。结合市场开放和电网第三方公平接入的相关规则和监管条例，以上指令为各国发电和售电市场的开放竞争奠定了坚实基础，并为跨境交易和市场整合提供了可能。

欧洲电力行业并没有消极地等待市场一体化进程的完成。同步于逐步消除欧洲跨境电力交易障碍的渐进式改革行动，欧洲电力市场也在以兼并和收购的方式开展横向整合。横向整合的关键特点是主流电力企业开始在传统的国家内部市场之外进行业务扩张。在过去的数年间，法国电力（EDF）、德国能源集团（RWE Energie）、意大利国家电力公司（Enel Group）、德国意昂公司（E. ON Energy）等欧洲主要电力公司以及一些其他大型电力公司，其国际业务增长均超过各自传统国内市场电力消费的增长。

从市场集中度角度看，横向整合过程的影响是复杂的。在欧盟层面，集中度显著增加但仍然维持在较低水平，这对于欧洲统一电力市场的市场竞争不会有太大的影响。然而对于单个“电气岛”来说，行业横向整合对市场集中度的影响是不利的。因此我们有必要区别对待以下两种不同类型的集中度问题。

（1）集中度提升“类型 1”：当兼并或收购涉及的发电企业在所处“电气岛”拥有支配地位。所谓“支配地位”，并没有一个准确的定义，但是为了实现市场支配，发电商需要达到至少 40%的市场占有率；此时集中度指标 C3 和 HHI 均会很大。如果发生兼并或收购，该发电商的支配地位将得到进一步增强，其行使市场力的风险亦会增加。换句话说，这是一种会威胁有效竞争的集中度提升情况，德国意昂公司（德国第二大发电商）与费巴公司（VEBA Oil & Gas）、维尔格公司（VIAB AG）最近的兼并重组就是一个“类型 1”案例。

（2）集中度提升“类型 2”：当兼并或收购中并不涉及“电气岛”中拥有支配地位的任何发电商，且交易完成后亦不会使得规模扩大后的发电商在“电气岛”中占据支配地位。瑞典沃达丰电力公司（Energieleverancier Vattenfall）通过对德国当地规模相对较小的发电公司进行兼并收购，实现其在德国的业务扩张，这就是一个“类型 2”案例。其他的主要电力公司也同样收购了一些位于所在区域之外且规模相对较小的发电公司，并将继续进行其他兼并和收购。

在“类型 2”集中度提升案例中，C3 集中度指标完全未受到影响，而 HHI 会有小幅增加，但市场力的风险不会增加。相反，尽管市场变得更集中了，但小型发电商通过合并将更有能力与大型发电商竞争，市场竞争态势反而会更为激烈。这一观点也得到了另外一些观察事实的支持，欧洲监管机构总体上反对“类型 1”模式的横向整合，但是对于“类型 2”模式的整合却没什么意见。

9.4 批发电力市场的市场力抑制

由上面的讨论可知，区域市场或国家市场的集中度降低措施可以帮助抑制批发电力市场的市场力。为了做到这一点，有两个可选操作，且二者并不互斥。其一是拆分居支配地位的一家或多家发电商，促进新发电商进入市场。这一做法在英格兰和威尔士的应用可以说非常成功，作为单一供电主体的“中央电力局”（Central Electricity Generating Board，CEGB）首先被拆分为三家发电公司，然后逐步将现存的发电容量进行剥离，同时允许新发电商进场，最终市场集中度实现大幅下降。

另一个选项是整合两个或更多的国家或区域性市场，以此扩展电力市场的地理覆盖范围，这一市场整合策略在北欧国家得到很好的应用。国家或区域市场的一体化整合是建立欧洲统一电力市场的前提，同时这一做法本身就会带来多方面的经济收益。

此前孤立的市场在一体化整合后，将更具规模经济性且可促进电力交易的开展，这是可以预期的最基本收益。由于各个国家的边际发电成本并不相同，通过交易可以实现明显的互惠互利，提升整体收益。一些重要的发电资源地理分布不均衡，如有的地区适合发展水电，有的区域非常适合风电的发展，而另外一些国家与地区的天然气或生物燃料资源更加丰富，因此开展跨区交易可以实现多样资源的互济。但需要注意的是在一些小国家，拆分发电商可能会影响发电或容量备用等方面规模经济性的充分实现。

针对上述情况，也许可以考虑应用另外一种补救措施，帮助抑制批发市场的市场力，即建立远期合同交易市场。此时的重点不是增加某一给定市场的竞争主体数量，而是允许一定数量的发电商同时在现货市场和远期市场开展交易。根据经典经济学理论，寡头垄断公司有足够的动力进入远期合同市场，这将导致总发电量的增加和市场价格的下降，与市场中竞争者数量增加的效果类似。在签订远期合同后，由于价格锁定，发电商也就没有那么大的动力去控制发电提高现货市场价格。远期市场除了为现货市场价格风险提供对冲工具之外，它还可以在市场力抑制方面发挥重要作用。

设立北欧电力交易所是北欧国家的电力市场改革关键举措，它负责同时运营现货市场和远期市场。北欧电力交易所现货市场交易量占北欧地区电力总消费量的 30%，而远期市场成交量是现货市场交易量的 5 倍，市场主体之间普遍性地签订远期合同。

如前所述，“拆分和市场准入”方法在英格兰和威尔士得到了成功的应用。从该案例中可总结出，审慎和合理的竞争政策设计可以在短期内显著降低市场集中度，为高效竞争铺平道路。在北欧国家，“市场整合与签订远期合同”方法是抑制市场力的主要措施。在接下来的章节中，将以北欧案例作为抑制市场力的最佳实践进行展开讨论。

北欧电力市场一体化有两项重要内容：① 面向第三方的开放性网络接入和合理的输电服务定价；② 建立一系列通用性规章制度，促进跨境交易的开展。只有当物理互联容量充足，且能够满足不断增长的负荷与跨境交易需要，市场一体化策略才能真正落地。

北欧地区有一个长期传统，即跨境电力交易发生在几家传统的大规模电力公司之间。这主要是因为各国的水电份额占比差异巨大，挪威占 100%、瑞典占 50%、芬兰占 15%、丹麦水电比例为 0；并且水力发电量在不同年份波动也较大，所以跨境交易收益很大，投资扩建互联容量可以带来较好的盈利。最终的发展结果就是，北欧国家间的互联容量相当大，挪威和瑞典之间尤其如此。

北欧电力市场建立的时间起点在 1996 年，挪威和瑞典之间的跨境电量规定价格在当年被废除，北欧电力交易所也在这一年设立。芬兰于 1998 年加入该市场，2000 年丹麦也全面整合进北欧电力交易所体系。这四个北欧国家都存在高市场集中度的问题，且都是国有电力公司占居于支配地位。特别是在瑞典，沃达丰电力公司占据了 50%以上的发电市场份额，具有非常大的潜在市场力。

北欧电力市场的关键性市场机构是由北欧电力交易所负责运营的联合电力交易所和远期市场。输电定价和互联网络阻塞管理的规则与监管办法也非常重要，它们是电力市场有效运营的重要保障。买卖双方承担的输电服务价格与双方所处的地理位置无关，也不应受相互间距离的影响；只有当净需求量超过总容量时，互联阻塞费用才为正。四个国家内部依然存在独立的输电系统运营机构，它们之间密切合作以确保电力市场的常态化高效运营，各输电系统运营机构与北欧电力交易所之间及时共享负荷预测和互联容量负荷率等有关信息。

在评估北欧国家的电力市场一体化情况时，需要重点关注两个问题。首先，采取的各项措施是否足以建了一个统一的北欧电力市场，判断标准是各国边境位置的批发电力价格是否趋同。其次，一体化市场中是否能存在或出现了一定程度的市场力。

接下来将就这两个问题进行简要讨论。在负荷上涨时段，联络线潮流有时会达到限值，此时北欧市场就会分裂成两个或多个局部市场。挪威的互联电力网络在 2000 年的大部分时间都是拥堵的，除此之外，其余年份 30%～60%的时段则完全实现了网内价格趋同，只有很小的价差。

如果是两个国家组成的局域性市场，价格趋同程度当然更高。自 1998 年以来，当芬兰加入了北欧电力交易所系统后，瑞典和芬兰市场在 75%～100%的时间内价格都是趋同的；而挪威和瑞典市场的相应时间是 60%～85%。但是瑞典也有 0～5%的时间是一个孤立的“价格岛”，价格与其他国家不一致。芬兰成为“价格岛”的时长一般也很低，但存在一些特殊年份，比如 2000 年达到 16%左右，2003 年达成 30%左右。大多数的情况下，丹麦西部区域与至少一个其他区域是完全一体化的，但挪威各市场分区和丹麦东部区域在 20%～30%的时间是独立的价格区。

由此可见，北欧地区并未完全做到价格趋同。然而鉴于价格趋同化程度已经相当高了，因此基本可将北欧电力市场视为一个统一性市场。换言之，基于现有物理互联网络容量以及其他各相关措施，北欧一体化电力市场足以建立。那么接下来的问题是，一体化市场的建立是否解决了各国家独立运营内部电力市场时会碰到的市场力风险。

基于标准的集中度评价方法，可用发现一体化市场已尽可能消除了潜在的市场力风险。例如，随着市场地理范围的不断扩大，Vattenfall 在相关市场的份额已经从 50%下降至 20%左右，且市场 C3 和 HHI 指标数值同样也有了改善。然而如前面所讨论，高集中度并不是市场力问题出现的必要条件。由于缺乏数据，不管是基于 PSI 和 RSI 的系统性预测，或者是基于勒纳指数详细估算均难以实现，因此很难进行利用它们进行市场力评估。

然而也有一些研究人员利用现有证据分析是否存在市场力被滥用的迹象，取得了一些可参考的结论。除了一些暂时性的“尖峰价格”外，现货市场价格的变化趋势本质上与边际成本的变化是高度相关的。此外平均的价格—成本利差也非常小，这也反映市场存在合理、有效的竞争。

在北欧电力市场上，下面列出的因素（排名不分先后）有助于防止市场力的形成、维持和行使。

（1）较低水平的集中度。作为市场一体化发展的结果，集中度较低；虽然目前尚未经过经验证实，但市场集中度的下降有可能也会促进“关键”发电商问题的改善。

（2）竞争政策。市场监管机构发出的信号，结合公司自身的战略目标，促使最大发电商 Vatternfall 走向北欧之外的其他电力市场。尽管交叉持股数量增加，但这些公司的增长战略也并没有导致市场集中度达到或接近一体化前的水平。

（3）签订远期合同。尽管远期合约在降低市场力方面的重要性难以量化，但远期合约仍然大量普及，签订比例非常高。

（4）市场规则。在面向所有市场参与者的信息披露方面，北欧电力交易所对交易规则做出了非常严格的规定。可用水电储备以及核电站的运行计划等信息不能再以公司机密为借口保密，均需要对外披露。

（5）发电装机中水电占比巨大。前面分析过，当前水力发电量的减少必然意味着未来的发电量增加，这使得水电占比大的发电企业很难成功的行使市场力。

区分以上因素的相对重要性程度不那么容易。但最后一个因素，即水电占比较大应该并非北欧电力市场没有明显市场力的主要原因。因此北欧各国政府为降低市场力影响所采取的以上组合策略可以被视为“最佳实践”。

9.5 零售电力市场的市场力抑制

欧洲电力市场化改革的目标是为了让用户受益，发电、输电和配电等各个环节所带来的效率提升最终需要反映到零售价格上。因此零售是电力供应行业一个非常重要的环节，零售价格与批发价格的差额应该反映配电和计量、计费以及仅提供给零售用户的其他一般性服务的成本。从终端用户角度看，是否存在高效的零售侧竞争也是衡量电力市场改革是否成功的关键。

在一个现货市场功能良好的电力市场中，用户可以直接在现货市场买电，并向属地配电商支付输电、计量以及计费等服务费用。换句话说，如果只是为了以现货市场价格向消费者供电，那么是没有必要引入零售商的。

由于所有用户都是直接连接在电网上的，零售商本质上提供的是一种金融服务。更准确的说，签订标准零售合同后，用户可以在任何时间消费任意数量的电能（在满足一定容量限制下），现货市场的量价波动风险完全由零售商承担。除此之外，零售商还负责计费结算，并可以提供信用支持、节电咨询等服务。保守一点来看，零售竞争至少可以带来规避量价波动风险、及时计量结算、信用和咨询服务等多种好处。

零售竞争成本主要包括两部分，第一项是管理每个零售客户用电情况的信息化成本，第二项是零售商开展竞争所耗费的营销成本。如果想取代零售竞争，直接的办法是直接将零售价格与现货市场价格挂钩，并对计量、结费和其他服务进行管制性定价（配电服务定价也一样）。因此是否引入零售侧竞争，这完全取决于竞争收益是否会超过成本。

事实上，新进入零售商会与现有零售商就客户和利润展开竞争，他们有很强的动机使自己的成本维持在低位，且为客户们提供具有吸引力的价格和服务。新进入者与现有零售商间竞争的结果就是，批发电价与零售电价间的价差被充分挤压，并让利于用户。相比直接调控成本和利润，如果零售竞争能够更有效地向最终用户传导批发竞争收益，零售竞争的存在就是必要的，因此零售市场需要保持合理的竞争性，从而使期望收益成为可能。

在批发电力市场中，由于进入门槛非常高以及输电容量限制，现有市场参与者可免于激烈竞争。但在零售市场中，进入市场并不需要投建资本密集的基础设施，虽然各种许可和准入要求意味着新公司进入市场也需要花费一定的成本，但总体来说门槛相对比较低。然而，用户的零售商转换和信息获取成本较高，从而导致他们较少切换零售商，这可能是进入电力零售市场面临的最重要门槛。如果终端用户都不转换到更有效率的零售商，现有服务商就可以收取更高的费用，从而使得用户无法享受电力市场提效收益。

基于以上这些观点，挪威零售电力市场设计和实际运营表现可视为一种“最佳实践”，接下来的章节将详细讨论。

挪威是第一批进行电力行业重组的国家之一，它的零售市场表现优异已成为大家的共识，可以认为是值得行业借鉴的典型实践，主要有以下几个方面：① 零售商自由准入；② 零售商集中度较低；③ 透明的供电价格和服务条款；④ 自由选择零售商和合同套餐；⑤ 零成本零售商转换。

下面将对这些典型特性进行简要的评论。

（1）零售商自由准入。任何有意向的公司都可以在挪威市场自由交易电力。遵照《挪威能源法案 1990》的规定，任何参与电力交易的实体均必须持有交易许可证，但这种许可证制度不会妨碍零售商自由进入电力市场，而是旨在通过经济合理的电力交易保障用户的利益。挪威零售市场同时也对外资公司开放，如芬兰富腾公司（Fortum Market AS）就是挪威市场上一家规模比较大的零售商。

（2）零售商集中度较低。一方面由于市场可以自由准入，另一方面也因为传统的居民供电公司历史上结构本来就比较分散，挪威电力市场零售商集中度很低。2004 年总共有 226 家公司参与了交易，而其中有 80 家专注于零售业务，不经营任何其他业务。在 130 家为居民用户供电的公司中，约有 30 家同时在其他国家开展零售业务。

某一地区现有零售商的竞争程度是反映该地区零售竞争水平的另外一个重要方面。在挪威整个市场中，已有的主要零售竞争集团由 15 家供电企业组成，这一数量已经足够确保充分竞争了。

（3）透明的供电价格和服务条款。挪威竞争监管机构会定期将终端用户电力零售合同的套餐价格和服务条款上传至互联网。终端用电企业信息依据其价格（相对于平均用电量）和合同类型进行详细列示，而提供该合同的零售商信息也很容易查询得到。当然并不是所有的电力零售商都活跃在整个市场地区，用户可以选择其居住的区域查看相应的价格和服务条款。

（4）自由选择零售商和合同套餐。用户可以直接在网上自由选择零售商签订售电合约，被选中的零售公司将会负责完成必要的变更手续（如旧合约的取消、通知配电公司变更计量信息邮寄地址等等）。用户可以在三大类别的合同中进行选择，它们分别对应不同的价格风险：固定价格合同、现货价格合同和标准化可变费率合同。

固定价格合同的有效时间存在差异（例如，可以是一年或三年），目前 20%左右的居民用户用电量通过这种形式的合同进行出售。现货价格合同一般是以月度现货电价平均值为基础，并考虑加价，也许还包含一个适用于所有时段的最高支付价格上限可选条款；居民用户用电量的 16%通过现货合同购得。标准可变价格合同通常由所在区域的现有供电商提供，那些没有改变供电商和合同类型的用户将面临这种形式的合同，这种合同的电价可能会在短时间内（如 14 天）被告知需要调整；居民用户用电量的 64%左右通过该种合同进行购买。标准化可变电价合同曾经很好地帮助稳定了价格，在一年中仅有几次季节性的调整，但近年来由于电力零售商竞争加剧，此类合同价格波动幅度加大，也更加频繁。居民用户选择非本地零售商的占比也越来越多，每季度零售商转换的比率一直在波动且呈现上升趋势。

（5）零成本零售商转换。《挪威能源法案》颁布后的一段时间，为了防止家庭用户从其他供电商处购电，电力零售商开始要求更高的零售商转换费用以及较长的解约等待期。然而这一情况在 1997 年 1 月 1 日被禁止，自此之后如果用户想更换供应商，它们无需支付费用且更换周期为 2～3 星期即可。此外，更换零售商所需的非资金成本（如零售商和套餐搜索成本等）也通过挪威竞争监管机构的高效信息披露而得到有效降低。

自 1990 年代中期以来，挪威推动了上述零售市场组织结构变革与改善，并将电力市场改革收益有效传导至挪威电力用户。首先，用户终端电价平均值与现货市场价格之差显著缩小；其次，提供给消费者的合同价格变化越来越少，这表明零售商竞争日益激烈。

然而在挪威零售市场发展历程中，也发生过平均终端用户价格出现较大波动的时期，主要原因是现货价格呈现明显的月度、季度和年度变动。此时虽然用户实质上面临的价格风险加大，但也意味着用户的用电价格与真实的全社会供电机会成本越来越一致。同时，暴露于变动的价格之下，会引发用户侧做出需求响应，这对于社会来说是有正向经济效益的。当然，对那些不愿意面对价格波动风险的用户，他们仍有机会选择固定价格合同。

9.6 环境监管、新能源发电和市场力

环境监管在很多个方面都会对电力行业和电力市场的发展造成影响。性能标准、技术约束、燃料类型以及环保税费均会影响发电和输电成本。相比存量机组，性能标准对新进机组更为严苛，进而会影响市场准入条件与电力市场竞争水平。与致力于建立欧洲统一电力市场的一系列市场规则与监管规章一起，以下的两个环境政策目标以及与之相关的一系列监管规定也将在未来数十年间长期影响电力工业的发展。

第一个目标即是按照《京都议定书》要求减少温室气体排放。为了实现议定的减排目标，欧洲排放权交易制度（european emission trading scheme，EETS，电力工业也包含在内）开始实施。另一个目标是遵照《欧盟可再生电力指令（2001/77/EC）》大规模引入可再生能源发电。为了达到可再生能源发电目标，一些国家已经引入或者计划引入可交易绿证（tradable green certificate，TGC）机制。

欧洲排放权交易制度包含两个主要部分。第一项制度是针对特定资源组合污染物总排放量的限制，如特定区域和特定行业的工厂排放限制。为了实施排放总量约束，配套发行了可交易排放许可权证，每个排放权证允许持有

者排放指定数量的污染物，权证允许排放量与权证数量的乘积等于排放量总限额。第二项制度为排放权证在不同资源和经济体中的数量分配。一旦市场价格确定且排放权交易开始，所有资源类别的每一个单位排放都需要承担一定的经济代价。在此情况下，排放权证逐渐成为一种金融资产，并成为其所有者财富的一部分。

即使其他条件不变，由于需要完成二氧化碳排放交易要求，相较于核电、水电、生物质发电和风电等非化石发电，化石能源的发电成本会增加，相应的批发电价水平也会随之水涨船高。由于不同国家和地区可选用的化石能源之外的资源类型条件存在差异，所以各自的发电成本也不一样，从而也会对跨境电力交易模式形成影响。长期来看，甚至发电技术类型选择都将受到影响。从市场力角度来看，碳排放交易的主要影响是将促进采用非化石发电技术的厂商进入市场。

可交易绿证是对风能、生物质能和水电等可再生电力实施直接财政补贴的一种替代方案。TGC 机制基本原理是发电企业每生产一个单位的“绿色”电力就将获得一份 TGC，而用户需要根据其消费总电能量的一定比例购买 TGC，与“绿色”电力相对应的用电量占比称为“百分比要求”。这一机制设计意味着 TGC 需求将直接来自于用电需求，而发电商可以同时参加电力市场和绿证市场交易。作为一个生产“绿色电力”的发电企业，其发出的每一个单位电量都可以在两个市场上获得收益，可再生能源发电竞争力显著增强。

考虑到欧洲排放交易制度已经建立，且电力工业也已经包含在该机制内，绿证机制存在的必要性似乎并不显著。二氧化碳排放许可证收入加强了非化石能源发电的竞争力。在大多数欧洲国家，核电和大规模水电的建设都受到很严格的限制，而二氧化碳排放许可证收入实际上是对于风电、可再生能源和小型水电站的一种补贴，它们也正是绿证机制所支持的发电技术。然而可再生能源发电量目标的实现，仅仅通过排放许可证交易是不够的。

引入绿证交易机制不仅仅为了对排放许可证交易进行补充。首先，绿证交易机制可以促进可再生能源发电的增长，这实质上提供了一种公共产品，即确保了欧洲电力市场发电装机的多样性。其次，与第一个方面有关联，但更加强调了发展可再生能源发电技术的必要性，并可降低绿色发电的成本。尽管以上两个观点都有道理，但在绿证机制引入之前，还是需要进行全面翔实的分析，弄清支持可再生能源发电大规模发展的成本和收益，并就各种促进发电多样性的政策展开评估。

在目前的情况下，“百分比要求”限制直接将绿证市场和电力市场联系在一起，绿证机制的这一关键设计可能会在电力市场中制造出行使市场力的新机会。因此某发电企业如果能在绿证市场行使市场力，实际上也就能在电力市场行使市场力。在很多情况下，在绿证市场获得支配地位比在电力市场要更为简单。例如风电场选址合适的话，即风资源条件优越且距离输电线非常近，这将成为一种市场稀缺资源。因此绿证机制设计需要非常谨慎，否则将成为市场成员在电力市场上行使市场力的一个手段。

瑞典的绿证交易机制自 2003 年 3 月开始实施，终端用户的绿证价格在 0.3 欧元左右，相当于电价的 8%～10%（不包括电网费用和税）。尽管目前评估瑞典的绿证机制成效还为时尚早，但我们可以看到它确实存在一些明显的问题，这个机制还远谈不上是“最佳实践”。最重要的是从长期来看，这一机制的规则设计与监管制度具有较大的不确定性。例如第一版规则原计划有效期是到 2010 年的，但在 2007 年，随着挪威—瑞典 TGC 共同市场的建立，就被一系列修改后的规则设计制度替代了。政策规则的不确定性和绿证机制的长期性，二者在一定程度上抑制了新能源发电的投资积极性。

第三篇

市场耦合模型与算法

10 输电容量分配与阻塞管理

跨区输电容量（cross-zonal capacity）是保证电力市场成交电量在电力系统中安全传输的关键约束。为确保跨区输电可靠性，以及使市场交易最大限度使用跨区输电容量，欧洲《容量分配与阻塞管理导则》(CACM GL）和《远期输电容量分配导则》为远期交易和日前市场耦合提供了一个容量分配协同框架。这两个导则的容量计算准则相同，《容量分配和阻塞管理导则》要求：① 输电系统运营机构应计算全部类型市场（中长期、日前和日内）的跨区容量；② 建立容量计算区实现跨区容量在各类市场中的计算和分配；③ 每个容量计算区内的所有输电系统运营机构应与指派的区域安全协调机构合作，采用潮流法或可用传输能力法计算跨区输电容量。

容量计算区和区域安全协调机构在第 3 章里已经有详细描述，同时潮流法和基于可用传输能力法的概念也已在第 3 章里介绍，这一章将首先简要描述跨区容量计算的关键概念，再详细解释潮流法容量计算原理和流程（远期和日前），然后描述远期市场交易中的输电期权及远期输电容量的协同分配机制，以及统一分配平台（single allocation platform，SAP）。

10.1 跨区容量计算关键概念

欧洲统一市场的目标是在各区域的需求和供应平衡的基础上，在满足电网限制的约束下，实现最大化社会福利。市场出清算法可以简要概括如下。

目标函数为

$$\max_{x_{b,x}} \sum_{b,Z} Q_{b,Z} P_{b,Z} x_{b,Z} \qquad (10-1)$$

式中：$Q_{b,Z}$ 是市场成员 b 在市场区域 Z 内的容量，发电量为负，负荷为正；$P_{b,Z}$ 是市场成员 b 在市场区域 Z 内的价格；$x_{b,Z}$ 是市场成员 b 在市场区域 Z 内的报价中标比例，$0 \leqslant x_{b,Z} \leqslant 1$。

约束条件为

$$\sum_{b} Q_{b,Z} x_{b,Z} + NEX_Z = 0, \forall Z \qquad (10-2)$$

即对于每个区域，发电量、需求量和电网净输出量的和为 0。NEX_Z 指市场区域 Z 的净输出量，正值指区域电网净向外输出电力，负值指净向内输入电力。

广泛意义上的电网约束为

$$-\overline{\overline{F}}_l \leqslant F_l \leqslant \overline{F}_l, \forall l \qquad (10-3)$$

$$F_l = f(NEX_Z), \ \forall l \qquad (10-4)$$

式中：F_l 为流经线路 l 的潮流；f 为关于 NEX 和电网潮流的函数。

跨区容量计算、分配和阻塞管理的核心是各容量计算区根据已知的公共网络模型，定义各个报价区之间的交易量与网络潮流的线性函数，确定相对应线路潮流限值，从而合理有效地管理跨价区网络潮流。

电力系统运行基于基尔霍夫定律和电网拓扑，执行市场交易（计划潮流）会形成四种对应的物理潮流（见图 10－1）：

（1）内部潮流（internal flow）：单一价区内的市场交易在该区域内电网线路上产生的物理潮流。

（2）跨区潮流（import/export flow）：单一方向跨区市场交易在关联价区联络线上产生的物理潮流。

（3）环状潮流（loop flow）：单一价区内的市场交易在相邻区域的电网线路上产生的物理潮流。比如，在德国北部和德国南部的市场交易，会有部分潮流经过波兰电网到达其目的地，这个现象会造成波兰与其相邻地区间交易的可用跨区容量减少。

（4）中转潮流（transit flow）：单一方向的跨区市场交易引起的第三方价区内的物理潮流。例如德国和法国间的市场交易在执行时，其部分潮流经过比利时，造成比利时与其相邻地区间交易的可用跨区容量减少。

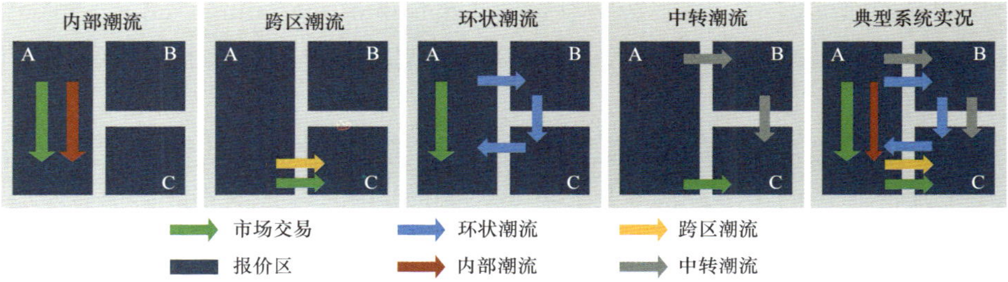

图 10－1　物理潮流类型

需要特别指出的是，环状潮流不是由跨区市场交易引起的物理潮流，因为潮流的起点和终点均在同一价区内,其电能交换并不受容量分配机制约束。环状潮流可以是计划或者非计划，两者间的区别在于容量计算和分配过程的协调程度。相反，中转潮流是非计划的，没有经过受影响的输电系统运营机构批准。跨区潮流分配的根本挑战在于采用合适的容量计算方法降低非市场交易性潮流的总量，而容量计算方法的核心是确定电网净交换量和潮流的函数关系（约束方程 10－4）。

10.2　潮流法计算原理

10.2.1　容量计算输入

10.2.1.1　关键电网设备和故障清单

每个输电系统运营机构基于各自的电网运行标准和安全规范，提供其控制区内的关键电网设备和故障（critical network element and contingency，CNEC）清单。关键电网设备可以是跨区输电联络线、区内输电线路或变压器。故障可以是单一设备故障包括线路/电缆/变压器、母线、发电单元、负荷或者以上设备的组合或全集的故障。

10.2.1.2 安全运行约束

最大容许电流 I_{max} 是输电系统运营机构依据其安全运行规章，根据设备的热稳定极限，即线路电流越限的允许持续时长（例如 115%的稳态物理限制电流可允许持续 15min），决定关键输电设备（如输电线、断路器、变流器或隔离开关）的最大容许电流限值。由于热稳定极限和保护性能参数会根据天气情况影响而改变，动态线路额定值（dynamic line rating，DLR）也会在需要的情况时被采用。原则上，最大容许电流采用的是由以上不同定义限流的最小值。

I_{max} 可以采用以下方式定义：① 所有市场时段下的固定限值；② 某一季节的所有市场时段下的固定限值；③ 每个市场时段下的不同限值。

关键电网设备的最大容许潮流 F_{max} 可表示为

$$F_{max}=\sqrt{3}I_{max}U \tag{10-5}$$

其中，参考电压 U（kV）是各关键电网设备的标定值；最大容许潮流 F_{max} 是计算潮流可靠性裕度（flow reliability margin，FRM）的关键输入。

关键电网设备上的最大容许潮流 F_{max} 可根据最终调整因子（final adjustment value，FAV）增加或减少。若 FAV 为正（MW），则关键电网设备的可靠性裕度缩小，FAV 为负则相反。

为维持电网安全运行，除了单个关键电网设备的有功潮流限值，中心容量计算区同时考虑了各价区的区域最大交换电量约束，包括每个区域的净传输电量约束和全局净传输电量约束。价区的全局净传输电量约束可以用图 10-2 的例子解释。

在这个例子里，价区 A 的全局净传输电量为 2000MW[1000MW（在 CCR1 内的净交易电量）+500MW（CCR2 的输出电量）+500MW（CCR3 的输出电量）]。

10.2.1.3 单一电网和公共电网模型

输电系统运营机构首先选择和运行日条件相似的参考日，基于参考日市场出清结果和可再生能源预测、负荷预测和发电单元/电网设备的停电计划，对单一电网模型（individual grid model，IGM）进行修正，产生运行日的电网模型。

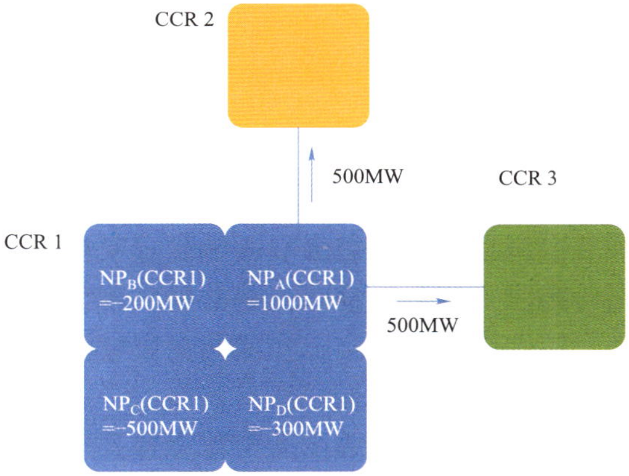

图 10－2 价区的全局净传输电量约束

容量计算区聚合区域内的所有单一电网模型建立公共电网模型。电网模型的聚合意味着区域内的发电和负荷平衡，所有电网的跨区电量之和必须为0，同时所有电网设备在不同的单一电网模型中的定义必须是一致的，否则电网设备将无法被聚合后的公共模型正确识别。

10.2.1.4 潮流可靠性裕度

容量计算是基于输电系统的预测模型，即运行日两天前预测的电力系统状态，也被称为 D－2 阻塞预测（day－2 congestion forecast，D－2CF），为降低预测偏差产生的风险，将关键输电通道出现过载的风险控制在一定水平之内，潮流可靠性裕度的目的是将输电通道的一部分输电能力预留下来，以应对可能的潮流波动。

潮流可靠性裕度的计算需要对每个时间段进行统计评估，计算概率分布以及参考风险等级定义。潮流可靠性裕度的计算流程如图 10－3 所示。

第 1 步：对于每个交易时间单元（1h 或 0.5h），在潮流可靠性裕度算法的一年观察期内，D－2 的公共电网模型需要根据实时电网平衡潮流进行修正。在得到修正后的 D－2 的 CGM 潮流（记为 F_{ref}）后，容量计算区可以基于 D－2 的潮流转移分布系数和已经实现的市场交易（包括日前和日内）得到与之对应的市场交易潮流。然后将市场交易潮流和实际运行时的潮流进行对比，由此得出的潮流为期望潮流（记为 F_{exp}），即

$$\vec{F}_{\text{exp}} = \vec{F}_{\text{ref}} + \boldsymbol{PTDF} \times (\overrightarrow{NP}_{\text{real}} - \overrightarrow{NP}_{\text{ref}}) \qquad (10-6)$$

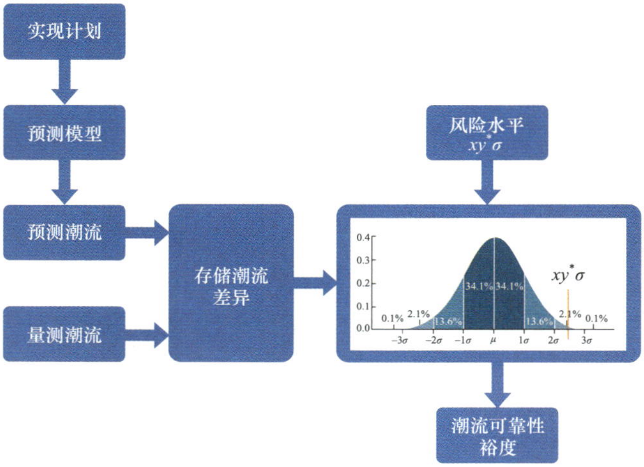

图 10－3 潮流可靠性裕度计算流程

式中：$\vec{F}_{exp}$ 为各 CNEC 的期望潮流；$\vec{F}_{ref}$ 为修正后的 D－2 CGM 模型给出的各 CNEC 的潮流；***PTDF*** 为修正后的 D－2 CGM 模型的潮流转移分布系数矩阵；$\overrightarrow{NP}_{real}$ 为各价区的实际净交换电量（基于实际交易）；$\overrightarrow{NP}_{ref}$ 为各价区的 D－2 CGM 模型给出的净交换电量。

对于同一观测时段，实际潮流是基于实时欧洲电网模型和实现的交易进行故障分析计算。对于各 CNEC，实际潮流（F_{real}）和 FB 模型给出的期望/预测潮流（F_{exp}）的计算结果需要保存起来用于以后的统计评估。

第 2 步：遵照《容量分配与阻塞管理导则》要求，可靠性裕度的计算是采用 90%的概率分布对应的结果，这意味着各中心输电系统运营机构接受 10%的通用风险等级。换言之，潮流可靠性裕度值考虑了 90%概率的历史误差影响。当然，各输电系统运营机构也可以选择各自的风险接受度，潮流可靠性裕度值会每年进行一次更新。

10.2.1.5 发电转换权重

发电转换权重（generation shift key，GSK）定义了电网净交换电量变化和价区内发电单元的映射关系。发电转换权重没有单位，在每个交易时间单元内保持不变。举例来说，若一发电机组的发电转换权重值为 0.05，这意味着电网净交换电量变化的 5%是由该发电机组产生的。发电转换权重仅包括参与市场且可调度的电厂，具体如燃煤电厂、燃气电厂、燃油电厂、抽蓄电厂以及常规水电厂。

10.2.1.6 矫正措施

矫正措施（remedial action，RA）是由各输电系统运营机构独立定义，分为预防性矫正措施（故障发生前采用，对所有 CNEC 均有效）或恢复性矫正措施。

一般来说，日前容量计算包含（但不限于）以下无成本矫正措施：① 改变移相器的抽头位置；② 一条或更多线路的开闭，将线路、变压器、母线或一个/更多电网设备从一条母线切换到另一条母线。

10.2.2 容量计算

潮流法的关键是计算潮流转移分布系数和剩余可用容量裕度。

10.2.2.1 潮流转移分布系数

潮流法需要基于区域—区域潮流转移分布系数矩阵进行计算。该矩阵代表了跨区净交换电量变化与各关键电网线路上潮流变化间的关系，是根据区域—松弛节点潮流转移分布系数矩阵、节点—松弛节点潮流转移分布系数矩阵和发电转换权重推导得到。

（1）区域—松弛节点潮流转移分布系数矩阵（区域 A，线路 1）代表了价区 A 的净交换电量变化对线路 1 上潮流的影响。

（2）区域—区域潮流转移分布系数矩阵（区域 A—区域 B，线路 1）代表了价区 A 和价区 B 间市场化交易变化对线路 1 上潮流的影响。

区域—区域潮流转移分布系数矩阵的计算包含以下步骤：

1）计算区域—松弛节点潮流转移分布系数矩阵，可表示为

$$\boldsymbol{PTDF}_{\mathrm{z},j}=\boldsymbol{PTDF}_{i,j}\times\boldsymbol{GSK}_{i,\mathrm{z}} \qquad (10-7)$$

式中：$\boldsymbol{PTDF}_{\mathrm{z},j}$ 为区域—松弛节点潮流转移分布系数矩阵（列：价区，行：线路）；$\boldsymbol{PTDF}_{i,j}$ 为节点—松弛节点潮流转移分布系数矩阵（列：节点，行：线路）；$\boldsymbol{GSK}_{i,\mathrm{z}}$ 为包含所有价区的 GSK 矩阵（列：价区，行：节点，每一列的和均为 1）。

式（10－7）说明区域—松弛节点潮流转移分布系数矩阵的列是节点—松弛节点潮流转移分布系数矩阵各列的加权和，权重为发电转换权重。

2）计算区域—区域潮流转移分布系数矩阵。区域—区域潮流转移分布系数矩阵（区域 A—区域 B，线路 1）可以通过区域潮流转移分布系数矩阵（区域 A，线路 1）减去区域潮流转移分布系数矩阵（区域 B，线路 1）计算得到，即

$$PTDF_{A\to B,l} = PTDF_{A,l} - PTDF_{B,l} \qquad (10-8)$$

3）线路 l 的最大区域—区域潮流转移分布系数为 CCR 内所有的价区间交易给相关线路潮流带来的最大变化，即

$$\text{最大区域—区域 } PTDF = \max_{A\in BZ}(PTDF_{A,l}) - \min_{A\in BZ} PTDF_{A,l} \qquad (10-9)$$

式中：$PTDF_{A,l}$ 为区域—松弛节点 $PTDF$（区域 A，线路 l）；BZ 为价区的列表。

下面的例子（见表 10－1）是一个典型的区域—松弛节点潮流转移分布系数矩阵。每个线路对每个价区均有一个区域—松弛节点潮流转移分布系数。例如，线路 3（CNEC3）的价区 A—松弛节点潮流转移分布系数为 14.6%。这意味着价区 A—松弛节点（松弛节点可位于其所在电网的任何位置）的 1MW 电能交易将会引起线路 3 上潮流负载增加 0.146MW。

表 10－1　　示例区域—松弛节点潮流转移分布系数矩阵

CNEC	区域 A	区域 B	区域 C
CNEC 1	4.9%	4.8%	–3.9%
CNEC 2	4.3%	–24.4%	–11.5%
CNEC 3	14.6%	–2.7%	–10%
CNEC 4	0.2%	–2.5%	–1.5%

以线路 1（CNEC1）为例，其区域 A—松弛节点潮流转移分布系数为 4.9%，其区域 B—松弛节点潮流转移分布系数为 4.8%，而区域 A—区域 B 的潮流转移分布系数通过（4.9%－4.8%）计算，其结果为 0.1%。所有区域—区域潮流转移分布系数均可按此方法计算，结果见表 10－2。

表 10－2　　区域—区域潮流转移分布系数矩阵

CNEC	A→B	A→C	B→C	max z2z
CNEC 1	0.1%	8.8%	8.7%	8.8%
CNEC 2	28.7%	15.8%	–12.9%	28.7%
CNEC 3	17.3%	24.6%	7.3%	24.6%
CNEC 4	2.7%	1.7%	–1.0%	2.7%

表 10－2 最后一列为各线路的最大区域—区域潮流转移分布系数。以线路 1 为例，其最大区域—区域潮流转移分布系数为 4.9%－(－3.9%)＝8.8%，计算方法为最大区域—松弛节点潮流转移分布系数减去最小区域—松弛节点潮流转移分布系数。

可以看到，表 10－2 中的线路 1 对于价区 A 和 B 间潮流的区域—区域潮流转移分布系数相对较小，其值为 0.1%。如果线路 1 有 100MW 的可分配剩余可用容量裕度（remaining availability margin，RAM），那么所有被提交的报价以及合约均会竞争线路 1 上的稀缺容量。当线路 1 的所有容量均被使用（且该线路在市场出清后阻塞），价区 A 和价区 B 间的所有增量交易潮流也将被阻塞，那么价区 A 和价区 B 间的 100MW 电能交换仅会使得线路 1 上的潮流增加 0.1MW。

10.2.2.2 关键网络设备的选择

各输电系统运营机构选取关键网络设备的规则为：① 跨区电网线路一定会被选择；② 其他关键网络线路的最大区域—区域潮流转移分布系数应高于一般阈值（CCR 采用的阈值为 5%）。

为了防止矫正措施导致的非市场化电网线路过载（换而言之其最大区域—区域潮流转移分布系数降至 5%阈值以下），这些电网线路会以被监视 CNEC 的形式加入算法中。

10.2.2.3 剩余可用容量裕度

RAM 是关键电网设备上的剩余可用容量裕度，可表示为

$$RAM_i = F_{\max} - FRM - FAV - F_i \tag{10-10}$$

$$\vec{F}_i = \vec{F}_{\text{ref}} + \boldsymbol{PTDF} \times (\overrightarrow{NP}_i - \overrightarrow{NP}_{\text{ref}}) \tag{10-11}$$

式中：RAM_i 为剩余可用容量裕度；$F_{\max}$ 为该线路上的最大容许潮流；FRM 为潮流可靠性裕度；FAV 为最终调整值；F_i 是 CNEC 基于参考潮流 F_{ref}、CGM（参考市场化场景）以及实际市场化场景 i 交易电量偏移的有功潮流；$\vec{F}_i$ 为市场化场景 i 下各 CNEC 的期望潮流；$\vec{F}_{\text{ref}}$ 为 CGM 模型中各 CNEC 的潮流（参考潮流）；$\boldsymbol{PTDF}$ 为潮流转移分布系数矩阵；$\overrightarrow{NP}_i$ 为市场化场景 i 下各价区净交换电量；$\overrightarrow{NP}_{\text{ref}}$ 为 CGM 模型中各价区的净交换电量。

对每个 CNEC、RAM 以及与其相关的潮流转移分布系数构成了潮流法约束，即

$$PTDF \times NP \leqslant RAM$$

净传输电量（net position，NP）和以上各个参数的关系如图 10－4 所示。

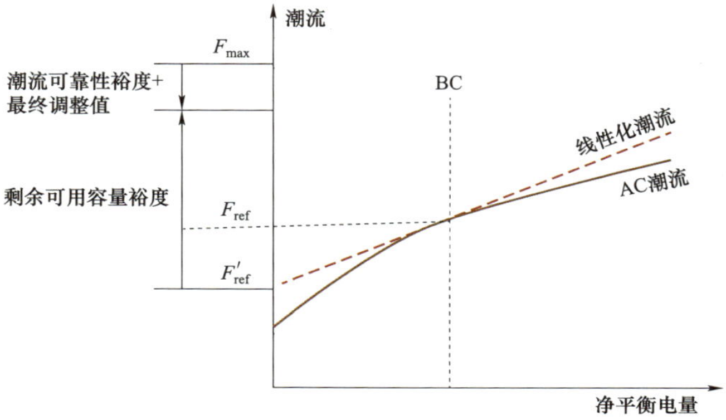

图 10－4　潮流、净交换电量和剩余可用容量裕度的关系

10.2.3　直流输电在潮流法的处理方法

因为直流输电线路可以直接控制输电功率，这意味着系统中其他节点的任何交易都不会在直流输电线路上引起过境电流。换句话说，如果所有联络线都是直流，则输电容量机制可以只采用基于可用传输能力方法。然而，当系统为直流与交流输电线路混联时，因为潮流法允许交流和直流交换之间公平竞争交流电网中可能的剩余容量，所以潮流法更适合容量分配机制。

直流输电和交流输电线路在单一分配机制中的混合通常被称为“混合耦合”。原则上潮流法用以下两种方法处理直流输电：

（1）标准混合市场耦合：直流输电线路的交换电量优先保留交流输电线路上的容量（即潮流法约束的余量）。

（2）高级混合市场耦合：直流输电线路的发送端和接收端建模为两个虚拟投标区，通过计算直流输电线路所连接节点的潮流转移分布系数，使直流输电线路的交换直接与潮流法约束的余量建立联系。

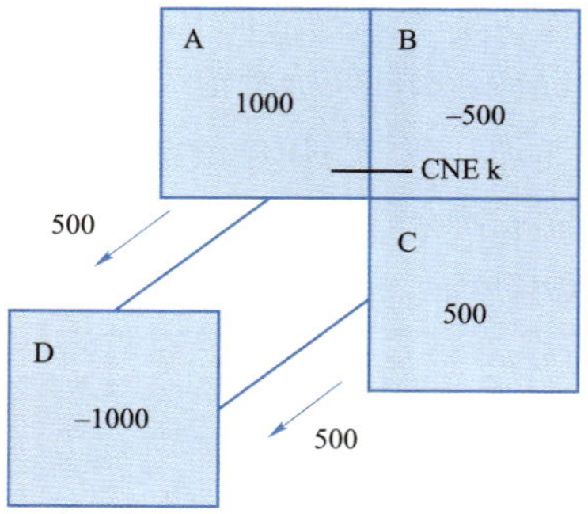

图 10－5　净交换电量计算

标准混合和高级混合的主要区别是在市场清算中是否考虑交流输电交易对剩余可用容量裕度的影响，下面用两个例子来详细解释这两种方法。

10.2.3.1　标准混合市场耦合

系统有 A、B、C、D 四个投标区，投标区 D 与其他三个投标区通过直流输电线路互连。

净交换电量（见图 10－5）是基于潮流法

的交换电量和基于 ATC 法在直流输电线路的输出总和。

$$Sell_{\mathrm{A}} - Buy_{\mathrm{A}} = NP_{\mathrm{A}} = NP_{\mathrm{A}}^{\mathrm{FB}} + Exchange_{\mathrm{A>D}}$$
$$Sell_{\mathrm{B}} - Buy_{\mathrm{B}} = NP_{\mathrm{B}} = NP_{\mathrm{B}}^{\mathrm{FB}}$$
$$Sell_{\mathrm{C}} - Buy_{\mathrm{C}} = NP_{\mathrm{C}} = NP_{\mathrm{C}}^{\mathrm{FB}} + Exchange_{\mathrm{C>D}}$$
$$Sell_{\mathrm{D}} - Buy_{\mathrm{D}} = NP_{\mathrm{D}} = NP_{\mathrm{D}}^{FB} - Exchange_{\mathrm{A>D}} - Exchange_{\mathrm{C>D}}$$

投标区的净交换电量（NP）可以由该区内市场交易直接计算，即卖出（Sell）减去买入（Buy）的净值；也可以由该区基于潮流法计算的净交换量（NPFB）和该区域所有的直流交换量（Exchange）之和。

把图 10－5 的具体数值代入以上的公式，得

$$Sell_{\mathrm{A}} - Buy_{\mathrm{A}} = 1000 = 500 + 500$$
$$Sell_{\mathrm{B}} - Buy_{\mathrm{B}} = -500 = -500$$
$$Sell_{\mathrm{C}} - Buy_{\mathrm{C}} = 500 = 0 + 500$$
$$Sell_{\mathrm{D}} - Buy_{\mathrm{D}} = -1000 = 0 - 500 - 500$$

可以清楚地看到直流输电线路的交换电量与潮流法中的线路约束没有直接关系。潮流转移分布系数和净交换电量的向量如图 10－6 所示。

10.2.3.2 高级混合市场耦合

每条直流输电线路的发送端和接收端被建模为两个虚拟投标区（A1、D1 和 C1、D2），其净交换量反映了线路上的电流（符号相反）。再加入虚拟投标区后，原有的系统图如图 10－7 所示。

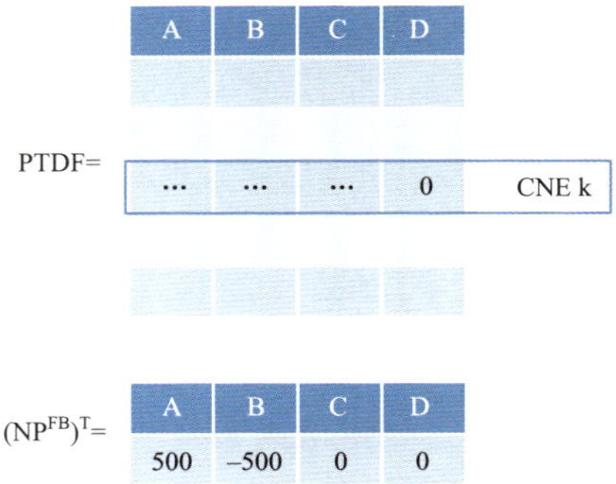

图 10－6 PTDF 因子和基于潮流法计算的净交换量

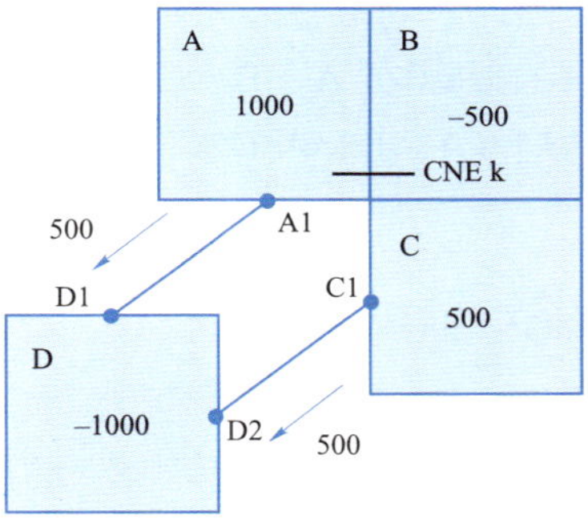

图 10－7 高级混合市场耦合投标区和虚拟投标区系统图

虚拟投标区的净交换为

$$NP_{A1} = -Exchang_{A1>D1} = -500$$
$$NP_{D1} = Exchange_{A1>D1} = 500$$
$$NP_{C1} = -Exchange_{C1>D2} = -500$$
$$NP_{D2} = Exchange_{C1>D2} = 500$$

系统内原有的投标区的净交换为

$$Sell_A - Buy_A = NP_A = 1000$$
$$Sell_B - Buy_B = NP_B = -500$$
$$Sell_C - Buy_C = NP_C = 500$$
$$Sell_D - Buy_D = NP_D = -1000$$

因为在潮流法容量计算过程中考虑了虚拟投标区，潮流转移分布系数矩阵会添加与虚拟投标区一样多的列。PTDF 因子和净交换电量的向量如图 10－8 所示。

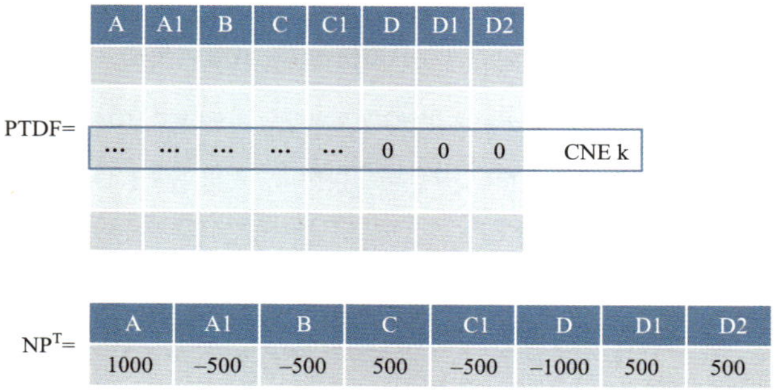

图 10－8　引入虚拟投标区的 PTDF 因子和净交换量向量图

因此，高级混合市场耦合法在评估交流电网中的 RAM 时，不仅要考虑原有的投标区 A、B、C 和 D 的交换电量的影响，而且还要考虑虚拟投标区 A1、C1、D1 和 D2。

10.3　潮流法计算过程

容量计算的结果会作为日前市场耦合的输入，并由电力市场指定运营机构和联合市场拍卖机构（joint auction office，JAO）进行公布。

10.3.1　日前容量计算过程

这一节描述了中心容量计算区的日前容量计算过程，整个过程由三个主要步骤组成。

（1）中心容量计算区所属输电系统运营机构准备容量计算所需的输入文件，包括：

1）各价区的净交换电量预测。

2）单一电网模型，包含电网结构数据、拓扑以及分布式发电预测、负荷预测和直流输电线潮流预测等。

3）远期分配容量（long-term allocated capacities，LTA）和远期指定容量（long-term nominated capacities，LTN）。

（2）CORESO[1]将所有的单一电网模型聚合为公共电网模型（common grid model，CGM），公共电网模型不仅包含了中心容量计算区域内所有单一电网模型，还包含了由中心容量计量区之外的输电系统运营机构提供的单一电网模型。每个交易时间单元均有一个公共电网模型，向所有输电系统运营机构公开。

（3）潮流法容量通过以下步骤顺序计算：

1）初始计算。

a. 协同容量计算者融合每个输电系统运营机构提供的关键网络线路集，形成一个统一的 CNEC。

b. 对每一个 CNEC 计算初始 PTDF 和 F_{ref}。

c. 筛选形成最终的 CNEC：最大区域—区域 PTDF 大于阈值（5%）。

d. 优化无成本的补救措施（non-costly remedial action optimization，NRAO）。NRAO 在满足环状潮流阈值的约束下筛选无成本矫正措施，使得线路最小剩余可用容量裕度在尽可能增加的同时，避免增加费用，实现扩展基于潮流安全域的目标。NRAO 的结果是使每一个 CNEC 都有一组相关联的矫正措施，同时 PTDF 和 F_{ref} 会根据 NRAO 的结果进行更新。

2）中间计算。中心输电系统运营机构会对剩余可用容量裕度进行调整，保证有最小的容量会用于市场交易。剩余可用容量裕度的调整会在每一个 CNEC 的剩余可靠裕度少于 20%的线路潮流限值时使用。剩余可用容量裕度调整因子（adjustment for minimum RAM，AMR）的计算可以用以下的例子来解释。

假设一个 CNEC 的相关数据为：

线路的最大潮流限值：$F_{max}=2000$MW

线路的可靠性裕度：$F_{RM}=200$MW

在中心容量计算区没有市场交易情况下的线路潮流：$F_0=500$MW

---

[1] CORESO 是中央容量计算区（Core CCR）指定的协同容量计算者（CCC）。

AMR 的计算公式为

$$AMR = \max\left[0.2F_{\max} - (F_{\max} - F_{RM} - F_0);\ 0\right]$$

将以上数据代入得

$$AMR = \max\left[400 - (2000 - 200 - 500);\ 0\right] = 0$$

因为线路的剩余可用容量裕度是 1300MW，远超过 CNEC $F_{\max}$ 20%的限值（400MW），所以不需要对线路的剩余可用容量裕度进行调整，即 AMR 为 0。

如果 F_0 变为 1500MW，也就是说，在中心容量计算区没有市场交易情况下的剩余可用容量裕度是 300MW，低于线路最大潮流限值的 20%。

按照以上公式，AMR = max [400 – (2000 – 200 – 1500); 0] = 100MW，线路的剩余可用容量裕度会被增加 100MW，变为 400MW。

对每个 CNEC，剩余可用容量裕度还需要考虑远期指定容量进行调整。调整的计算公式为

$$RAM_{LTN} = F_{\max} - F_{RM} - F_{AV} - F_{LTN}$$

其中

$$F_{LTN} = F_{ref} + \sum_{1}^{n} PTDF_k \times (NP_{k,LTN} - NP_{k,ref})$$

详细的调整规则在相关文献的条款里有详细解释。

3）最终计算。类似于初始和中间计算，最小剩余可用容量裕度和选定的 CNEC 应根据长期容量市场交易结果进行调整。潮流法计算的最终结果需要进行容量校正，主要包括两步：第一步，所有输电系统运营机构要协调分析跨区容量是不是超越运行安全限值，如果超过，是不是有足够的矫正措施避免越限；第二步，输电系统运营机构需要单独分析跨区容量是否引起各自控制区内的安全运行越限。

日前容量计算过程（DA FB CC process）的总结见图 10－9。

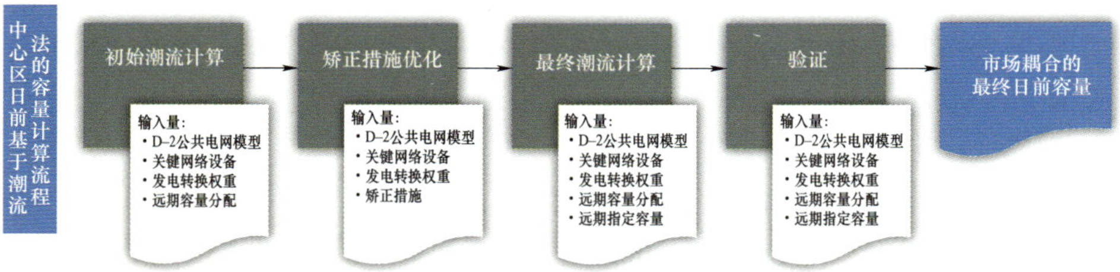

图 10－9 日前容量潮流法计算过程

日前容量计算过程的时间线见表 10－3。

表 10－3　日前容量潮流法计算过程时间线

步骤	执行日	目标起始时间	目标结束时间	关键结束时间	子步骤
1	D－9	00:00	19:00	21:50	D－2 聚合准备
2	D－2	19:00	20:00	23:00	D－2 聚合
3	D－9/D－2	00:00	21:00	00:00	初始数据准备与收集
4	D－2	21:00	21:30	00:30	初始 FB 计算
5	D－2	21:35	00:35	03:30	RA 优化与筛选
6	D－2/D－1	00:35	01:00	03:55	中间 FB 计算
7	D－1	01:00	02:00	04:25	协同验证
8	D－1	02:00	07:15	08:25	独立验证
9	D－1	07:30	08:00	09:10	数据准备/ FB 计算
10	D－1	08:00	09:30	11:00	最终数据收集
11	D－1	09:30	10:00	11:30	最终 FB 计算
12	D－1	10:00	10:15	11:45	容量拍卖预计算
13	D－1	10:15	11:50	14:50	阻塞收入分配

10.3.2 长期容量计算过程

长期容量计算分为年度计算和月度计算两个计算周期。年度计算会包括 24 个时间点，每个月有两个选定的时间点，即负荷高峰与负荷低谷。月度计算会包括 8～10 个时间点（每周有两个选定的时间点）。

与日前容量计算的过程类似，长期容量计算过程由三个主要阶段组成。

第一阶段：中心容量计算区的各个输电系统运营机构及中心协同容量计算者给出容量计算输入（图 10－10 的步骤①和步骤②），包括：

（1）长期范畴各时间段的最新潮流可靠性边界。

（2）安全运行约束，包括关键网络线路的限值。

（3）外部分配约束，中央价区的最大输入和/或输出电量的分配约束。

（4）关键网络线路和故障集。

（5）发电转换权重。

（6）突发状况补救措施。

（7）单一电网模型。

（8）每个长期时间段的公共电网模型以及故障计划。

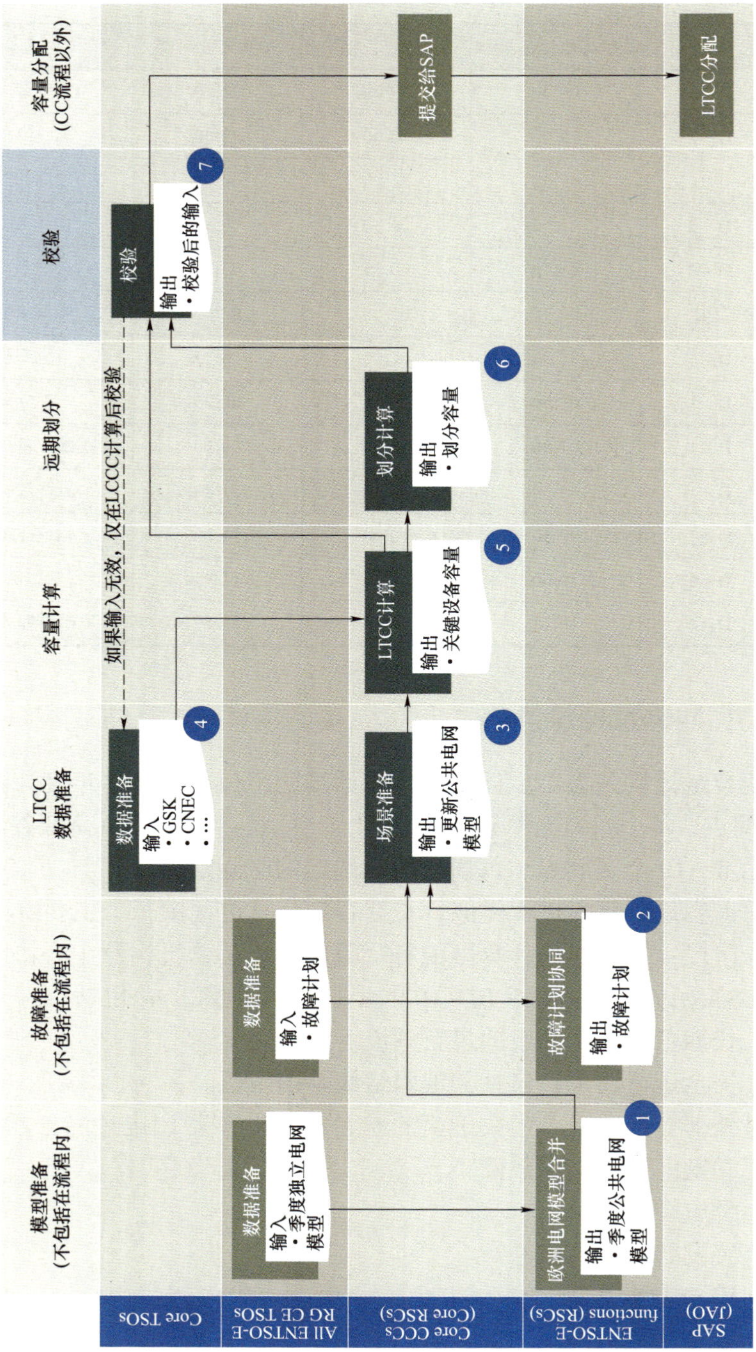

图 10-10　中心容量计算区的长期容量计算过程

注意：（1）～（7）由属于中心容量计算区的各个输电系统运营机构提供，（8）由中心协同容量计算者提供。

第二阶段：协同容量计算者进行容量计算（图 10－9 的步骤③～⑥），即：每个时间段已分配的容量，包括每个 CNEC 的容量、FB 潮流结果、RAM 和 PTDF。

第三阶段：中心输电运营机构与中心协同容量计算者协调认证容量计算结果（图 10－9 的步骤⑦），包括：

（1）输入参数变更之后，各时段计算容量结果验证。

（2）最终容量的协调验证。

中心协同容量计算者在验证最新跨区容量后，会将其推送给相关的输电系统运营机构，并将数据发送给统一拍卖平台进行拍卖。

10.4 远期输电权

欧洲远期输电容量市场要求任何一个管理跨价区联络线的 TSO 必须发行远期输电权（long-term transmission rights，LTTR），除非该报价区边界处所有国家的能源监管机构联合决定不针对跨价区联络线发行远期输电权。远期输电容量市场中存在物理输电权（physical transmission right，PTR）和金融输电权（financial transmission right，FTR）两种远期输电权产品，其中金融输电权又可以分为强制性金融输电权（obligation FTR）和期权性金融输电权（option FTR）。需要指出的是，上述远期输电权定义不适用于北欧市场，北欧市场的远期输电风险管理工具是交易区域价差（electricity price area differential，EPAD）合约。交易区域价差合约是交易双方基于系统边际电价和区域电价之差定义的金融合约，具有法律强制性，如果价差为正，买方将从卖方处获得差价补偿；如果价差为负，则买方必须向卖方支付差价补贴。交易区域价差合约与金融输电权的根本区别在于，交易区域价差合约是可以在证券平台交易的纯金融合约，与跨境线路的输电能力没有直接关联，因此交易区域价差合约不对输电权设容量限制。

10.4.1 物理输电权

物理输电权赋予输电权持有者使用两个报价区间的跨区输电通道权利，使其可以在特定时段、按指定方向在指定跨区线路上传输预先商定容量的电能。物理输电权由输电系统运营机构进行管理，具有排他性，遵循非用即售原则（use it or sell it，UIOSI）。

首先从市场成员的角度解释电力市场里的长期物理合约。如图 10－11 所示，A 区的发电商发出电力，以满足其与 B 区签订的供电合约。发电商会通过长期输电权提前确保跨区联络线的输电容量，并在该联络线上传输一定量的电能。这个简单的例子展示了 B 区的负荷需求由 A 区到 B 市场的 100MW 物理输电权满足，且该过程与日前市场的交易无关。

图 10－11　物理输电权示意图

物理输电权的持有者可以在指定的两个区域间拥有输电权的线路上输送指定电量，并且遵守物理跨区容量限制。非用即售原则指物理输电权的拥有者也可将物理输电权转变为金融输电权，如图 10－12 所示。如果持有者不行使物理输电权，物理输电权将在日前市场被出售，物理输电权的拥有者获得根据 A 区和 B 市场的价差乘以输电容量计算得到的收益。在此情况下，发电商必须同时以 A 区的出售者和 B 区的购买者的身份参与日前市场。如果生效的物理输电权总容量大于可用传输容量，输电系统运营机构需要通过再调度确保物理输电权的有效执行，或者削减物理输电权并给予持有者补偿。

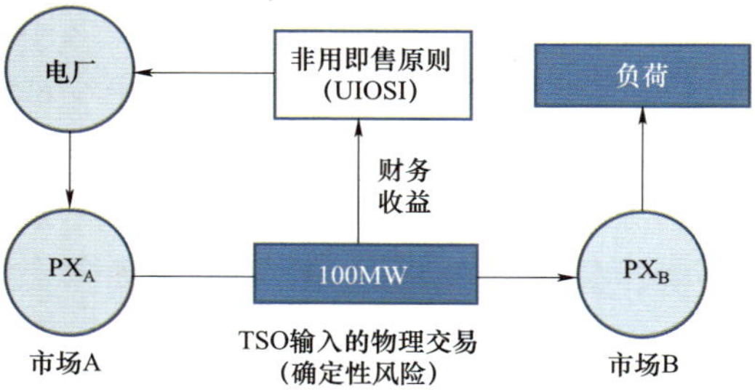

图 10－12　物理输电权 UIOSI 操作示意图

10.4.2　期权性金融输电权

与物理输电权不同的是，期权性金融输电权（FTR option）的持有者能够通过持有输电权获利，而不需要实际进行电能传输。通常情况下，金融输电权的收益等于两个报价区之间的市场价差乘以输电权容量。期权性金融输电权需要指定方向，即两个报价区市场价差可以区别为“A”区电价减“B”区电价，或“B”区电价减“A”区电价，该价差可为正值或者零。在图 10－13 所示的例子中，A 区市场成员向 A 区以 80 欧元/MWh 的价格出售电力；为满足负荷需求，该成员同时在 B 区以 100 欧元/MWh 的价格购买电力，因此该成员在此过程中每兆瓦时电力损失了 20 欧元。由于 A 和 B 区价差（方向为从 A 到 B）为 20 欧元，其期权性金融传输权价值为 20 欧元/MWh。

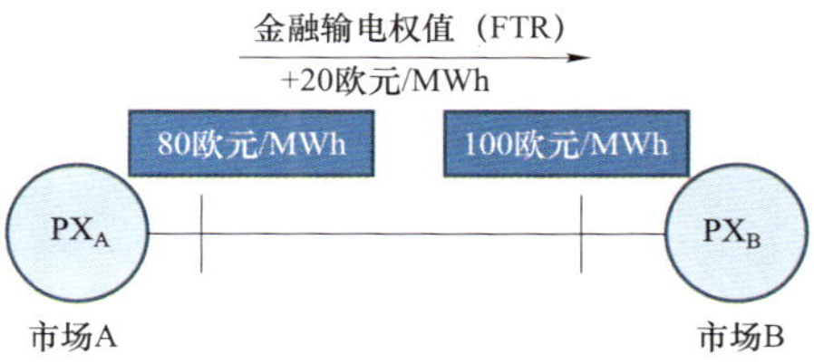

图 10－13　正价差金融输电权示意图

A 区的售电者希望能够与 B 区的消费者通过长期金融输电权（方向由 A 到 B）的方式订立长期双边合约。假设电价如上图所示，期权性金融输电权的价值（此处为＋20 欧元/MWh）使得售电者能够确保，在市场的任何交易时段内，该售电者愿意套期保值的双边合同价差损失能够被期权性金融输电权的利润完全补偿。需要指出的是，如果从 A 到 B 的市场价差为负值时，期权性金融输电权的拥有者不需要产生费用。期权性金融输电权提供了稳定电价的手段，因此是针对电价波动进行套期保值的有效工具。如果系统缺少物理输电容量，则市场交易产生的阻塞收入将不足以覆盖金融输电权持有者的支出，TSO 需要通过再调度确保金融输电权的有效执行，或者削减金融输电权并给予持有者补偿。

10.4.3　强制性金融输电权

与非强制金融输电权对比，强制性金融输电权的持有者既能够从两价区在某一交易时段的价差中获得补偿，也必须在价差方向为负时支付补贴。由于强制性金融输电权可在两个方向上出售，因此可脱离物理输电容量约束分配给各市场成员。

同样基于上一个示例，如果市场出清价和上例恰恰相反（即 A 区电价为 100 欧元/MWh，B 区电价为 80 欧元/MWh），A 区的市场成员将以 100 欧元/MWh 的价格出售电力；为满足 B 区的负荷需求，该成员将在 B 区以 80 欧元/MWh 价格购入电力。该交易将会产生 20 欧元/MWh 的净收入，如果该成员拥有强制性金融输电权（从 A 到 B），则该收入将会被强制金融输电权所需支付的－20 欧元/MWh 价差抵消。换个角度来说，强制性金融输电权可以完全对冲 B 区购电者的双边交易风险。负价差金融输电权示意图如图 10－14 所示。

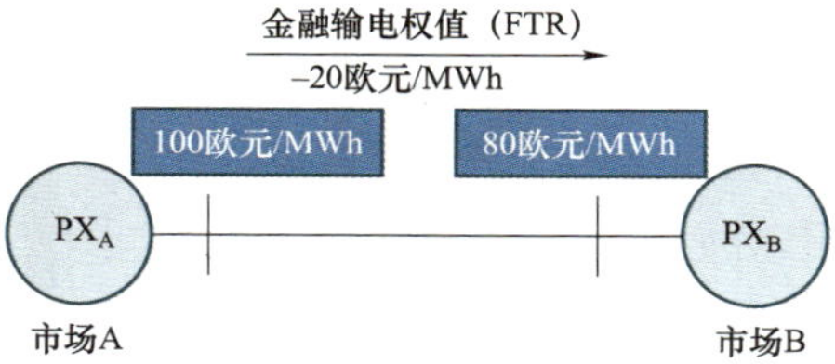

图 10－14　负价差金融输电权示意图

10.5　远期输电容量协同分配

远期输电权的协同分配应遵循无差别对待原则，具体内容包括：① 统一分配平台的通用分配规则；② 参与拍卖和交易的具体要求及过程；③ 信用担保要求；④ 输电权的拍卖规则；⑤ 远期输电权的退还或变更规则；⑥ 远期输电权的使用和收益计算方法；⑦ 备用方案与备用执行步骤；⑧ 输电权的削减规则；⑨ 财务结算。

统一分配平台应向各注册成员，针对各市场交易时段，按照显式分配原则和边际定价逻辑，完成每个报价区边界和方向的长期输电权分配。边际定价意味着所有中标者应支付成交的边际报价价格（在此情况下为价格最高的成交报价）。如果输电权的需求低于所提供的长期输电跨区容量，该边际价格为 0。

根据相关拍卖细则，满足拍卖要求的各注册成员可于报价截止时间前，在拍卖平台内提交报价。拍卖的标准产品是依据公布的拍卖时段分配固定的电能。注册成员可以选择以默认报价参与拍卖，这意味着一旦某一默认报价被注册成员确认，会自动应用到所有随后的拍卖中。

在某一拍卖的报价截止后，统一分配平台对所有报价进行评估，包括确认各成员的信用限制。成交结果将通过拍卖平台向各成员进行发布。同时，统一分配平台应在其网站上提前发布暂定的拍卖日历，各自然年的暂定拍卖日历不应晚于前一年的 12 月 1 日发布，且应包括产品形式、产品时段和报价时段等相关信息。标准远期容量分配导则时间尺度包括：

（1）年时间尺度：从自然年的第一日至自然年的最后一日。

（2）月时间尺度：从自然月的第一日至自然月的最后一日。

统一分配平台应使用优化方法决定拍卖结果，优化算法需要最大化成员需求对应的总盈余和中标者的总阻塞收入，同时满足相关输电容量限制条件。拍卖出清算法应包含以下功能：

（1）确定分配给每个价区的各方向上的长期输电权总量。

（2）确定中标报价（包括完全中标的报价和部分中标的报价）。

（3）确定每个价区的各方向的边际价格。

10.6 统一分配平台的建设

2017 年 4 月 7 日，所有输电系统运营机构均提交了关于统一分配平台建设和成本分担方法的提案。2017 年 9 月，所有 NRA 通过了该提案，同时所有输电系统运营机构任命联合拍卖办公室负责运营 SAP。JAO 是之前的欧洲容量分配服务公司（Capacity Allocation Service Company，CASC.EU S.A.）和中心容量分配办公室（Central Allocation office，CAO）两者合二为一的产物，两机构均有较长的主持长期输电权拍卖的经验。欧洲远期容量分配机制的建设情况可以在 JAO 的官方网站上获得。

统一分配平台的主要功能包括市场成员注册、拍卖出清、长期输电权分配的结算（包括担保管理）、备用方案的准备、长期输电权的退还和实施、信息发布。

依据远期输电权的协同分配规则，SAP 的容量拍卖过程包含以下具体任务：

（1）从各 TSO 或 CCC 处获取长期 CZC 总量信息，并公布空余容量信息。

（2）管理所有报价，包括拍卖工具定义的默认报价。

（3）从各 TSO 或 CCC 处获取容量和输电权削减信息，并及时发布长期输电权的削减信息。

（4）决定并公布拍卖结果（分配容量、价格和中标者）。

（5）在市场成员认为拍卖结果有误时进行争端处理。

（6）处理 LTTR 的退还或转变，为退还 LTTR 的注册成员提供补偿。

（7）若有技术问题，在最终结果发布前取消拍卖。

10.6.1 拍卖周期管理

在 SAP 中，一场拍卖的全周期过程包括七个阶段，如图 10－15 所示。各阶段由拍卖前规定的开闸和关闸时间进行区分。

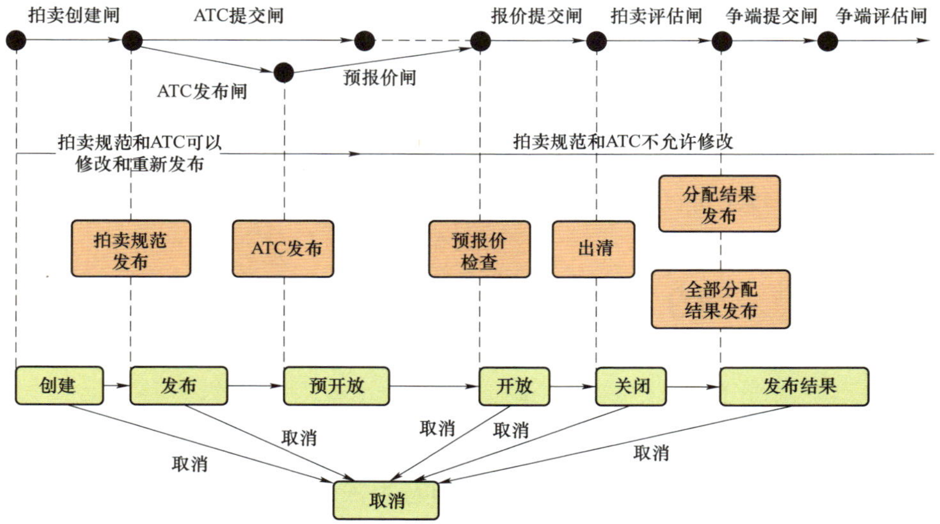

图 10－15　远期输电权拍卖周期图

拍卖创建阶段：本阶段开闸时，拍卖任务可以通过包含价区边界、方向和时段的模板予以创建，此时拍卖状态变为“已创建”。本阶段关闸时，SAP向市场成员发布拍卖信息，拍卖状态由“已创建”变为“已发布”。

ATC 提交阶段：ATC 由各 TSO 和/或 CCC 提交，最终版本的 ATC 应在本阶段关闸前被提交，拍卖信息可在本阶段关闸前更新。在整个拍卖周期中，拍卖信息和 ATC 可以在调整后重新发布。

ATC 发布阶段：在本阶段关闸时，ATC 将以 ECAN[1]容量文件的形式发布于 JAO 网站以及 ENTSO－E 的透明平台上，拍卖状态变为“准备开放”。

预报价阶段：在本阶段，默认报价转变为预报价，该阶段关闸时，拍卖状态变为“开放”。

报价提交阶段：市场成员提交拍卖报价，本阶段关闸时，拍卖状态变为“关闭”。

拍卖评估阶段：本阶段开始时，拍卖出清过程被启动。拍卖出清结果会在 JAO 网站上进行公布。

争端处理和评估阶段：在拍卖评估阶段结束后，市场成员可在争端处理阶段内针对拍卖结果提出异议，SAP 将在本阶段给出争端处理结果。

拍卖可在任何时段被终止，甚至可在拍卖结果公布后被终止，TSO 无法

[1] ECAN：欧洲输电系统运营商联盟容量分配和提名系统，英文全称为 ENTSO-E Capacity Allocation and Nominaion System。

变更一场被终止的拍卖。拍卖被取消后，整个拍卖流程将被中断。拍卖状态变为“已取消”，且“已取消”状态是最终状态。

以输电权拍卖市场为基础，SAP 还负责管理其二级市场，在二级市场中各市场成员可向其他市场成员出售其拥有的部分或全部输电权。输电权的变更通过“变更通知”ECAN 权利文件或系统中新的变更提示发送给 SAP。

10.6.2 成本分担方法

SAP 成本包含直接和间接成本两个部分。直接成本和 SAP 的建设、发展和运营直接相关，例如新 IT 工具的投资费用以及 IT 运维费用等。间接成本包括可能的管理成本等。

SAP 成本将基于两个关键原则在各 TSO 间进行分配，即“边界原则”和“TSO 原则”，旨在确保成本的合理分配，原则上价区边界越多，TSO 应分担成本也就越多。对于边界两侧存在多个 TSO 的情况，边界只计一次，同时该边界的成本将均匀分担至每个相关 TSO。

例如法德国境作为价区边界，计数时在德国侧计数一次，在法国侧计数一次。在该边界上的两个德国 TSO 将各计数半次。表 10 – 4 给出了一个简要的分配比例示例。

表 10 – 4　　SAP 服务成本分配示例

各 SAP 服务	各价区边界	各输电系统运营机构
长期拍卖	50%	50%
客户服务	0%	100%
出清和争端处理	0%	100%

10.6.3 稳定性风险和违约风险

当远期容量计算得到的长期输电权加上（相对应的）已分配的 PTR 和 FTR 的总容量超过当日空余净容量时，输电系统运营机构将暴露于金融风险之下。输电系统运营机构有可能需要支付缺额补偿，或承担管理机构的相关费用。针对以上情况，欧盟规定应遵循以下稳定性和削减规则进行处理。

（1）如果输电权的削减是由不可抗力导致的，和不可抗力事件相关的输电系统运营机构将对远期输电权的持有者进行补偿。补偿金额和市场成员购买远期输电权的支出相当。

（2）远期输电权也可在日前稳定性约束截止时间前被削减，以保证电网运行在安全限额内。和远期输电权被削减的边界相关的输电系统运营机构应对远期输电权的持有者进行市场差额补偿。输电系统运营机构可以给出远期输电权被削减时，支付给各持有者的补偿帽（即补偿上限）。

（3）当出现价区边界不再存在的特殊情况时，例如两个价区互相融合或价区边界被更改时，相关的输电系统运营机构应对远期输电权的持有者进行补偿。补偿金额和市场成员购买长期输电权的支出相当。

（4）补偿帽时相关输电系统运营机构在对应自然年从对应价区边界上获取的阻塞收入（包括长期、日前和日内）加上所适用的补偿（包括长期输电权的退还、FTR、紧急状况和不可抗力情况）减去非用即售收入。

类似地，由于市场成员可能缺少用于支付其中标的输电权的资金，物理输电权和金融输电权（强制性和期权性）也会将合约方暴露在违约风险之下。SAP需要通过令市场成员和输电系统运营机构缴纳保证金或提供银行担保的方式规避此类风险。由于强制性金融输电权持有者必须在市场为负价格时支付费用，这给输电系统运营机构和市场成员带来了更高的风险，SAP一般通过和清算所合作避免这类违约风险。

11 日前市场耦合算法

本章在第 3 章欧洲统一电力市场耦合介绍的基础上，详细介绍日前市场耦合的算法，包括可能的块报价形式，交易路径法和潮流法市场耦合的解空间分析，耦合出清流程中的数据交换，以及欧洲泛欧混合电力市场耦合算法（EU Pan – European hybrid electricity market integration algorithm，Euphemia）的具体模型和求解过程。通过了解日前市场耦合算法的细节，从而加深读者对欧洲日前市场耦合过程的理解。

11.1 日前市场耦合概况

11.1.1 发展历程

欧洲统一电力市场包括日前、日内、平衡和远期市场四个组成部分。2015 年 7 月 24 日发布的《容量分配和阻塞管理导则》规范了欧洲统一市场目标模式，主要涵盖四个方面：① 统一的容量分配和阻塞管理机制；② 统一定义的电力市场指定运营机构和市场耦合运营机构功能；③ 统一的单市场日前交易耦合出清（single day-ahead coupling，SDAC）；④ 统一的单市场日内交易耦合出清（single intraday coupling，SIDC）。

随着新能源的加速发展，各国电力系统运行成本持续提升，备用等调节资源在更大范围内统一共享的需求凸显，欧洲统一市场建设从日前市场进一步向平衡市场推进。在欧洲统一电力市场体系中，日前市场耦合是基础和关键环节，其市场耦合的主要发展进程如下。

2006 年，法国、比利时、荷兰日前市场采用了电力耦合模式，成功实现了各自日前市场间的耦合，各电力交易所可以调整集中出清算法确定的各交易区域间潮流，以此为基础分别计算各自区域的电价，这也成为后续欧洲日前电力市场耦合的雏形。

2010 年，中西欧完成日前市场耦合，主要范围包括德国、法国、荷兰、比利时以及卢森堡。

2014 年 2 月，北欧地区、中西欧地区及英国完成日前市场耦合，形成了西北欧日前市场耦合区域。这是欧洲统一电力市场建设进程中的里程碑事件，首次采用现有的价格耦合算法，即集中出清算法确定报价区域的价格、各报价区中标的块报价列表以及报价区之间的净交换功率，各电力交易所以此为基础匹配确定各市场主体的中标信息。

2014 年 5 月，西北欧与西班牙、葡萄牙进行日前市场耦合，实现西北欧与西南欧市场的区域价格耦合运营。

2014 年 11 月，启动了四国日前市场耦合（4M 市场耦合），将捷克、匈牙利、罗马尼亚和斯洛伐克市场与欧洲统一市场进行了松耦合，但未采用统一的价格耦合机制。

2015 年 2 月，GME（意大利能源交易所）、斯洛文尼亚实现与欧洲统一市场的耦合。

2016 年 1 月，保加利亚加入欧洲统一市场的日前耦合（松耦合模式）。

2016 年 2 月，克罗地亚加入欧洲统一市场的日前耦合（松耦合模式）。

2018 年 6 月，克罗地亚完成与欧洲统一市场的日前价格耦合。

2018 年 10 月，爱尔兰加入欧洲统一电力市场的日前市场耦合，德国—奥地利报价区分成两个独立的报价区。

2020 年 12 月，希腊加入欧洲统一电力市场的日前市场耦合。

2021 年 1 月，英国脱离欧洲统一电力市场的价格耦合。

2021 年 5 月，保加利亚完成与欧洲统一市场的价格耦合。

2021 年 6 月，4MMC 国家完成与欧洲统一市场的价格耦合。

截至 2021 年中，已实现爱沙尼亚、拉脱维亚、立陶宛、英国、荷兰、爱尔兰、卢森堡、比利时、法国、芬兰、瑞典、挪威、丹麦、斯洛文尼亚、克罗地亚、意大利、葡萄牙、罗马尼亚、西班牙、波兰、捷克、斯洛伐克、匈牙利、德国、奥地利、保加利亚、希腊共计 27 个欧洲国家的日前市场耦合，覆盖了欧洲 98.6%的用电负荷，平均每天交易费用超过 2 亿欧元。

11.1.2 日前市场耦合运营流程

目前，日前市场耦合运营的主要流程如下：

（1）各输电系统运营机构将价区间的可用传输容量发布给市场成员和电力交易所。大部分输电系统运营机构基于两价区间所有联络线的容量总量减去一定数量的合理安全裕度方法得到可用传输容量，该容量值相对保守，且不考虑各机组的实际开机情况。少部分输电系统运营机构采用潮流计算的方式，基于各机组和负荷对线路的灵敏度矩阵计算可用传输容量，该方法需要明确开机方式，具体由输电系统运营机构通过双边合约等场外交易手段和平衡责任主体明确必开机机组来确定。上述两种确定方式分别适用于基于可用传输容量或潮流的安全约束场景。

（2）市场成员基于可用传输容量申报日前市场的报价，由其所在价区的电力交易所汇总聚合。

（3）电力交易所基于汇总聚合的各价区报价信息以及价区间的可用传输容量，采用 Euphemia 算法进行集中优化出清，形成各价区内各市场成员的中标结果。在出清过程中，价区间的互联网络输电容量和潮流同步完成优化分配，若互联网络不出现阻塞，则价区间的出清价格将趋向一致。当互联网络出现阻塞时，阻塞两端价区的市场价格分化，价区间将出现价差，这一价差导致的阻塞盈余将分配给相应的输电系统运营机构或相应的输电权所有者。

11.2 日前市场耦合机理

11.2.1 报价区

日前市场中，市场主体的申报、出清均基于预先设定好的报价区开展，报价区是一个假定内部没有电网阻塞的地理区域，输电系统运营机构负责确定各国家/地区的报价区数量、位置（其中，在挪威、瑞典和丹麦，每个国家都分为两个或多个报价区）以及报价区与各国之间的传输能力，并将相关信息提供给电力交易机构，报价区边界反映了跨价区输电通道的输电阻塞和传输容量约束情况。

11.2.2 市场成员申报

欧洲统一电力市场为市场成员提供了多种类型的报价形式，一方面是为了兼容各国原有电力市场出清模式，另一方面则是为了充分考虑不同类型电力资源的技术特性。

11.2.2.1 小时阶梯报价

小时阶梯报价（见图 11－1）三要素为类型（买入或卖出）、容量和价格。

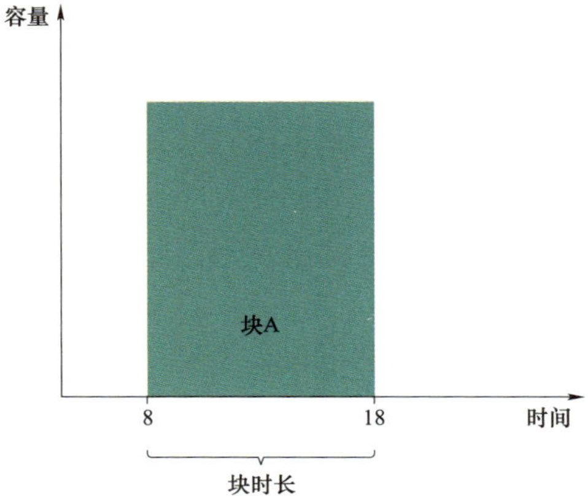

图 11－1 小时阶梯报价示例

11.2.2.2 常规块报价

常规块报价主要针对火力发电机组，可以充分反映火电机组最小运行时间特性，但也可用于其他目的。一个报价主体最多可以申报 50 个块报价，交易主体必须定义四个要素，即类型（买或是卖）、容量（最大 500MW）、价格（－500MWh≤X≤3000 欧元/MWh）、持续时间（最小 3h）。

11.2.2.3 分段块报价

分段块报价（见图 11－2）是不同时段对应不同块容量的特殊块报价类型，主要用于反映机组爬坡能力限制特性，交易主体必须定义五个要素，即类型（买入或卖出）、时段（块跨度包含的小时数）价格、最小成交比例和电量。

类型	时段（h）	价格	最小成交比例	电量（MWh）
售电报价	1～7 16～24	40欧元	50%	80 220

图 11－2 分段块报价

11.2.2.4 排他性块报价

排他性块报价（见图 11－3）是一种特殊的块报价，针对的是燃气等存在一次能源约束的机组，它采用的是组合报价申报，即一个报价主体最多可提交 3 个排他性组合报价，每个排他性组合报价最多可包含 15 个块报价。

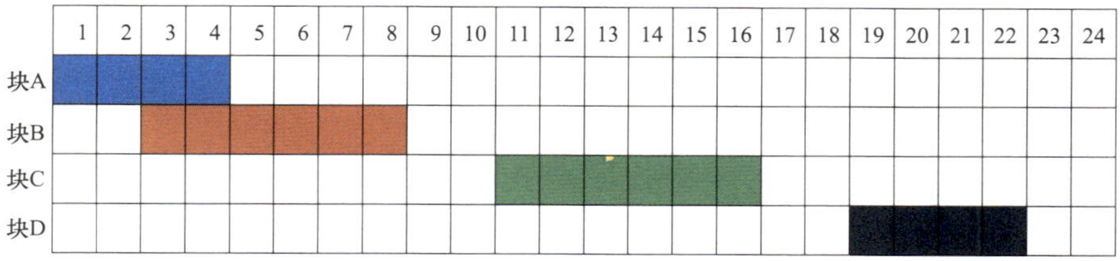

图 11－3 排他性块报价

11.2.2.5 关联块报价

关联块报价（见图 11－4）也是一种特殊形式的块报价，主要为反映火电机组的启停、开停机、爬坡等技术特点设计，采取组合报价申报，允许最多申报 3 级块报价。

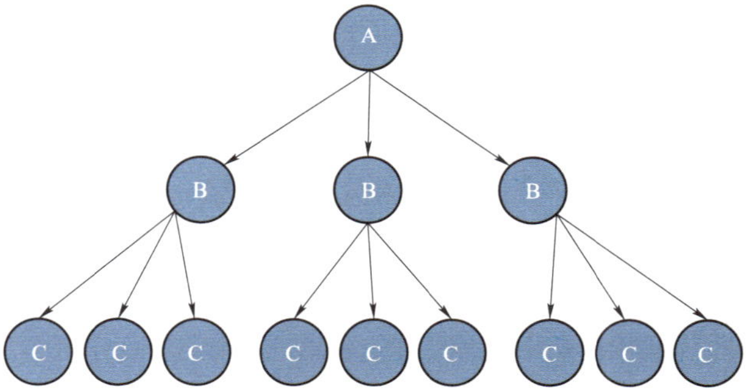

图 11－4 关联块报价

A—父节点；B—子节点；C—孙节点

11.2.3 市场耦合基础——可用传输容量

欧洲市场耦合综合考虑全欧洲采用节点法阻塞管理存在的技术挑战和政策挑战，以及采用统一再调度法阻塞管理存在的低效和高成本问题，基于上述两种方法进行折中融合设计，形成了分区阻塞管理方法。该方法使用简化的网络模型，将多个网络节点聚合成为一个大的分区，将单一输电线路安全约束聚合成分区之间的输电断面安全约束，然后针对输电断面进行阻塞管理。

一方面，它与节点法阻塞管理相类似，电力交易需要满足简化网络模型的输电能力制约。另一方面，在简化网络模型定义的分区内，如果出现输电阻塞，则通过再调度的方法消除输电阻塞。

在日前市场耦合中，针对基于简化分区输电模型的输电容量使用权，采用显式或者隐式方法定义均可。拥有受入分区与送出分区间显式定义的输电权，表示支持市场成员开展送出分区内任意节点、受入分区任意节点的匹配交易。隐式定义的输电权分配则通过对现货市场中的售电投标和购电报价进行集中出清而实现，当输电断面上的电力潮流达到输电能力限值时，市场分区间则出现不同的市场价格。

在分区阻塞管理机制下，复杂的物理电网被简化为可用于电力交易的简化拓扑，各报价区由表示给定拓扑结构的输电断面连接，某一报价区与其相邻区域的电能只能通过输电断面交互，输电断面的可用传输容量计算是所有交易的基础。

11.2.4 两种市场耦合方式——交易路径法和潮流法

日前市场采用分区阻塞管理方法，确定了采用简化电网模型和分区间输电断面约束方式处理电网输电能力约束的基本原则，但在进行市场耦合与出清中，交易量在输电通道上的分配还有交易路径法和潮流法两种不同方式。交易路径法采用预定的交易路径，将交易量分配到对应的输电断面上，同时在输电断面可用传输容量中扣减相应的容量，交易路径法可以与传输容量的显式和隐式分配方式相兼容。

下面用简化的三个国家组成的示例进行基于分区模型输电容量分配方法讨论，三个国家分别用 A、B 和 C 表示，每个国家为一个市场分区。首先假定联结这些国家的输电网模型非常简单，如图 11－5（a）所示，每个国家由单一节点表示，各个节点由电抗相同的输电线路连接在一起，各条输电线路的最大输送能力均为 200MW。

首先，需要说明示例中输电网络安全域的特性，这个安全域是所有满足电网安全约束的可能注入和流出量组合的集合。在这个三市场分区的案例中，来自每一个分区市场的净流出组合（对分区电力市场来说通常称为“净输出”）可以用二维空间中的一个点来表示。第三个市场分区作为参考分区，其净输出由市场平衡状态唯一确定。在平衡状态下，三个市场分区的净输出总和应为零。

图 11－5（b）为市场分区 A 和市场分区 B 的净输出安全域，市场分区 A

的净输出表示为 NEX_A，市场分区 B 的净输出表示为 NEX_B。

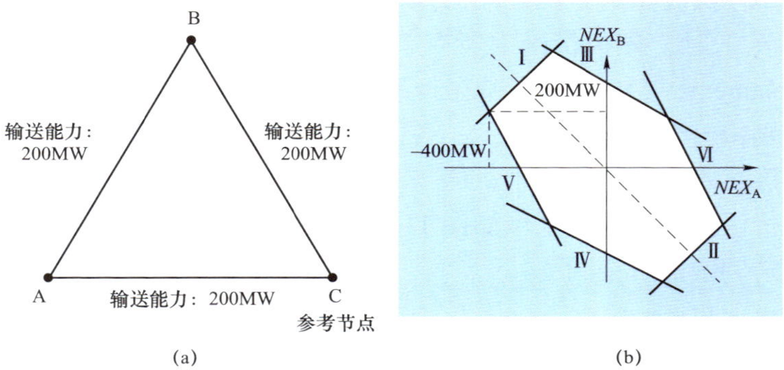

图 11－5　三报价区市场中的输电网络和安全域

（a）输电网络；（b）安全域

11.2.4.1　交易路径法

在欧洲电力市场中，较早应用的输电容量分配模型为“交易路径法”模型。交易路径法的主要特点是在确定任一对相邻国家之间的双边交易约束时，不考虑其他国家之间的电力交换情况。可用定义一个净传输容量矩阵，表示任两个相邻国家之间的双边交易限额，如图 11－6 所示。

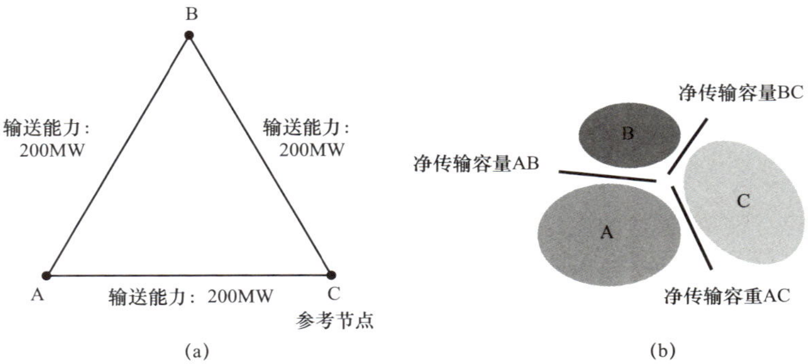

图 11－6　一个三角形输电网网络的净传输容量交易空间

（a）三角形输电网络；（b）跨区输电容量示意图

在欧洲电力市场发展的初级阶段，输电系统运营机构依据净传输容量发布并拍卖任两个相邻国家之间的输电权。拥有输电权的市场成员能够在两个国家之间安排与所拥有输电权数额相匹配的发电注入和负荷流出。随着市场的发展，欧洲开始将跨国净传输容量与现货市场出清进行集成，通过隐式规则拍卖跨国输电通道的输送权，显著提高了跨国输电通道的利用效率。

交易路径法应用的基础是报价区，当某个报价区内包含多个节点（发电或用电单元）时，该报价区内所有节点对市场中各关键网络元件（critical network element，CNE）的影响是一致的。如图 11－7（a）所示，三个报价区各自分别由一个等效节点表示，各价区间仅考虑跨区互联线路的连接，每条跨区互连线路的可用传输容量值与其他跨区互连线路上的潮流量相独立，形成的报价区间的潮流安全域如图 11－7（b）所示，该安全域构成了电力市场耦合出清问题的解空间。

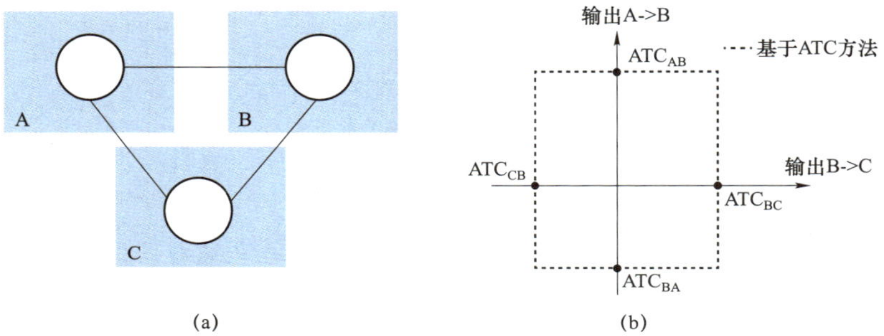

图 11－7　基于可用传输容量方法的网络模型及潮流安全区

（a）网络模型；（b）潮流安全区

净传输容量限定了相邻国家之间的双边交易能力，且无需考虑其他国家之间的电力交易结果对净传输容量的影响，这意味着每个国家的净输出交易量仅受限于与其他所有国家之间的净传输容量限值之和。比如，考虑表 11－1 所示的净传输容量限值矩阵，这个矩阵表明市场分区 A 的最大净输出交易量等于 NTC_{BA} 和 NTC_{CA} 之和，为 250MW。市场分区 A 的最小净输出交易量等于负的 NTC_{BA} 和 NTC_{CA} 之和，为－350MW。

表 11－1　净传输容量矩阵

输出/输入	A	B	C
A		50	200
B	100		150
C	250	200	

因此由净传输容量模型定义的电力交易空间，可以用每个市场分区各自的净输出限值的形式来表示，这个空间可以在一个二维的图形上描述。由于

净传输容量模型限定的是单一限值，市场分区的净输出与电力交易空间的边界只能由垂直线段、水平线段以及 –45° 的对角线来表示。比如，市场分区 A 的最大限值和最小限值由垂直线段表示，市场分区 B 的最大限值和最小限值由水平线段表示，而市场分区 C 的最大限值和最小限值由对角线表示。沿着这些对角线，市场分区 A 和市场分区 B 的净输出电力交易总和恒定。而且我们知道，NEX_C 的数值等于 NEX_A 和 NEX_B 之和取负。在一个二维图形中，以竖直线、水平线和对角线组成的净传输容量电力交易空间，其形状要么像一个正方形，要么像一个菱形。为保证在市场中成交的任何交易产生的电力潮流均能够满足电网安全约束，这个电力交易空间必须完全位于输电网络安全域之内。

在上述示例中，输电网络安全域所能容纳的最大电力交易空间如图 11 – 8 所示。很容易验证，这个电力交易空间对应的净传输容量集合，就是任意相邻两个市场分区之间正反方向的净传输容量限值均为 150MW。这个图形说明，并非所有的可行电力交易都在这个净传输容量对应的电力交易空间之内。比如，在图形中点 E 对应的电力交易为市场分区 C 从市场分区 A 输入 200MW，从市场分区 B 输入 200MW。这一组电力交易是满足电网安全约束要求的，其对应的输电线路 1 – 3 的电力潮流为 200MW，输电线路 2 – 3 的电力潮流为 0MW。然而图中基于净传输容量模型确定的电力交易空间所允许的每个输电通道最大交易量为 150MW，所以该电力交易将无法达成。

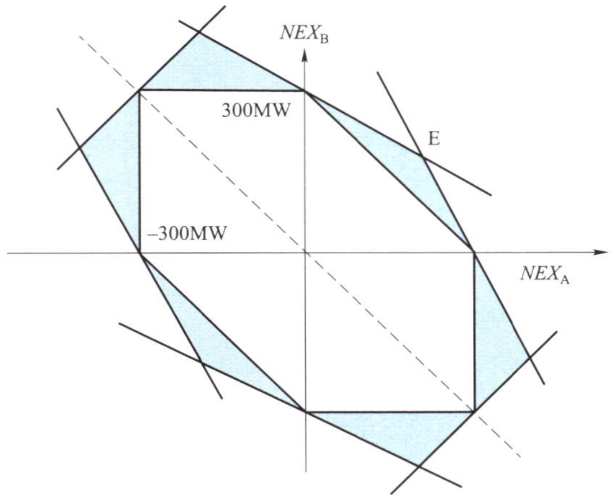

图 11 – 8　输电网络安全域和最大的净传输容量电力交易空间

需要说明的是，也可以选择一个特定的净传输容量组合，使得点 E 能够包括在由选定的净传输容量组合确定的电力交易空间之内，比如假定市场分区 A 和市场分区 C 之间净传输能力为 200MW，市场分区 B 和市场分区 C 之间的净传输能力为 200MW，而在市场分区 A 和市场分区 B 之间的净传输能力为 0MW。这个净传输容量组合对应的电力交易空间如图 11－9 所示，它是一个由直线构成的区间。从图中可以看出，为将点 E 包括在电力交易空间中，安全域中大量的可行电力交易空间被排除在外，总的电力交易空间变得更小。这意味着输电系统运营机构在选择分配各市场分区间的净传输容量组合时，必须推断相应电力交易组合的最大价值。在示例中，如果输电系统运营机构知道市场分区 C 中的发电成本比市场分区 A 和市场分区 B 都高，而且市场分区 A 和市场分区 B 中的发电成本相似时，则会选择包含点 E 的净传输容量电力交易空间。

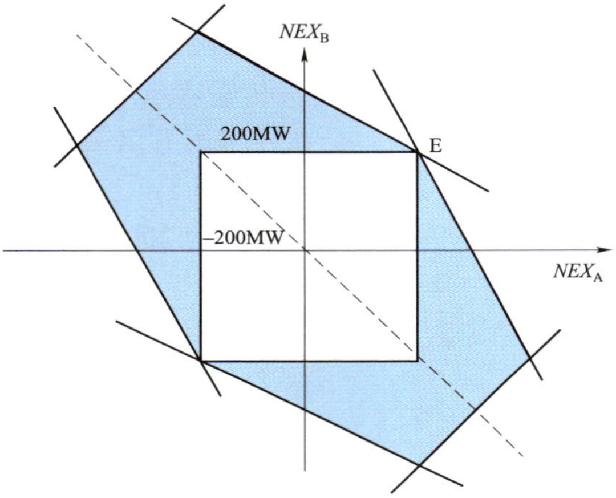

图 11－9　包括点 E 的净传输容量电力交易空间

在前面的示例中，已经说明了任意一个由净传输容量组合确定的电力交易空间，都只能覆盖输电网络全安全域的一部分。在这种情况下，要想选择包括输电网络安全域中设定点的电力交易空间，只能以将部分可行点排除在电力交易空间之外为代价。

有时候对于输电网络安全域中的某些点，只有组织一个能够产生反向潮流的特定电力交易时才能具备可行条件，此时可能无法找到可行的净传输容量组合，用以确保输电网络安全域中指定部分电力交易空间的实现。以图 11－10 所示的输电网络为例，当选择如下净输电容量组合时，如市场分区 B 到市场分区 C 的净传输容量 NTC_{BC}、市场分区 A 到市场分区 C 的净传输容

量 NTC_{AC} 均为 600MW，其他净传输容量 NTC_{AB}、NTC_{BA}、NTC_{CB} 和 NTC_{CA} 均为 0，对应的电力交易空间如图 11－10 中由实虚线所组成的区域。选择这种净传输容量组合的目的，可以理解为是为了最大化向国家 C 的电力输送。从这个图形可以看出，输电网络安全域中的大部分区域并不在电力交易空间之内。特别是这个输电网络能够支持的大量电力交易，以及能够实现向市场分区 C 输入更多电力的电力交易都未能进入电力交易空间，而且也不可能再扩大这一电力交易空间。比如对于点 E，只有当从市场分区 B 到市场分区 C 组织一个能够产生反向潮流的 300MW 电力交易时，即从市场 A 向市场 C 输出 900MW 的电力才能够满足电网安全约束。然而，在净传输容量模型中，由于各种电力交易之间是相互独立的，因此无法保证能够出现这种情况。简而言之，由于净可用传输容量模型比较简单，在这种机制之下，市场成员无法充分利用输电网络的整个安全域。

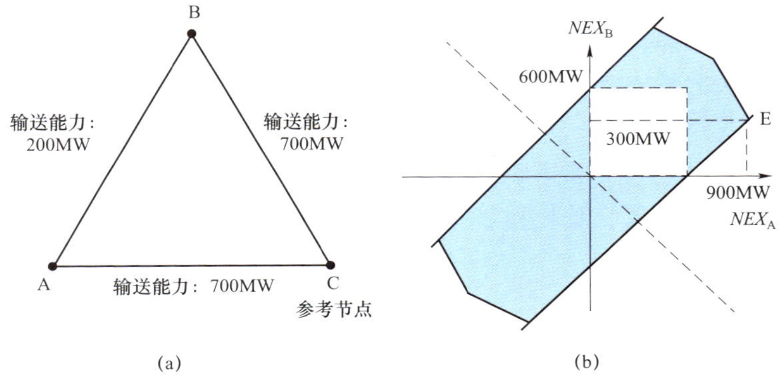

图 11－10　基于潮流的显式拍卖机制下的电力交易空间及对应的可行解空间

（a）电力交易空间；（b）可行解空间

由上述分析可见，交易路径法是用于限定可行电力交易的一种方法，能够用来定义位于安全域之内的一个可行电力交易空间，具有三个重要特征：① 同一个物理网络，能够支持多个可选的由净传输容量确定的电力交易空间；② 在净传输容量模型中，一个给定的净传输容量电力交易空间不能覆盖整个安全域，得到一种可行的电力交易空间，可能就意味着无法得到其他的可行电力交易空间；③ 在某些情况下，可能不存在能够到达安全域特定部分可行净传输容量的电力交易空间。

考虑到交易路径与实际潮流的差异，交易路径法经常会采用更为保守的净传输容量，从而导致在现货市场中无法充分利用传输容量。此外，交易路径法产生的交易结果可能会形成与现货市场价差方向不匹配的电力潮流，即出现从价格较高的市场分区向价格较低的市场分区输送电能的错配现象。

综上所述，交易路径法的特点有：① 可以为一些双边交易提供优先权；② 不能最大化利用实际潮流安全域；③ 在具有多个报价区的高度网格化网络中管理复杂度难度很大；④ 针对某一指定网络，各报价区间的潮流安全域不是唯一确定的，有无限种可能；⑤ 实际潮流是在市场耦合出清之后确定的，因此市场交易潮流和实际物理潮流间的差异可能比较大；⑥ 各条互联线路的可用传输容量是被认为是同时可行的。但由于不知道实际的物理潮流，因此，为了保证系统运行安全，可用传输容量值往往比较保守。

11.2.4.2 潮流法输电容量分配

在许多欧洲国家，随着电力交易机构的建设和发展，以及电力交易机构与输电系统运营机构之间协调配合的不断增强，为引入可能比“交易路径法”的输电容量模型更加高效的新输电容量模型铺平了道路。新的模型即为“潮流法”的输电容量模型。

在潮流法的输电容量模型中，每一个输电安全约束即为关键输电断面或者关键输电支路设定了一个潮流输送限值，这里的关键输电断面或者输电支路指的是受跨国电力交易影响的输电设备。这个约束设定了所有市场分区净输出加权之和的上限，其权重就是关键输电支路对市场分区的潮流转移分布系数，即

$$\sum_{i \neq r} PTDF_{ij}^{r} \cdot NEX_i \leq FL_j$$

式中：$PTDF_{ij}^{r}$ 为线路 j 对市场报价分区 i 的潮流转移分布系数；NEX_i 为市场报价分区 i 的净注入功率；FL_j 为线路 j 的可用输电能力。

潮流法在市场出清时会考虑更多的物理传输容量的限制。关于潮流法市场耦合方式（flow based market coupling，FBMC）下的跨区域容量分配，一部分是在事前发生的，另一部分与市场出清同时发生。

潮流法网格模型的简化方式如图 11－11（a）所示。为了简化网络模型与问题，输电系统运营机构都会为其控制区域定义关键网络元件，这些关键网络元件包括跨区域的输电线路以及受跨区域交换影响显著的内部线路或变压器。计算跨区域容量时，潮流法会综合考虑跨区域传输元件与区域内部关键网络元件，该方法中一条跨区域输电断面的传输容量不再独立于其他跨区域输电潮流。将输电系统运营机构提供的所有主要输入信息与潮流方程相结合，即可获得潮流可行域，如图 11－11（b）所示。

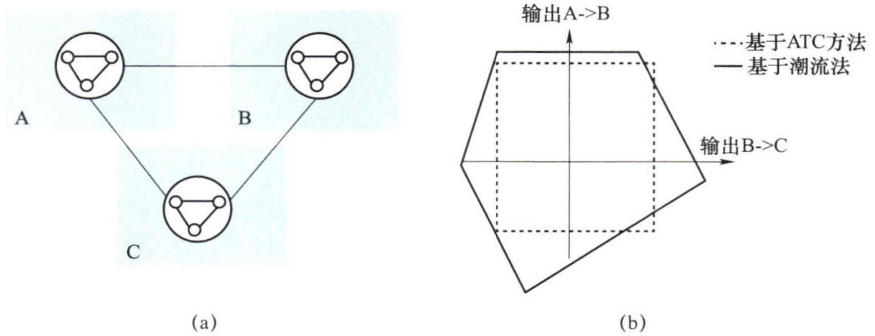

图 11－11 潮流法市场耦合方式下的网络简化模型和潮流可行域
（a）网络简化模型；（b）潮流可行域

对于这个三角形网络，以市场分区 C 为参考市场分区的潮流转移分布系数如表 11－2 所示。正如前面章节所讨论的那样，对于这样一个三角形输电网络，其潮流转移分布系数表明，两个市场分区间每 1MWh 的电力交易，所产生的电力潮流将根据两条并行输电通道的长度比例，以 2:1 的比例分配到两个输电通道上。

表 11－2 三角形输电网络的电力潮流转移分布系数

线路名称	NEX_A	NEX_B
AB	－1/3	1/3
BC	－1/3	－2/3
AC	－2/3	－1/3

在图 11－5 中，安全域的每一条边代表输电线路的一个潮流约束。该约束限制了输电通道 AB 上的最大电力潮流，任一方向输送的电力潮流不能超过 200MW，相应的净输出约束为

$$-200 \leqslant \frac{1}{3}NEX_A - \frac{1}{3}NEX_B \leqslant 200$$

在图 11－5 中，线Ⅰ和线Ⅱ之间区域内所有 NEX_A 和 NEX_B 的组合均满足输电通道 AB 的输送能力约束。

输电通道 BC 的电力潮流约束为 200MW，任一方向输送的电力潮流不能超过 200MW，相应的净输出约束为

$$-200 \leqslant \frac{1}{3}NEX_A + \frac{2}{3}NEX_B \leqslant 200$$

在图 11－5 中，线Ⅲ和线Ⅳ之间区域内所有 NEX_A 和 NEX_B 的组合均满足输电通道 BC 的输送能力约束。

最后，在输电通道 AC 上，任意方向的电力潮流不能超过 200MW 这一安全约束，相应的净输出约束为

$$-200 \leqslant \frac{2}{3}NEX_{\mathrm{A}}+\frac{1}{3}NEX_{\mathrm{B}} \leqslant 200$$

在图 11－5 中，线Ⅴ和线Ⅵ之间区域内所有 NEX_{A} 和 NEX_{B} 的组合均满足输电通道 BC 的输送能力约束。图 11－5 中白色区域就表示该输电网络的安全域，由于安全域内的所有组合均能够满足示例电网模型中的所有电网安全约束，所以区域中的任意净输出组合均可行。

因此，这组潮流法的安全约束和由潮流法的输电容量模型确定的输电空间与输电网络安全域完全一致。

正如前面所述，从输电网络安全域的覆盖程度来看，相对交易路径法来说，潮流法的输电容量模型是一个很大的进步。因此，使用潮流法的输电容量模型能够实现更大数量的跨国电力交易，更加有利于已有物理输电网络的高效利用。

目前，欧洲市场耦合已经从交易路径法逐渐转变为潮流法，并且《容量分配和阻塞管理导则》要求使用公共网络模型实现日前和日内市场的耦合，主要要求为：① 可用传输容量通常采用潮流法进行计算。由于价区间跨区域传输容量之间高度相关，基于潮流的方法应作为日前和日内容量计算的主要方法；② 交易路径法适用于跨区域传输容量相互关联性较小的地区（如北欧地区）；③ 采用潮流方法的各容量计算区域可以合并为一个容量计算区域。

11.2.5 潮流法对节点详细信息的需求

输电断面法通过限制输电网络中大的区域之间，或者分区之间的潮流输送限值，以满足输电网络安全约束。目前为止讨论的示例中，都假定每个市场分区实际上都可以简化为一个单一的网络节点。换句话说，也就是假定了在市场分区任何部分注入的功率，对所有关键支路上的传输功率具有完全相同的影响。

但是需要注意的是，同一个市场分区不同节点注入的功率，可能会在关键输电断面上产生不同的传输功率。在市场分区较大的情况下，特别是当一个市场分区包括一个大的国家的情况下，很可能会发生这种现象。比如，当一个关键输电断面完全位于一个市场分区中时，就会出现这种情况。当市场分区中不同的节点对关键输电支路具有不同的影响时，来自一个市场分区的

总量相同的净输出功率对关键输电断面的影响就会不同，具体影响依赖于总的净输出功率在各个节点间的分配方式。

每个节点对输电网络安全约束的电力潮流影响取决于潮流转移分布系数。在输电容量分配潮流法中，对于一个市场分区内的所有节点，可用通过对节点潮流转移分布系数进行加权平均，形成市场分区的综合潮流转移分布系数。这一过程中使用的节点权重因子被称为发电转移系数。

每个节点的发电转移系数代表在实时运行时，该节点净注入功率占整个市场分区总注入功率的比例。图 11－12 所示为市场分区净功率输出与根据发电转移系数确定的相应节点注入功率之间的联系。一个关键输电支路对市场分区的潮流转移分布系数（power transfer distribution factor，PTDF）等于关键支路对该市场分区内所有节点的潮流转移分布系数对发电转移系数的加权之和，即

$$PTDF_{zj} = \sum_{i \in z} PTDF_{ij} \cdot GSK_i^z$$

$$\sum_{i \in z} GSK_i^z = 1$$

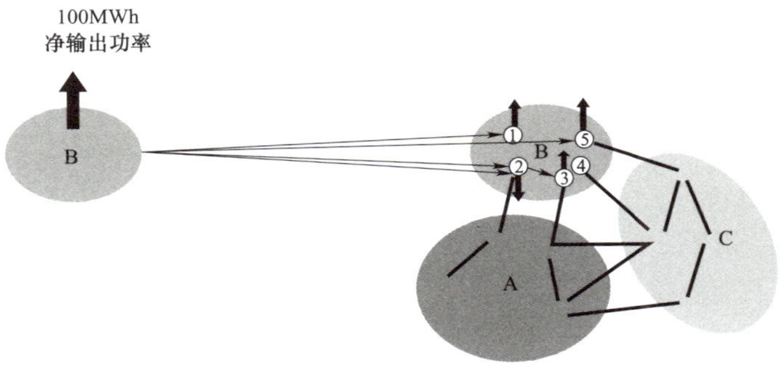

图 11－12　基于发电转移系数的节点注入和净输出功率间的联系

如果市场分区内各节点的实际注入功率分布与由各节点发电转移系数确定的预期分布不一致，关键支路的实际传输功率将与根据市场分区级的潮流转移分布系数计算的支路传输功率不同。如果各个节点的实际注入功率与由发电转移系数代表的注入功率分布有偏差，来自市场分区的同样水平的净输出功率可能会在关键输电支路上产生不同于预期的传输潮流。特别是，即使市场分区的净注入功率满足设定的输电网络安全约束条件，在关键输电断面上产生的实际输送潮流也可能会超出其安全限值。为应对这种情况的可能出

现，电力潮流可靠性裕度（flow reliability margin，FRM）这一概念被引入，以降低关键输电断面在市场中的可用传输容量。

与采用节点法确定的输电网络安全域相比，电力潮流可靠性裕度的应用降低了可行的电力交易空间。在一个大的国家电力市场中，位于一个不同位置的网络节点，其注入功率对跨国关键输电支路输送功率的影响差异较大。因此，关键输电支路的电力潮流可靠性裕度对可行电力交易空间降低的影响更加显著。

在潮流法中，发电转移系数的选择也可能会对市场出清结果产生重要影响。电能的节点出清价格反映了输电阻塞的边际成本，该节点的负荷增加，将会造成或者消除输电网络其他部分的输电阻塞。在对输电阻塞的定量评估上，发电转移系数的选择具有一定的影响，因此经常提供的都是一个存在偏差的估值。

以一个常用的三分区市场为例来分析这种影响，具体如图 11－13 所示。为简单起见，假定在市场分区 A 和市场分区 C 中的发电容量不受限制，其变动成本分别为 160 元/MWh 和 400 元/MWh，而且在市场均衡状态时，市场分区 A 与市场分区 B 之间的输电通道受阻，而剩余关键输电支路的输电容量充裕。在这个示例中，还假定市场分区 C 包含两个节点，每个节点对受阻输电通道的影响各不相同。以市场分区 A 为参考节点，输电通道 AB 对节点 1 的潮流转移分布系数为－3/5，与输电通道对市场分区 B 的潮流转移分布系数－4/5 接近，而输电通道 AB 对节点 2 的潮流转移分布系数为－1/5，与市场分区 A 的潮流转移分布系数 0 接近。为了屏蔽发电转移系数的设置方法对市场出清结果的影响，假定输电系统运营机构能够准确地预测市场出清结果，这样就排除了预测偏差带来的失真。

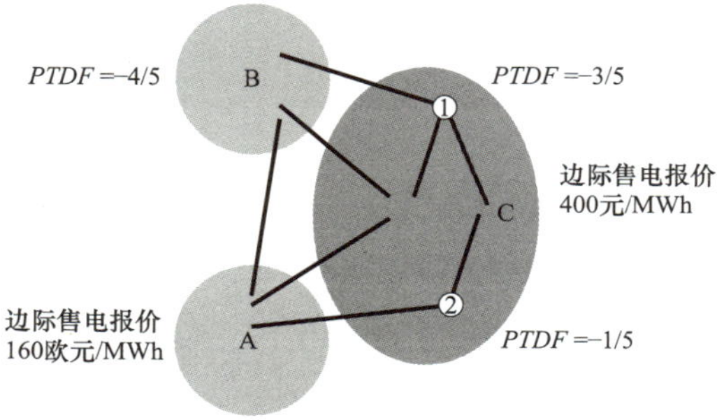

图 11－13　发电转移系数对市场价格的影响

根据上面的假设，在市场分区 A 和市场分区 C 中的市场均衡价格均等于相应的边际发电成本，分别为 160 元/MWh 和 400 元/MWh。基于给定的市场分区级的潮流转移分布系数，在市场分区 B 的市场出清价格可表示为

$$P_i = P_r - \sum_j PTDF_{ij}^r \cdot SP_j \qquad (11-1)$$

式中：P_i 为市场分区 i 的价格；P_r 为参考市场分区的价格；$PTDF_{ij}^r$ 为输电通道 j 对市场分区 i 的潮流转移分布系数；SP_j 为输电通道 j 的影子价格。

每一个发电转移系数组合的选择，就对应了一个市场分区的潮流转移分布系数，相应就可以计算出一个市场分区 B 的市场价格水平。考虑三种发电转移系数选择场景，场景一是取节点 1 的权重为 100%；场景二是取节点 2 的权重为 100%；场景 3 是取两个节点的权重相同，各为 50%。表 11－3 为分别根据三种发电转移系数场景计算出的市场分区 B 的价格。

表 11－3　　发电转移系数对市场价格的影响

发电转移因子	发电转移因子权重		市场分区 C 的潮流转移分布因子	输电安全约束的影子价格（元/MWh）	市场分区 B 的市场价格（元/MWh）
	节点 1	节点 2			
1	1.0	0	－3/5	400	480
2	0	1.0	－1/5	1200	1120
3	0.5	0.5	－2/5	600	640

对应三种发电转移系数场景，市场分区级潮流转移分布系数分别为 3/5、1/5 和 2/5。针对每一个市场分区潮流转移分布系数，将市场分区 C 与市场分区 A 中由发电决定的价格之差（400－160＝240 元/MWh），除以分区 C 的潮流转移分布系数，可以得出输电网络安全约束的影子价格。最后，根据参考市场分区 A 的市场价格、输电网络安全约束的影子价格和市场分区 B 的潮流转移分布系数，使用式（11－1），可以分别计算得出三种场景下市场分区 B 的价格。

表 11－3 说明，市场分区 B 的价格高度依赖于发电转移系数的选取。如果边际机组所在节点的发电转移系数选取为 1，则市场价格将会正确反映由每个市场分区中电力负荷产生的输电阻塞的边际成本。相对于对每个节点在整个市场分区发电占比的预测，边际电厂的预测更加困难，因此边际发电转移系数的权重设定很难实现。然而在大多数情况下，仅按照每个节点

实际发电等比例平均设置发电转移系数，往往无法得出能够正确反映阻塞边际成本的分区市场价格，这将导致在各个市场分区间的发电分配效率低下。在上面的示例中，如果市场分区 B 的市场出清价格为 1120 元/MWh，与市场出清价格为 480 元/MWh 时相比，分区 B 中的发电水平将会高出很多。

尽管边际机组相关的发电转移系数能够提供高效的市场出清结果，但这些发电转移系数可能导致对关键输电支路输送功率的错误估计，无法真实反映每个市场分区的净输出功率在关键输电支路上所产生的输送功率。关键输电支路的输送功率取决于所有节点的净注入功率，而不是仅仅取决于边际节点的功率注入。只有使用与实际节点发电成比例，以及与所在节点发电在整个市场分区的净输出中实际占比成比例的发电转移系数，才能够准确预测市场均衡状态下关键输电支路上的输送功率。使用边际发电转移系数，而非平均发电转移系数，可能需要设置更大的电力潮流可靠性裕度，进而挤压可用电力交易空间。实际上，既能产生高效的市场价格，又能正确评估关键输电支路上输送功率的理想发电转移系数并不存在。

11.2.6 市场出清与定价

欧洲统一电力市场以社会福利最大化为目标，针对所有买卖交易集中优化出清。由于欧洲统一电力市场中存在多种报价方式，因此市场定价统一采用分区定价方式，即各类报价中标量对应的中标价格均为所在分区的分区电价，但各类报价的中标规则存在差别，主要包括：

（1）小时阶梯报价。

1）成交区内的报价全部中标：① 供给报价＜边际出清价格；② 需求报价＞边际出清价格。

2）成交区外报价全部不中标：① 供给报价＞边际出清价格；② 需求报价＜边际出清价格。

3）成交区边界上的报价可以被削减。市场出清逻辑如图 11－14 所示。

（2）常规块报价：要么全部中标，要么全部不中标，不能部分成交。

（3）分段块报价：不同时段的加权平均价决定其是否能中标。

（4）排他性报价：中标规则和常规块报价相同，但附带特殊要求，即组合报价的中标比率总和不能超过 1。

（5）关联报价：只有上级块报价中标，下一级块报价才可能中标，出清还是采用整体效益最优原则，关联块报价作为整体进行出清。

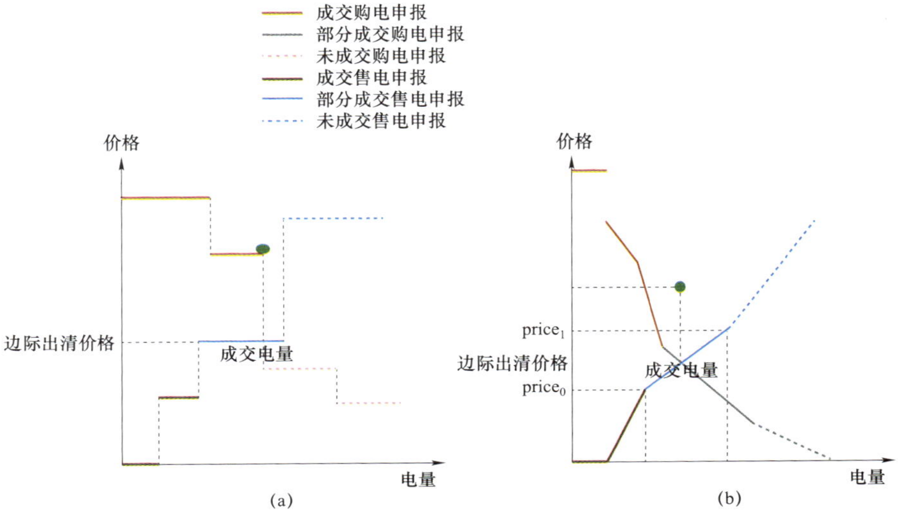

图 11－14　市场出清逻辑示意图

（a）阶梯报价出清示意图；（b）线性报价出清示意图

11.3　日前市场耦合运营模式

11.3.1　日前市场运营业务界面

欧洲统一市场的区域价格耦合（price coupling of regions，PCR）机制是由欧洲七大电力交易所共同倡议的，包括欧洲电力交易所、意大利电力交易所、北欧电力交易所、西班牙葡萄牙电力交易所、捷克共和国交易所、罗马尼亚天然气和电力市场运营商、波兰电力交易所。

七个交易所联合出资建设了统一的 Euphemia 算法，采用云端部署方式，共同调用，与云端算法交互的接口由各交易所分别负责开发与建设，存在一定差异。日前耦合市场采用轮值运营模式，即由七个交易所按照预先确定的时间安排，轮流负责市场出清计算与信息发布，轮值周期为每两周轮换一次，轮值当班的交易所作为主运营方，其余交易所作为备用运营方。轮值运营的主要流程为：

（1）参与欧洲日前市场耦合运营的各交易所负责收集其经营区域的市场成员申报信息，将市场成员申报信息进行汇总。

（2）当值交易所通过区域价格耦合接口程序，同步所有交易所的汇总数据并确认已提交所需所有信息，然后调用云端计算程序进行出清计算，计算完成后发出清结果。轮值交易所进行出清的时候，其他交易所也将同步用上述系统进行出清计算，计算的结果作为备用结果，以防轮值交易所因不可抗力导致市场出清无法继续，其余备用交易所按照预先确定的轮值顺序，第一顺位的交易所计算结果作为最终结果进行发布。

（3）参与欧洲日前市场耦合的各交易所接收市场出清结果，将市场出清结果转换为所有市场成员的中标结果，向市场成员发布，日前市场耦合出清流程如图 11－15 所示。

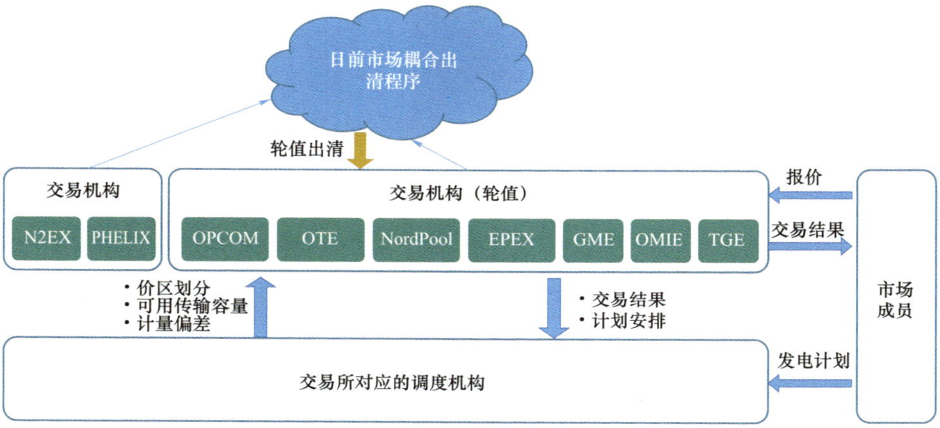

图 11－15　日前市场耦合出清流程

从参与日前市场的交易机构视角来看，在开展日前市场运营过程中，还涉及和输电系统运营机构以及市场成员间的信息交互。

考虑到在日前市场运营中，交易机构和输电系统运营机构之间的基本职责界面是：交易机构负责市场出清与结算业务，输电系统运营机构负责与市场相关的网络模型维护、输电能力计算以及计量等业务，二者之间的信息交互关系为：

（1）各国调度机构提供本国的价区划分以及电网可用传输容量，欧洲输电系统运营商联盟形成用于日前市场耦合出清计算所需的公用网络模型以及分区间输电断面的可用传输能力。

（2）交易机构将代理的市场成员交易结果以及汇总的市场主体发电计划安排提供给各输电系统运营机构，用于开展平衡市场以及电网运行安全校核，并将各输电断面间的交易潮流、各调度控制区之间的交易潮流发送至欧洲输电系统运营商联盟用于更新可用传输能力。

（3）各输电系统运营机构接收市场成员发送的发电计划明细信息以及交易机构发送的发电计划汇总信息，对二者进行比对校验，确认市场成员提交的发电计划明细数据正确性，以此为基础进行电网运行安全校核。

（4）基于日前市场交易结果，欧洲输电系统运营商联盟更新分区间输电断面的可用传输能力，用于日内市场交易。

11.3.2 日前市场运营关键数据流程

欧洲统一电力市场的日前市场运营采取了代理申报模式，即部分简单报价由交易机构汇总后统一代理申报，日前市场运营的完整数据流程如下：

（1）输电系统运营机构提供输电通道网络拓扑、电网数据、可用传输容量等信息。

（2）电力交易机构处理调度机构、市场主体申报相关信息，主要包括以下流程。

1）确认和聚合网络约束：确认收到的通道网络拓扑、电网数据、可用传输容量等相关信息。

2）接收市场主体申报输入：接收代理的市场成员简单报价以及多类型复杂报价。

3）匿名处理输入订单：将收到的简单报价做匿名处理，即去掉报价主体信息，只保留相应 ID、所在价区等关键信息以及量价申报信息。

4）汇总供需曲线：各交易机构将匿名处理后的市场成员简单报价信息，按照价区进行汇总，同一价区的所有报价按照从低到高的顺序依次叠加，价格相同的自动累加为同一报价段，各交易机构提交所代理区域的汇总分价区简单报价以及多类型复杂报价。

（3）轮值交易机构负责调用区域电价耦合接口程序进行市场出清数据准备，主要包括以下流程。

1）同步所有电力交易所数据：调用区域电价耦合接口程序，将各交易机构汇总申报的供需曲线同步至部署在云端的统一出清计算平台。

2）确认已提交全部所需信息：调用数据审核与校验程序，确认所有市场出清计算所需全部信息是否已经都提交到位，包括网络模型、可用传输能力、各交易机构的市场报价等相关信息。

3）生成 Euphemia 算法输入数据：基于通过审核校验的市场出清输入数

据，调用输入数据生成工具，将输入数据进行格式转换，生成用于 Euphemia 算法计算所需的数据格式，并进行数据关联校验。

（4）轮值的交易机构调用统一的 Euphemia 算法进行日前市场出清计算，流程如图 11－16 所示，主要任务包括：

1）匹配不同市场的供需量：按照社会福利最大化目标，将买方报价和卖方投标进行集中撮合出清，形成优化计算结果，即各交易机构提交的分价区简单报价中标结果及市场成员复杂报价中标结果。

2）计算每个报价区的出清量：基于各交易机构提交的分价区简单报价中标结果，按照价区进行累加，计算得到各报价区的中标量。

3）计算交易机构交易量：基于各交易机构提交的分价区简单报价中标结果，按照交易机构进行累加，计算得到各交易机构的中标量（交易机构价格与对应的报价区价格相同）。

4）计算并优化潮流：基于输电系统运营机构提供的含控制区及主要输电通道的网络模型，将市场成员中标结果作为输入，计算各输电通道的潮流、各交易机构间通道的潮流、各调度控制区之间的潮流（目前只有德国有 3 个控制区）。

5）计算复杂报价中标结果：在简单报价匹配的基础上，优化计算得到各交易机构内部的所有块报价、最小收入条件（minimum income condition，MIC）报价、PUN 报价的中标情况。

6）计算电价：完成所有简单报价以及复杂报价的出清后，计算得到各报价区价格，属于同一报价区的交易机构具有相同的价格。

（5）轮值的交易机构调用统一的区域电价耦合接口程序，读取 Euphemia 算法输出数据，将其转换为通用数据格式，并发送至各电力交易所。

（6）各电力交易机构进行中标结果拆分，将接收到的分价区报价信息分配至各市场成员，主要包括以下流程。

1）各电力交易机构将总中标结果分配至市场成员。在接收到的各价区中标容量以及中标价格的基础上，依据各市场主体的小时报价曲线进行拆分，计算得到各市场成员的中标电量，市场成员报价相同的情况下，中标量按照申报容量比例进行分配。

所有中标容量的总和（含小时订单和块报价订单）需要与 Euphemia 中计算得到的各价区中标容量总量相对应，考虑到五入误差无法实现完全匹配的情况下，尽量按照五入误差最低原则进行分配。因为五入误差造成的不平衡费用，列入单独的结算账户进行处理。

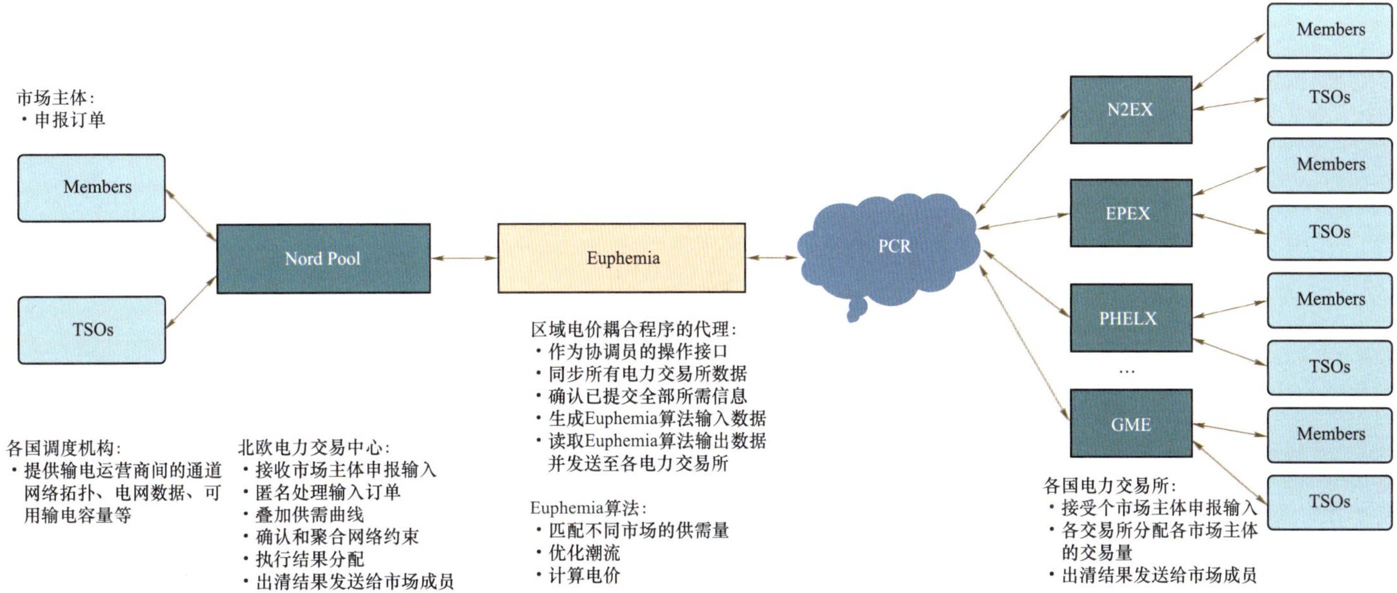

图 11－16　日前市场耦合出清示意图

2）各电力交易机构将市场成员中标结果发送给对应的市场主体，以及相对应的输电系统运营机构。

11.4 日前市场耦合出清算法

欧洲电力市场技术支持系统建设中，日前市场优化没有采用通用的商业算法，而是自主研发了一套针对灵活报价组合的耦合出清优化算法 Euphemia。

11.4.1 耦合出清算法模型

Euphemia 算法涵盖基于潮流和基于可用传输容量的市场耦合两种耦合模式。出清优化的目标和约束如下。

（1）潮流法市场出清。

$$\max \Sigma (PS + CS + CI)$$

约束条件：

$$PTDF \cdot NP \leqslant RAM$$

（2）交易路径法（基于可用传输容量）市场耦合。

$$\max \Sigma (PS + CS + CI)$$

约束条件：

$$NP \leqslant \Sigma_{\forall j} ATC_j \ (\mathrm{Exp})$$

$$NP \geqslant \Sigma_{\forall j} -ATC_j \ (\mathrm{Imp})$$

式中：*PS* 为生产者剩余；*CS* 为用户侧剩余；*CI* 为输电阻塞收益；*PTDF* 为潮流转移分布系数；*NP* 为价区净交换电量；*RAM* 为输电通道可用裕度；*ATC* 为输电通道可用输电能力。两种耦合方式的目标函数相同，约束不同。约束定义了可行解的全部求解空间，相同的物理能力情况下，潮流法的解空间涵盖了交易路径法的全部解空间，因此潮流法的出清可以提供交流路径法出清无法提供的市场出清可行解，反之不行。从出清结果来看，交易路径法的出清结果可提供出清量、出清价，潮流法的出清结果还可提供潮流。

线路潮流计算在报价匹配中隐式完成，电力从价格较低的区域流向价格较高的地区。

11.4.2 耦合出清算法的输入与输出数据

（1）输入数据。日前市场耦合出清输入数据如图 11－17 所示。

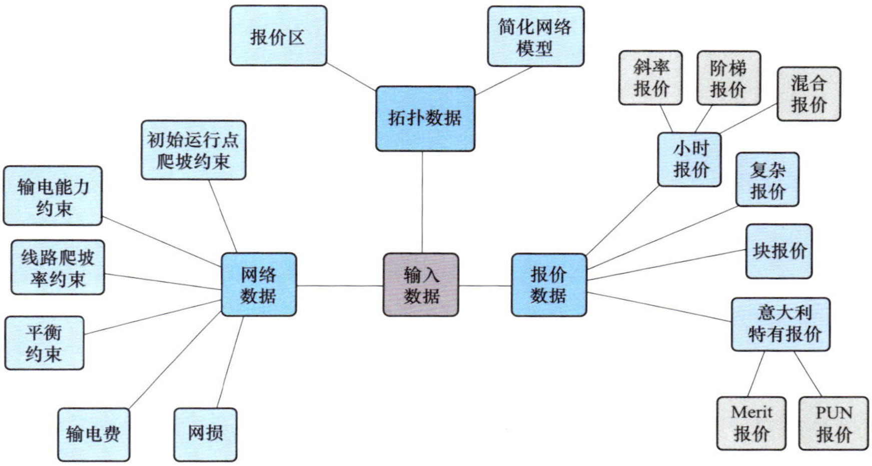

图 11－17 日前市场耦合出清输入数据

（2）输出数据。联合出清算法的输出数据包括：① 各报价区价格（属于同一报价区的交易机构具有相同的价格）；② 每个报价区的出清量；③ 交易机构交易量（交易机构价格与对应的报价区价格相同）；④ 每个输电通道的潮流、每个交易机构间通道的潮流、每个调度控制区之间的潮流（只有德国有 3 个控制区）；⑤ 各交易机构内部的所有块报价、MIC 报价、PUN 报价的中标情况。

11.4.3 耦合出清算法的求解

耦合出清模型中支持块报价等特殊类型的报价，以常规块报价为例，要么中标，要么不中标，一旦中标就需要成交某个数值，因此该优化问题是一个混合整数规划问题，联合出清算法本质上也是采用分支定界的求解方法。

（1）求解设定。设置市场出清价格限制，最低价格为－500 欧元/MWh，最高价格为 3000 欧元/MWh。达到以下情况之一，算法将停止计算：

1）算法已探索所有节点（参见分支和剪切树）。

2）找到全局最佳解决方案。

3）已达到时间限制（优化时间 12min）。

4）获得局部最优解。

（2）多解问题处理。在中标的块报价、MIC 报价和 PUN 报价确定以及价格计算后，与中标价格对应的可能有多个中标容量、起始功率和潮流。Euphemia 算法按照中标容量和潮流不确定性规则，选择一个可行解，作为最终优化出清结果。

（3）优化算法完善。欧洲统一市场优化算法并未采用商用算法，目前还未完全符合《容量分配与阻塞管理导则》。Euphemia 实验室负责根据以下方面的新需求做出模型改进与算法层面的持续性优化，经过原型研发和测试后，以两年为周期发布更新，预期于 2022 年底满足以下《容量分配与阻塞管理导则》标准。

1）可重复性：相同的输入得到相同的输出结果，即相同的报价得到相同的优化解，保证解的唯一性和可重复性（即在同一硬件、软件和相同的数据和配置上，重复运行时能得到相同的优化结果）。

2）可扩展性：确保在问题规模扩大以及新需求引入的情况下，计算性能得到保证。

3）优化指标：与最优解的差距。

4）提高优化性能指标。

此外，优化模型层面也在逐步更新：

1）支持新型可替代 MIC 订单的新产品类型—可扩展复杂订单。

2）采用 15min 时间粒度。

3）在北欧等主要报价区采用基于潮流的模型。

4）计算时间限定为 12min，也就是说计算时间达到 12min 后，如果没有获得最优解，当前的可行解即作为日前市场的出清结果。

12 日内市场耦合

本章在第 3 章欧洲统一电力市场耦合介绍的基础上，详细介绍日内市场耦合的方法和流程。12.1 节介绍日内耦合的发展历程和现状；12.2 节详细说明了日内市场耦合设计的一些关键问题，包括可能的报价形式、交易方式与定价模式，以及日内跨区输电容量分配的过程；12.3 节和 12.4 节分别介绍日内耦合的两种主要方式，连续交易和集中交易，包括交易产品类型、组织流程和耦合出清流程中的职责界面及数据交换。通过本章的系统阐述，加深读者对欧洲日内市场耦合市场设计的理解。

12.1 日内市场耦合基本情况

日前市场耦合是基于报价区的统一出清，而日内市场则是基于连续交易的报价匹配。从市场运营效率来说，统一出清能更直接有效地分配跨区域容量，提升社会福利，但日内市场耦合采用连续交易方式也有其内在合理性。

日内市场的目的是通过机组组合和出力计划的滚动调整，减少平衡偏差，降低保持系统平衡裕度所需的平衡资源，实现平衡资源的优化安排以提升平衡市场效率。例如，允许在日内重新安排用电负荷，可以有效降低发电运行成本；在实际交付前 3h 更新风力发电预测，可以有效减少备用需求。更大范围地实现跨国耦合的日内市场，其效益则更为显著。

12.1.1 日内市场耦合发展历程

随着可再生能源发电比例不断增加，考虑到可再生能源波动性特点，日内市场对于保证电力系统平衡越发重要。欧洲在日前市场联合出清的基础上，正在积极推进日内市场耦合进程，多家交易机构启动了欧洲跨国日内交易方案（XBID）来进一步推进欧洲电力市场的一体化建设。XBID 通过搭建统一的信息系统实现订单共享（shared order book），通过隐式拍卖进行跨境输电容量分配。XBID 于 2018 年 6 月进行了首次 60min 日内交易产品的跨境电力交易与电力传输，覆盖了 15 个欧盟国家。随后，多个电力市场运营机构和输电系统运营商陆续针对跨国断面，提供了颗粒度更小的日内连续交易产品。法国—比利时边界推出 30min 日内交易产品，奥地利—匈牙利边界推出 15min 日内交易产品，比利时—德国、比利时—荷兰以及荷兰—德国边界分别推出 15min 和 30min 日内交易产品。

此后，通过自主项目推进接入 XBID 的“第二批”七个国家于 2019 年 11 月加入欧洲统一电力市场的日内市场耦合，并于 2021 年 9 月实现了包括意大利在内的第三波耦合。截至 2021 年 12 月 31 日，欧洲日内市场耦合计划已推动奥地利、比利时、保加利亚、克罗地亚、捷克、丹麦、爱沙尼亚、芬兰、法国、德国、匈牙利、拉脱维亚、立陶宛、卢森堡、挪威、荷兰、波兰、葡萄牙、罗马尼亚、斯洛文尼亚、西班牙、瑞典和意大利 23 个国家开展日内连续交易。

12.1.2 日内市场耦合现状

日内耦合市场的主要功能是实现“连续交易”，同时支持显性（仅限容量且只适用于法德和克罗地亚—斯洛文尼亚边界）和隐性连续交易分配跨区域输电容量。日内跨境耦合通过日内订单共享实现，基于统一的订单共享平台，各交易所运营区域的市场主体可以在满足剩余可用传输容量约束的前提下，基于“先到先得”的方式从订单共享平台中得到自己想匹配的订单。一个报价区内的市场参与者的投标和订单可以与来自其自身和任何其他报价区的订单进行连续匹配。

通过整合不同国家和地区日内市场，市场参与者接近实时进行电力交易的机会可以显著增加，他们可以受益于其他报价区的交易流动性，增加日内订单成功匹配概率。区别于采用一套出清算法对各投标区域进行“耦合”拍卖的日前耦合机制，日内市场不存在统一的出清算法，它的耦合是基于连续交易方式，即由各地区的电力交易机构将各自负责地区的订单进行汇总，并公布在统一共享平台上，平台上的订单由各市场主体通过采用类似摘挂牌方式，按照先到先得的逻辑完成交易。如果不考虑订单的发布时间，报价是连续匹配成交的，且在每一轮次交易后，跨区域输电容量会自动更新。

此外，日内市场不考虑阻塞盈余，因此一些阻塞盈余对电网收支平衡非常重要的国家（例如英国）选择不参加耦合的日内市场。

北欧日内市场是世界上最早的日内市场，主要驱动因素是芬兰市场中包含大量可再生能源，需要给平衡责任主体一个更精细化调整调度计划的机会。随着可再生能源的进一步增加，日内市场的交易量从 2017 年的 6.7TWh 增长到了 2019 年的 15.8TWh，且其中 3/4 的交易是跨境交易，1/3 的交易在运行前最后一个小时内达成。随着可再生能源的进一步增加，欧洲日内市场耦合的交易量从 2019 年的 58TWh 增长到了 2020 年的 82TWh，且其中日平均交易单数由 2019 年的 6.4 万增长到了 2020 年的 11 万。日内市场交易时序从前一日 14 点（即日前市场结束）一直持续到运行前 30min，由于连续交易周期颗粒度非常小，大部分市场主体通过软件自动跟踪市场交易情况和计划调整需求，执行自动报价而非人工报价。

12.2 日内市场耦合设计思路

12.2.1 单一日内耦合系统架构

欧洲单市场日内交易耦合出清（SIDC）的产品交易和容量分配是以交付区域（delivery area）和市场区域（market area）为基础。交付区代表电力系统内的控制区，是一个输电系统运营机构运营的系统网络的一部分。XBID 系统内交付区域和《容量分配与阻塞管理导则》里的计划区域（schedule area）等同。每个订单都是具有相应的交付区。联络线（interconnector）是连接两个交付区域之间的输电线。每条联络线可以有不同的参数包括：交易开始、结束时间和容量等。每个交付区域被分配到一个市场区域（market area），XBID 系统的市场区与 CACM 内的投标区域（bidding zone）等同。边界（border）是连接两个市场区域之间的输电线路之合。每个边界有不同的可利用输电容量等。

要强调的是，一个交付区域只属于一个市场区域，而一个市场区域可以包含一个或多个交付区域。市场区域的划分主要是在依据市场区域之间的传输容量受到拥堵的情况下分离市场区域，在同一市场区域内的交付区域之间，系统始终具有无限的传输容量。

SIDC 里执行连续交易的 XBID 系统包括：① 共享订单簿（shared order book，SOB）；② 容量管理模块（capacity management module，CMM）；③ 运输模块（shipping module，SM）。

SIDC XBID 的系统架构和与外部系统的数据交换流如图 12－1 所示。

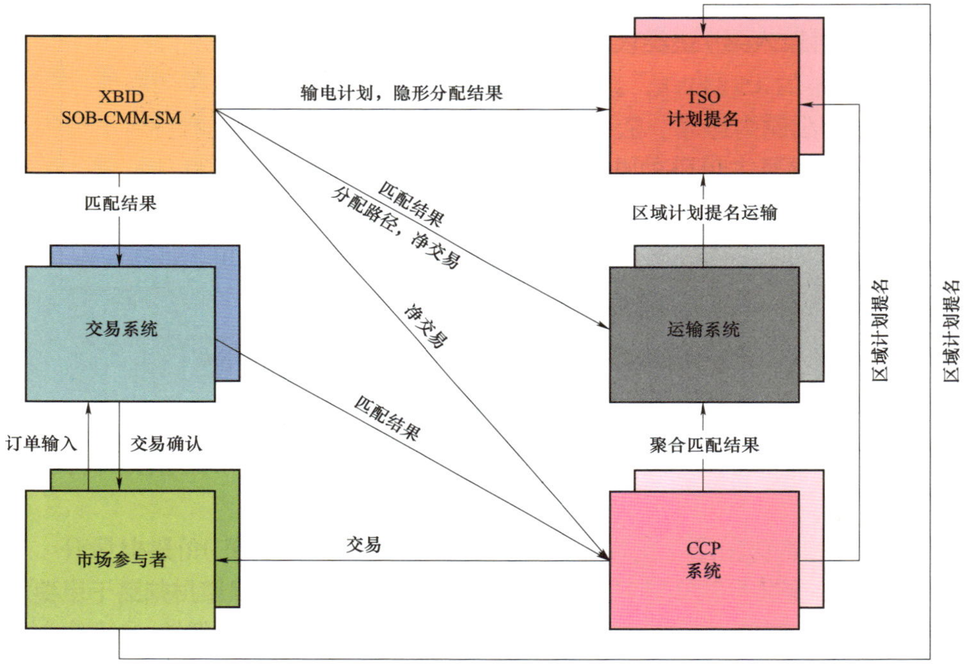

图 12－1 欧洲单一日内耦合市场 XBID 架构

每个电力市场指定运营商的市场参与者通过各自电力市场指定运营商的本地交易系统（local trading solution，LTS）提交的订单会集中在共享订单簿中。同样，各输电系统运营机构提供的所有日内跨境输电容量会集中在容量管理模块中。本地交易系统是隐式市场参与者和单一日内耦合之间的唯一接口，换言之，隐性市场参与者只能通过特定电力市场指定运营商的本地交易系统访问单一日内耦合。单一日内耦合的 XBID 系统不与隐性市场参与者进行直接交互，它通过与连接的本地交易系统交互提供共享订单簿的功能等。显式市场参与者可以直接访问 XBID。

当市场参与者提交不同市场区域的订单时，只要有足够的可用容量，就可以匹配(即满足)。匹配订单仅意味着市场参与者可以满足和供应能源需求。订单排序分为两个过程：订单簿计算过程和订单匹配过程。订单排序是一个确定性的过程，遵循价格—时间—优先原则。订单按买/卖最好的价格排列，这意味着买单从最高价到最低价排列，卖单从最低价到最高价排列。具有相同价格限制的订单按其时间戳，最早的优先交易。当订单可以匹配时，订单匹配与隐式容量分配相关联，会立即更新共享订单簿和容量管理模块。共享订单簿的更新意味着从共享订单簿中删除匹配的订单，同时根据匹配订单的位置（所属的交付区域），更新容量管理模块中的可用传输容量。

运输模块（SM）在所有交易结束时从共享订单簿接收有关交付区域所有交易的数据，并向所有相关方（电力市场指定运营商和输电系统运营机构）提供已完成交易的信息。其中来自共享订单簿和容量管理模块的数据在发送到相关方之前会增加相应的数据，包括相关的输电系统运营机构和来自运输模块（SM）的运输代理数据。每个电力市场指定运营商的本地交易系统向市场参与者显示的订单簿会包含来自相关电力市场指定运营商其他参与者的订单，同时在有足够的跨境输电容量的前提下，还包括来自其他需要跨境匹配的电力市场指定运营商的订单。电力市场指定运营商的交易系统向其市场参与者显示本地视图，即市场参与者可以根据边界上的可用容量查看每个交付和市场区域的订单簿。同时，它从单一日内耦合 XBID 接收所需的信息（匹配结果、本地视图等），向市场参与者及其清算系统提供所需的信息等。

12.2.2 市场交易方式与定价

日内市场的交易机制设计有离散拍卖交易（discrete auction）和连续滚动交易（consistent time）两种方式，定价机制方面则有边际定价和按出价支付（pay-as-bid）两种方法可以选择。从市场运营效率的角度来看，采用边际定价无疑是更好的选择，但考虑到：

（1）目前欧洲日内耦合市场基本采用连续交易方式，从促进交易主动性角度考虑，连续交易成交方式采用类似于挂牌方式，双侧快速匹配成交，这种方式下很难针对所有市场成员报价进行统一边际定价出清。

（2）欧洲采用的是不同时间尺度的增量交易和总合约的偏差结算机制，相比于日前市场，日内市场主要是针对预测偏差等导致的供需波动进行平衡调节，市场流通规模较小，相对更容易受到市场力操控。从市场力抑制角度看，高流动性下采用按报价定价，更有利于抑制市场主体的合谋报价，因为单个市场主体的报价不能直接影响其他主体的中标价格；而边际定价模式下，具有市场力的主体有动机进行合谋，减少本来可以有利可图的市场主体供应，抬升市场出清价格，提升合谋主体的收益。

从日内市场商品特性考虑，欧洲日内耦合市场大部分区域采用了按报价定价，而西班牙、意大利和葡萄牙采用了基于拍卖和边际定价的日内市场交易机制，主要原因是：

（1）这些国家的电源结构特点具有高渗透率的波动性可再生能源，这些资源的波动性使得实时运行中系统存在较大不平衡偏差，偏差主体需要支付较高的不平衡结算费用，较强的价格信号激励市场成员更多地参与日内市场，保证了日内市场的高流动性。

（2）在提前签订合约和日前市场交易之后，不允许开展双边交易，考虑到日内没有连续交易机制，只有通过日内市场拍卖才有机会重新调整电厂的发电安排，这激励市场主体一次性交易到位。

（3）要求市场成员按照机组单元参与市场，而不是资源组合参与市场。

上述运营特性一定程度上提升了日内市场的流动性和市场竞争水平，降低了市场力控制难度，使得采用拍卖和边际定价方式具有一定的可操作性，但目前还不具备普遍适用性。

12.2.3　跨价区输电容量分配

日内跨区域连续交易采用隐式逻辑分配跨区域输电能力。欧洲基于订单队列开展日内连续交易，可以每天 24h 连续滚动，直到运行日当天的关闸时间。市场成员报价是自动连续匹配的，与报价单提交时间长短无关，每一轮次交易后跨区域输电能力（使用 NTC 方法计算）自动更新。从理论上来说，这种方法不可避免的面临两个问题。

（1）无法实现跨区域输电容量的市场化分配。输电容量按先到先得原则分配，不定价，先成交的市场成员获得了输电能力的潜在稀缺价值。从市场激励导向上来说，这种容量分配机制更有鼓励快速交易，而不是高效交易。输电价格可以通过政府定价方式事前或事后设定，或通过拍卖方式确定，这两种方法都会导致效率低下。

（2）无法实现跨区域输电容量的最优化安排。针对连续交易，由于无法采用基于潮流的容量计算方法，实际潮流占用的输电容量可能与交易形成的输电容量分配存在较大的差别，这意味着输电系统运营机构（而不是市场）需要在下一次交易前，重新分配跨地区可用输电能力。从运行效果上来看，输电系统运营机构为了可靠性考虑，其选择会趋于保守，连续交易会基于偏低的跨区域输电能力设定开展，不利于跨区域输电能力的充分利用。

根据《容量分配与阻塞管理导则》的要求，所有输电系统运营机构必须制定一种日内跨区域输电能力定价方法，该方法应反映市场阻塞，并应以实际订单为基础。然而 2017 年 4 月，各输电系统运营机构提出的建议中指出采用连续交易方式时，不可能有效地为日内跨区输电能力定价，但是日内容量定价拍卖（intra-day auction，IDA）可以帮助解决前面提到的连续日内交易问题。输电系统运营机构建议提出了一种混合模型，将连续交易与两个日内拍卖相结合，初始日内拍卖在运行日前一天（D－1），另一个则在运行日。D－1 日的拍卖应包含运行日的全部市场时间尺度；而运行日拍卖则可以横跨从起始交易时点到运行日最后一个时点。

2017 年 8 月 10 日，所有输电系统运营机构提交了更新的提案（ENTSO-E，2017d），提出了单一日内拍卖机制，日内拍卖只在 D－1 开日展，针对 D 日的全部时段，报价截止时间为 22:00，取消了运行日的拍卖。2018 年 7 月，由于各国监管机构未能就日内拍卖的数量、时间安排以及在每个日内拍卖前重新计算跨区域输电容量的必要性达成一致意见，因此提请能源监管合作机构根据《容量分配与阻塞管理导则》对提案作出最终裁决。最终，能源监管合作机构做出决定，至少需要在三个不同时刻选择实施泛欧日内拍卖。

（1）在跨区域日内市场开市时间（即 15:00 D－1），基于日前市场剩余的跨区域输电能力，采用拍卖方式匹配共享订单，实现更有效的跨区域输电容量分配，但这种日内输电能力仍将无法定价。

（2）在 D－1 日的 22:00，第一次日内输电能力重新计算时。

（3）在运行日的 10:00，第二次日内输电能力重新计算时。如何在连续交易和日内拍卖之间优化跨地区输电能力安排，目前还没有成熟方案。避免两种交易选择之间的博弈仍然是一个值得关注的问题，在连续交易中不会有输电价格，而在隐式拍卖中，输电价格可以根据电能价格差来确定。此外，在开展日内拍卖的耦合时，需要对市场区域或国家的日内拍卖交易频度和开闭市时间进行统一协调。如果这些基础条件不一致，那么也无法进行日内市场拍卖耦合。关于区域内的日内拍卖，能源监管合作机构认为如果有了三个泛欧日内拍卖机制，不再需要继续开展。有人担心补充的拍卖机制会对连续交易流动性产生影响，在许多国家，日内交易市场才刚刚兴起，拍卖和连续交易会对日内市场的流动性造成分流，不利于日内市场的发展。图 12－2 显示了在下午 3 点全国拍卖前后，德国日内连续交易中 15min 产品的交易量。确实可以看出，两者在一定程度上存在替代效应，连续交易量有所降低，但与此同时，拍卖和连续交易的交易总量则显著增加。

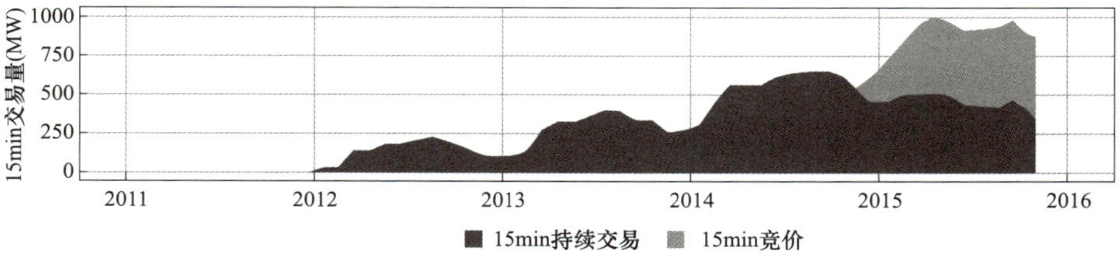

图 12－2　德国 15min 日内连续与拍卖产品的交易规模变化

12.3　日内市场耦合模式

12.3.1　连续交易模式

在日内市场运行中，一般是基于合约中定义的一系列特征条款开展日内市场交易，通常有多个合约可供交易方进行交易。产品定义通常以模板的方式，确定标准合约的基本要素。每一个产品都具备一组独特的交易特性，其中最重要的是交付时间单元。产品的能量交易单位是兆瓦时和以欧元为货币交易单位。同时，产品也有最低和最高合同数量以及最低和最高价格。产品和合约的关系是一对多的关系。即每种产品可以对应多个合约，但每个合约只属于同一个电力商品，日内交易系统根据产品定义自动生成可交易的商品合同。

12.3.1.1　日内市场支持的产品类型

（1）小时。该产品支持 24 份电力合约，每份合约对应全天的一个小时。系统会自动生成这些合约，在运行日前一天的指定时间生效，并将其用于交易。

（2）半小时。该产品支持 48 份电力合约，全天的每半小时对应一份合约。系统会自动生成这些合约，在运行日前一天的指定时间生效，并将其用于交易。

（3）15min。该产品支持 96 份电力合约，全天的每 15min 对应一份合约。系统会自动生成这些合约，在运行日前一天的指定时间生效，并将其用于交易。

（4）预定义块。是每小时、半小时或 15min 合约等单一类型合约产品的聚合。预定义块产品将至少两个单类型的连续合约交易组合，要求必须一起执行。

（5）用户自定义块。这些是除了预定义块产品之外，用户按需组合、自主定义的合约产品。用户定义块（用户定义的市场合约）的交付周期必须始终被多个常规产品合约覆盖，且交付时间必须连续。

各类独立的日内耦合产品支持夏令时（23 和 25 小时），所有产品均支持用欧元和兆瓦时为基本单位开展交易，考虑到各类产品均在各自调度计划区的交易中生效，因此每个调度计划区可以有一组单独的可交易合同。

SIDC 内的产品配置是按照市场区域来确定，表 12－1 详述了不同市场区域支持的具体产品。

表 12－1　　单一耦合市场区域和交易产品关系

		第一期						第二期						
		奥地利	法国	德国	西班牙	荷兰&比利时	北欧&波罗的海地区	保加利亚	克罗地亚	捷克	匈牙利	波兰	罗马尼亚	斯洛文尼亚
最小容量		最小增加量：0.1MW												
最小价格		0.01 欧元/MWh												
容量范围		0.1MW～999MW												
价格范围		–9999～9999 欧元/MWh												
产品	15min	×		×		×					×		×	×
	30min		×	×		×								
	小时	×	×	×	×	×	×	×	×	×	×	×	×	×
	用户自定义*	×	×	×		×	×	×	×	×	×	×	×	×

* 小时块（非 15min 或 30min 块）。

12.3.1.2　日内市场支持的订单类型

连续交易匹配算法支持下列订单类型。

（1）常规订单（也称为限制订单）。买入订单可以匹配不高于订单价格的卖出订单，卖出订单可以匹配不低于订单价格的买入订单。常规订单可以部分执行（部分量）或全部执行（全量）。预定义产品的常规订单可以采用无限制（none，NON）、填充或终止（fill-or-kill，FOK）、立即或取消（immediate or cancel，IOC）匹配约束。用户自定义产品的常规订单通常采用全或无（all-or-none，AON）匹配约束。所有常规订单都可以在交易时段有效（good for session，GFS）和截止日期有效（good till date，GTD）的有效限制下输入。

（2）冰山订单。冰山订单是限价订单的扩展形式，下单时需要市场成员设定委托价格、委托总量和可见委托量（暴露量），其中可见委托量必须小于委托总量。冰山订单下达后，系统会按设定的委托价格先发出一个限价订单，委托量等于暴露量，待该笔限价委托成交，系统便会以同样的价格再发出一笔同等数量的限价委托并等待成交；依次类推，直至交易结束。这种交易模式好比一座巨大的冰山，只有很小部分可见，绝大部分都隐匿于水面之下。冰山订单可以帮助隐藏市场成员真实交易量。普通的限价订单也可看作是冰山订单的一个特例，只不过委托总量恰好等于暴露量。

市场成员在日内市场买入或卖出时常常会面临这样的问题，一方面想部分透露其交易意图，以吸引更多的交易对手从而减少完成交易的时间和成本；另一方面又不想完全暴露其真实的交易规模或改变市场供需结构，导致价格逆向变动增加交易成本。冰山订单可以很好地帮助市场成员解决这个问题，在流动性与价格逆向变动风险之间找到平衡。用户自定义的块订单日内市场也支持块报价申报方式，允许申报最短 1h、最长 32h 的块报价，是对属于同一产品且具有连续交货时间单元的多个常规订单的组合。

（3）关联订单。在关联订单提交的情况下，要么所有订单都可以完全执行，要么不执行任何订单。

12.3.1.3 日内市场订单匹配约束条件

连续交易匹配算法支持以下订单匹配约束。

（1）无限制（NON）。有匹配约束 NON 的订单提交生效后，立刻进行订单匹配，在订单不能立即匹配的情况下，进入订单队列。在匹配中，允许部分订单执行，NON 订单可以针对多个其他订单进行匹配，并创建多个交易。

（2）填充或终止（FOK）。在订单提交后如果不能立即被全量匹配成交，则立即删除订单，不进入订单队列。FOK 订单可以与订单队列中的多个现有订单进行匹配，FOK 订单无有效期约束。

（3）立即或取消（IOC）。在订单提交后立即在某一时点达成交易（以任何数量），如果订单无法匹配，则删除订单，不计入订单队列。IOC 订单允许部分执行，可以与多个其他订单匹配，并创建多个交易。有 IOC 约束的订单永远不会显示在订单簿里。

（4）全或无（AON）。有匹配约束的订单 AON 要么与另一个全量的订单匹配，要么进入订单队列，不允许部分执行。AON 的匹配限制只针对用户自定义市场商品中的订单。

12.3.1.4 日内市场订单有效期约束条件

连续交易匹配算法支持以下订单有效性限制。

（1）交易时段有效（GFS）。订单的时间有效性由订单对应交易时段的有效性决定。当相应的交易时段结束时，该订单将自动从交易中退出。

（2）截止日期（GTD）。订单的有效期用标准的日期加时间方式定义。有效期结束，该订单将自动从交易队列中退出。

表 12－2 解释了订单和约束的对应关系。

表 12－2 单一耦合市场订单和约束的关系

订单类型	执行限制	有效期限制	预定义	用户定义
常规预定义	• 无限制（NON） • 立即或取消（IOC） • 填充或终止（FOK）	• 截止日期有效（GTD） • 交易时段有效（GFS）	支持	不支持
常规用户定义	全或无（AON）	• 截止日期有效（GTD） • 交易时段有效（GFS）	不支持	支持
冰山订单	无限制（NON）	• 截止日期有效（GTD） • 交易时段有效（GFS）	支持	不支持

12.3.1.5 市场运营职责界面

欧洲日内电能市场目前采用统一的连续交易匹配算法进行出清。在日内跨价区市场开市和关闸时点之间，连续交易匹配算法持续计算可以匹配的市场成员报价，并根据申报价格和时间，通过将输电容量分配给相应的报价，从而实现每笔交易的社会福利最大化；出清过程同时需要考虑输电容量分配约束、跨价区输电容量，并保证计算结果可以稳定复现。连续交易匹配算法的输出结果包括每笔交易的中标状态和成交价格、每个交易时段各价区的中标电量等。

电力交易机构主要职责包括：

（1）负责设计日内电能市场的商品类型（商品类型可以包括单时段和多时段交易），各电力交易机构每两年与市场成员、输电系统运营机构和监管机构进行协商，并根据协商情况改进商品类型设计。

（2）保证日内连续交易匹配算法能够支撑所设计的各种商品类型的统一

出清，并保障计算结果的准确高效。

（3）各电力交易机构根据失负荷损失价值提出日内市场的最高限价和最低限价建议，经监管机构批复后，及时发送相关的输电系统运营机构。日内跨价区输电容量定价应基于市场主体报价，并反映通道的阻塞情况，但不平衡费用或附加费等不得计入日内跨价区输电价格。

输电系统运营机构主要职责包括：① 负责出清结果的校核，确保其符合跨价区输电容量约束和输电容量分配约束。② 根据统一的日内耦合市场出清结果，按照批复的通用算法，计算价区间电力交换计划。

12.3.2 集中竞价交易模式

12.3.2.1 市场运营职责界面

对于集中定价日内市场，图 12－3 表述了调度、交易以及市场主体之间的业务界面。

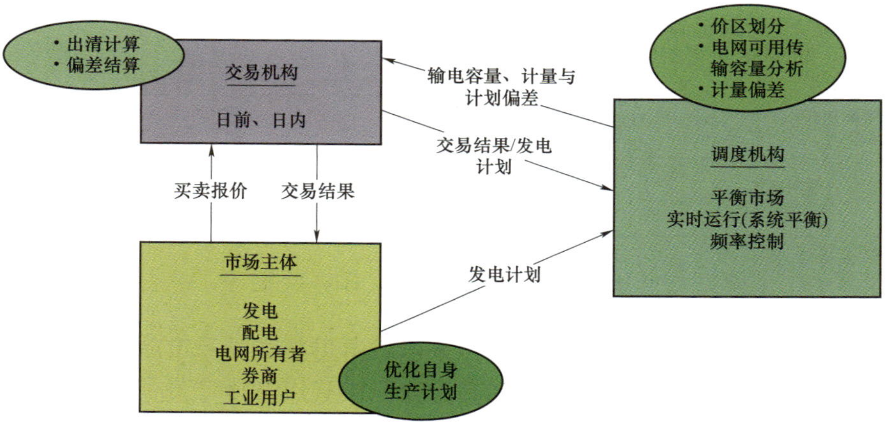

图 12－3 日内集中竞价市场职责界面

（1）调度与交易之间。调度机构提供价区划分、电网可用传输容量，用于交易机构开展市场出清，并提供计量偏差用于交易机构开展电力结算。交易机构提供市场交易结果以及汇总的市场主体发电计划安排，用于调度机构开展平衡市场以及电网运行安排。

（2）市场主体与调度机构之间。市场主体提供发电计划安排，用于调度机构组织开展平衡市场以及落实电网运行安排。

（3）市场主体与交易机构之间。市场主体提供买卖报价，用于交易机构开展市场出清。交易机构提供交易结果，用于市场主体后续参与平衡市场等方面的决策参考，并作为市场主体结算数据。

12.3.2.2 市场运营主要流程

（1）输入数据准备。在日内跨价区市场开市前 15min，输电系统运营机构需向电力交易机构提供跨价区输电通道可用容量和分配约束信息等输入。如果由于电网运行方式变化等原因导致跨价区可用输电能力改变，输电系统运营机构应及时通知输电容量计算机构，并由其立即通知电力交易中心。如果由于各种原因，无法按时提供跨价区输电容量和分配约束信息，则需及时通知电力交易机构，由交易机构立即通知服务范围内的所有市场主体。

（2）日内电能市场耦合出清。各输电系统运营机构需要提交日内跨价区市场的开市时间和关闸时间，每个时段每个市场区域或投标区都有一个对应的市场关闸时间，通常不早于实际运行前一个小时，具体视实时调度和安全运行要求而定。对每个交易时段，在开市和关闸时点之间，日内交易可以连续开展。各市场主体在市场关闸前向交易机构提交报价，交易机构将接收到的市场主体报价进行匿名处理，汇总后将相应时段的报价提交统一的市场耦合出清系统进行匹配计算。

（3）发布市场出清结果。根据市场规则，执行日内市场耦合出清计算的电力交易机构按时向其他交易机构发布每笔交易的出清结果，同时也向输电系统运营机构发布净交易结果。

（4）计算每个市场交易时段各价区之间的交换计划，与输电系统运营机构确认后，通知相关电力交易中心、中央结算主体、转运代理。日内市场耦合出清完成后，需及时向市场主体发布每笔交易的中标结果，并公开发布加权汇总后的交易电量电价数据，方便各市场主体和公众能够获取这些公开信息。

电力交易机构和输电系统运营机构可以协商提出集中竞价的日内交易类型，各市场主体在报价截止之前提交投标，报价截止后进行集中统一出清。为保持与现有连续交易匹配出清之间的协调，已有的日内连续交易可能需要在某一时间段内暂停交易。新提出的日内集中竞价交易不能影响现有交易竞争的透明性，其中跨价区输电容量分配依然由输电容量管理模块完成，新交易类型的引入还应保证公平对待相邻区域的市场主体。

13 平衡市场耦合

在第 4 章与第 8 章中介绍过的《输电容量分配和阻塞管理导则》和《实时电力平衡导则》共同定义了平衡机制（balance mechanism，BM）的核心模块。电力系统运行导则以频率响应时间和平衡服务最长持续工作时间为基本准则定义了四种平衡备用，以及每种备用的容量计算、启动和频率控制过程。平衡市场导则明确了平衡市场的平衡容量和平衡能量的价格和出清结算机制。本章在此基础上，详细介绍平衡能量市场耦合交易流程，aFRR 耦合交易平台 PICASSO、mFRR 耦合交易平台 MARI 和 RR 耦合交易 TERRE 的主要功能，使读者对平衡市场耦合的发展方向有清楚的了解。

13.1 互联电网的平衡市场

13.1.1 平衡容量和平衡能量

平衡容量是平衡服务提供商（balance service provider，BSP）同意在合同期限内向平衡能量市场投标的备用容量，这意味着平衡服务提供商不能在平衡市场之前出清的市场如日前或日内市场提交同一容量。在平衡容量市场中，平衡服务提供商提供向上或向下平衡的能力。一般来说，在平衡容量市场采购的备用数量是基于备用规模，因此平衡机制里的平衡容量市场和备用容量规模密切关联。此外，备用规模的计算受采购发生的时间和频率影响，不同的平衡容量市场有许多不同的市场设计参数，平衡容量的产品的标准化和耦合不是强制的。标准产品特性在相关文献里有完整和最新的概述，单一国家的平衡容量和能量市场在第 8 章有详细描述。

为了满足同步电网区域级别的系统安全性，输电系统运营机构从平衡服务提供商采购的平衡容量数量代表平衡服务提供商有义务向相应的平衡能量市场投标相同数量的平衡能量，并根据输电系统运营机构需求在实时运行中提供能量，这也决定了采购平衡容量市场必须发生在平衡能量市场之前。每个输电系统运营机构采购的平衡容量取决于其确定的备用规模，以应对实时不平衡。输电系统运营机构必须确保这些备用在被激活启动时已经考虑了内部阻塞或运营安全，以及相邻输电系统运营机构调度区域内的约束。因此平衡容量报价的地理位置需要特别关注，以减轻因为系统运行安全（比如说传输线容量的限制）造成的备用容量不足风险。

输电系统运营机构应共同制定平衡容量交换所需的协调性规则和程序。当多个输电系统运营机构愿意交换平衡容量或共享备用时，他们不仅只是在各自的控制领域，而是在更广泛的互联地区联合采购平衡容量。平衡市场导则规定相互合作的所有输电系统运营机构应联合提交通用性的容量平衡标准产品优化采购平台功能。

13.1.2 不平衡轧差（imbalance netting）

国际电网控制合作（international grid control cooperation，IGCC）是欧洲输电系统运营商联盟于 2016 年 2 月选择实施的一个项目，目标是打造未来的不平衡轧差平台（in-platform）。国际电网控制合作于 2010 年 10 月作为区域性项目启动，现已发展到覆盖欧洲大陆的 24 个国家（含 27 个输电系统运营机构），包括所有需要根据平衡市场法规实施不平衡轧差平台的国家。

作为输电系统运营机构职责的一部分，国际电网控制合作成员有义务在其各自的 LFC 地区始终保持发电和负荷之间的平衡。不平衡轧差是两个或多个负荷频率控制区域的输电系统运营机构之间商定的过程，它允许通过考虑各自的频率恢复控制误差激活的频率恢复储备，并纠正所涉及的频率恢复过程的输入来避免同时激活相反方向的频率恢复储备。

如图 13－1 所示，如果没有不平衡轧差，TSO A 和 TSO B 会如虚线所示各自激活 aFRR；在不平衡轧差过程里，TSO A 和 TSO B 会交换各自的系统所需的不平衡量，从而避免各自激活 aFRR，如绿线所示。

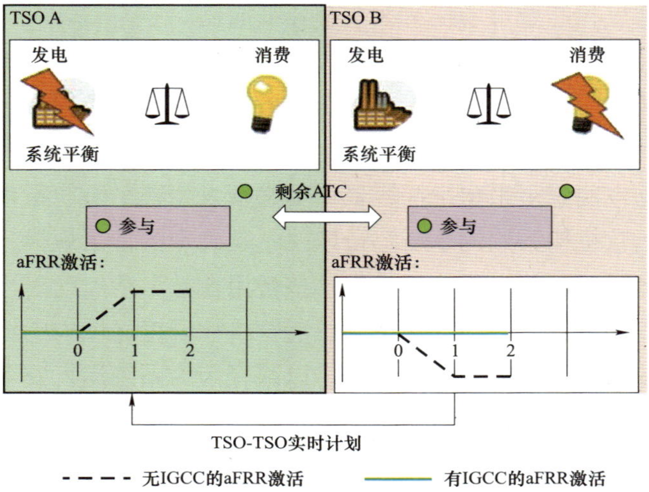

图 13－1　IGCC 的不平衡轧差

该过程的实施以单个输电系统运营机构的功率频率控制为基础，实现功率不平衡量的在线平衡。参与负荷频率控制区域的 aFRR 需求被报告给 aFRR 优化系统，该系统在每个优化步骤后将校正信号返回给每个国际电网控制合作成员的二级控制器或 aFRR 优化系统，从这个意义上说，它避免了 aFRR 平衡能量的反向激活，因此优化了 aFRR 的使用。

13.2 平衡市场产品

13.2.1 标准产品

平衡市场标准报价产品的静态和动态参数如图 13－2 所示。

静态参数主要包括：

（1）准备时段：输电系统运营机构发出启动请求后，平衡能源开始增加或减少输出所需时间。

（2）爬坡时段：有功出力基于目前运行点增减输出所需时间。

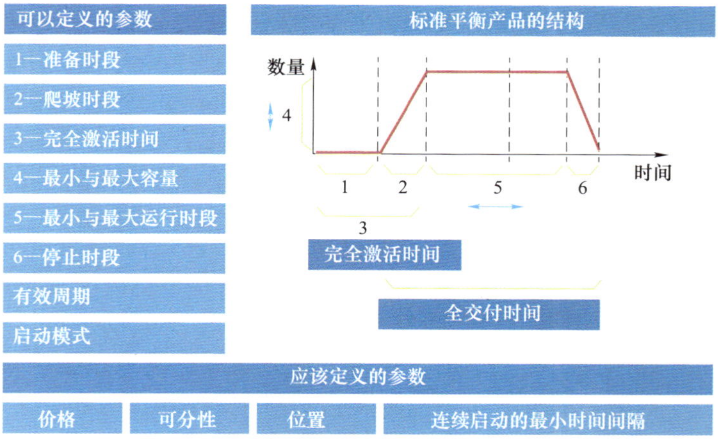

图 13－2 平衡市场标准产品的技术参数

（3）完全激活时间（FAT）：输电系统运营机构发出启动请求后，平衡能源达到指定出力所需时间。需要指出的是，在 aFRR 平台上线后至 2025 年 12 月 17 日前，FAT 不要求协调统一，各平衡服务提供商应遵从其所属输电系统运营机构的 FAT 要求。所有标准化 aFRR 出价，无论其 FAT 长短，都会被整合至同一个公共报价列表（common merit order list，CMOL）中，频率调节对应的最大跨境爬坡周期为 7.5min。2025 年 12 月 18 日起，FAT 将被设为 5min，频率调节的最大爬坡周期也将相应变为 5min。

（4）最小与最大技术出力：代表平衡设备出力的变化（以 MW 为单位），由平衡服务提供商和输电系统运营机构提供给平衡市场平台。平衡服务提供商和输电系统运营机构需要确保平衡设备可以在 FAT 期间始终保持最大出力能力。

（5）最小与最大运行时段：平衡服务提供商可向系统输出市场所要求的平衡出力维持的最短/最长时间。

（6）停止时段：平衡设备从指定出力恢复到动作前运行点所需时间。

（7）有效周期：报价有效时间。

（8）启动模式：自动或手动。

动态参数包括报价价格、报价可分性、位置和连续启动的最小时间间隔。

输电系统运营机构平衡需求包括需求弹性和容忍区间。弹性平衡电能需求使输电系统运营机构具备依据自身需求提交多点连续报价能力，从而有更多平衡需求被提交至平衡市场平台。容忍区间是在弹性需求以外，输电系统运营机构可以提交的另外一组平衡需求，它的目标是使输电系统运营机构在上调平衡请求的基础上接受更多增加平衡电能的能力（或在下调平衡请求的基础上接受减少更多平衡电能的能力）。输电系统运营机构平衡电能需求的核心指标包括启动规则、最小功率、最大和最小单位工作时间、位置、最大容量、可分容量、价格（最小单位是 0.01 欧元/MWh）和单位工作时间、需求方向（上代表 TSO 缺少备用、下代表 TSO 有剩余备用）和确定性等。

平衡产品报价关闸时点（balance energy gate closure time，BE GCT）是指平衡服务提供商不再被允许向输电系统运营机构提交或修改平衡电能报价的时间点，平衡服务提供商可在平衡产品报价关闸时点之前提交或更新报价。当所有被提交的报价固定，在 TSO 报价关闸时间点前输电系统运营机构应将这些报价转发给相关的平衡市场交易平台。

每种平衡产品的报价关闸时点分别为：

（1）RR 产品报价关闸时点为运行时段的 55min 前；TSO 报价关闸时点为运行时段的 40min 前。

（2）mFRR 产品报价关闸时点为运行时段的 25min 前；TSO 报价关闸时点为 mFRR 运行时段的 12min 前。

（3）aFRR 产品报价关闸时点为运行时段的 25min 前；TSO 报价关闸时点为 aFRR 运行时段的 10min 前。

图 13－3 总结了输电系统运营机构考虑各平衡过程之间的关联后提倡的 BE GCT 和 TSO GCT。

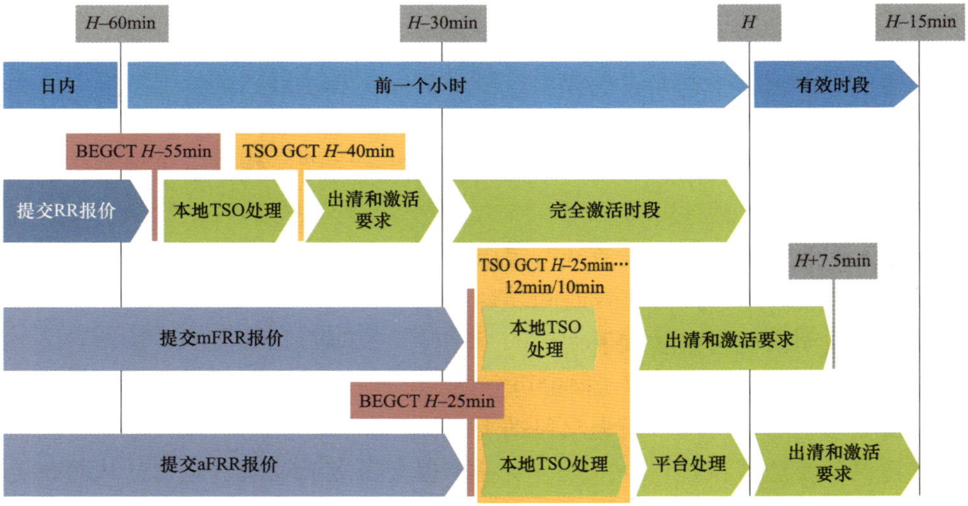

图 13－3　平衡市场交易平台的 GCT

13.2.2 RR 产品特性

RR 产品的最小单元是 15min 的数量块，可以在同一个小时内的不同 15min 间隔（hh:00、hh:15、hh:30，hh:45）或多个小时激活。RR 平台支持以下的报价格式：

（1）最小数量大于或等于 1MW 的可分割报价：可分割报价由单一数量和单一价格组成。其运行时长可以是 15、30、45min 或 60min。出清优化引擎在数量上可以接受报价的一部分，但在申报的整个运行周期内接受的数量必须相同。平衡服务提供商还可以定义最小接受数量，也就是说如果报价被接受，接受数量必须大于或等于此最小数量。

图 13 – 4 给出了运行周期分别为 60min 和 15min 的两个可分割报价示例。这两个报价例子在整个数量只有一个单一的价格。

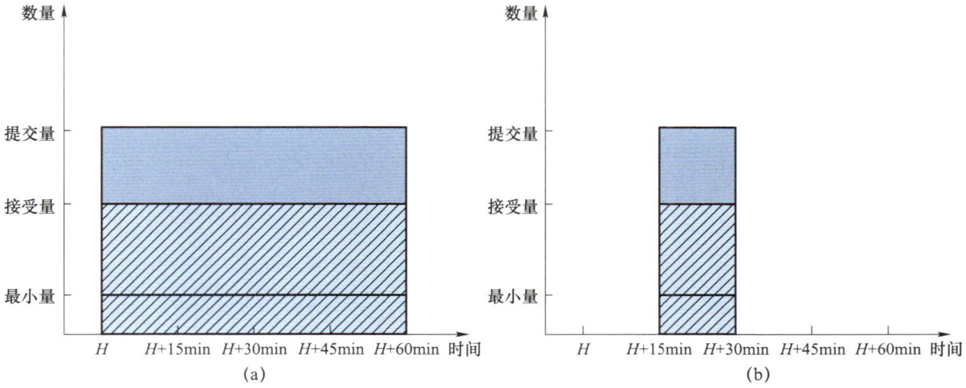

图 13 – 4 RR 产品运行周期示例

（a）运行周期为 60min；（b）运行周期为 15min

（2）不可分割的块报价（block offer）：块报价由单一数量和单一价格组成，其运行周期可以是 15、30、45min 或 60min。块报价的特性是，出清优化引擎只可以接受块报价的全部数量，或不接受任何数量。

图 13 – 5 就是一个块报价的例子。

（3）排他报价（包括时间或数量）：这一类报价里的子报价最多只能激活一个，任何一个子报价的激活会同时限制属于同一报价的其他子报价的激活。排他报价可以是可分割的或不可分割的。每个排他报价的最大子报价的数量根据计算时间要求来具体决定。

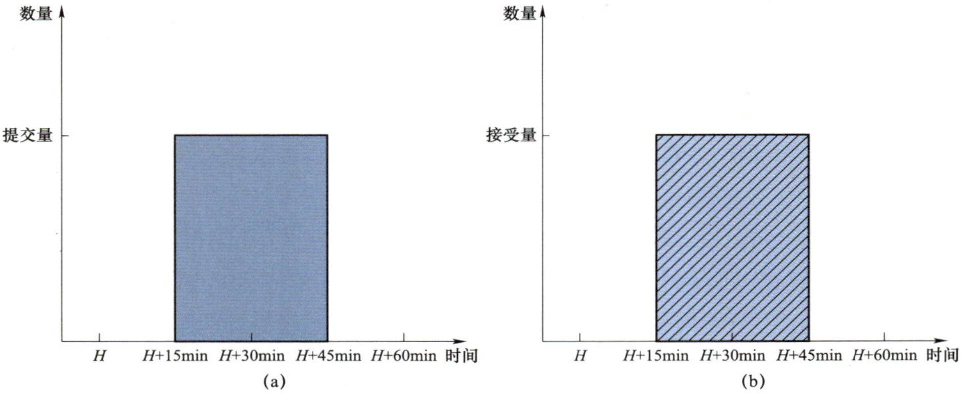

图 13－5　块报价示例

（a）提交的报价；（b）接受的报价

图 13－6 列出了一个排他报价的例子，它包括四个单独（价格/数量）的子报价，（P_1/Q_1）、（P_2/Q_2）、（P_3/Q_3）和 P_4/Q_4，运行时长相同，优化出清引擎（activation optimization function，AOF）算法只能接受这四个子报价中的一个。

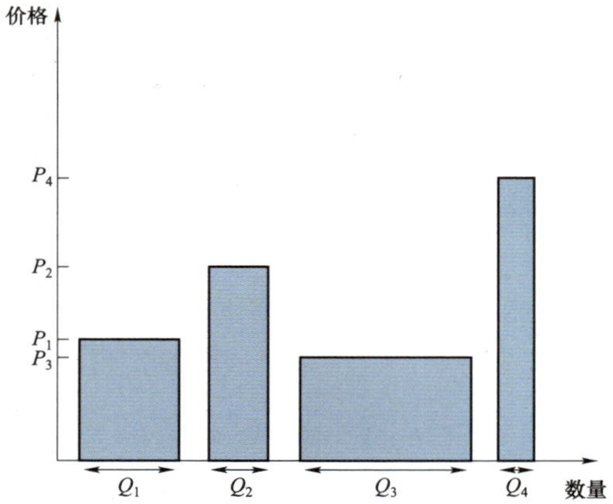

图 13－6　排他报价示例

（4）多段报价：可以是可分或不可分的，并且具有单一方向。在不同的运行时间段，价格、数量可变。同一运行时间段内，价格随着电量的增加只能上涨。具体的示例为：

1）申报数量为 Q_1（$Q_1 \leqslant 20$MW）；价格为 50 欧元/MWh；

2）申报数量为 Q_2（$20\text{MW} \leqslant Q_2 \leqslant 25$MW）；价格为 70 欧元/MWh；

3）申报数量为 Q_3（25MW≤Q_3≤40MW）；价格为 100 欧元/MWh。

（5）关联报价（在时间或数量上有关联的报价）：在同一个关联报价里，一个子报价是否被激活取决与同一关联报价的其他子报价激活状态。关联报价的子报价将遵守相同的接受率 α，接受率表示为

$$\alpha_i = q_i/q_{i\max}$$

式中：α_i 为报价 i 的接受率；q_i 为接受的报价 i 的数量；$q_{i\max}$ 为报价 i 的最大数量。

关联报价（见图 13－7）可以帮助平衡服务提供商更好地管理他们的能源连续性，例如平衡服务提供商由于机组的物理特性，无法接受频繁的启动和停机（报价在前一个 15min 内被接受，而在下一个 15min 内不被接受）。

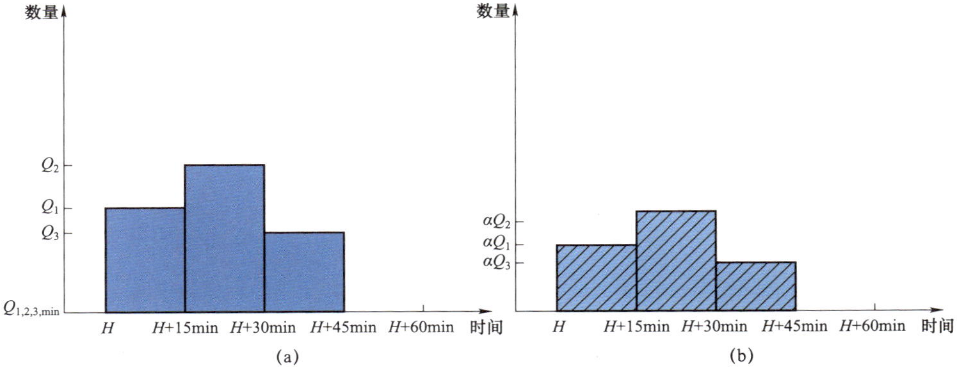

图 13－7 关联报价示例

（a）报价；（b）接受的报价

13.2.3 FRR 产品特性

在标准产品参数之外，激活类型是 mFRR 产品特有的参数，分为计划和直接两种。对于可直接激活的 mFRR 产品，输电系统运营机构的激活请求可以在每 15min 预先出清之后的任何时间点发送给平衡服务提供商。这种报价可以在事件发生后不久被激活，并在输电系统运营机构之间交换，因为它不涉及与计划激活过程相关的潜在等待时间。对于计划激活的 mFRR 产品，来自输电系统运营机构的启动请求将在特定时间点（预定启动点）发送给平衡服务提供商。更具体地说，平衡服务提供商需要在预期完全启动前 12.5min 收到来自输电系统运营机构的激活请求。计划激活通常用于替换之前启动的

aFRR 产品，或者根据输电系统运营机构的平衡策略主动处理预测的不平衡，这支持输电系统运营机构收集多个需求并从相反方向的净需求中获益。对于平衡服务提供商来说，确定激活计划时间可以更加方便随后在为不同市场提供容量时的分配。

类似于 mFRR 标准产品，输电系统运营机构向 mFRR 平台提交的平衡能源需求的标准参数包括目的（平衡目的或其他，只作为标志）、数量（MW）、方向（正或负）、价格（欧元/MWh，最小单位为 0.01 欧元/MWh）、需求区（投标区或负荷频率控制区）等。如果负荷频率控制区域由多个报价区组成，则应提供每个报价区的需求或负荷频率控制区域的总需求。如果一个报价区由多个负荷频率控制区域组成，则应为每个负荷频率控制区域提供需求。所有的 mFRR 报价产品都是可分的。

同时，输电系统运营机构需要按照以下原则将平衡能源需求定义为弹性需求：

（1）弹性 mFRR 需求只能提交计划激活，直接启动的需求始终为非弹性。

（2）输电系统运营机构可以提交一个正向或负向的弹性 mFRR 需求，以及它愿意为激活标 mFRR 产品报价支付的价格。

（3）mFRR 需求价格不得低于相关输电系统运营机构可用的最便宜替代报价的价格。

（4）可以作为弹性需求提交给 mFRR 平台的需求量应限制为输电系统运营机构可用的替代投标量。

13.3 平衡能量耦合交易流程

13.3.1 耦合交易运行流程

平衡市场交易运行流程的主要步骤为：

（1）输电系统运营机构接收平衡服务提供者的产品报价。

（2）输电系统运营机构执行单独的区域安全性分析，形成属地报价列表（local merit order list，LMOL）并发送至相对应的平衡市场产品交易平台。

（3）输电系统运营机构将跨区传输约束（cross-zonal constraint，CZC）、高压直流（HVDC）约束和各自区域的电网约束上传至平衡市场交易平台。

（4）输电系统运营机构提交平衡电能需求。

（5）平衡市场平台结合属地报价清单和平衡需求产生公共报价列表，并执行优化出清引擎（activation optimization function，AOF）计算得出最优的平衡需求与平衡出价。

（6）出清结果，包括中标量、需求、价格、跨境电能交换量由平台发送给输电系统运营机构。

（7）平衡市场平台对各输电系统运营机构与各平衡服务提供商之间的成本与利润进行结算。

（8）基于已被使用的跨区容量，各输电系统运营机构计算提供平衡服务的运行曲线；与此同时，各输电系统运营机构按平衡市场要求，在指定时间公开 AOF 分配给自身的平衡容量与价格。

平衡耦合市场交易平台 mFRR 的功能模块和数据交换流如图 13－8 所示。

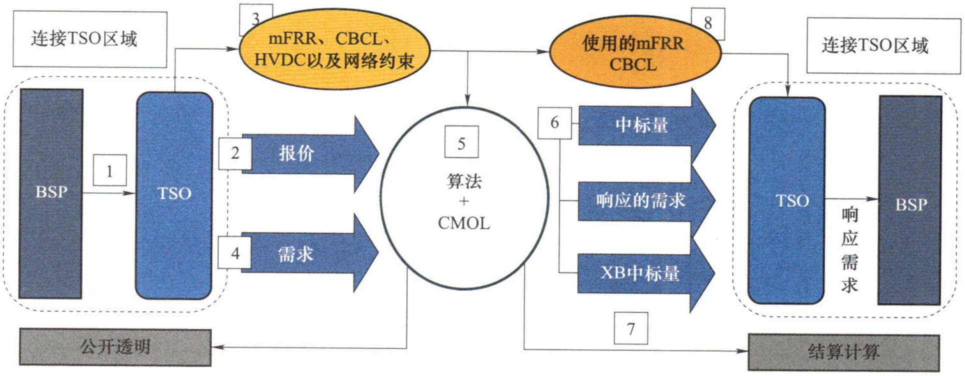

图 13－8　mFRR 平台的交易流程

13.3.2　共同报价清单和优化引擎

平衡服务提供商按照平衡市场时间线，向对应的输电系统运营机构提交标准平衡产品报价，例如 aFRR 一般在下一个平衡市场交易开始的 25min 前提交，RR 在下一个平衡市场交易时段开始的 55min 前提交。每个输电系统运营机构基于局部安全约束，形成满足本地安全约束的上调与下调属地报价列表，经过安全校核后，在平衡市场关闸时点前提交给平台，例如 mFRR 的提交应在平衡交易时段开始前 25min 至 10min 内。所有输电系统运营机构的本地报价列表将在平衡市场交易平台中被整合为上调与下调两个不同方向的公共报价列表，上调清单按出价升序排列，下调方向则按出价降序排列。图 13－9 即为公共报价列表示例。

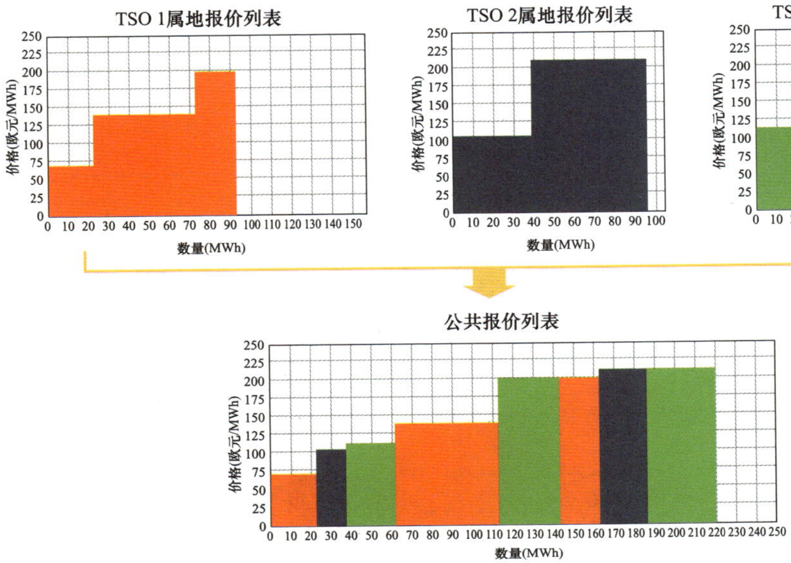

图 13－9　公共报价列表的产生

在上面的例子中，红色代表了 TSO 1 的属地报价列表，蓝色代表了 TSO 2 的属地报价列表，绿色代表了 TSO 3 的属地地报价列表，交易平台按照报价价格升序合并形成公共报价列表。

在形成上调和下调公共报价列表后，优化引擎要求将相应的公共报价列表（向上和向下）与输电系统运营机构平衡需求匹配，上行报价与下行需求匹配，下行报价与上行需求匹配。对输电系统运营机构来说，上调需求表示发电少于负荷，正价格表示输电系统运营机构为上调需求愿意支付的最高价格；下调需求表示发电多于负荷，负价格表示输电系统运营机构为下调需求愿意支付的最少价格。

优化出清引擎是平衡市场交易流程的核心，以最大化社会福利为目标，在满足安全约束的前提下，基于共同报价列表决定接受哪些报价来满足需求。它的主要输入包括平衡市场的标准化产品、输电系统运营机构的平衡备用需求、日前与日内市场出清后的剩余跨区域输电容量、属地报价列表、网络安全运行约束等；主要输出包括跨区域传输交换量、中标备用与被满足的输电系统运营机构需求、平衡价格、跨区边际电价和更新后的跨区容量。优化出清引擎的输入和输出由平台的数据管理功能模块提供，它的数据流如图 13－10 所示。

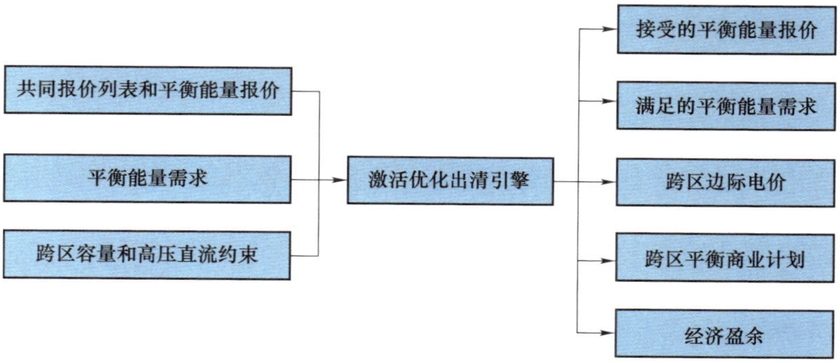

图 13－10　优化出清引擎的输入输出数据

13.4　RR 平衡市场交易

2016 年 10 月，ENTSO－E 正式委托实施 RR 平台——跨欧洲替代备用交易（trans European replacement reserve exchange，TERRE）目标是支持成员输电系统运营机构或互连输电系统运营机构之间的 RR 交换。RR 平台接收来自输电系统运营机构本地平衡市场的所有 RR 标准产品报价，并通过计算实现 RR 的优化分配以满足输电系统运营机构的平衡需求，同时促进不平衡需求的跨区域交换和最优调用。2020 年 1 月 6 日 10:00～11:00，ČEPS a.s.（捷克国家电网输电系统运营机构）是第一个正式运行的 RR 平台的输电系统运营机构。2020 年 3 月 3 日，Red Eléctrica de España S.A.U.（西班牙国家电网输电系统运营机构）也加入了 RR 平台，大多数西班牙平衡服务提供商都参与了 RR 交易流程。截至 2021 年 4 月，TERRE 平台有 6 个正式运行成员（包括法国、捷克、意大利、葡萄牙、西班牙和瑞士）见图 13－11。

13.4.1　RR 平台功能

RR 平台有五个主要功能：① 出清优化引擎（AOF），由 Artelys 开发；② 数据管理由 Unicorn 负责提供，包括数据管理模块与 AOF 模块的集成以及其与欧洲输电系统运营商联盟透明平台、验证平台、市场监管和金融服务功能的接口；③ 平台系统运行维护也是由 Unicorn 负责；④ IT 系统的监控服务由欧洲电力交易所现货市场根据承包商和平台运营 TSO 之间的服务协议提供；⑤ TSO－TSO 之间的财务结算由联合拍卖办公室负责执行。

11TSOs+ENTSO-E（观察员）			3个计划成员
TERRE TSOS		TERRE 观察员 (3 TSOs+ ENTSO-E)	
6个运行成员	2个非运行成员		
法国	波兰	比利时	德国
捷克	英国	匈牙利	挪威
意大利		罗马利亚	瑞典
葡萄牙		ENTSO-E	
西班牙			
瑞士			

图 13－11　RR 成员

输电系统运营机构成员在 RR 平台的交易和运行流程为：

1）在运行时点之前的 1 个小时（H－1），TSO 接收平衡服务提供商在其管辖平衡领域和系统中的 RR 标准产品报价，并转发到 RR 平台。采用集中调度模式的输电系统运营机构将从平衡服务提供商接收到的综合调度投标转换为 RR 标准产品，然后将 RR 标准产品提交给 RR 平台。

2）在 55min 前，输电系统运营机构向平台提供平衡能源需求以及剩余的可用跨区域容量。

3）在 40min 前，RR 平台执行 AOF，根据输电系统运营机构平衡能源需求针对平衡服务提供商报价进行出清。

4）在 35min 前，RR 平台将接收的报价、平衡需求和价格反馈给输电系统运营机构，同时计算出报价区之间交换量。由此产生的跨区域时间表和更新的跨区域容量被发送到输电系统运营机构，也可能发送到欧洲输电系统运营商联盟运营的欧洲验证平台。

5）在 30min 前，RR 激活开始，每个输电系统运营机构在其职责范围内激活满足整体需求的 RR 产品。

6）在运行时点开始的 90min 后，输电系统运营机构的支出和收入信息，即跨报价区能源流动的财务费用被发送到联合拍卖办公室进行 TSO－TSO 结算。

13.4.2 RR 优化引擎

13.4.2.1 优化算法

优化算法的输入主要包括：① 由输电平衡能源需求和所有 RR 报价组成的 CMOL；② 跨区域传输容量。输出主要包括：① RR 中标报价；② 可以满足的 RR 平衡能源需求；③ 使用的跨区域容量；④ 跨区域边际价格。

优化算法的目标函数有三个组成部分：首先，最大化由 RR 平衡报价和平衡需求确定的社会福利；其次，最小化报价区之间的 RR 交换量；最后，在有多个最优解的情况下最大化 RR 报价中标总量。

优化算法需要满足的约束至少如下：① 所有投标区的 RR 报价和需求的总和必须为零；② 跨区 RR 交换不得超过跨区传输容量；③ 考虑高压直流输电线路的损耗。

13.4.2.2 出清策略

由于提交给 AOF 的报价包括整数变量，优化出清会出现被拒绝的报价价格低于边际价格的情况。这些被拒绝的报价被命名为不可预见的拒绝报价（unforeseeably rejected bids，URB），参与 RR 交易的所有输电系统运营机构允许 URB 的存在，并会持续监测 URB 的影响。

用下面这个例子具体解释 URB 的产生。假设有一个 30MWh 无弹性向上需求（inelastic positive need，IPN），对应完全可分割的 20MWh（价格为 0 欧元/MWh）的向上出价（divisible upward offer，DUO），以及不可分割的 20MWh（价格为 60 欧元/MWh）的向上出价（indivisible upward offer，IUO）。图 13－12 中的红线表示市场价格限值为 100 欧元/MWh。

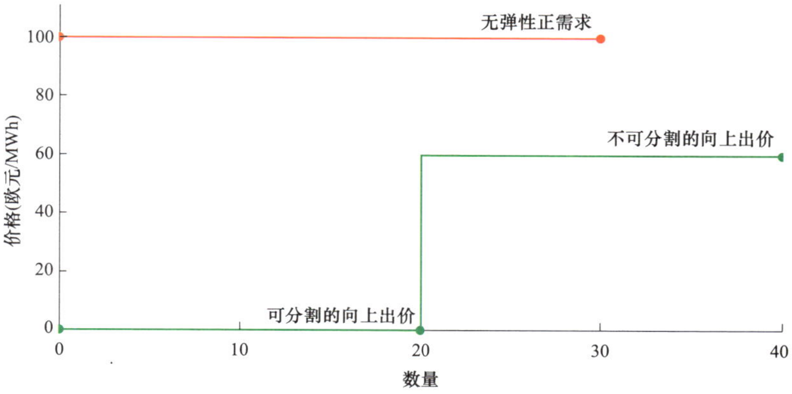

图 13－12 产生不可预见的拒绝报价实例

如果完全可分割的报价（DUO）不允许被拒绝，则完全可分割的报价将被接受，而不可分割的报价（IUO）将被拒绝，从而导致非弹性需求只得到部分满足，这个结果不满足非弹性需求，会危及系统安全，所以输电系统运营机构不能接受的。应用 URB 原则，完全接受不可分割的向上报价（IUO，20MW），部分接受完全可分割的报价（DUO，10MW），完全满足无弹性需求。

为了与日前市场耦合保持一致，RR AOF 只考虑 HVDC 的损耗。AOF 优化算法将 HVDC 损耗包含在具有高压直流互连的报价区的整体供需平衡约束中。此外，因为使用的是固定的网损因子，网损与 HVDC 的线路潮流是线性关系，如图 13－13 所示。

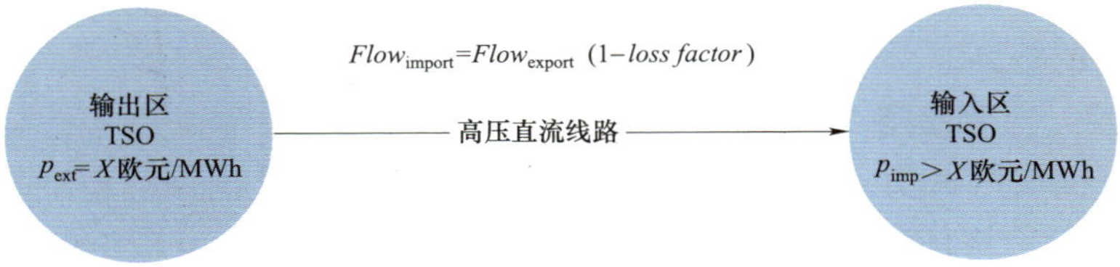

图 13－13　HVDC 的线损

网损因子的使用导致在没有线路拥堵时，两个连接的报价区也存在价格差异，即

$$P_{import}(1-loss\ factor)-P_{export}=0$$

式中：P_{import} 是输入区的价格；P_{export} 是输出区的价格。

RR 的 AOF 在优化出清计算时，当相同的报价和需求选择导致存在多个最优解时，价格将具有不确定性，如图 13－14 所示。在这种情况下，所有最优解都有相同的社会福利但是不同的出清价格，RR 平台的 AOF 会遵循 13.4 里的出清原则在一组价格之间选择一个价格。

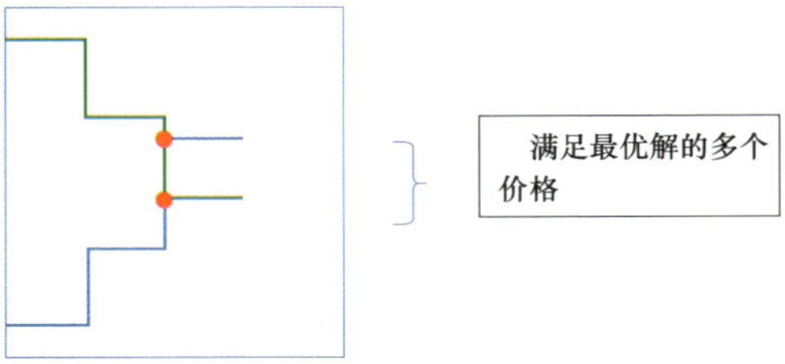

图 13－14　满足最优解的多个价格示意图

RR AOF 在最优解里选择价格上限和下限，最后的价格设置在这些限值中间。如果没有可用的价格上限，例如没有被接受的单一向下报价或弹性需求，也没有被拒绝的完全可分向上出价或弹性需求，则价格设置在下限。同样，如果没有可用的下限价格，例如没有被接受的单一向上报价或弹性需求，也没有被拒绝的完全可分向下出价或弹性需求，则价格设置在上限。

13.5　mFRR 平衡市场交易

mFRR 平台建设运营对所有输电系统运营机构都是强制性的。当一个 LFC 区域由多个监测区域组成时，只有在 LFC 区域运营协议中指定负责实施和运营 mFRR 的 TSO（以下简称指定 TSO）才能使用 mFRR-Platform。2017 年 9 月 7 日，19 家欧洲输电系统运营机构开始设计 mFRR 平台，截至 2021 年 4 月，共包括 34 个 TSO 成员，其中有 30 个正式成员和 4 个观察成员，如图 13－15 所示。

34 TSOs和ENTSO-E（观察员）			
MARI成员（30 TSOs）			MARI 观察员 (4 TSOs+ENTSO-E)
奥地利	希腊	西班牙	塞尔维亚
比利时	意大利	瑞典	爱尔兰
克罗地亚	拉脱维亚	瑞士	北爱尔兰
捷克	立陶宛	英国	北马其顿
丹麦	挪威	卢森堡	欧洲输电系统运营商联盟
爱沙尼亚	荷兰	保加利亚	
芬兰	葡萄牙		
法国	波兰		
匈牙利	罗马尼亚		
德国	斯洛伐克		
	斯洛文尼亚		

图 13－15　mFRR 成员

13.5.1 mFRR 优化引擎

优化引擎的输入包括：① 以价格排序的正负方向公共报价列表（common merit order list，CMOL），包含平衡服务提供商提交的报价、输电系统运营机构提交的平衡需求；② 系统约束，包括 mFRR 跨境容量限制（cross border constraint limit，CBCL）或 HVDC 安全限制，以及其他系统运行安全限制。

mFRR 平台的 AOF 会按照顺序先优化出清计划报价（这一阶段简称计划激活），然后出清直接报价（简称直接激活）。计划激活使用的报价包括所有的计划和直接报价。直接激活的输入则只包括剩余的直接报价，需求和最新的跨区传输容量限制。需要强调的是，不可预见的拒绝报价（URB）、HVDC 损耗的处理与 RR 平台 AOF 逻辑相同。

优化算法的目标函数有两个优化目标：① 第一优化目标是最大化平衡标准 mFRR 产品报价和平衡能源需求决定的社会福利；② 第二优先目标是最小化每个 mFRR 平衡边界上的人工频率恢复备用功率交换量。

目标②是确保如果存在相同市场剩余的多个 mFRR 最优解，则优先考虑在每个 mFRR 平衡边界上具有最小 mFRR 功率交换的答案。

优化算法的约束是：① 必须满足每个投标区域或 LFC 区域的 mFRR 功率平衡，即跨区域人工频率恢复功率交换、激活的标准 mFRR 产品报价和被满足的 mFRR 需求之和为零；② 参与输电系统运营机构的所有报价区或 LFC 区域的所有人工频率恢复备用交换的总和必须为零；③ 边界上的人工频率恢复备用交换不得超过 mFRR 平衡边界容量限制。

优化算法的输出包括：① 每个 mFRR 平衡边界上的人工频率恢复备用交换量；② 中标的标准 mFRR 产品报价（MW）；③ 被满足的每个 LFC 区域或报价区的 mFRR 平衡能源需求（MW）；④ 各 LFC 区或投标区人工调频恢复备用的净交换量；⑤ 每个 LFC 区域或报价区中最小的跨境边际价格（欧元/MWh）；⑥ 最佳市场剩余（欧元）。

13.5.2 mFRR 容量管理

容量管理功能（CMF）负责确定 mFRR 平衡边界的容量限制，并将其作为优化算法的输入。每个输电系统运营机构负责确定适用于各 mFRR 平衡边界的跨境容量限制。当 mFRR 平衡边界与报价区边界不对应时，mFRR 平衡边界容量限制在两个方向均应等于 99999MW。

输电系统运营机构将在 mFRR 平台上不断更新每个相关报价区边界或一

组报价区边界上的 mFRR 跨区域容量，并按照如下流程更新 mFRR 跨境容量限制值。

（1）首先确定日内后剩余容量（步骤 1）。如果 mFRR 平衡边界对应一个报价区边界或一组报价区边界，则 mFRR 跨境容量限制设置为日内跨区耦合交易关闸后剩余的跨区容量。

（2）然后，输电系统运营机构根据先到先得（first-come-first-serve）的方法（步骤 2）更新先前平衡时间范围内的交换限制，以及导致在 mFRR 平衡边界上进行跨境交换需采取的任何补救措施（步骤 3）。

上面步骤 2 基于早期平衡过程更新 mFRR 跨境容量限制，具体方法为：

（1）针对 mFRR 平衡边界上的替代电力交换，修正初始 mFRR 跨境容量限制。在任何 mFRR 激活之前，这些更正的限制应与 mFRR 跨境容量限制相对应。

（2）考虑补救措施的修正和额外的限制，定义输入 AOF 的 mFRR 跨境容量。

（3）由于跨区域容量也可用于系统安全补救，且补救行动可能导致跨境交换，因此确定 mFRR 跨境容量限制的过程必须考虑到跨区域容量可以在日内交易关闸后更新。例如，如果在 RR 平衡市场中确定了用于系统约束目的的所需传输容量，则后续流程的跨境容量限制必须遵守这些限制。

mFRR 跨境输电能力可能会受到运营安全考虑的进一步限制。这些限制也适用于非报价区边界的 mFRR 平衡边界，通常仅受 IT 限制的影响。有几种情况可能需要这种额外的限制，比如：① 进出一个区域的总交换会导致 LFC 区域内的阻塞；② 两个同步系统之间的 mFRR 交换会导致频率偏差；③ 电力系统中的停电或其他突发事件可能会减少一个区域外的可用容量。

13.6 aFRR 平衡市场交易

2017 年 7 月，八个欧洲输电系统运营机构（Elia，Austrian，TenneT，RTE，50Hertz，Amprion，TenneT TSO GmbH and Transnet BW GmbH）签署了关于 aFRR 市场平台设计、建设与运营的谅解备忘录，以推进 aFRR 平衡市场的整合。2019 年 7 月 24 日，监管机构将输电系统运营机构的 aFRR 建设框架（aFRR implementation framework，aFRRIF）提案提交给 ACER。2020 年 1

月 24 日，ACER 做出决定，并将 aFRR 市场平台的建设的最终期限定为 30 个月（2022 年 7 月）。考虑到可能存在的 2 年延期，泛欧 mFRR 平台的完全建成应不晚于 2024 年。截至 2021 年 4 月，已有 30 个输电系统运营机构作为成员加入 aFRR 平台，包括 26 个成员和 4 个观察员（见图 13－16）。

30 TSOs和ENTSO-E（观察员）		
PICASSO成员 (26 TSOs)		PICASSO观察员 (4 TSOs+ENTSO-E)
奥地利	匈牙利	拉脱维亚
比利时	意大利	立陶宛
克罗地亚	荷兰	爱沙尼亚
捷克	挪威	北马其顿
丹麦	波兰	欧洲输电系统运营商联盟
芬兰	葡萄牙	
法国	罗马尼亚	
德国	斯洛伐克	
	斯洛文尼亚	
瑞典	西班牙	
保加利亚	希腊	
瑞士	卢森堡	

图 13－16　aFRR 成员

13.6.1　aFRR 优化引擎

AOF 算法的目标函数支持多优先级优化：① 第一优先级，最大化满足各 LFC 区域的 aFRR 需求；② 第二优先级，最小化中标 aFRR 标准产品的总容量；③ 第三优先级，最大化社会福利；④ 第四优先级，最小化各 aFRR 平衡边界上的自动化频率恢复备用交换量。

为了方便优化算法求解，以上优先级排列可以通过赋予各目标函数合适的权重。从实践角度而言，如果目前的优先级下有多个解，则应将下一个优先级纳入算法寻优。例如，若有多种满足 aFRR 需求的方法，则应将容量纳入考虑，接着应最大化经济剩余。如果仍有多个解存在，则应考虑最小化自动化频率恢复备用交换量。

优化算法的约束为：

（1）各 LFC 区域的 aFRR 功率平衡方程必须被满足，这意味着跨区自动化频率恢复功率交换量、中标的标准化 aFRR 产品报价以及被满足的 aFRR 需求之和必须等于 0。

（2）参与交易的 TSO 负责的各 LFC 区域之间的自动化频率恢复备用交换量之和必须等于 0。

（3）aFRR 平衡边界容量限制；每个 aFRR 平衡边界都定义了手动频率恢复备用交换量的数学意义上的正方向与负方向。

（4）aFRR 优化算法不允许反激活。

当存在未被满足的 aFRR 需求时，优化算法应遵从以下优先级：

（1）第一优先级，组成该控制区的各 LFC 区域拥有标准化 aFRR 平衡能量产品报价以及 aFRR 平衡容量次序限制的优先权。

（2）第二优先级，组成该 LFC 区块并负责全局参数估计的各 LFC 区域拥有标准化 aFRR 平衡能量产品以及 aFRR 平衡边界容量限制的优先权。

（3）第三优先级，从 LFC 区域外获取了一部分平衡容量的输电系统运营机构拥有和其获取的平衡容量相对应的标准化 aFRR 平衡能量产品报价优先权。

13.6.2 aFRR 容量管理

由于 aFRR 需求按 LFC 区域各自定义，aFRR 建设框架定义了和参与交易的 LFC 区域相对应的 aFRR 平衡边界。

图 13－17 展示了 aFRR 跨境容量限制的不同边界类型。

（1）红线指价区边界和 aFRR 平衡边界相对应，其计算方法在场景 1 中给出。

（2）绿线指 LFC 区域边界在一个价区内，其对应 aFRR 平衡边界容量限制计算方法在场景 2 中给出。

（3）灰线指在一个 LFC 区域内存在价区边界，其对应 aFRR 平衡边界容量限制计算方法在场景 2 中给出。

【场景 1】当 aFRR 平衡边界和价区边界相对应时，容量限制由以下规则决定：所有输电系统运营机构与 aFRR 市场平台将持续更新每个相关的价区

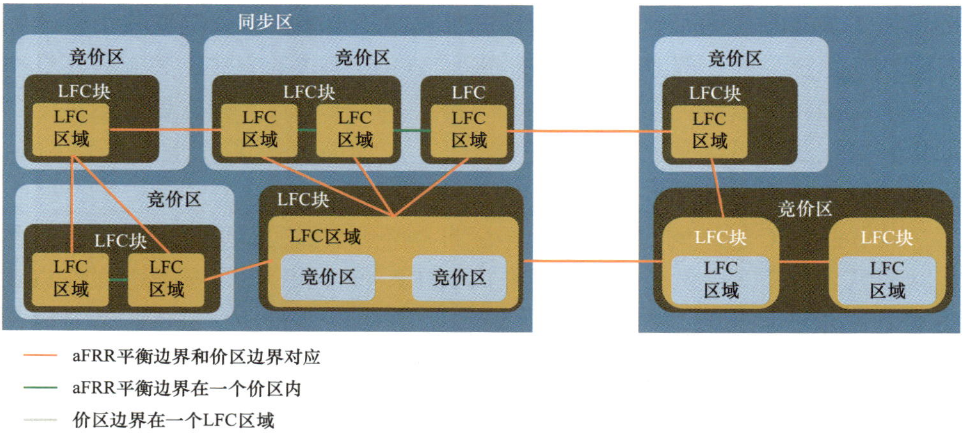

图 13－17　aFRR 的边界类型

或价区集合的 aFRR CZC。输电系统运营机构将会按如下步骤更新 aFRR CZC 限制：首先按单日内耦合决定可用容量的初始值；其次更新上一个分配给 RR 和 mFRR 的平衡时段的交换量限制；最后可能需要考虑系统运行安全与 HVDC 边界容量特殊情况带来的其他限制。

【场景 2】当 aFRR 平衡边界和价区边界有所区别时，平衡边界容量限制应被设为无技术功率交换限制，即双向 99999MW。

附录 A 中长期市场及输电容量分配流程

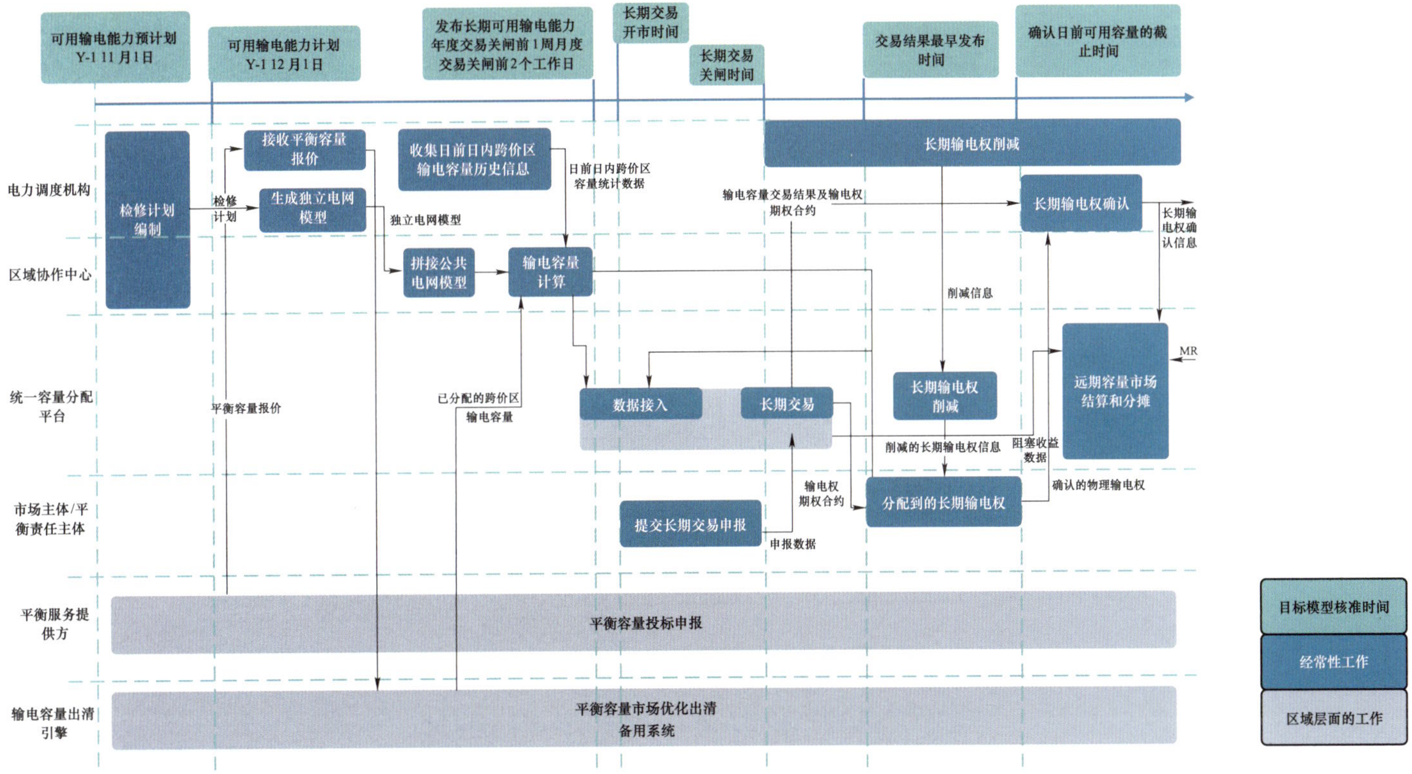

附录 B　日前市场及调度计划流程

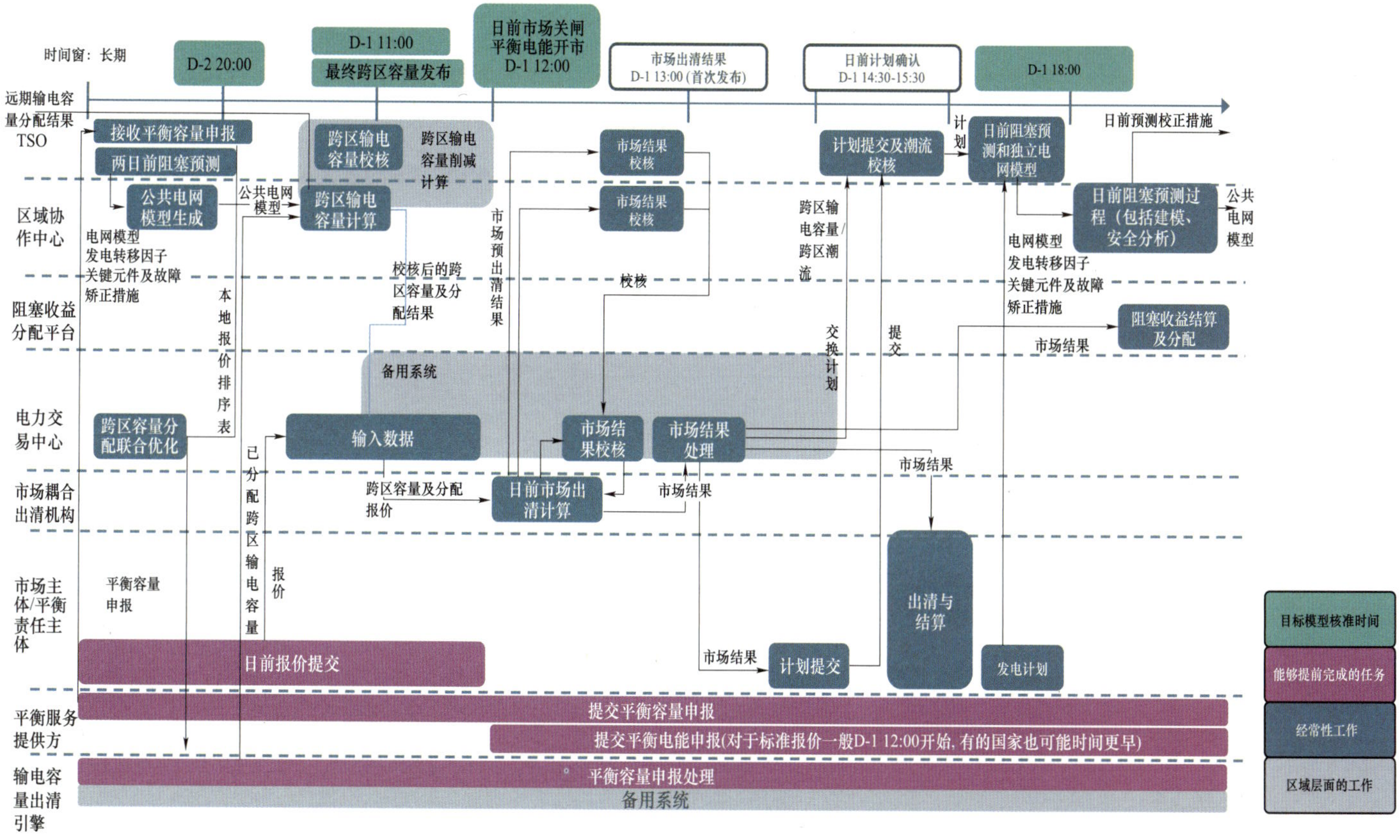

附录 C　日内市场及调度计划流程

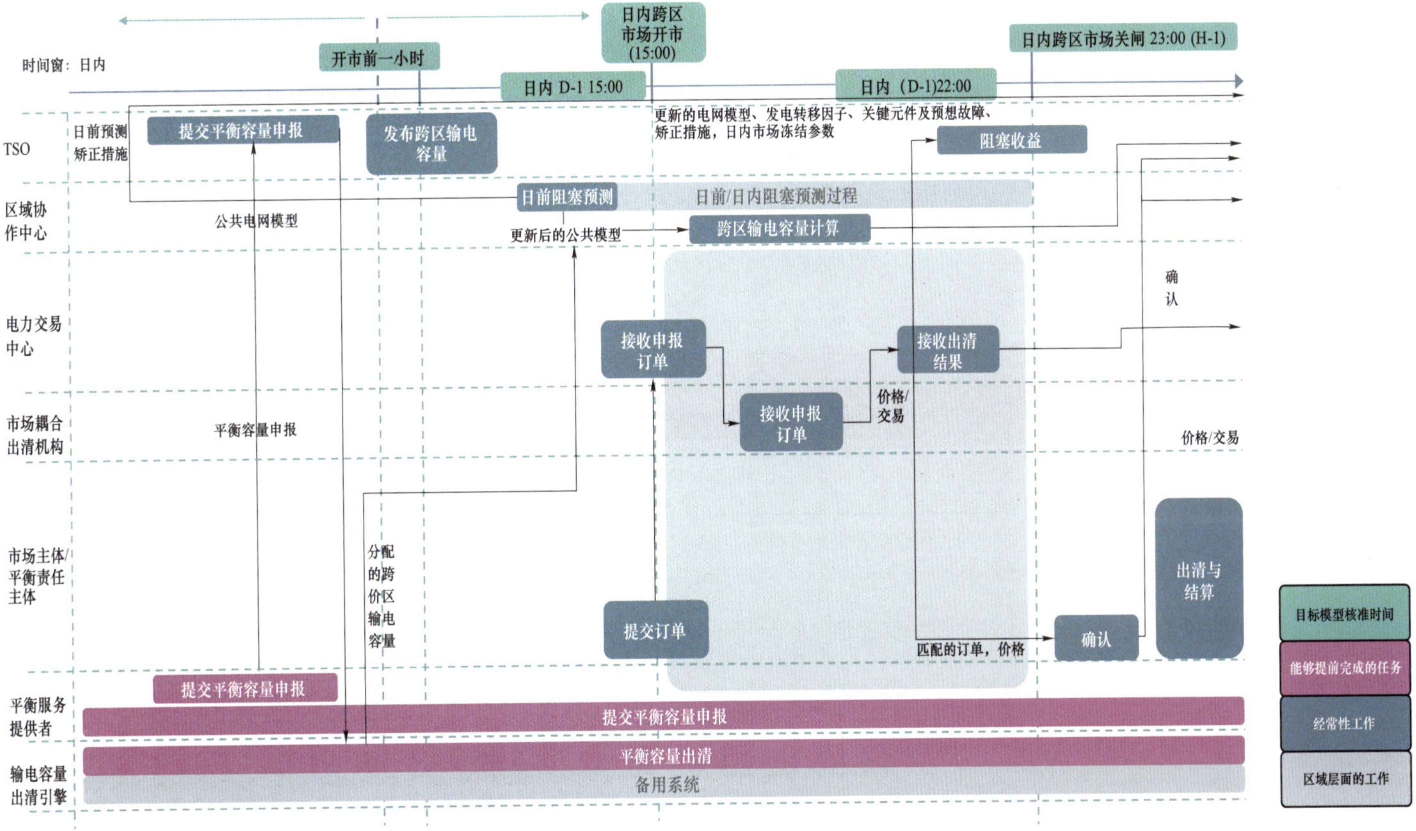

附录D 跨价区平衡过程

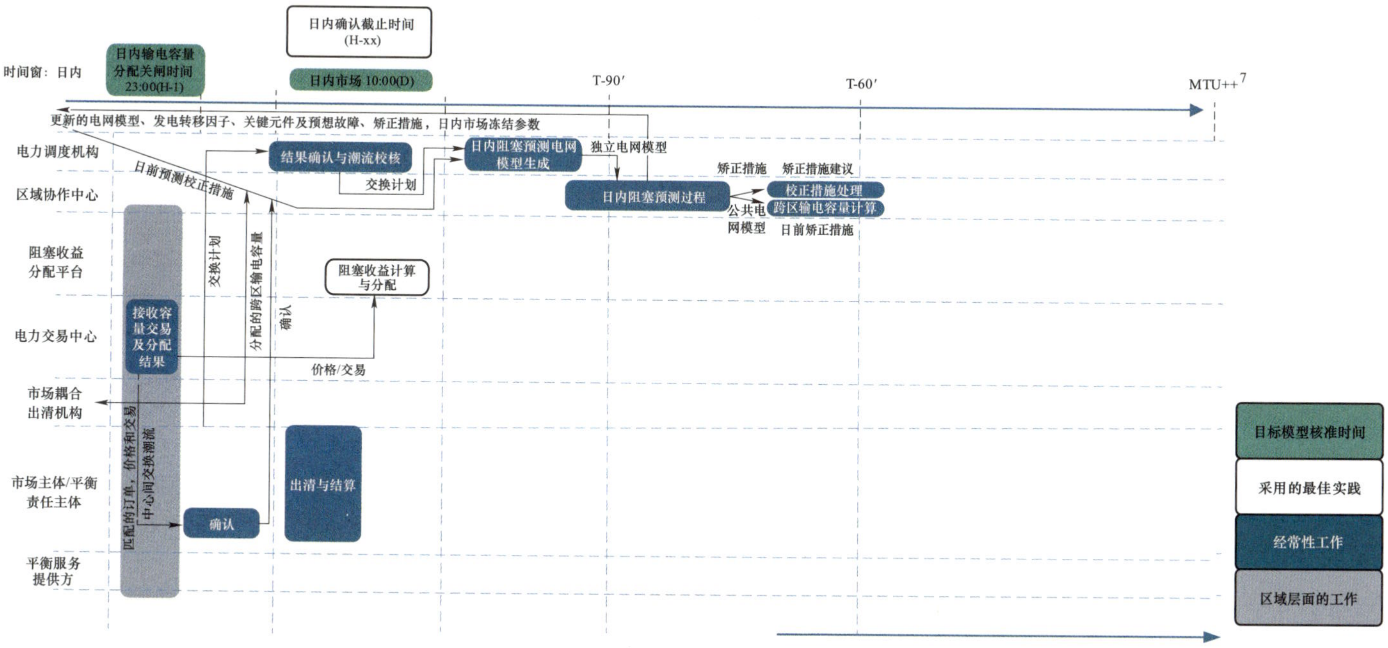
时间窗：日内
日内输电容量分配关闸时间 23:00(H-1)
日内确认截止时间 (H-xx)
日内市场 10:00(D)
T-90′
T-60′
MTU++7
更新的电网模型、发电转移因子、关键元件及预想故障、矫正措施，日内市场冻结参数
电力调度机构
区域协作中心
阻塞收益分配平台
电力交易中心
市场耦合出清机构
市场主体/平衡责任主体
平衡服务提供方
结果确认与潮流校核
交换计划
日内阻塞预测电网模型生成
独立电网模型
日内阻塞预测过程
矫正措施
矫正措施建议
校正措施处理
跨区输电容量计算
公共电网模型
日前矫正措施
日前预测校正措施
交换计划
分配的跨区输电容量
确认
阻塞收益计算与分配
接收容量交易及分配结果
价格/交易
匹配的订单，价格和交易中心间交换潮流
确认
出清与结算
目标模型核准时间
采用的最佳实践
经常性工作
区域层面的工作

附录 E　跨价区平衡电能调用流程

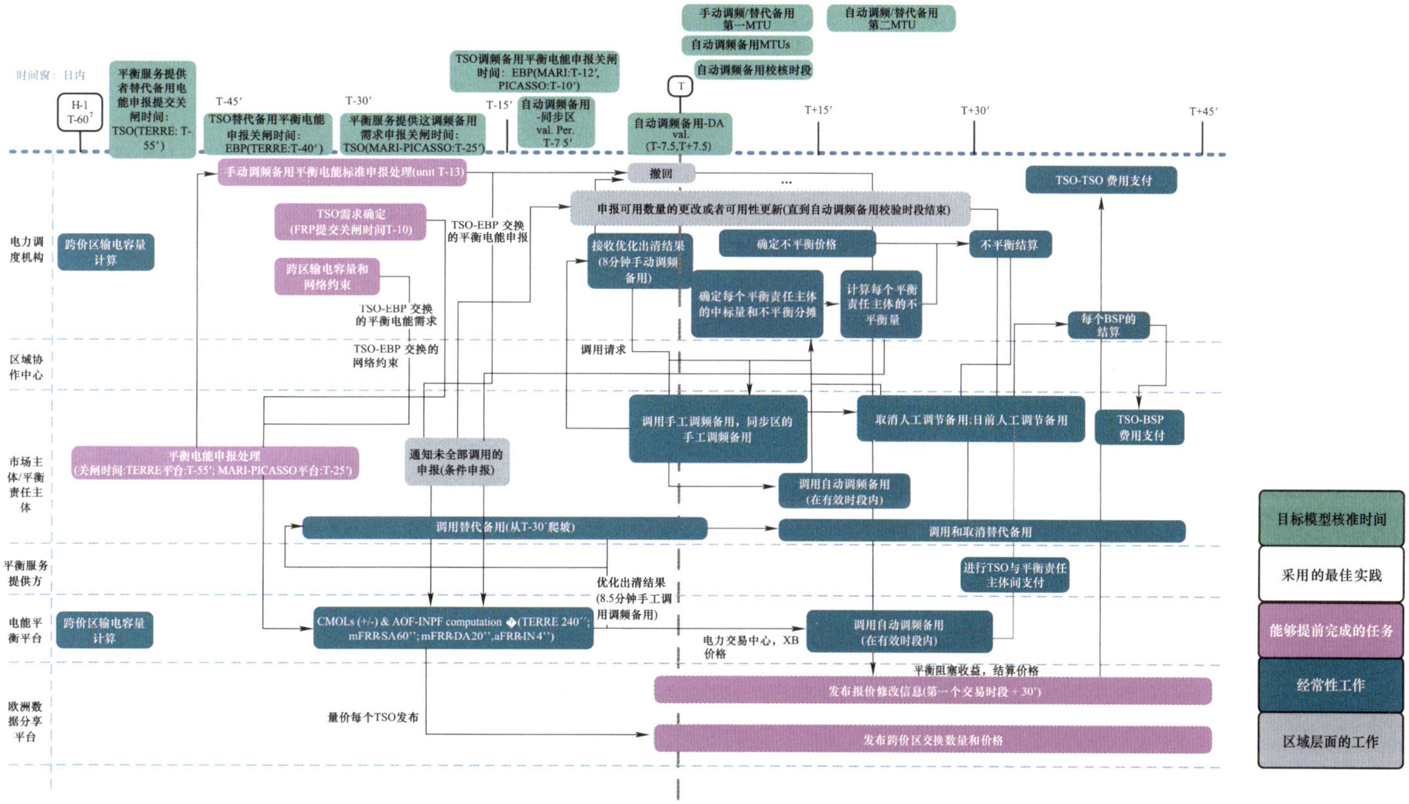

附录 F　欧洲市场输电容量分配流程

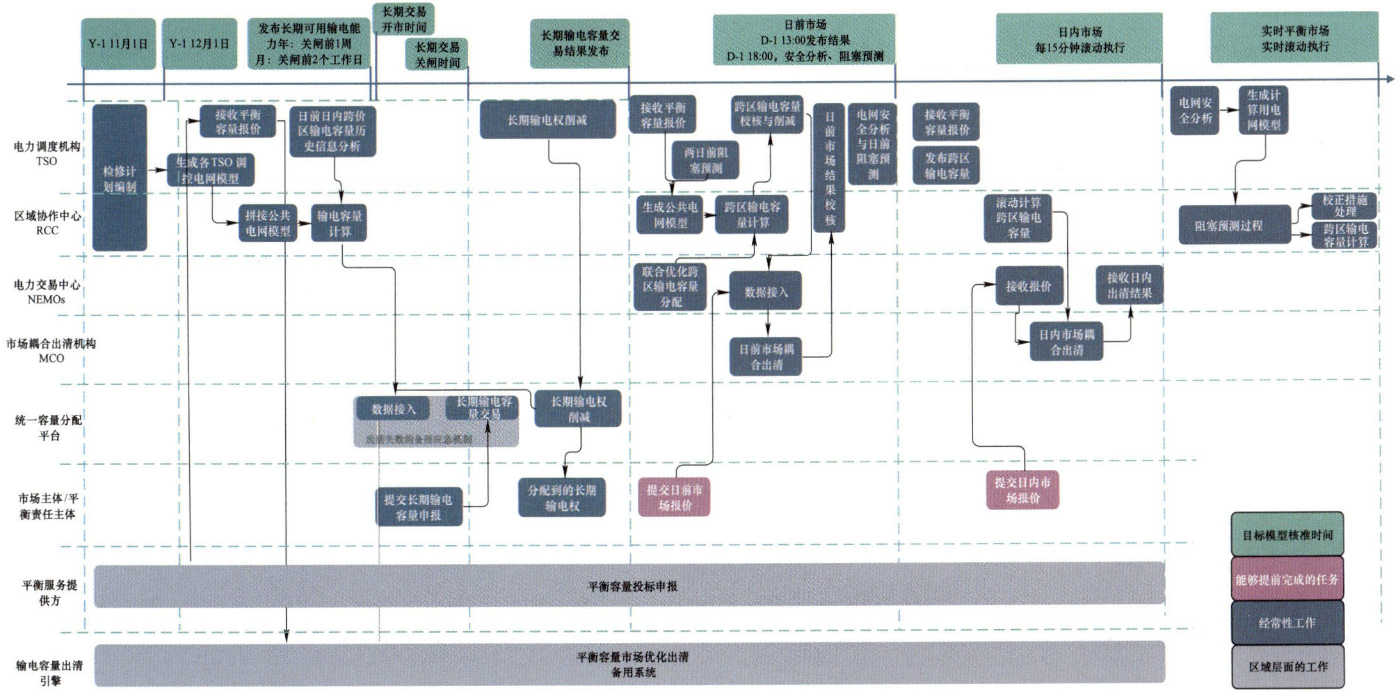

参 考 文 献

[1] 国家电投中央研究院. 世界电力市场化改革二十年 [M]. 北京：中国计划出版社，2016.

[2] ENTSO-E. Statistical factsheet 2018[EB/OL]. [2019-6-5]. https://docstore.entsoe.eu/Documents/ Publications/Statistics/Factsheet/entsoe_sfs2018_web.pdf.

[3] 国网能源院有限公司. 2020 国外电力市场化改革分析报告 [M]. 北京：中国电力出版社，2020.

[4] 谢开. 美国电力市场运行与监管实例分析 [M]. 北京：中国电力出版社，2017.

[5] 国家可再生能源中心. 电力体制改革框架下可再生能源电价补贴形成机制研究[R]. 北京：国家发展和改革委员会能源研究所，2017.

[6] Nordpool Spot & NASDAQ OMX Commodities. Power to the people. India: Bookwell Ltd. [EB/OL]. https://www.nordpoolgroup.com/globalassets/power-to-the-people-the-nordic-power- market-20-yrs.pdf.

[7] SCHITTEKATTE T, REIF V, MEEUS L. The EU Electricity Network Codes(2020ed). [EB/OL]. [2020-6-15]. https://ssrn.com/abstract=3692987 or http://dx. doi.org/10.2139/ssrn.3692987.

[8] Fereidoon P S .Evolution of Global Electricity Markets: New Paradigms, new challenges, new approaches. U.S.A.:Academic Press. 2018.

[9] European Wind Energy Association, Creating the Internal Energy Market in Europe, a report by the European Wind Energy Association. [EB/OL]. (2018-03-12)[2022-07-05]. https://max.book118.com/html/2018/0312/156901926.shtm.

[10] SCHITTEKATTE T, REIF V, MEEUS L. The EU Electricity Network Codes (2019ed). [EB/OL]. [2019-3-8]. https://www.researchgate.net/publication/ 331592499_ The_EU_Electricity_Network_Codes_2019ed.

[11] NEUHOFF K, RITTER N, SCHWENEN S. Bidding Structures and Trading Arrangements for Flexibility across EU Power Markets. Power Market Work. 2015[R]. held Ofgem, London, 2015.

[12] HOGAN W W. 2013 Electricity Scarcity Pricing Through Operating Reserve[J]. Econ. Energy Environment Policy 2: 65-86.

[13] The EU Electricity Network Codes (2019 ed.). [EB/OL]. [2019-3-8]. https://www.researchgate. net/publication/331592499_The_EU_Electricity_Network_Codes_2019ed.

[14] Energinet, Svenska kraftnat, Fingrid, Statnett. Methodology and concepts for the Nordic Flow-Based Market Coupling Approach. [EB/OL]. [2017-9-12]. https://nordic-rsc.net/wp-content/ uploads/2018/08/20170912-supp.pdf.

[15] ENTSO-E. Explanatory note on the day-ahead and intraday common capacity calculation methodologies for the Core CCR. [EB/OL]. [2018-6-4]. https://eepublicdownloads.entsoe.eu/cleandocuments/Network%20codes%20documents/Implementation/ccr/methodologies/explanatory_note_for_core_da_id_fb_ccm_june2018_final.pdf.

[16] ACER.Day-ahead capacity calculation methodology of the Core capacity calculation region. [EB/OL]. [2019-2-21] https://documents.acer.europa.eu/Official_documents/ Acts_of_the_Agency/ANNEXESTODECISIONOFTHEAGENCYNo022019/Annex%20Ia%20-%20Decision%20on%20Core%20CCM.pdf.

[17] ENTSO-E. Core CCR TSOs' proposal for the regional design of the day-ahead common capacity calculation methodology in accordance with Article 20ff. of Commission Regulation (EU) 2015/1222 of 24 July 2015. [EB/OL]. [2017-9-15]. https:// documents.acer.europa.eu/en/Electricity/MARKET-CODES/CAPACITY-ALLOCATION-AND-CONGESTION-MANAGEMENT/16%20CCM/Action%201%20-%20CCM%20Core%20DA%20proposal.pdf.

[18] SCHITTEKATTE T, REIF V, MEEUS L. The EU Electricity Network Codes (2020ed). [EB/OL]. [2020-6-15]. https://ssrn.com/abstract=3692987 or http://dx. doi.org/10.2139/ssrn.3692987.

[19] ENTSO-E. All TSOs' proposal on list of standard products for balancing capacity for FRR and RR. [EB/OL]. [2019-12-18]. https://www.acer.europa.eu/sites/default/files/documents/Individual%20Decisions_annex/ACER%2520Decision%2520on%2520SPBC%2520Annex%2520Ia_0.pdf.

[20] ENTSO-E. All TSOs' proposal for a methodology for a co-optimised allocation process of cross-zonal capacity for the exchange of balancing capacity or sharing of reserves. [EB/OL]. [2019-12-18]. https://consultations.entsoe.eu/markets/ebgl-art40-co_czca/supporting_documents/190510_Cooptimised_CZC_allocation_methodology_proposal_for_public_consultation. pdf.

[21] ENTSO-E.EBGL_A20_181218_All TSOs proposal mFRRIF explanatory document. [EB/OL]. [2018-12-18]. https://eepublicdownloads.entsoe.eu/clean-documents/nc-tasks/ EBGL/EBGL_ A20_181218_ALL%20TSOs%20proposal_mFRRIF_explanatory_document_for%20submission.pdf?Web=0.

[22] ENTSO-E. EBGL_A21_181218_All TSOs proposal aFRRIF explanatory document. [EB/OL]. [2018-12-18]. https://eepublicdownloads.entsoe.eu/clean-documents/nc-tasks/EBGL/EBGL_A21_181218_ALL%20TSOs%20proposal_aFRRIF_explanatory_document_for%20submission.pdf?Web=0.